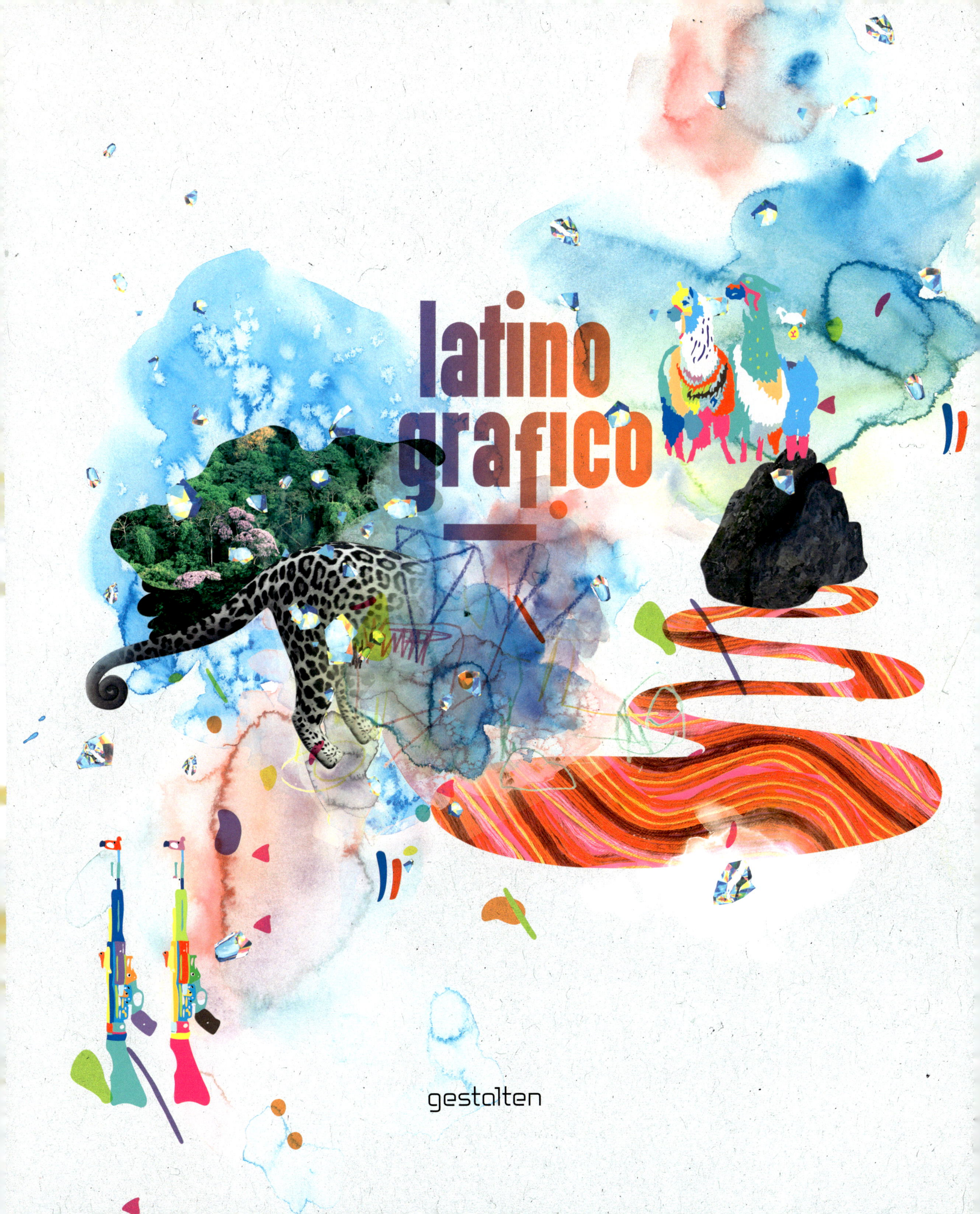

latino
grafico
gestalten

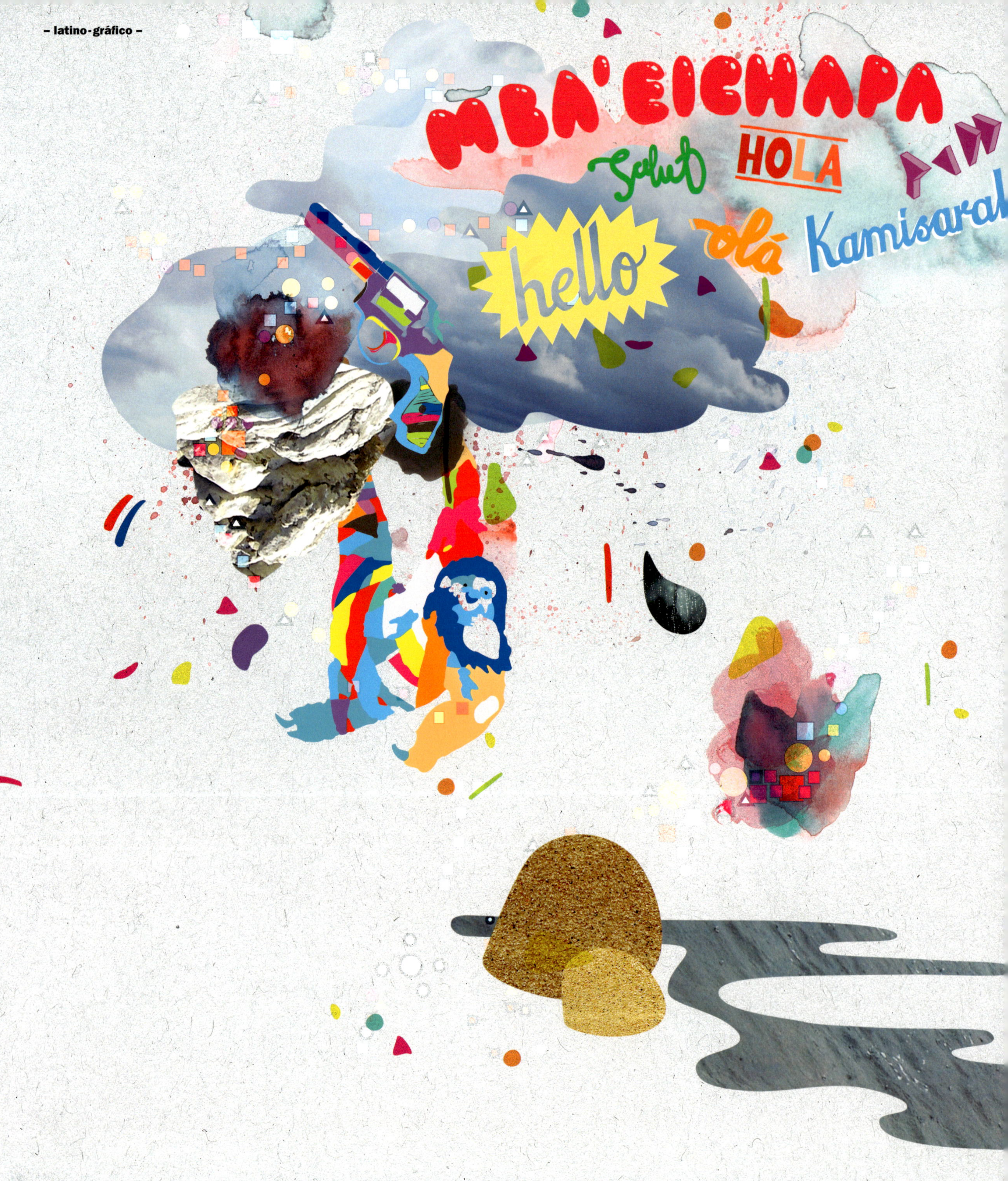

MBA'EICHAPA
Salut
HOLA
HELLO
Olá
Kamisaraki
hello

EL ALMA LATINA. Siempre ha sido complicado el término "latino", y cuando lo leemos o escuchamos, aparecen todos los clichés. Imaginemos un collage: latin lovers con bigote, Speedy Gonzales, los bailes de salsa o tango, los Mayas o los Incas, Tony Montana, las camisetas de Che Guevara, el carnaval de Río, cierta parte de la anatomía de Jennifer López y algún que otro dictador loco en uniforme militar. Es difícil formarse una imagen de lo latino sin recurrir a estos terribles y a veces curiosos clichés. Pero, ¿qué significa latino? ¿Es lo mismo que Latinoamérica? ¿Y Sudamérica? ¿Qué tienen en común estos 22 países? Hay mucha gente que está buscando la respuesta desde hace tiempo.

Por desgracia, algo sí tenemos en común: Pinochet, Galtieri, Bordaberry, Stroessner, Baptista; todos, dictadores militares de Sudamérica que durante las décadas de los 70 y 80 llegaron al poder con armas y tanques y aplicaron "mano dura" para lograr sus objetivos. Esta misma mano dura se usó para detener y oprimir cualquier tipo de expresión y cultura. Los gobiernos militares han sido una de las señas distintivas de Latinoamérica pero, afortunadamente, al término de la década de los 80, llegan los 90 y la escena había cambiado radicalmente: la mayor parte de los dictadores se había marchado. Volvía la democracia. Los ciudadanos se sintieron partícipes de un cambio vital. Teatro, música, diseño, arte... la calle y la cultura buscaban su nuevo lugar en Latinoamérica. La pesadilla había terminado y las calles se abrían nuevamente.

Un grupo de rock llamado "Los prisioneros" decía en una de sus canciones de finales de los 80 que "Latinoamérica es un pueblo al sur de Estados Unidos." Sarcasmos aparte, de alguna manera tenían razón, y Miami se transforma en la capital de Latinoamérica. A partir de aquella década, una gran cantidad de canales por cable, marcas de moda y deportivas, agencias de publicidad y tiendas de diseño comenzaron a crear sus negocios de cara al Caribe, sin perder de vista a la comunidad latina del sur. Buscaron a los mejores diseñadores, escritores, productores y directores de todos los países: argentinos, chilenos, ecuatorianos, colombianos, mejicanos y brasileños, que con sus tarjetas de residente en la billetera, empezaban a comprar en Walgreen. Durante la década de los 90, el mercado hispano en EE.UU. creció con gran rapidez (¡nos gustan las familias numerosas!) y una nueva identidad de lo latino emergió en otro país con un idioma nuevo: el spanglish.

Yo tuve la fortuna de formar parte de aquel movimiento, de aquel cambio, cuando me mudé (de Chile a Florida) para convertirme en el director creativo de MTV Latino. Llegué a Miami Beach un día de septiembre de 1996. La humedad y el ritmo tropical fueron un gran impacto para mí, acostumbrado como estaba

a la vida en la fresca Sudamérica. Mayor conmoción aún fue descubrir el café cubano (¡la coladita!). La ciudad era, y es, un hervidero de culturas de cada país latino. Comencé a conocer las diferentes formas del idioma español, los modismos de cada país, el sabor de las distintas comidas y del estilo en el vestir (¿por qué a los mejicanos les gusta tanto la brillantina?). Por primera vez me sentí latino.

La TV por cable comenzó a emitirse en Latinoamérica durante los 90. Las películas se estrenaban casi al mismo tiempo que en EE.UU. o Europa, y lo mismo pasaba con la música, la moda y las tendencias. Nos conectábamos con el mundo mucho más rápido y nos sentíamos parte del mismo. Aún recuerdo lo que decían entonces los "entendidos": "internet va a ser algo grande". Nuestra dieta creativa mejoró. Hoy día podemos comer todo lo queramos de Internet. Además, la revolución del computador personal fue idónea para nuestro trabajo en equipo: se acabaron los tiempos de posproducciones interminables y caras, con especialistas manejando máquinas gigantescas. Ahora nos podíamos divertir sin tener que decirle al operador lo que queríamos ni pagar por hora. Podíamos controlar mejor el proceso creativo, hacerlo más rápidamente, y los diseñadores, productores y directores se sentían dueños de la idea desde el principio.

MTV solía transmitir una señal para todos los países latinoamericanos (hoy hay 4 señales diferentes). El mensaje tenía que adaptarse a todos los países, con un acento neutro (nunca funcionó), y los videojockeys (Vj's) representaban a los mayores mercados y a los estilos de música más populares. Teníamos que hacer frente a la diferencia de estos 22 países: algunos eran más católicos que otros, otros estaban más influidos por Europa que por EE.UU. Unos tendían a lo tropical o a lo recargado, otros al minimalismo. Algunos sobresalían en el fútbol, y a otros lo que les gustaba era el béisbol. En algunos lugares lo que mandaba era la samba, y en otros eran "The Ramones". Conceptualmente, teníamos que luchar con esto a diario. El desafío consistía en crear una marca coherente que fuera importante para los jóvenes de toda Latinoamérica y que conectara emocionalmente con ellos a diferentes niveles.

Brasil es diferente, casi otro planeta. No creo que los "conquistadores" se dieran cuenta del impacto que tendría dividir el continente en dos. España conservó la parte izquierda del mapa y los portugueses la derecha, en una especie de línea imaginaria. Además de las barreras idiomáticas (aunque podamos comunicarnos en portuñol), sus influencias africanas surgen en todos sus aspectos. El ritmo y el color son una parte importante de la cultura brasileña, y el "Carnaval" es una de las manifestaciones más claras de la misma. En el resto del continente no tenemos nada parecido, y tampoco la samba. Su paleta de colores y su enfoque es diferente al resto del mundo. Escarban en su propia cultura en busca de la inspiración

necesaria para crear e, incluso, hay más japoneses viviendo en Brasil que ningún otro país, ¡aparte de Japón!

Hay quien dice que el mundo debería ser un único y gran país llamado Tierra. Pero yo preferiría no limitarme a una única forma, cultura, color, carácter, estilo o diseño, a un solo idioma o estética, o a un exclusivo estilo musical. En realidad me gusta como somos: una sopa cultura de ingredientes alborotados, vibrantes, diversos y picantes.

¿Quiere saber por qué?

En ese caso, contemple y disfrute las auténticas, diversas y poderosas imágenes de lo latino que se muestran en este libro. Aquí encontrará la respuesta.

Cristian Jofre

Ex- Director Creativo y de Marketing de SVP
MTV Networks International.

EL ALMA LATINA. It has always been very hard to deal with the word "Latino." When we see or hear it, a whole collage of clichés pops into our minds: Latin lovers with mustaches, Speedy Gonzales, salsa and tango dancing, Mayas and Incas, Tony Montana, Che Guevara T-shirts, the Rio Carnival, some of Jennifer López's body parts, and a crazy dictator in a scary military outfit. It's hard to build a Latino image without those funny, or sometimes frightening, clichés rearing their heads. So what does Latino really mean? Latin America? South America? What have those 22 countries got in common? These questions and more have been occupying many people for some time now.

We did all have one unfortunate thing in common: Pinochet, Galtieri, Bordaberry, Stroessner, Baptista were all military dictators in Latin America. They came to power during the 70s and 80s, bringing weapons and tanks and applying *mano dura* (a strong hand) to get things done. They also used the same strong hand to oppress any kind of free expression and culture. Military rule has been a special feature of Latin American history, but when the 80s were over things took a turn for the better and began to change dramatically. Most of the dictators disappeared and democracy returned. People felt they were part of a vital change. Theater, music, design, art, and street culture all began trying to reestablish themselves in Latin America. The nightmare was over and the streets were open again.

An ironic line in a song by rock band Los Prisioneros (The Prisoners) from the late 80s says, "Latin America is a little town south of the United States" (*Latinoamerica es un pueblo al sur de Estados Unidos*). In some way they were right, because at the time Miami had adopted the role of the capital of Latin America. In the 80s, many cable channels, fashion and sport brands, ad agencies, and design shops began setting up their businesses in a place with a Caribbean ocean view — always looking to the Latin community to the south for the best designers, writers, producers, and directors. Argentineans, Chileans, Ecuadorians, Colombians, Mexicans, Brazilians started to shop in Walgreens drug stores, with their U.S. residency card in their wallets. During the 90s the U.S. Hispanic market grew very fast (we like big families!) and a new Latino identity emerged in a different country with a new language: Spanglish.

I was fortunate to be part of this movement and change when I relocated from Chile to Florida to become Creative Director for MTV Latino. I arrived in Miami Beach one day in September 1996. The humidity and the tropical rhythm was a big shock for someone who was used to the cooler temperatures of South America. A much bigger shock was discovering Cuban coffee (*la coladita!*). The city was, and still is, a melting pot of every country in the Latino world. Living there, I got to know different styles of Spanish, the slang of each country, the different food, and the fashions (why do Mexicans love hair gel?). I felt Latino for the first time.

Cable TV started to spread throughout Latin America during the 90s. Movies were released nearly at the same time as in the U.S. or Europe, and music and fashions from our northern neighbors also began to travel south. We were connecting with the world much faster — and we felt part of that world. I can still remember big thinkers saying during those years, "The internet is going to be big." Our creative diet improved as the online world brought a never-ending supply of cultural snacks into our homes. The PC revolution came just in time for the MTV team. No more sky-high postproduction costs with rocket scientists operating big machines. Now we could have fun without paying by the hour and telling the operator what we wanted to do. Because the creative process was easier to control and faster to execute, designers, producers, and directors felt they could own their ideas from the start.

MTV used to broadcast one signal for all Latin American countries (today there are four signals). The message had to feel pan-regional and be delivered by presenters using a neutral Spanish accent (it never worked). Video Jockeys (V.J.s) represented the biggest markets and styles of music. We had to deal with all the differences in 22 countries: some are more Catholic than others; some are more influenced by Europe than the U.S.; some like tropicalism; others prefer minimalism; some are good at *fútbol* while others love *béisbol*; in some places they like samba, in others they are crazy about The Ramones. Conceptually we were battling with all this on a daily basis. The challenge was to build a consistent brand that would speak to young people across Latin America and connect with them on different levels.

Brazil is a different story; it feels like another planet. I don't think the conquistadores realized at the time the impact of splitting the continent in two. Spain got the left side of the map and Portugal got the right. Just draw an imaginary line and you will see. Besides our language differences (even if we can communicate in *portuñol*), Brazil's African influences permeate every style of cultural expression. Rhythm and color are a big part of the Brazilian way of life, and the Rio Carnival is one of most clear manifestations this. We do not have that type of celebration elsewhere on the continent. We do not have samba either. Brazilians have a unique color palette and approach to life. They delve into their own culture to find the necessary inspiration for creation. They even have more Japanese people living there than any other country outside Japan!

Some say that the world needs to be one massive country named Earth. But I would never vote for one shape, one culture, one color, one kind of people, one style of design, one language, one esthetic, one musical style. I like the fact that we, the Latinos, are a messy, colorful, diverse, spicy, blended cultural soup.

Want to know why?

You will find the answer in the unique, diverse, and *poderosas* Latino images captured in this book.

Cristian Jofre

Former SVP Marketing & Creative Director
MTV Networks International

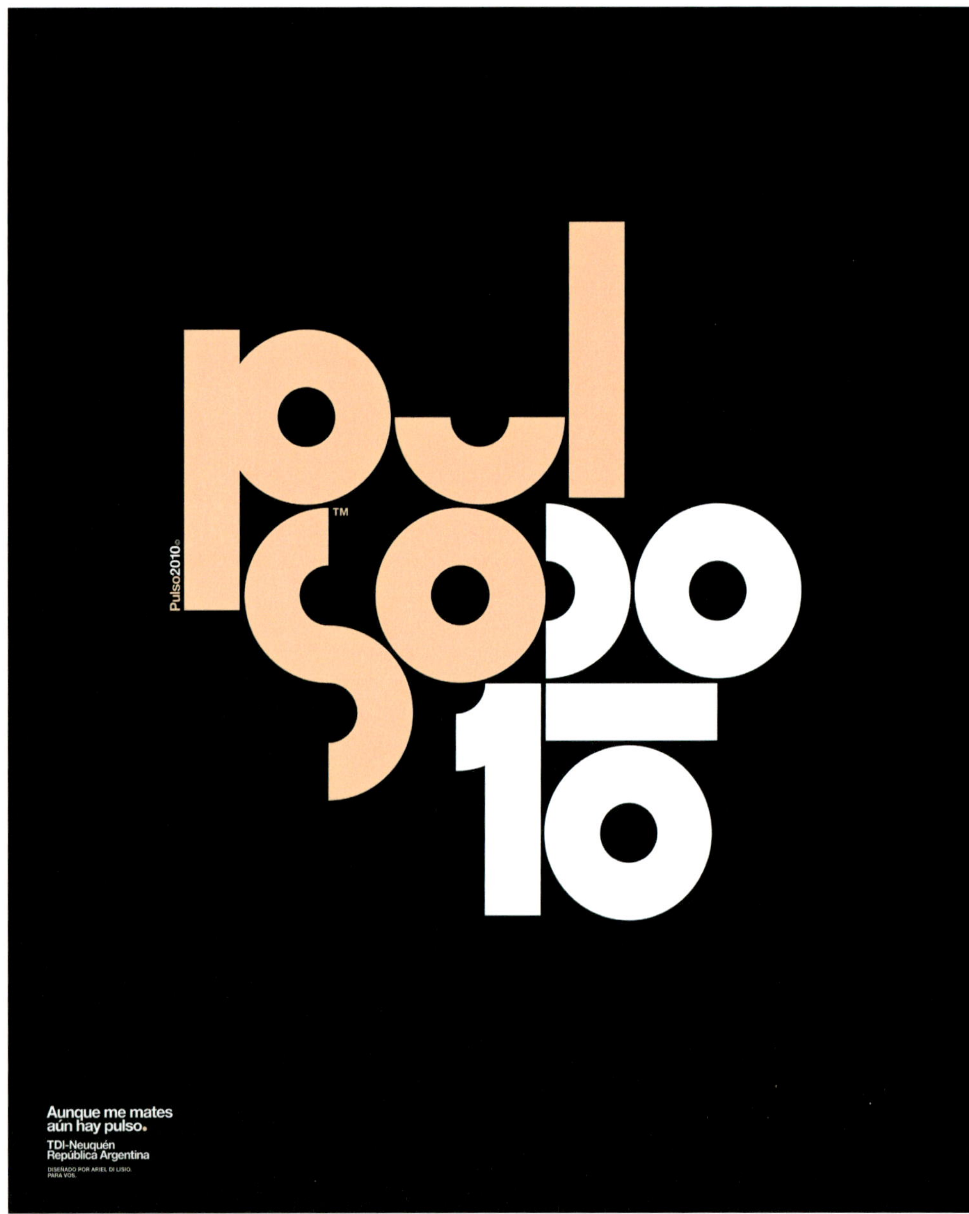

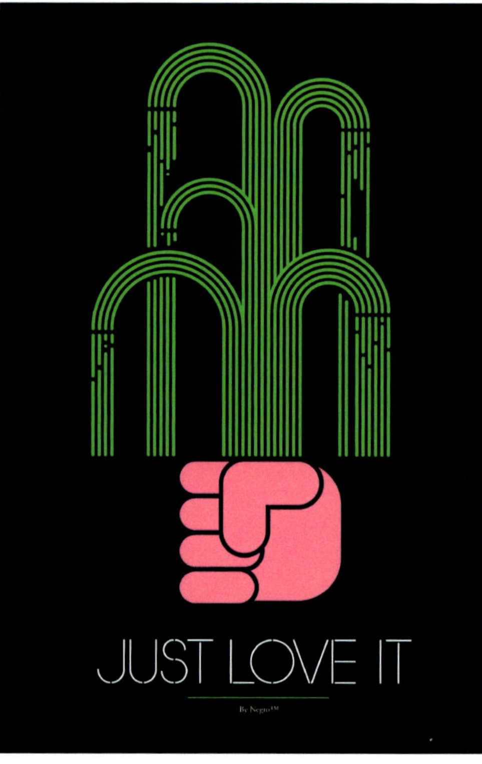

Ácido Surtido.

2009.

**Contribution to *Ácido Surtido* magazine
from Argentina.**

Client: *Ácido Surtido* magazine
Author: Ariel Di Lisio

Pulso.

2010.

**Graphics for a festival of new trends in art,
based in Neuquén, Argentina.**

Client: Tratado de Integración
Author: Ariel Di Lisio

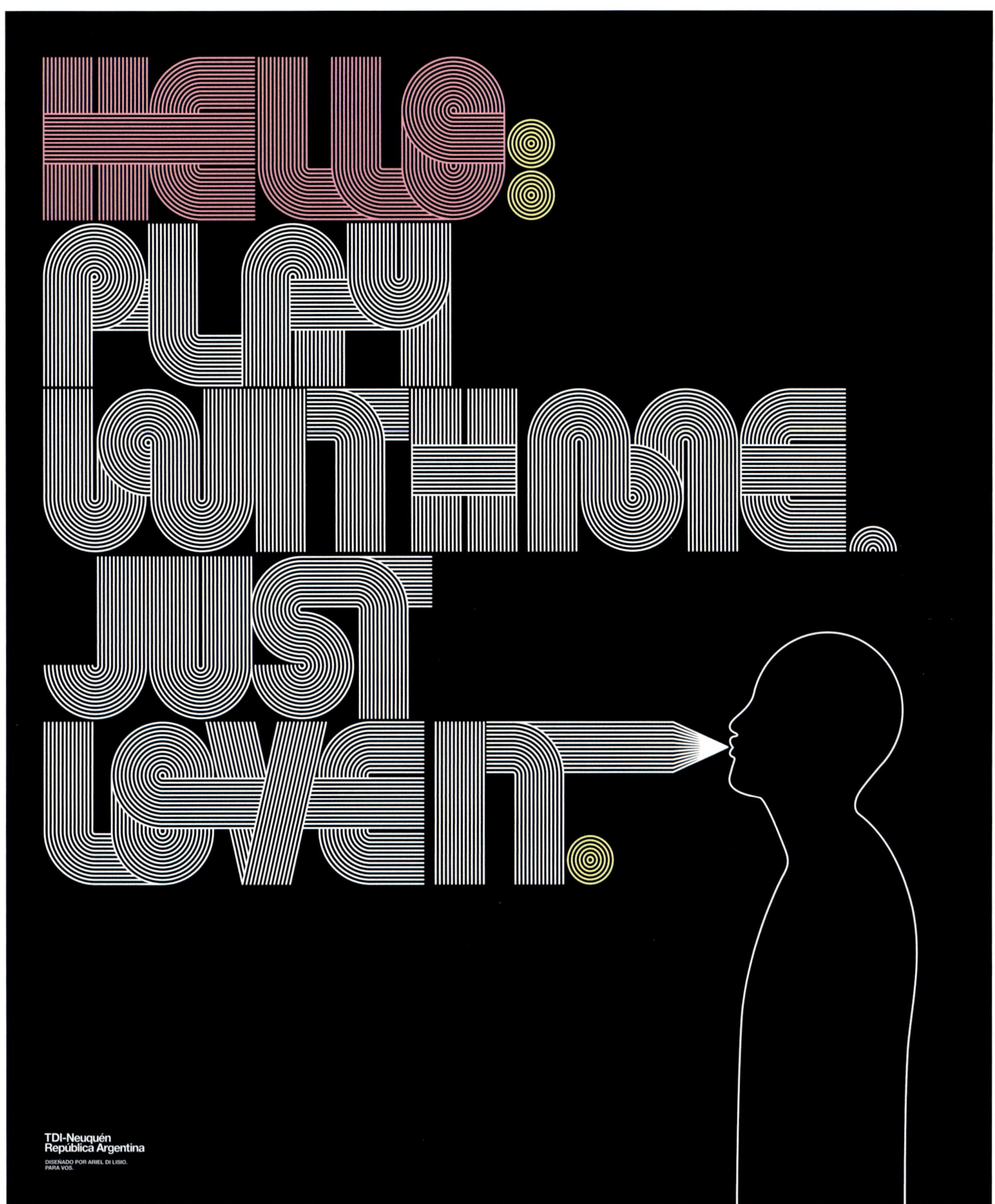

Pulso.

2010.

**Graphics for a festival of new trends in art,
based in Neuquén, Argentina.**

Client: Tratado de Integración
Author: Ariel Di Lisio

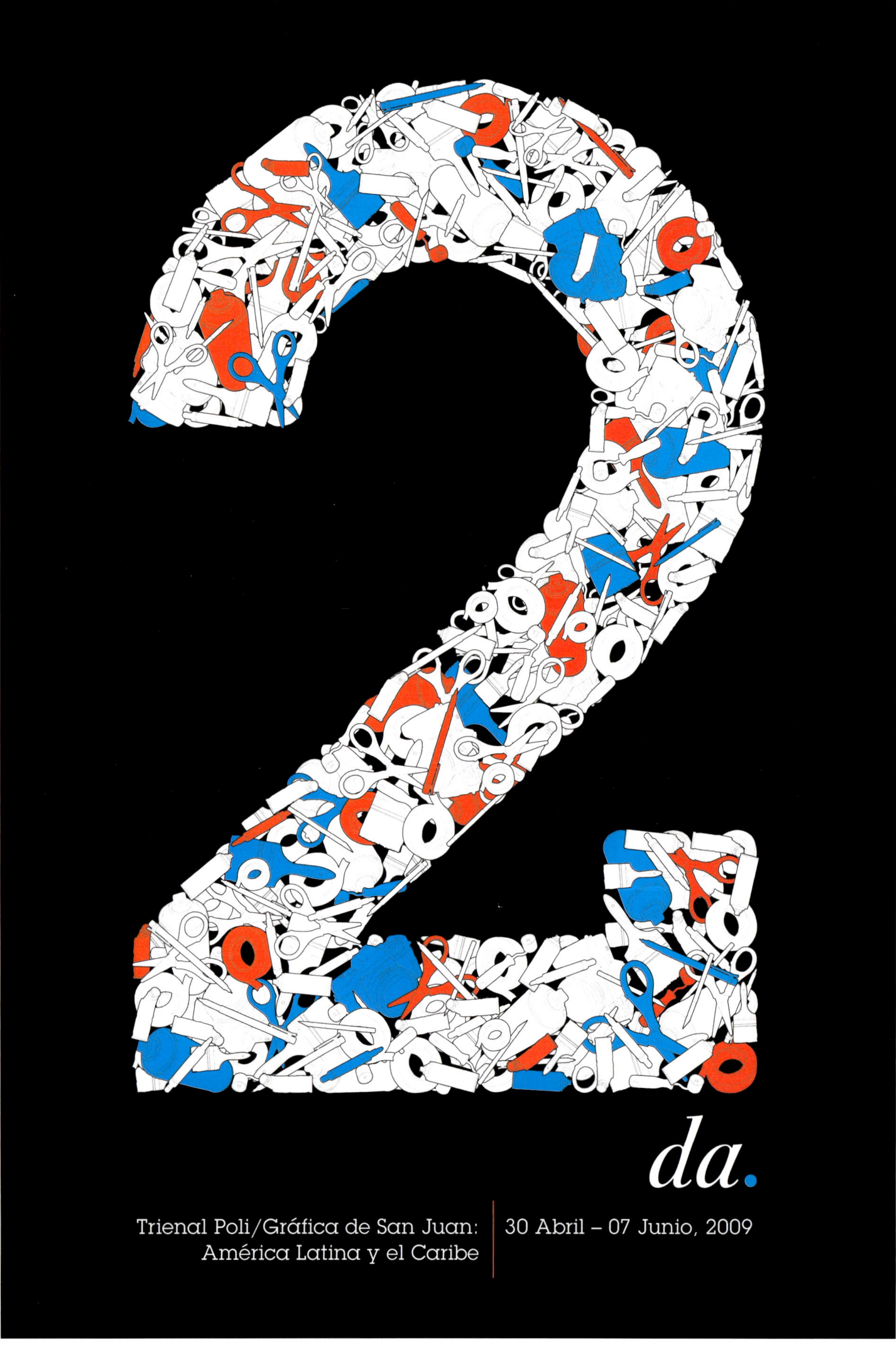

2nd Trienal Poli/Gráfica of San Juan.
2009.

Proposal for the Trienal's poster competition.

Client: Instituto de Cultura Puertorriqueña
Studio: Modo
Author: Alexander Wright

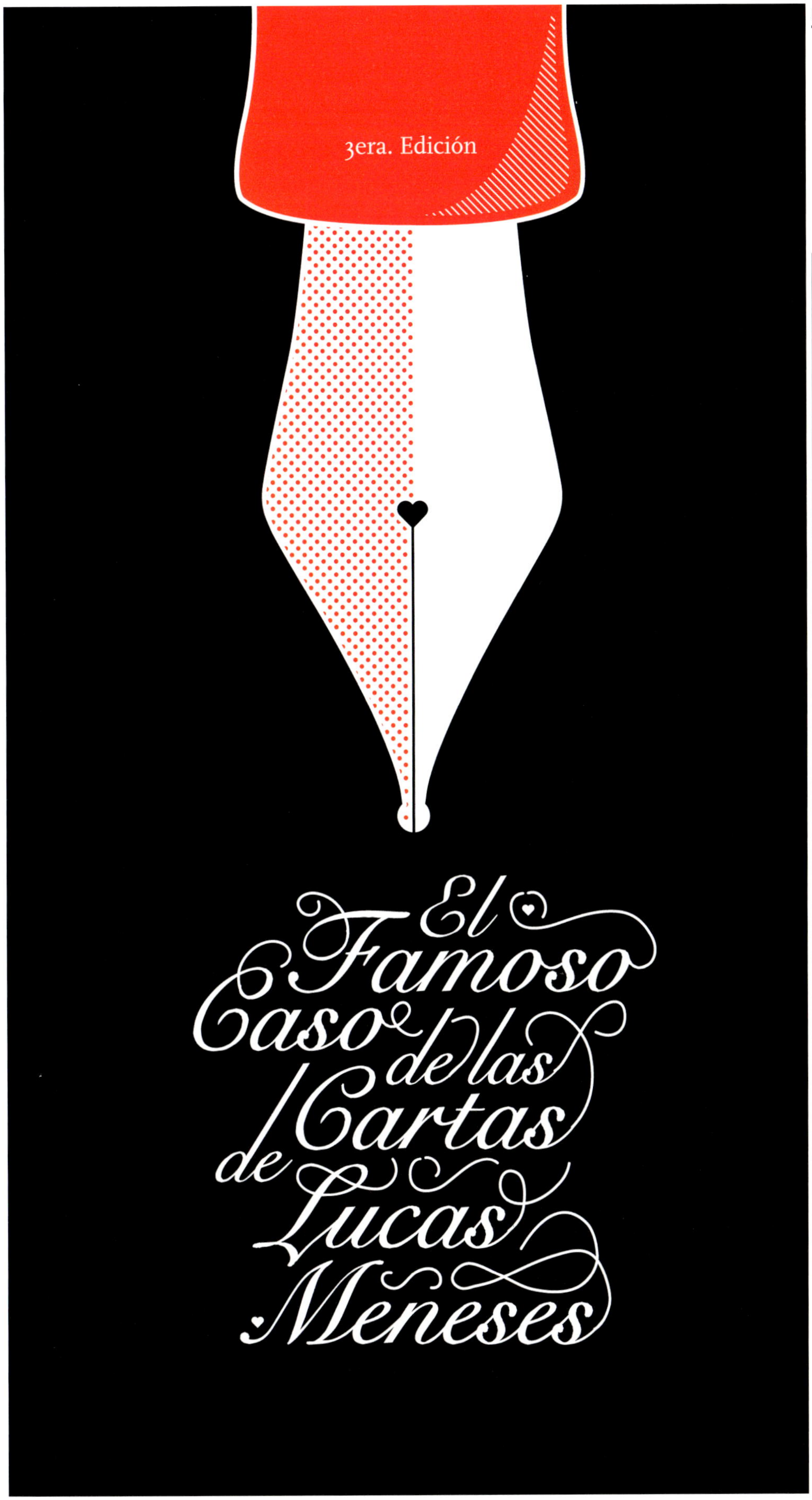

El Famoso Caso.
2009.

Cover design for a published novel *El Famoso Caso de las Cartas de Lucas Meneses.*

Client: Maya
Studio: Modo
Author: Alexander Wright

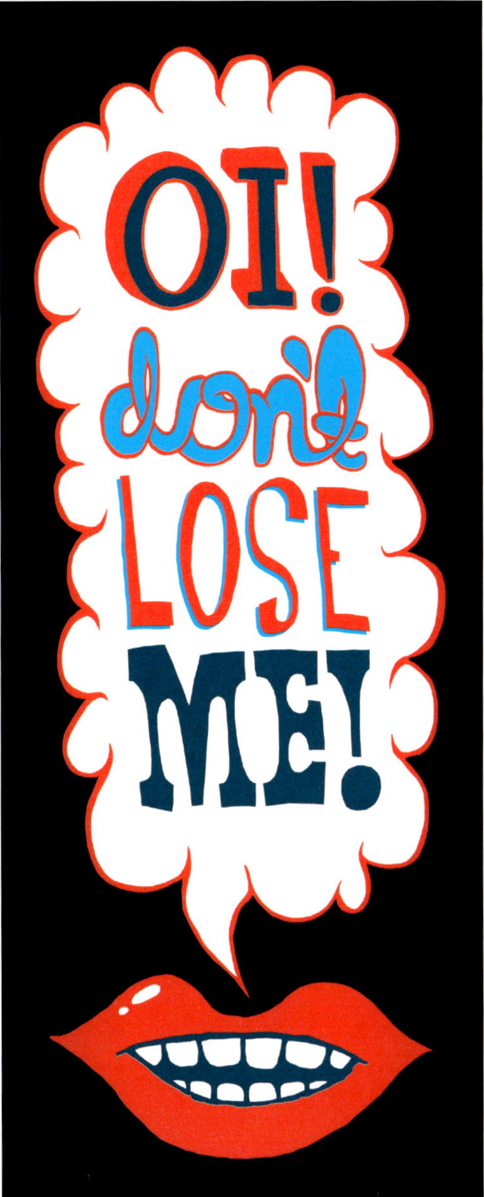

Oi!
2008.

Proposal for a men's wallet.

Client: Unchaste
Studio: Modo
Author: Alexander Wright

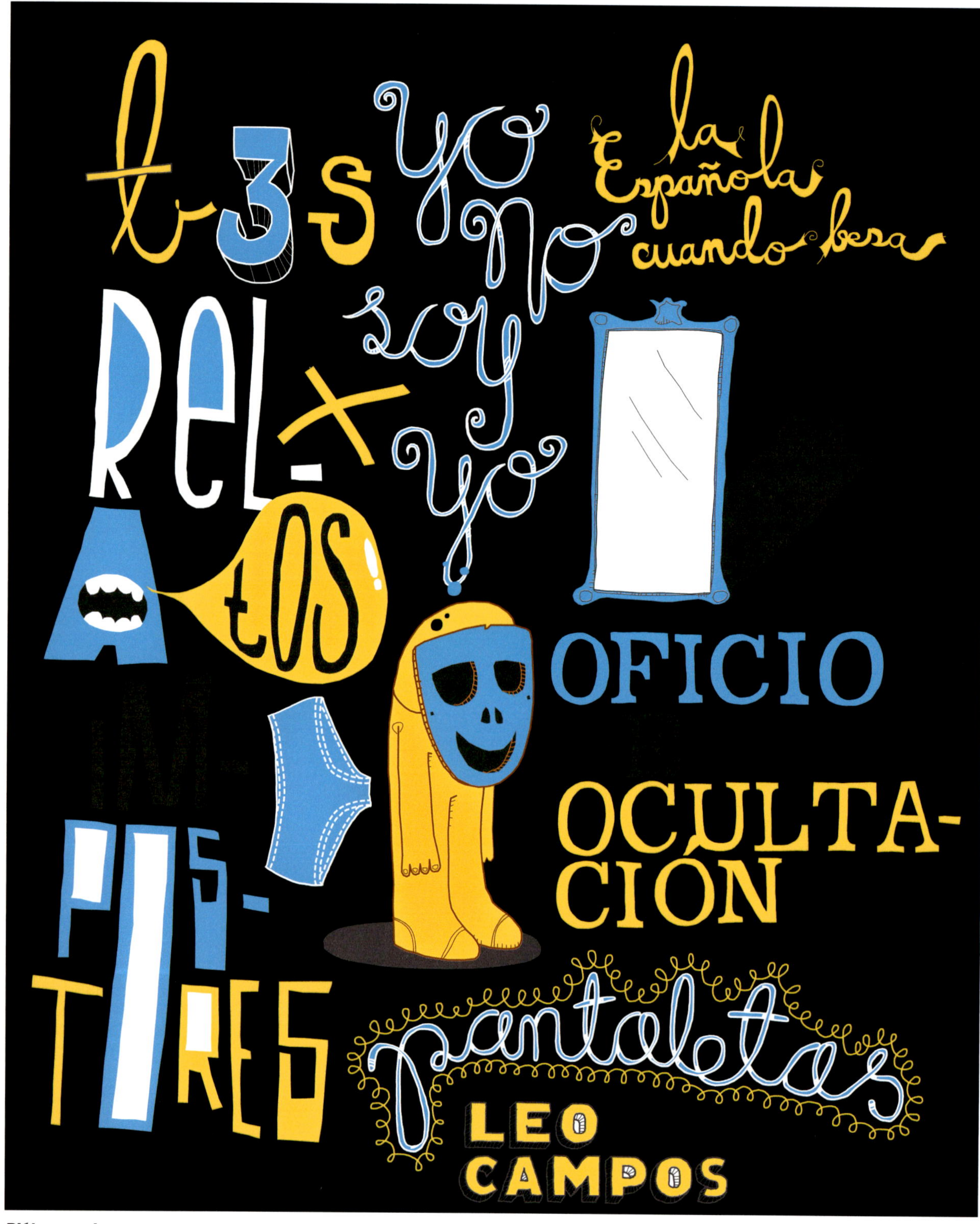

Plátanoverde.
2008–2009.

Various illustrations and type works for
***Plátanoverde* magazine.**

Client: *Plátanoverde*
Studio: Modo
Author: Alexander Wright

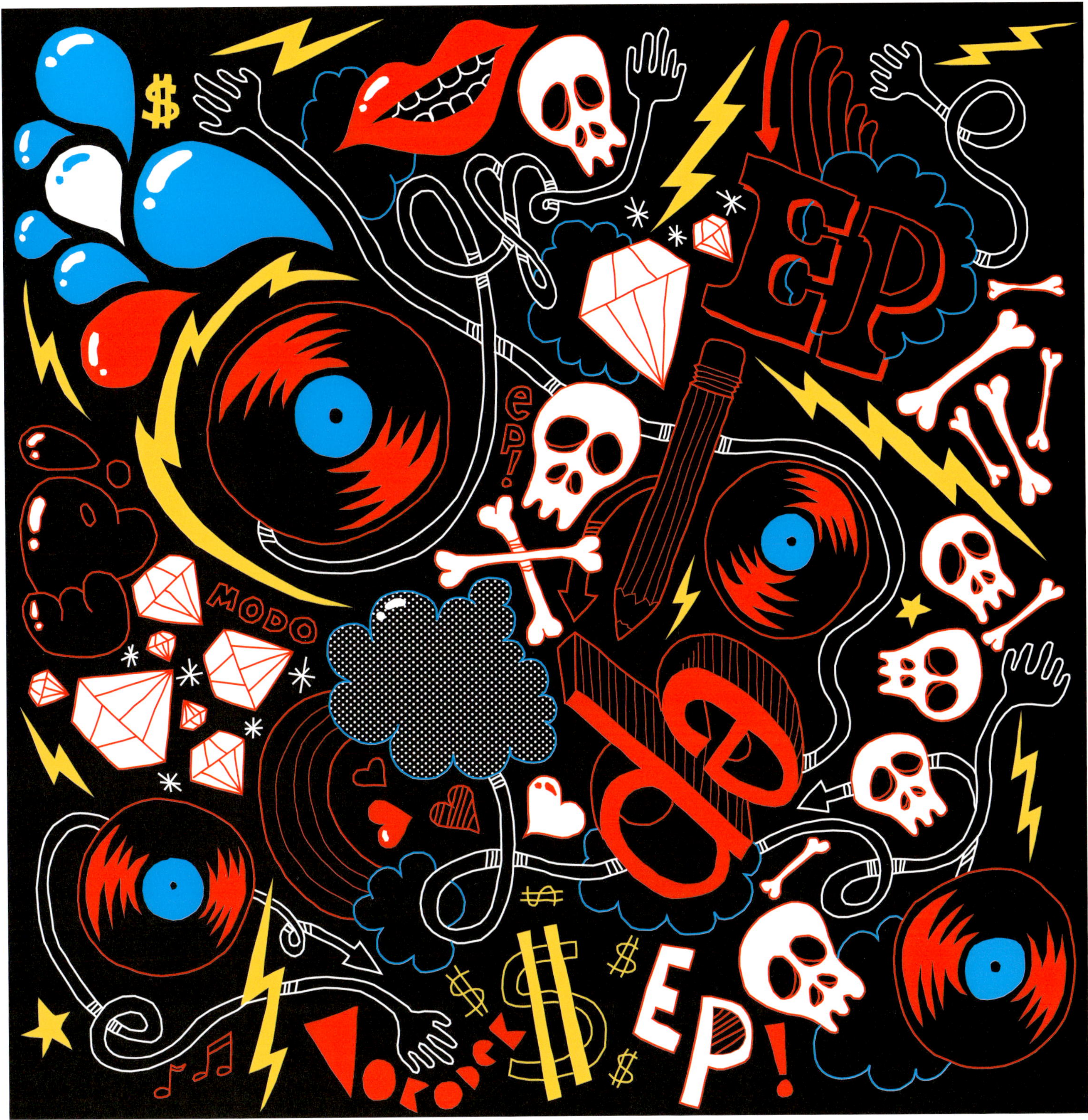

Vokodek EP.

2008.

Cover for Vokodek's digital releases.

Client: Vokodek Music
Studio: Modo
Author: Alexander Wright

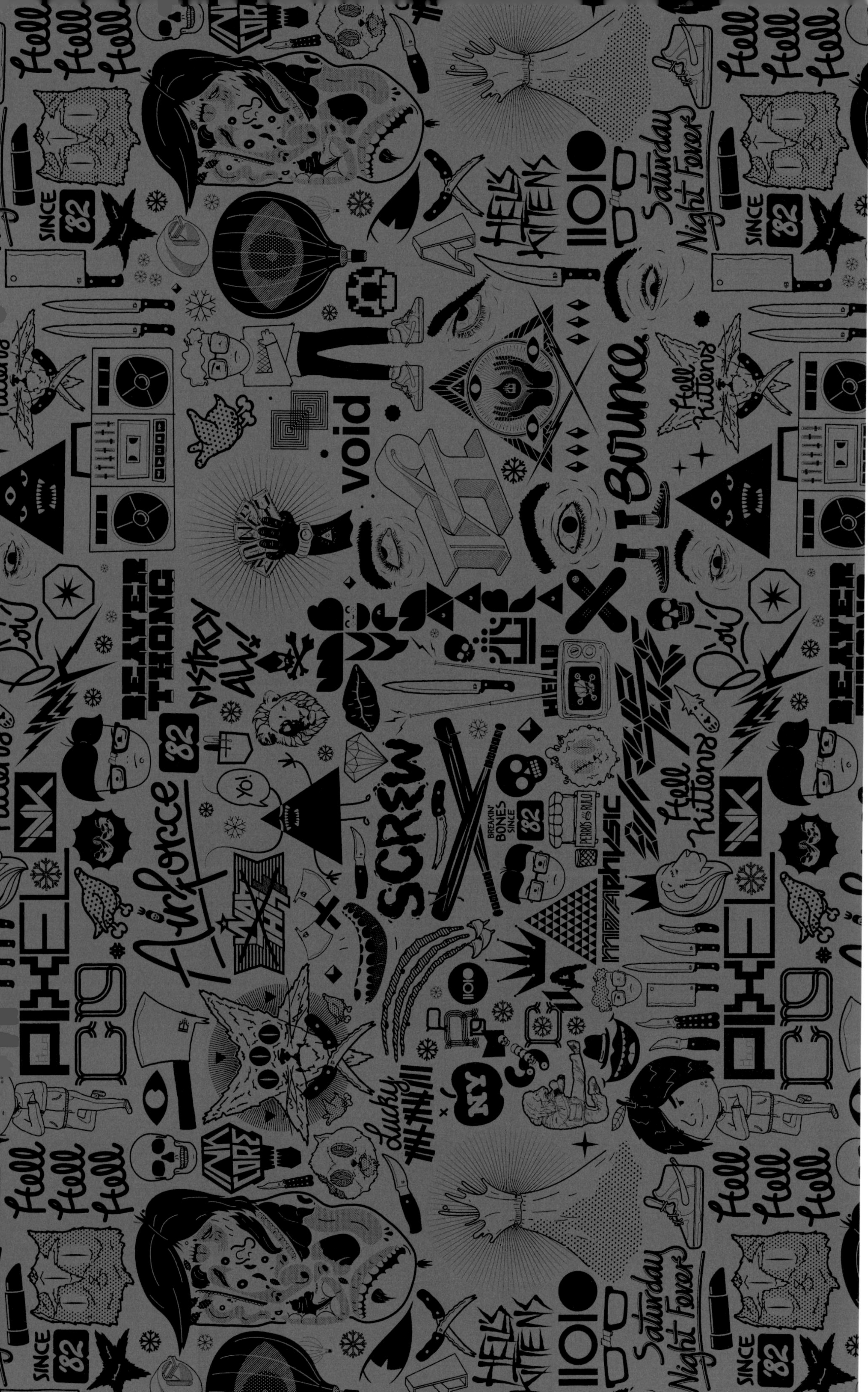

Ultramash PurpleLove.
2010.

A compilation of elements from works made in late 2009, originally created for all-over-printed shirts as part of an exposition in Japan.

Author: Inkclear/Inkcore

Various logos and
typographic works.
2007–2010.

Various logos
created over the past
three years.

Client: Various
Author: Yker Moreno

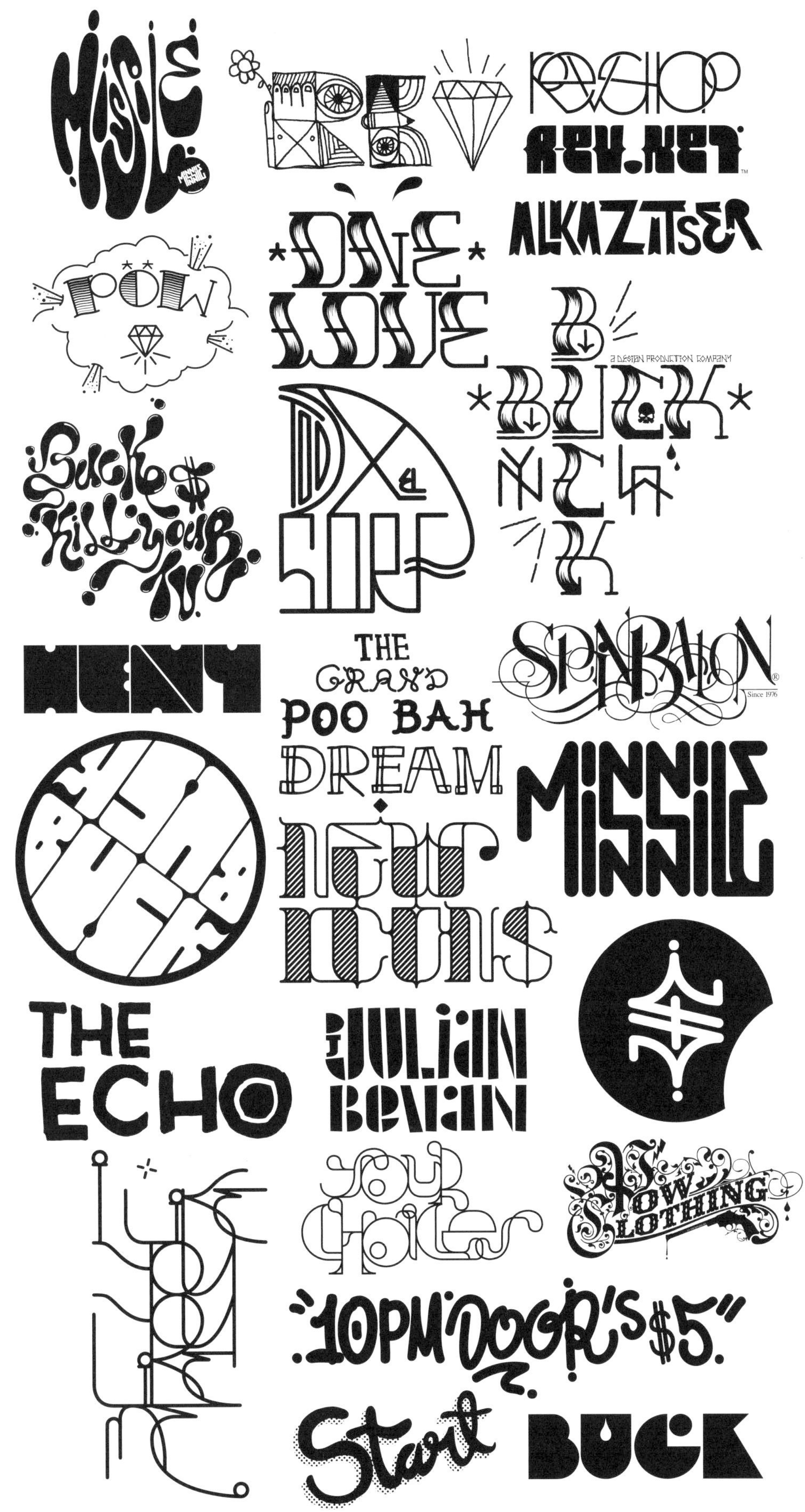

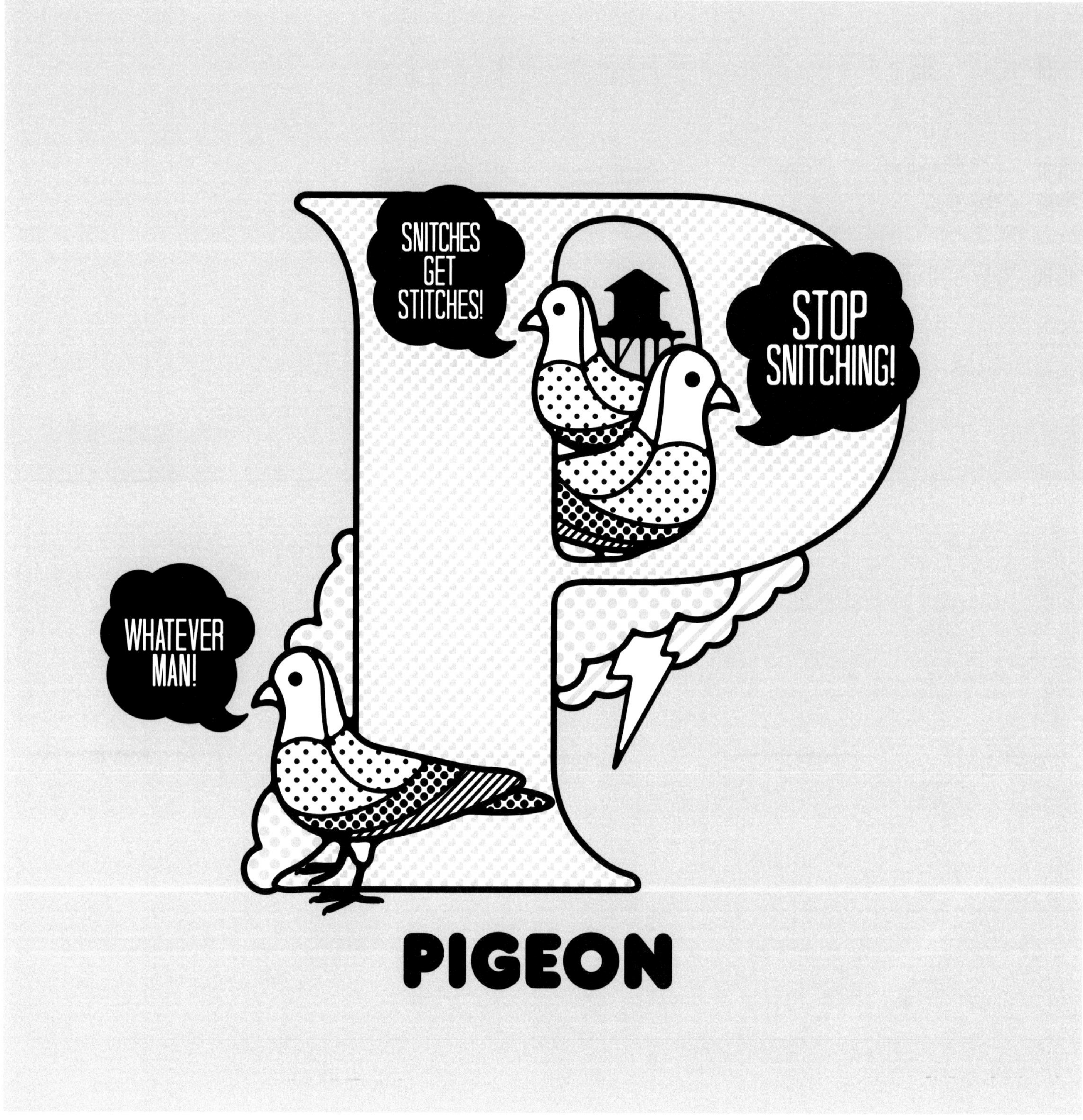

Better Known as Brooklyn.
2007.

**Better Known as Brooklyn alphabet: Screenprint 12 x 12 cm curated by
Sixpack at Lazy Dog Gallery, Paris, France 2007.**

Studio: Razauno
Author: Max Vogel

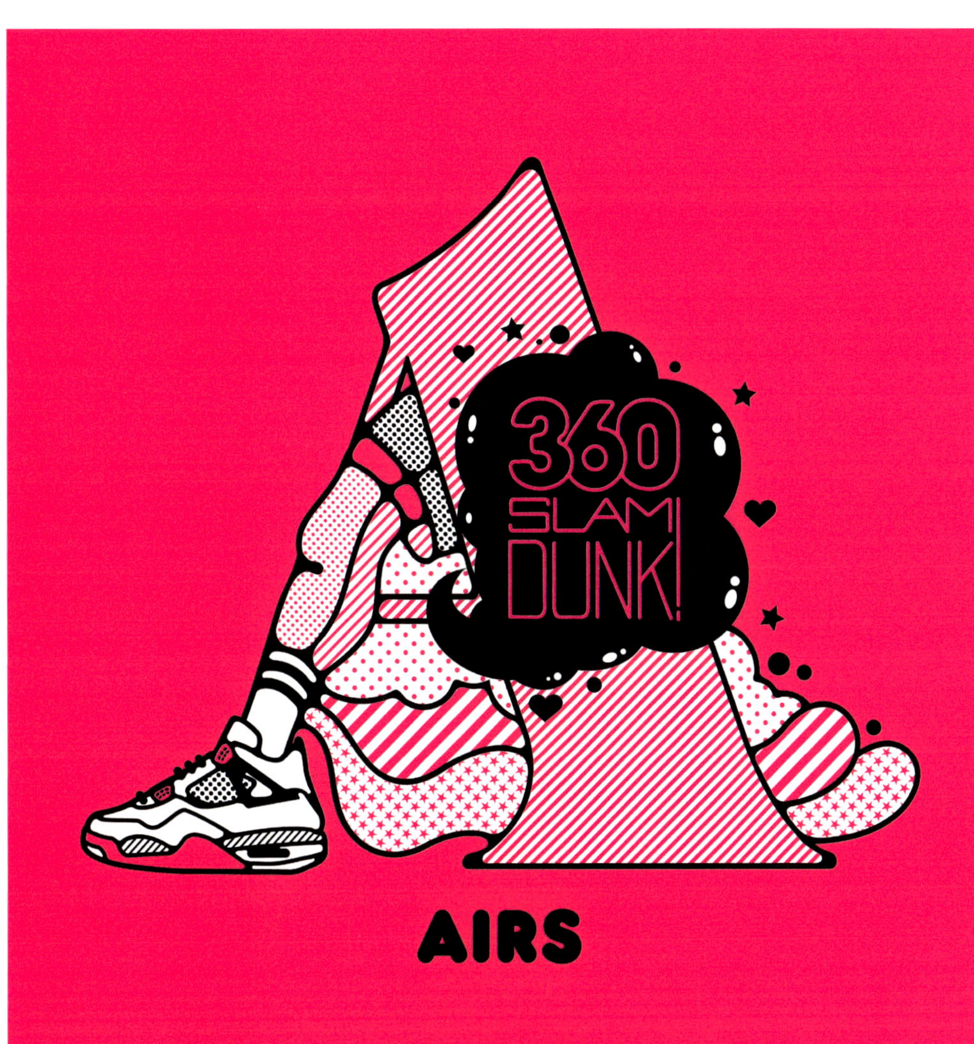

AIRS

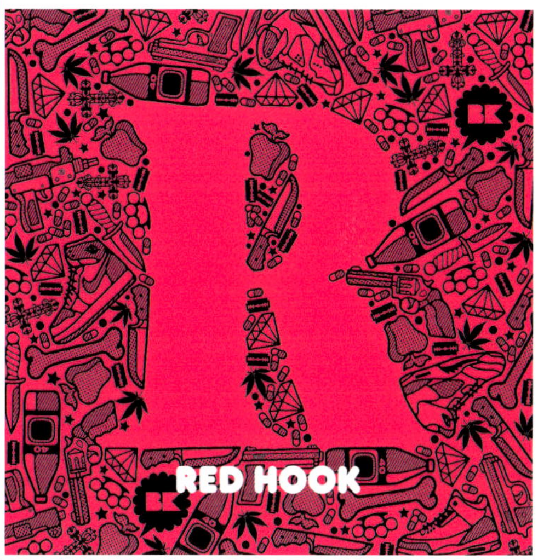

RED HOOK

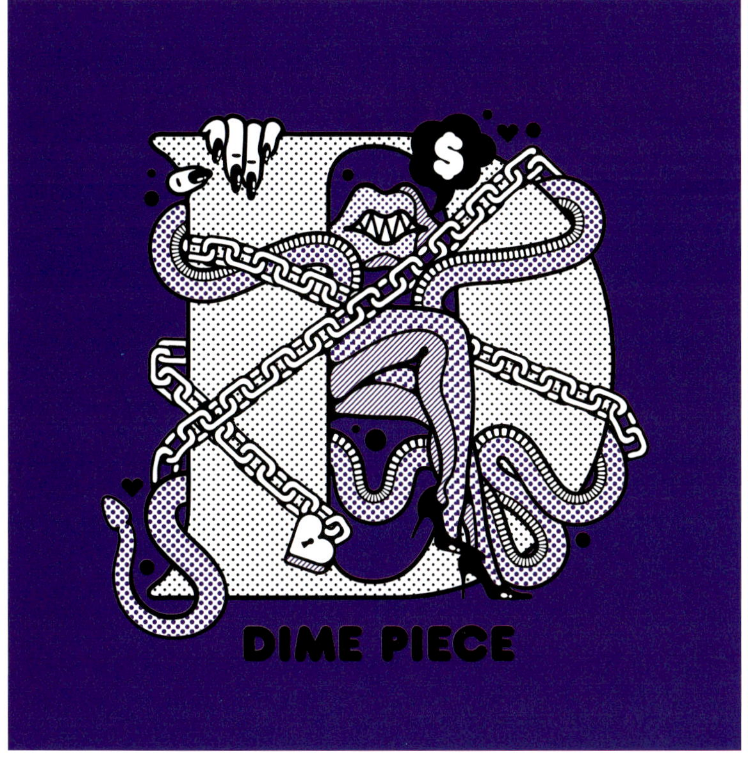

DIME PIECE

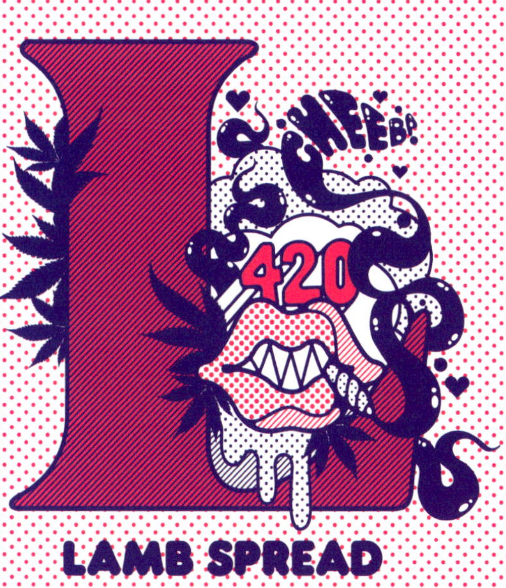

LAMB SPREAD

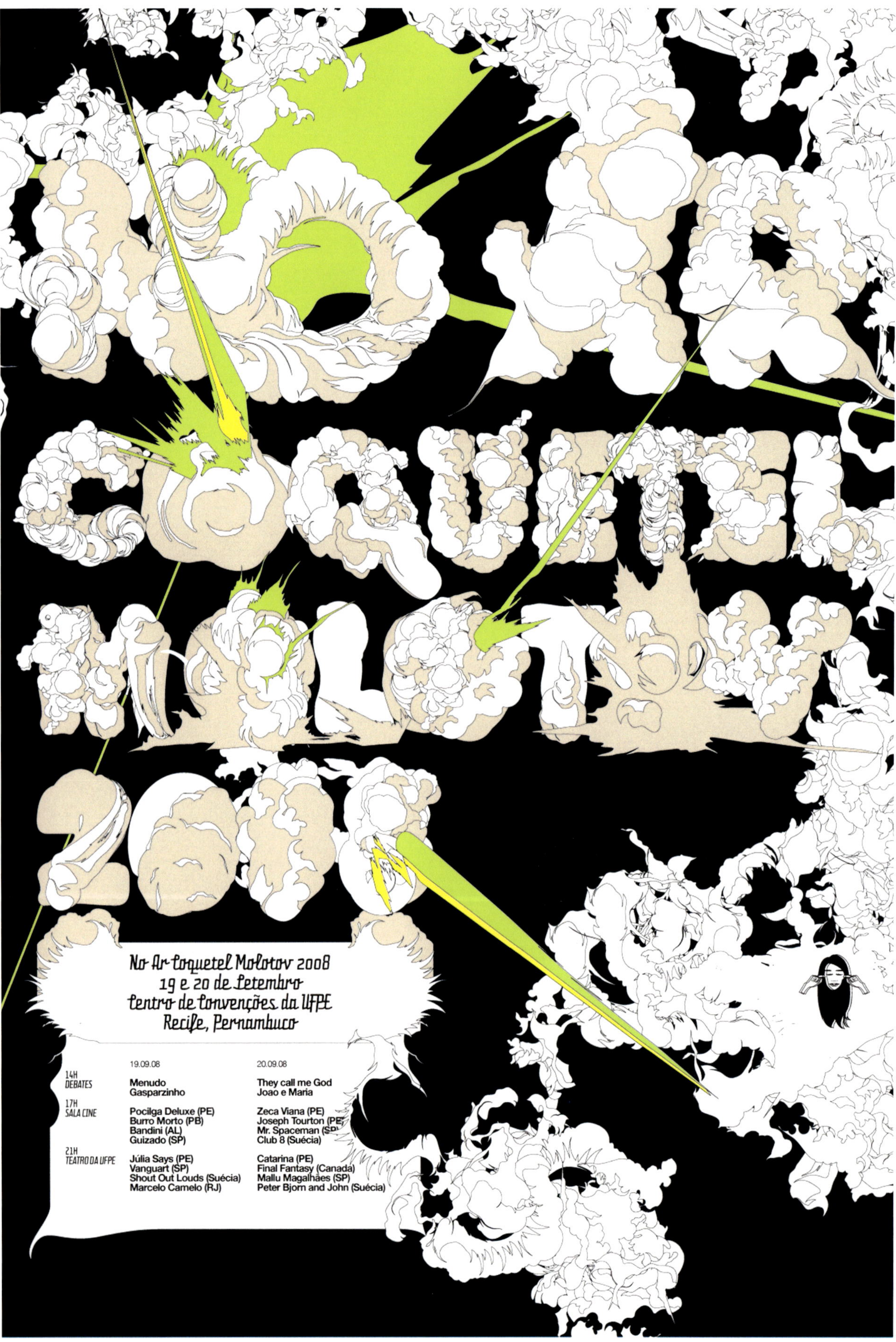

Poster for No Ar Coquetel Molotov Festival. *2008.*

Explosions of words made out of smoke rendered in a manga-style cover this poster for the 2008 edition of the biggest independent rock festival in Brazil.

Client: Coquetel Molotov
Author: Molho
Direction and design: Marcelo García
Production: Molho

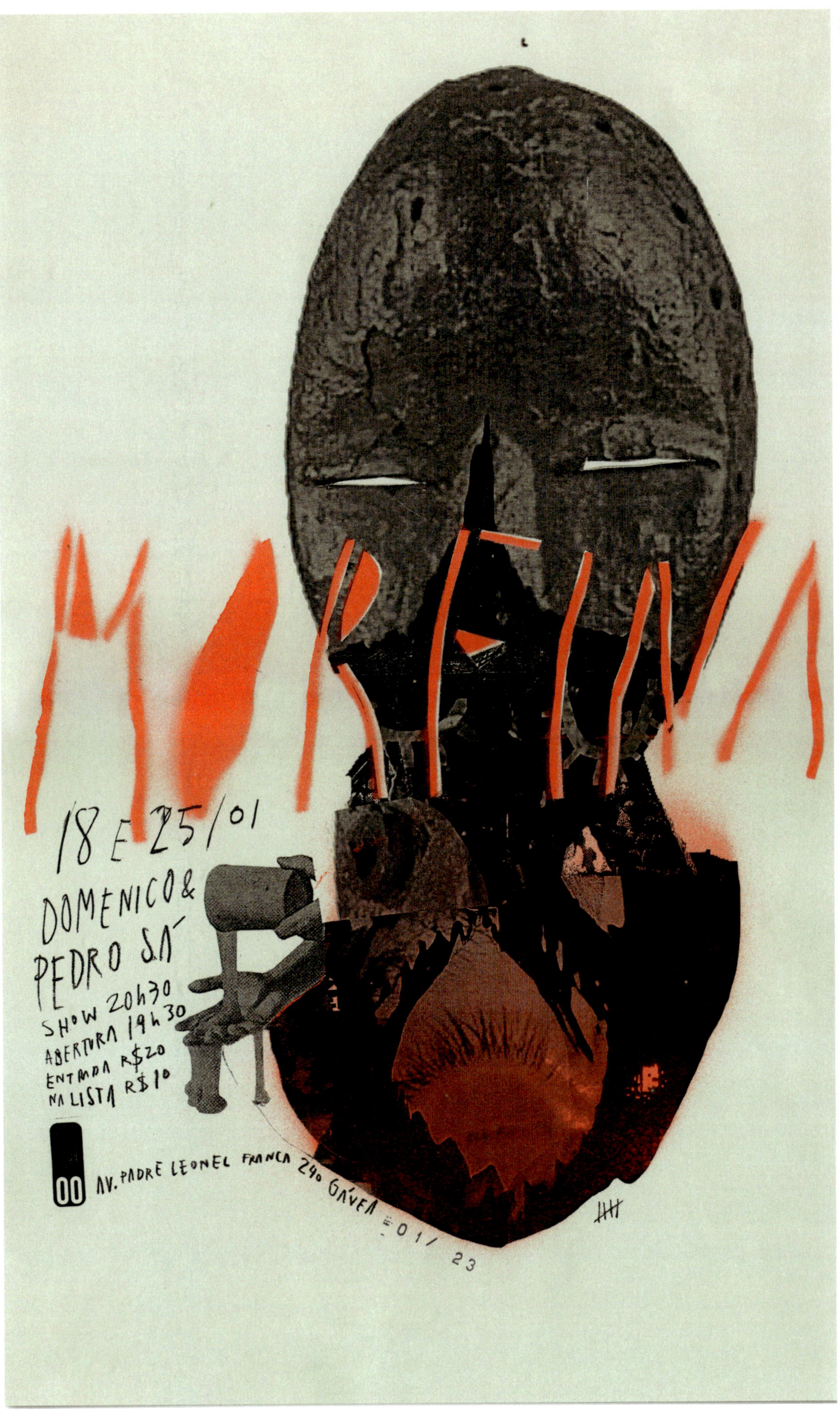

Morfina.
2010.

Poster for the Morfina summer show series. The imagery was based on the hot, damp, and wild Rio de Janeiro summer. The first edition presents Domenico and Pedro Sá

Client: Morfina
Author: Quinta-feira

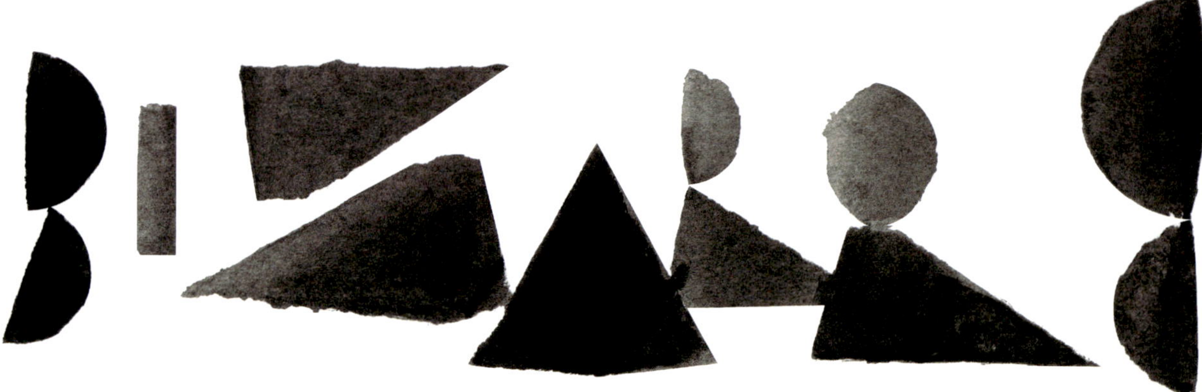

Bizarre logo.
2008.

Logo for Bizarre, an events production company based in São Paulo, Brazil.

Client: Bizarre
Author: Quinta-feira

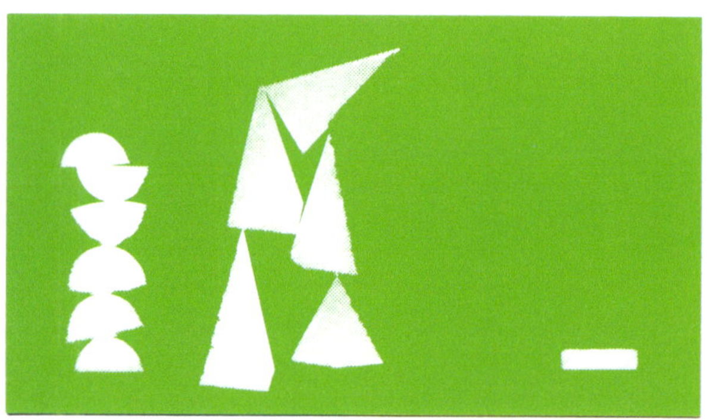

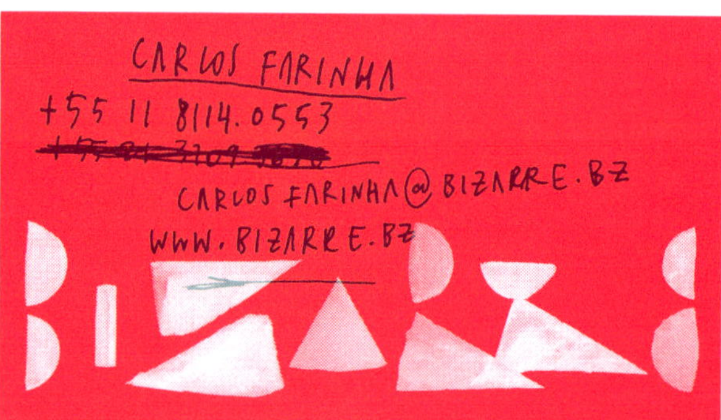

Bizarre business cards.
2008.

Business cards for Bizarre, an events production company based in São Paulo, Brazil.

Client: Bizarre
Author: Quinta-feira

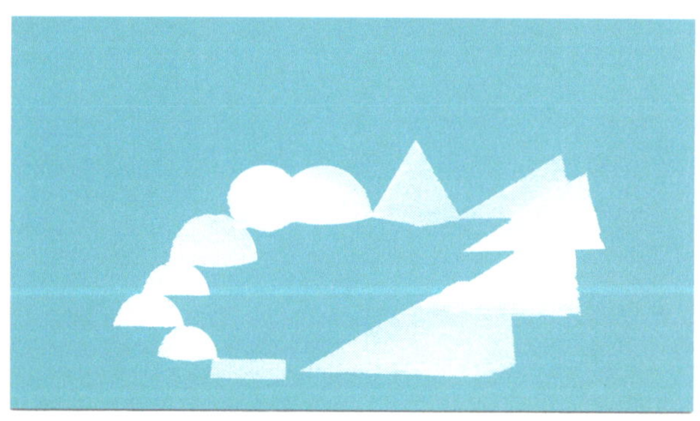

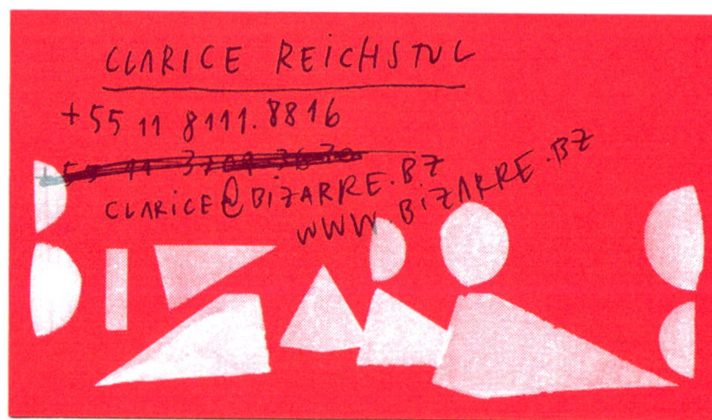

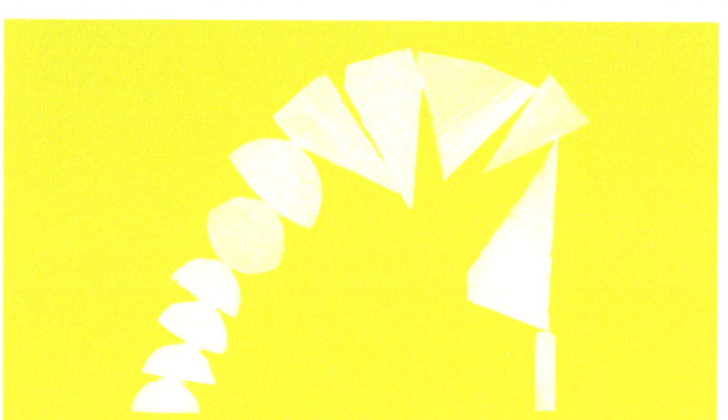

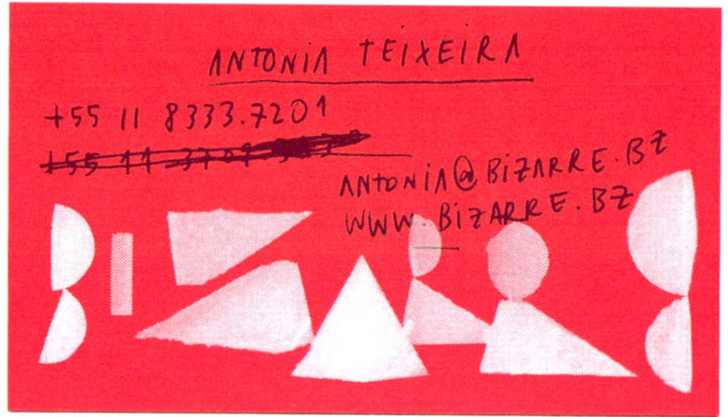

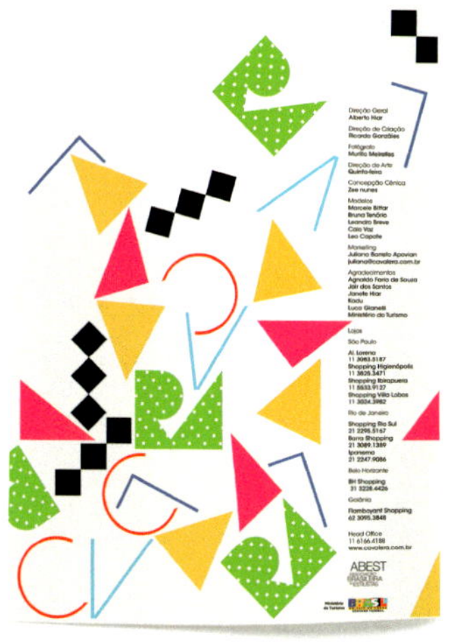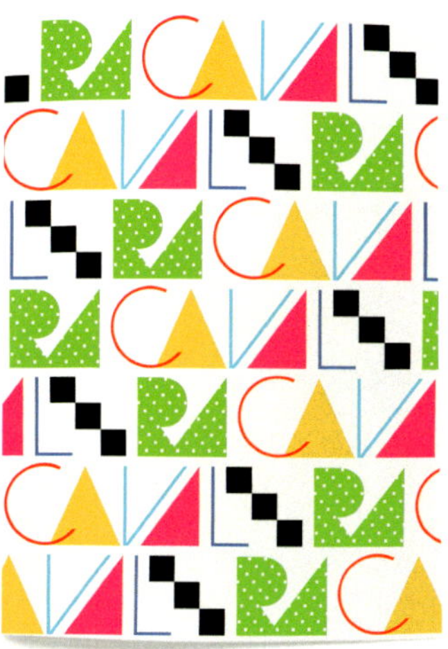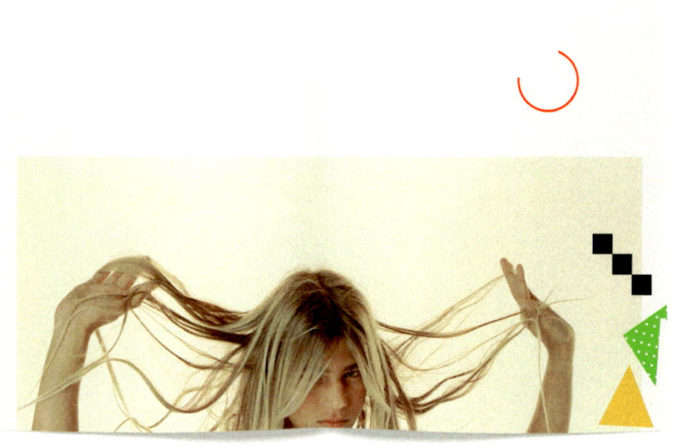

Cavalera SS catalog.
2006.

Cavalera Spring/Summer catalog made out of a single paper sheet.

Client: Cavalera
Author: Quinta-feira
Photography: Murillo Meirelles

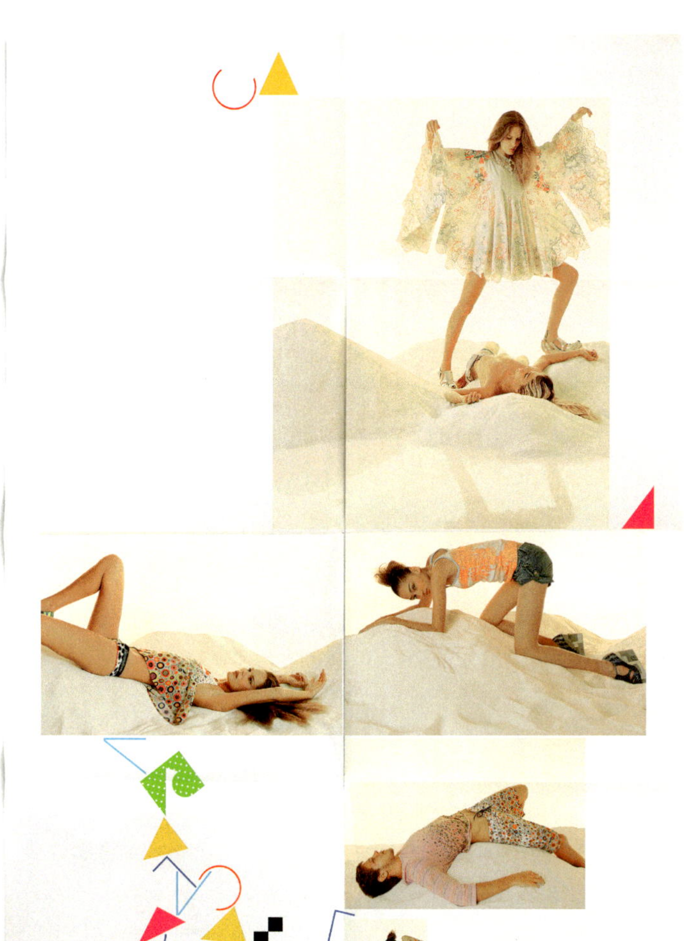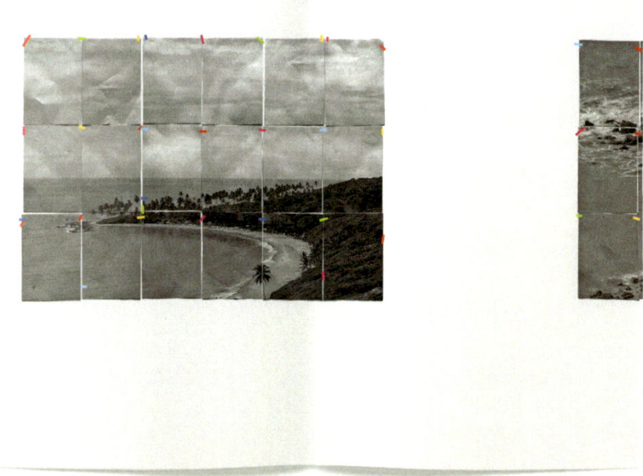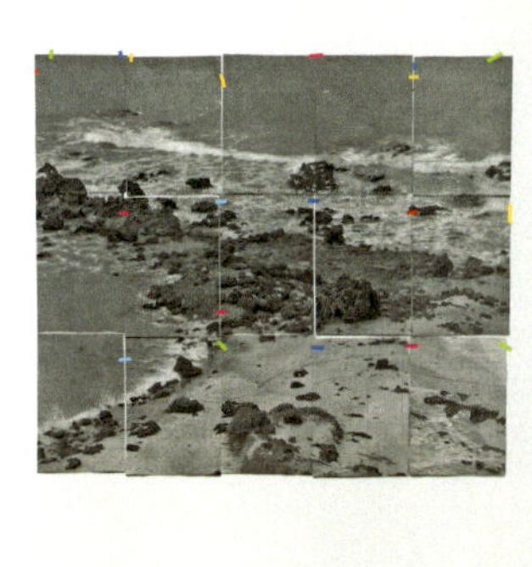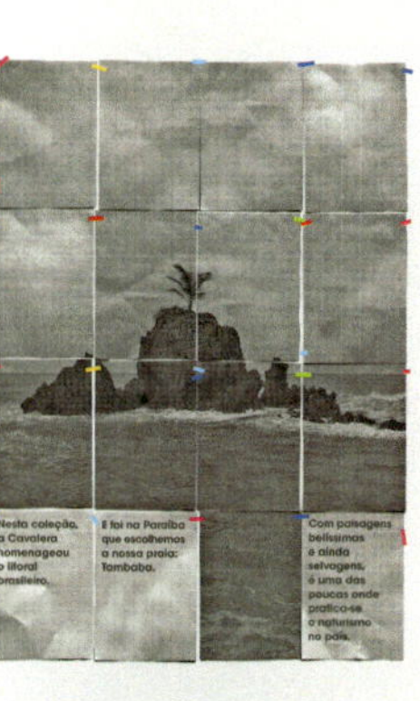

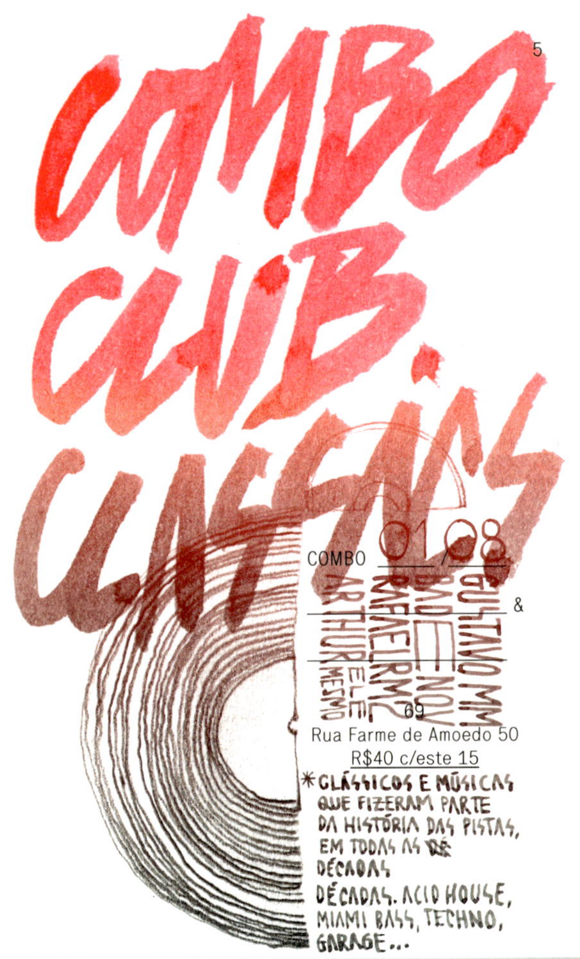

Combo flyers.

2008.

Flyers for the Combo party. Images of things in pairs.

Client: Combo
Author: Quinta-feira

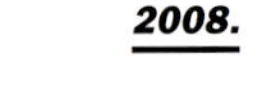

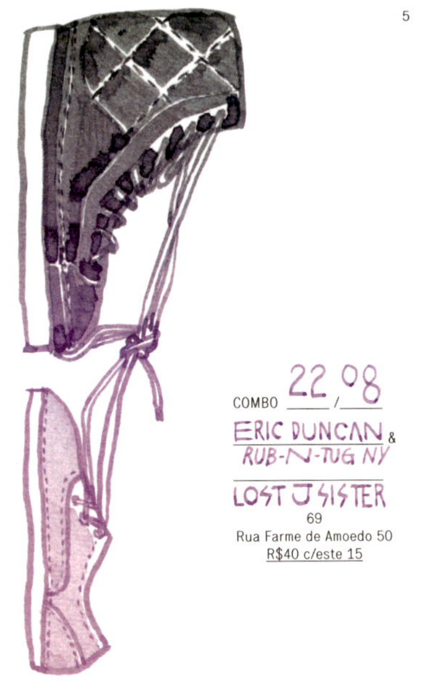

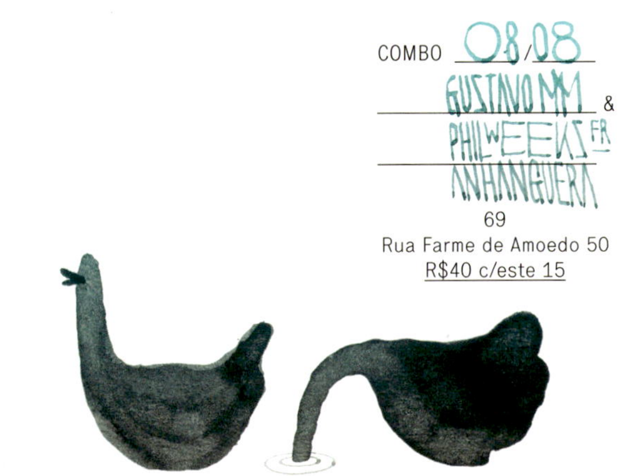

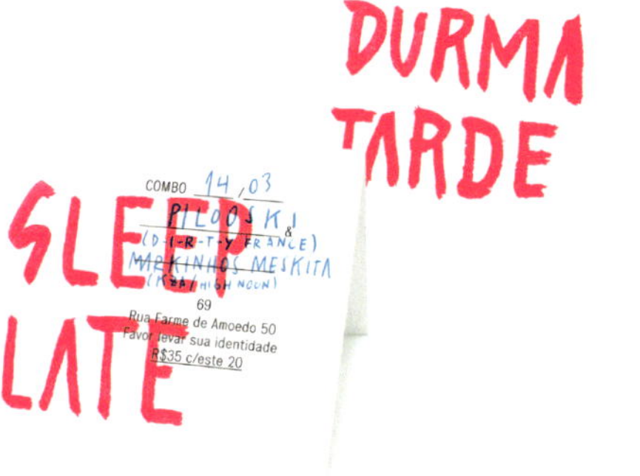

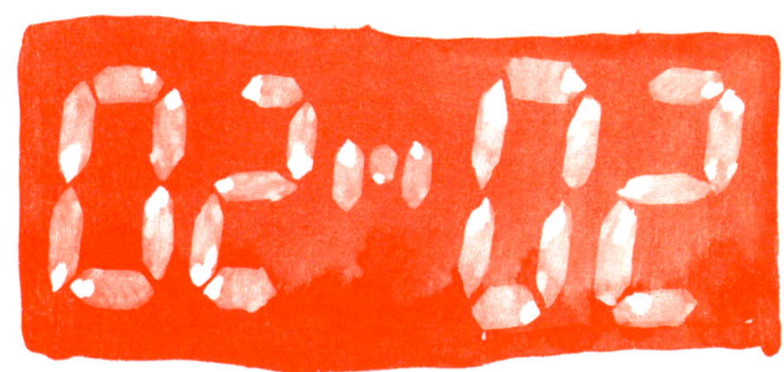

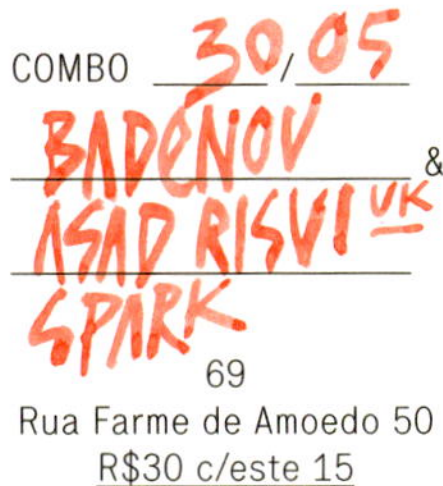

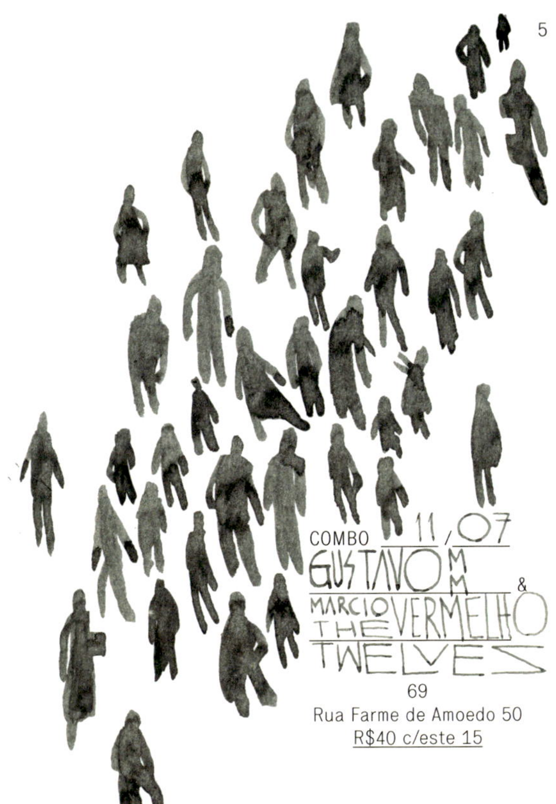

Combo flyers.
_2008._

Flyers for the Combo party.
Images of things in pairs.

Client: Combo
Author: Quinta-feira

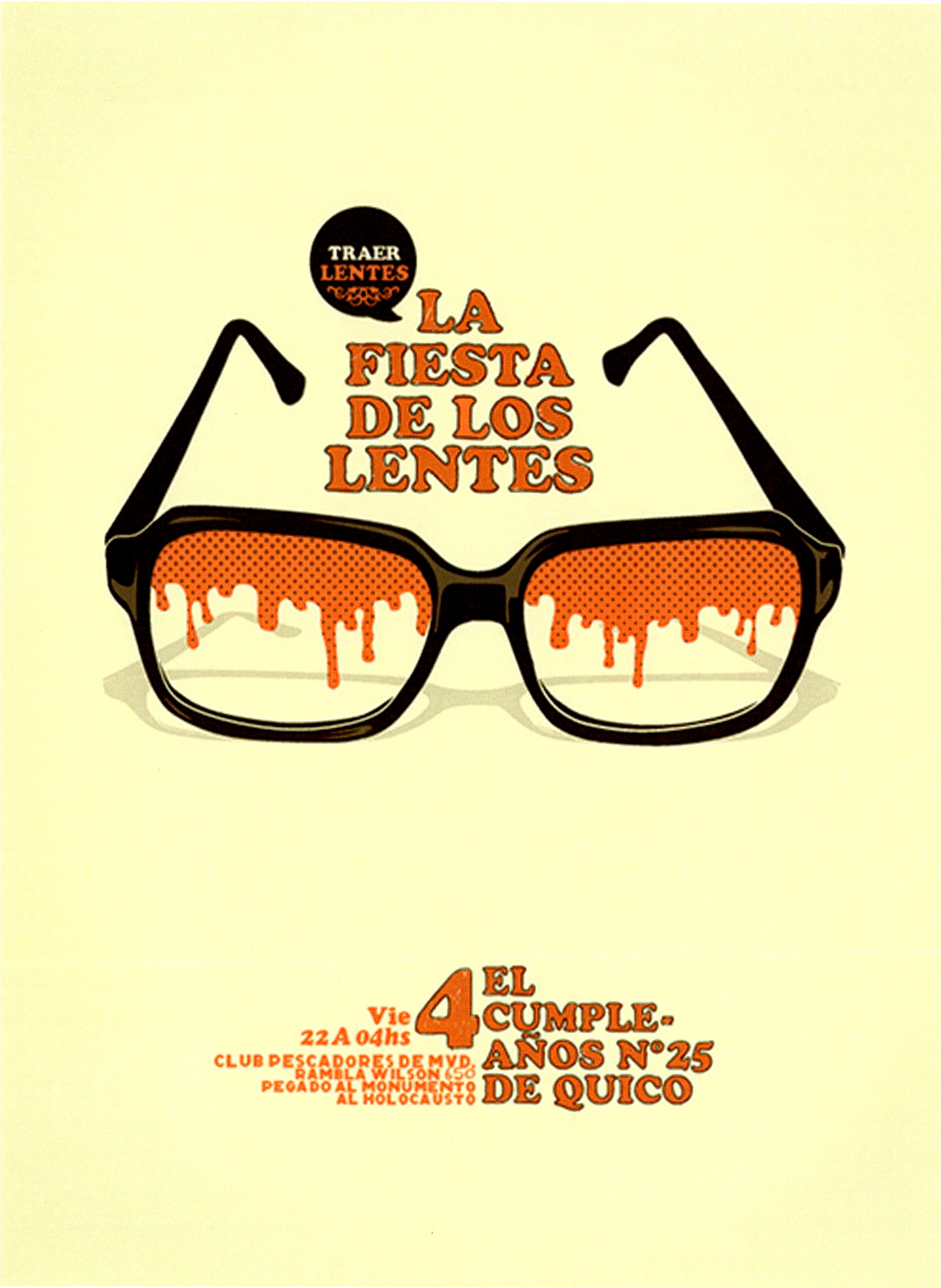

Lentes.
2009.

Invitation for a birthday party.

Author: Gutiërrez

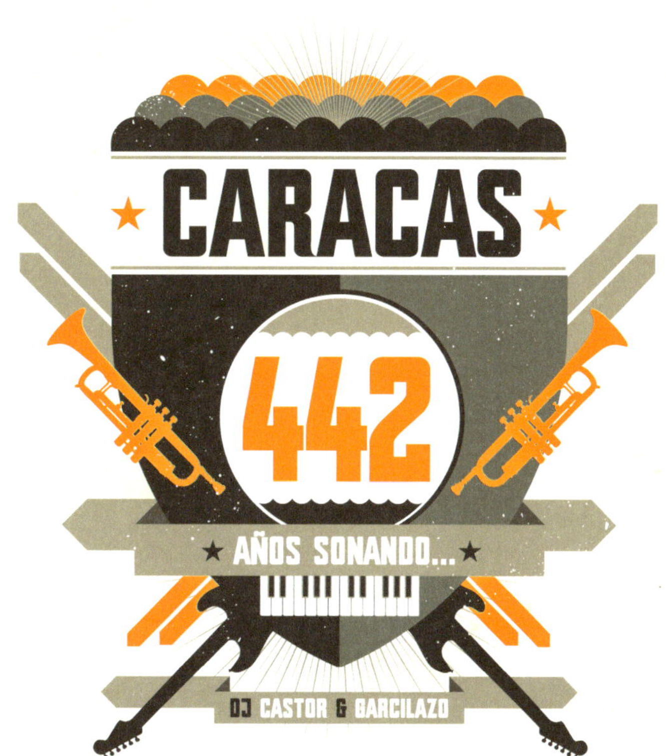

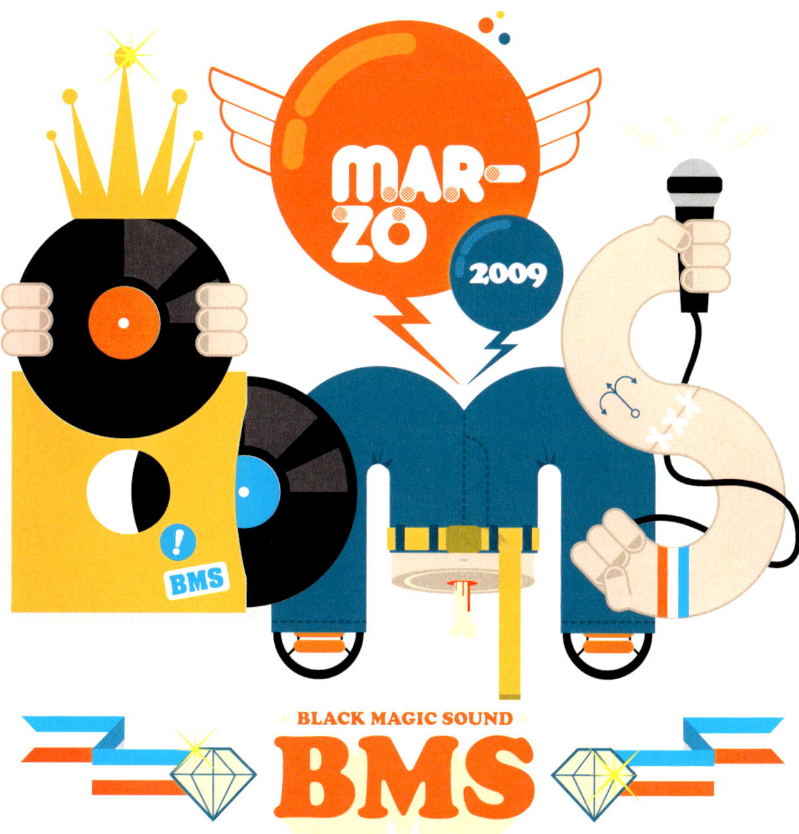

442.
2009.

CD cover for a release to celebrate Caracas' 442nd birthday.

Client: Mayoralty of Chacao
Studio: Modo
Author: Alexander Wright

BMS.
2009.

Flyer illustration for a local party.

Client: BMS
Studio: Modo
Author: Alexander Wright

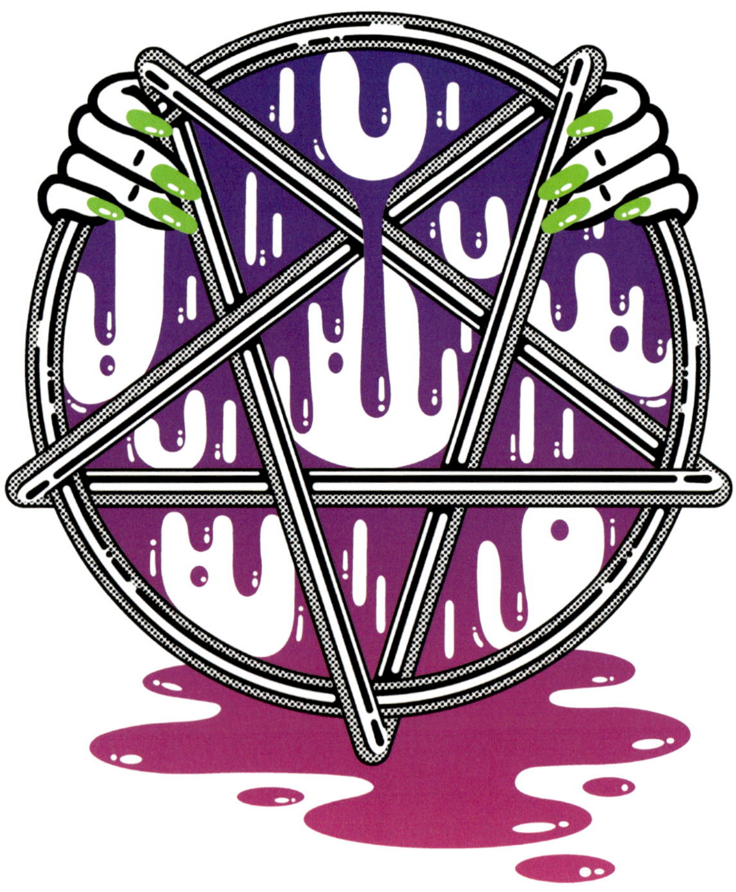

666.

2009.

Mini capsule created for the French clothing brand Sixpack France.

Client: Sixpack France
Studio: Razauno
Author: Max Vogel

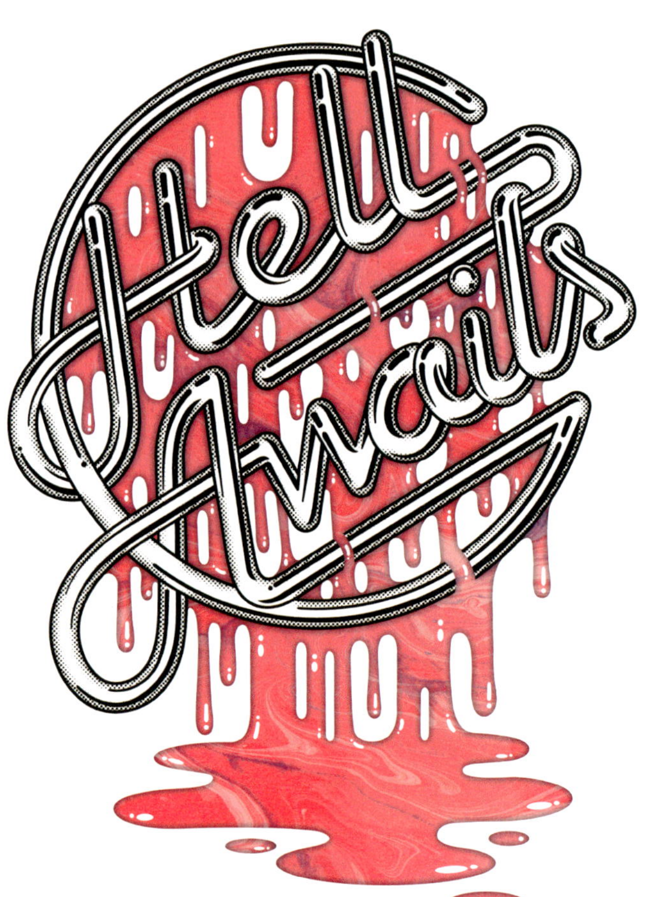

Hell Awaits.

2010.

Poster created for the Go Font Yourself art show in Australia.

Studio: Razauno
Author: Max Vogel

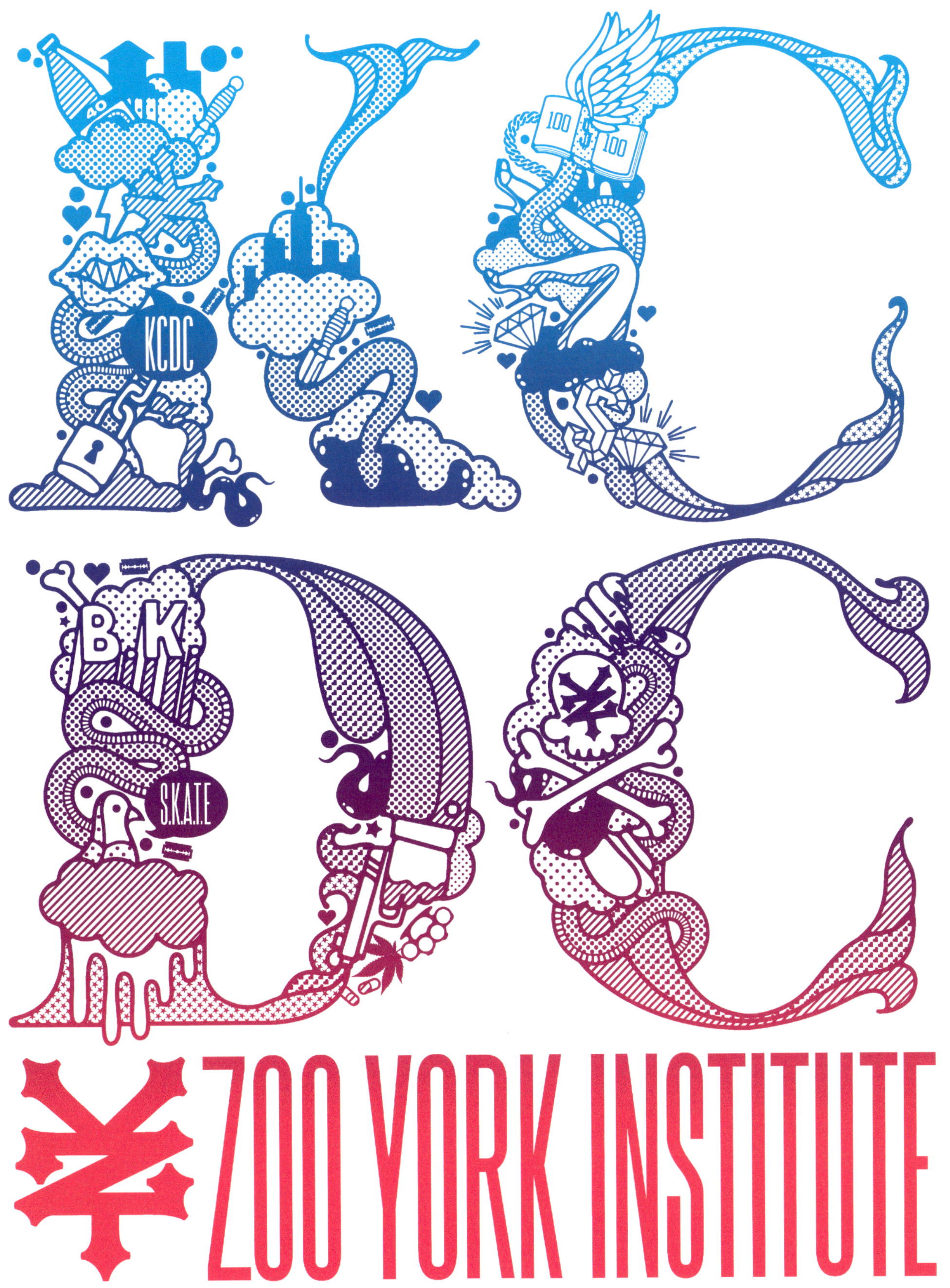

ZOO YORK INSTITUTE

**Zoo York X KCDC.
2008.**

**T-shirt design for Zoo
York in collaboration
with Brooklyn skate
shop KCDC.**

Client: Zoo York
Studio: Razauno
Author: Max Vogel
Art Direction: Kimou
Meyer (aka Grotesk)

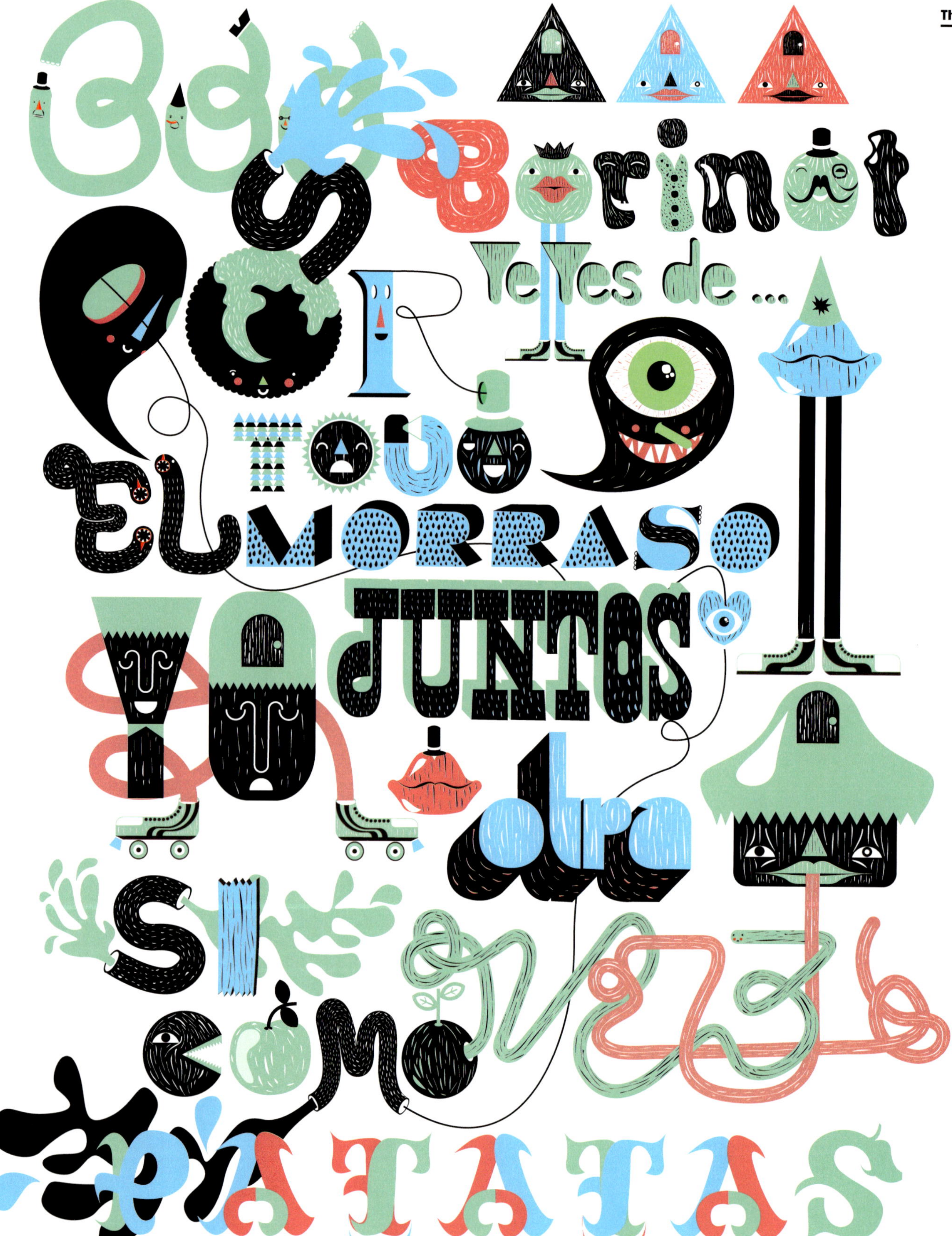

Things I heard on the street.
2008.

Illustration for the Urban Typography issue of *Iconographic* magazine.

Client: *Iconographic* magazine
Studio: Juntos otra vez
Author: Martín Allais

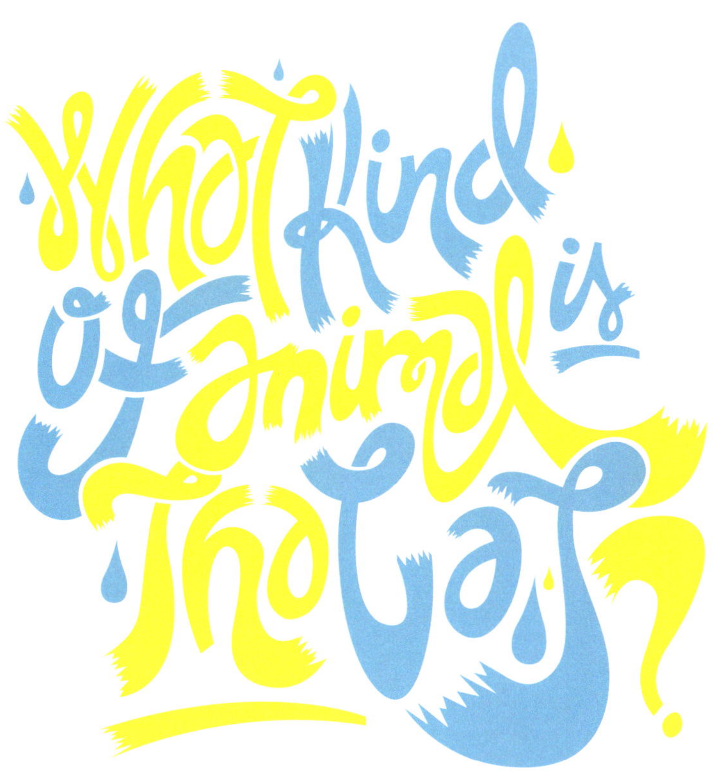

What kind of animal is tha cat?

2007.

T-shirt for Threads Or Dead.

Client: Threads Or Dead
Author: Yker Moreno
Credits: www.threadsordead.com.au

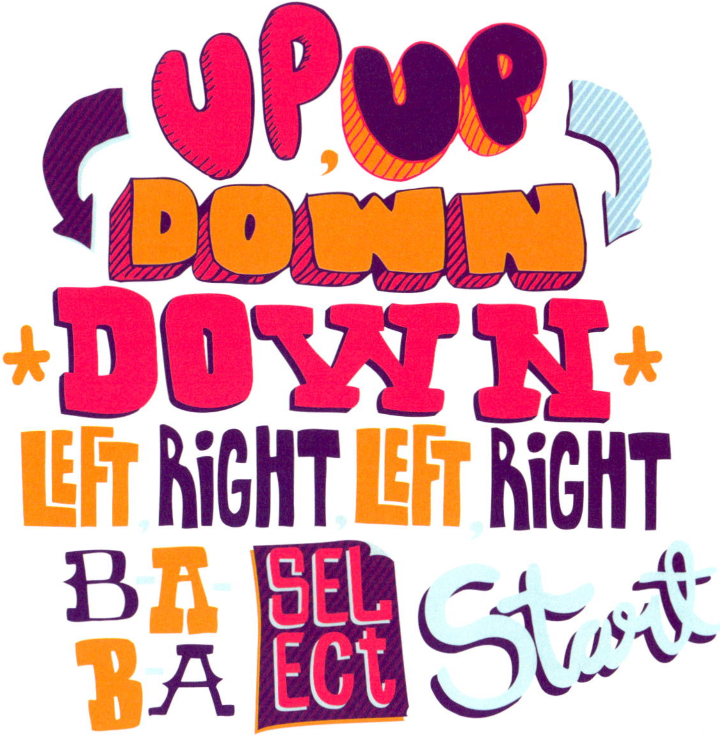

Contra.

2007.

Personal project.

Author: Yker Moreno

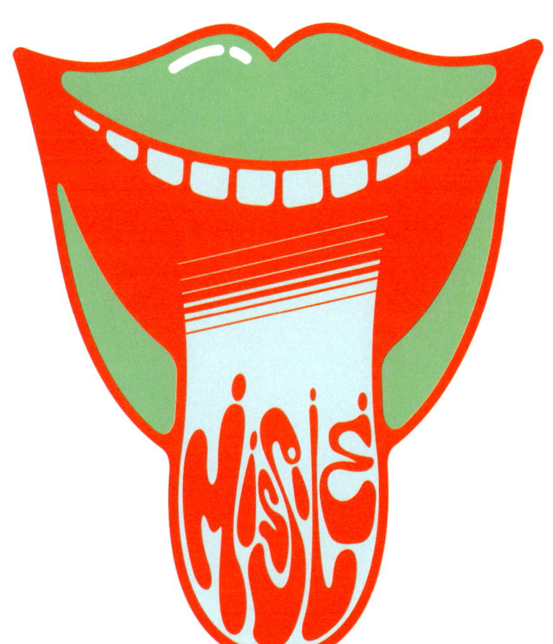

Missile tongue.

2009.

Missile Clothing T-shirt.

Client: Missile Clothing
Author: Yker Moreno

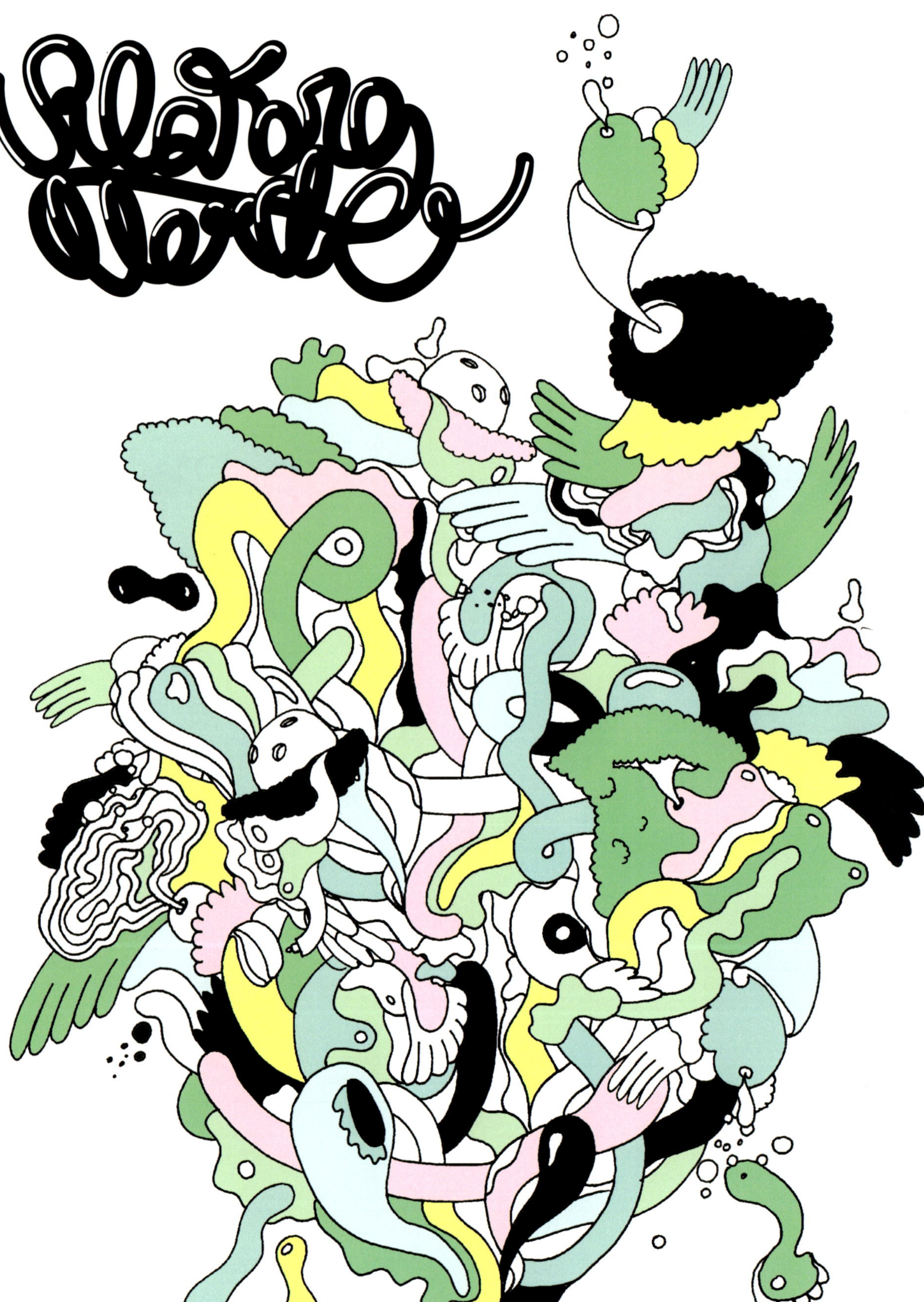

***Plátanoverde* magazine.**

2008.

Cover design and logo.

Client: *Plátanoverde*
Studio: Juntos otra vez
Author: Martín Allais

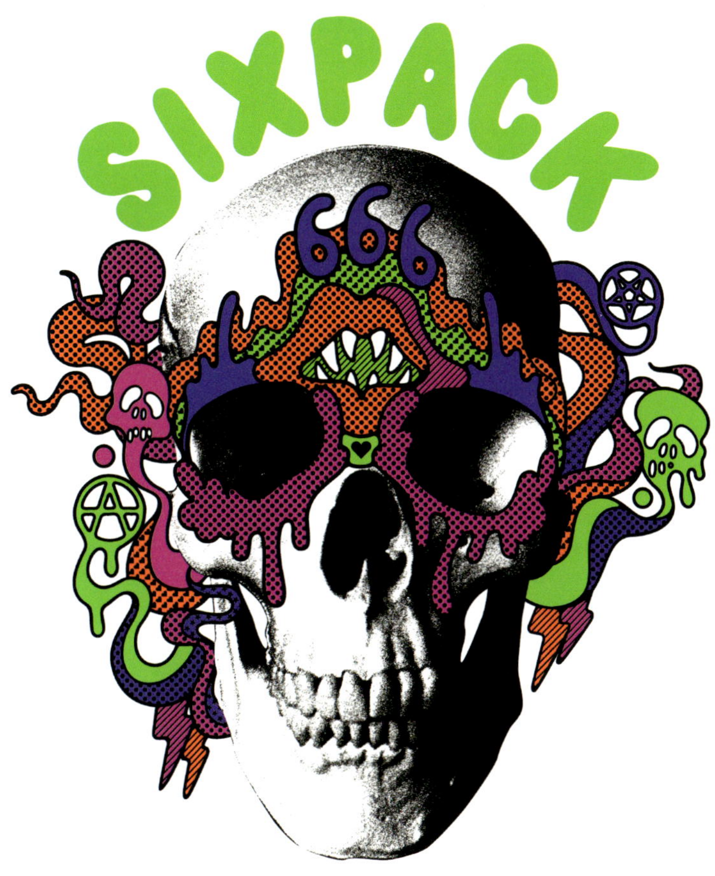

666.

2009.

Mini capsule created for the French clothing brand Sixpack France. All the designs were inspired by the Slayer album *Hell Awaits*.

Client: Sixpack France
Studio: Razauno
Author: Max Vogel

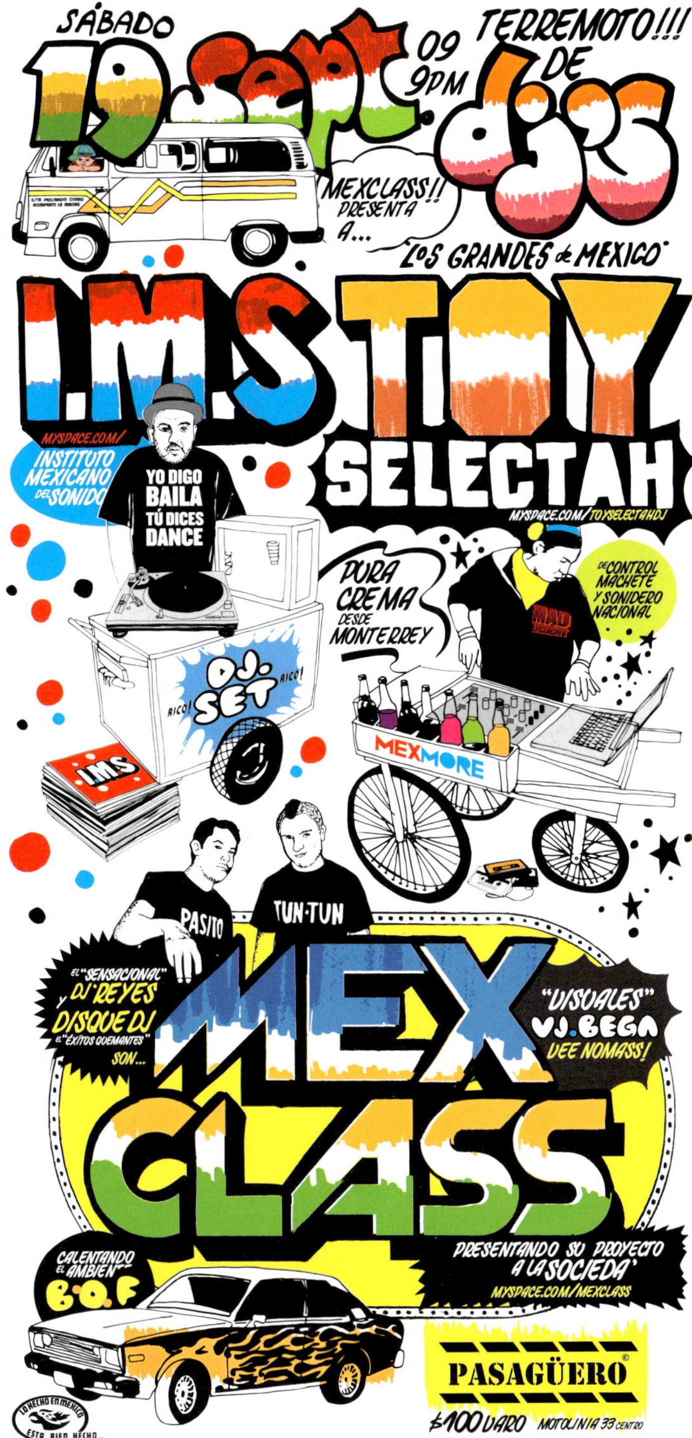

Earthquake of DJs.

2009.

The graphics were inspired by the signs painted on walls to announce group dances.

Client: MEXCLASS!
Author: Oscar Reyes

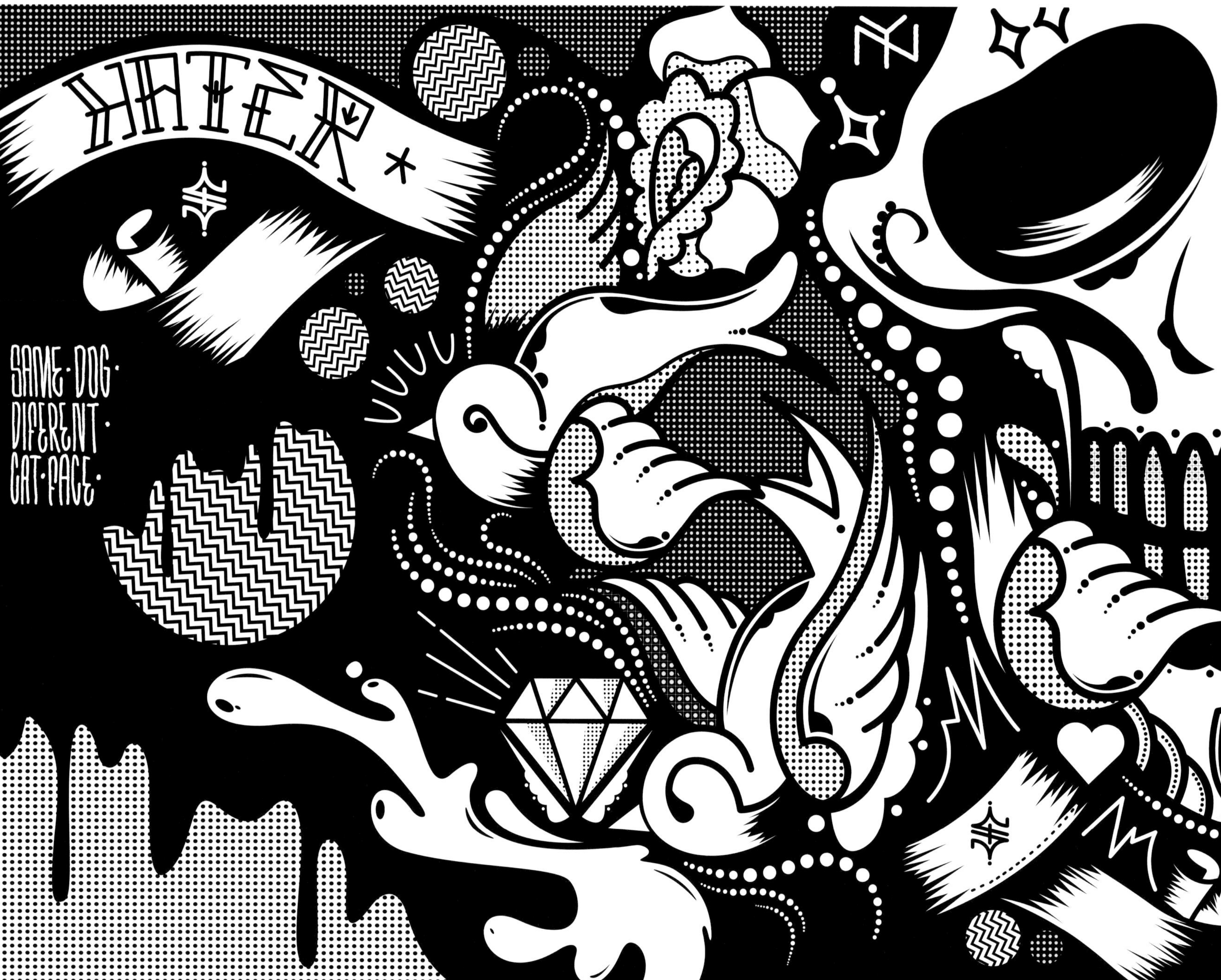

BigPow.

2008.

In-store installation graphic.

Client: Pow Clothing
Author: Yker Moreno

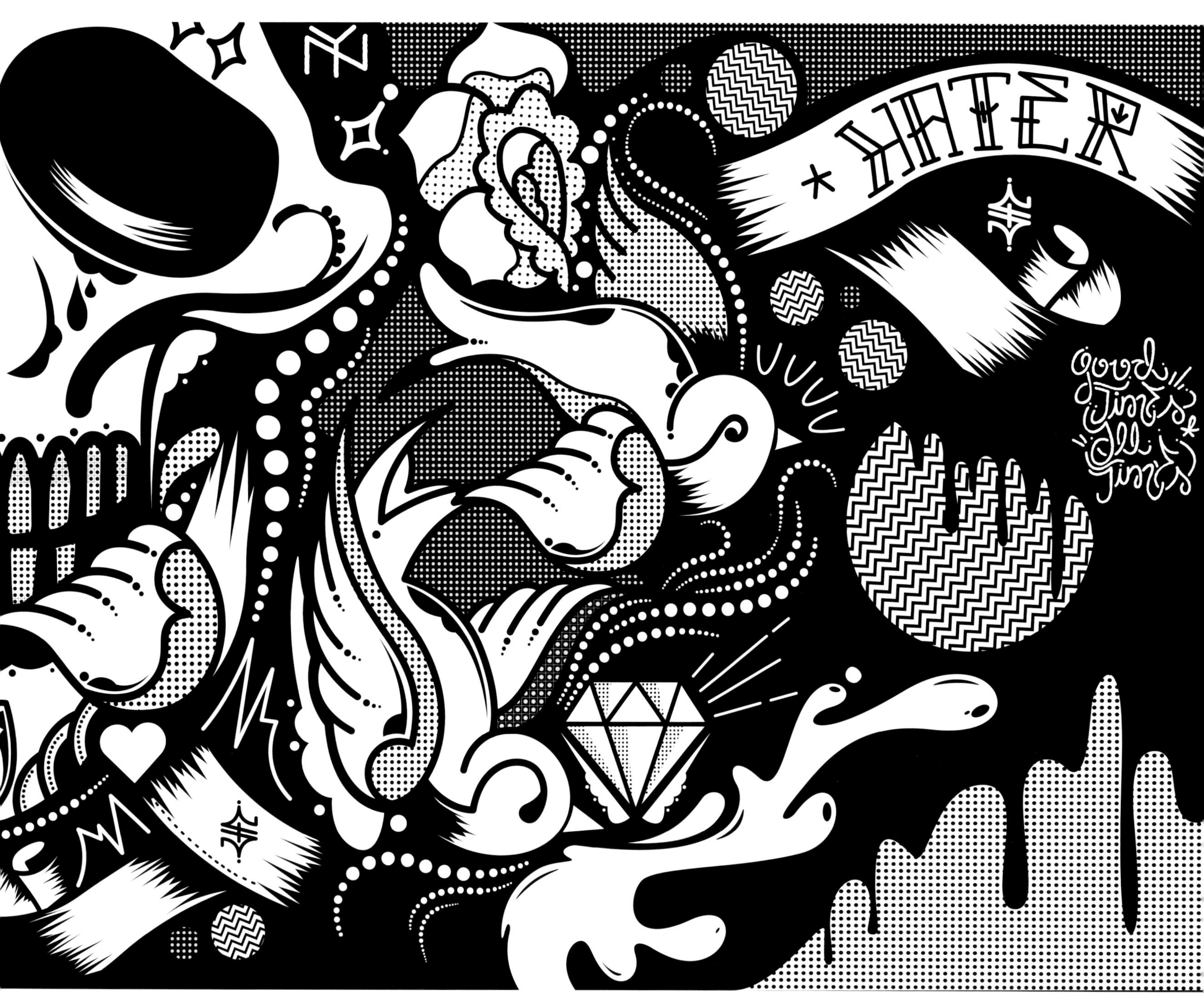

HATER
good times
all times

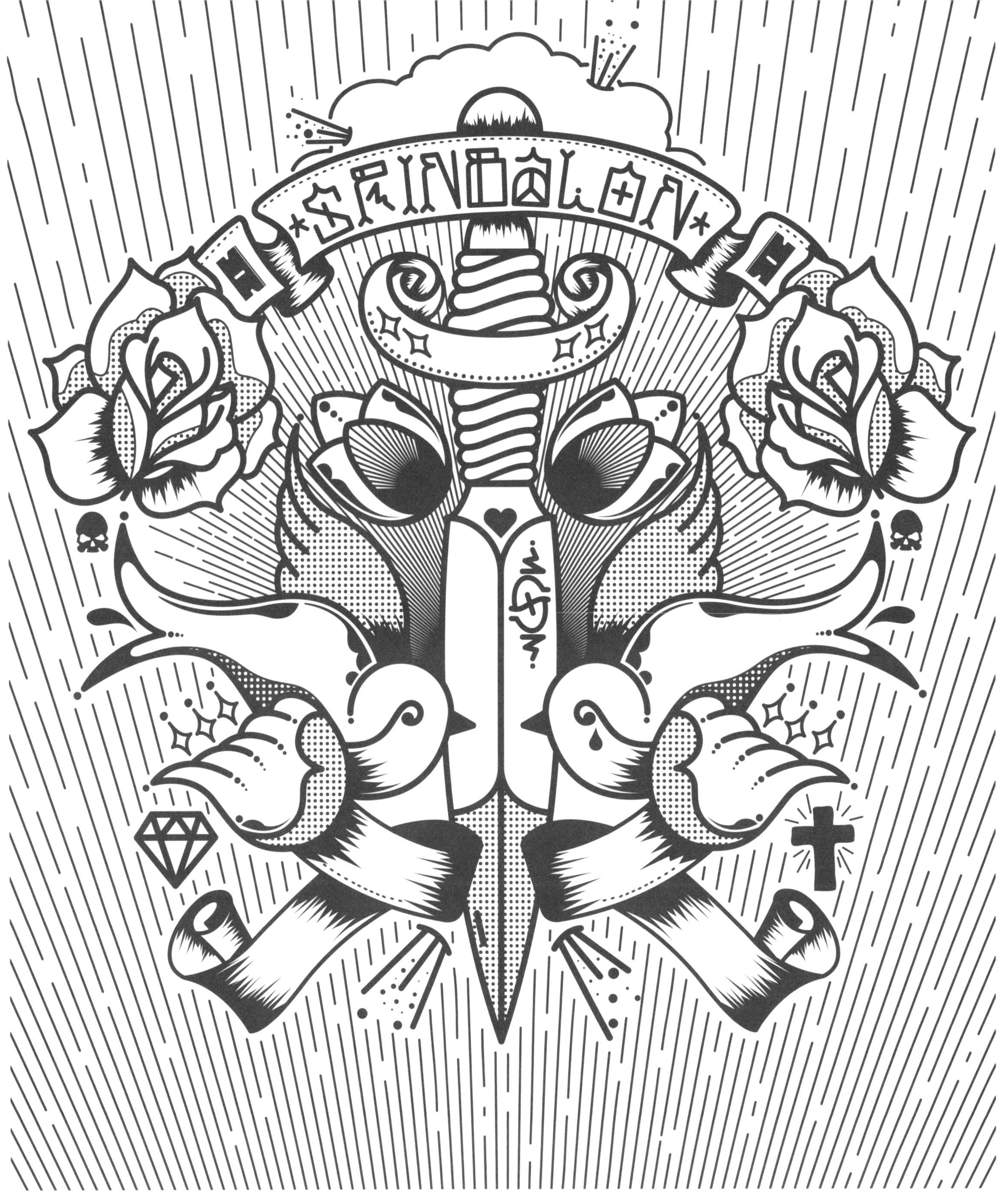

Xulu.
2007.

Poster for the shop Nothing Xulu.

Client: Nothing Xulu
Author: Yker Moreno
Credits: www.nothingxulu.com

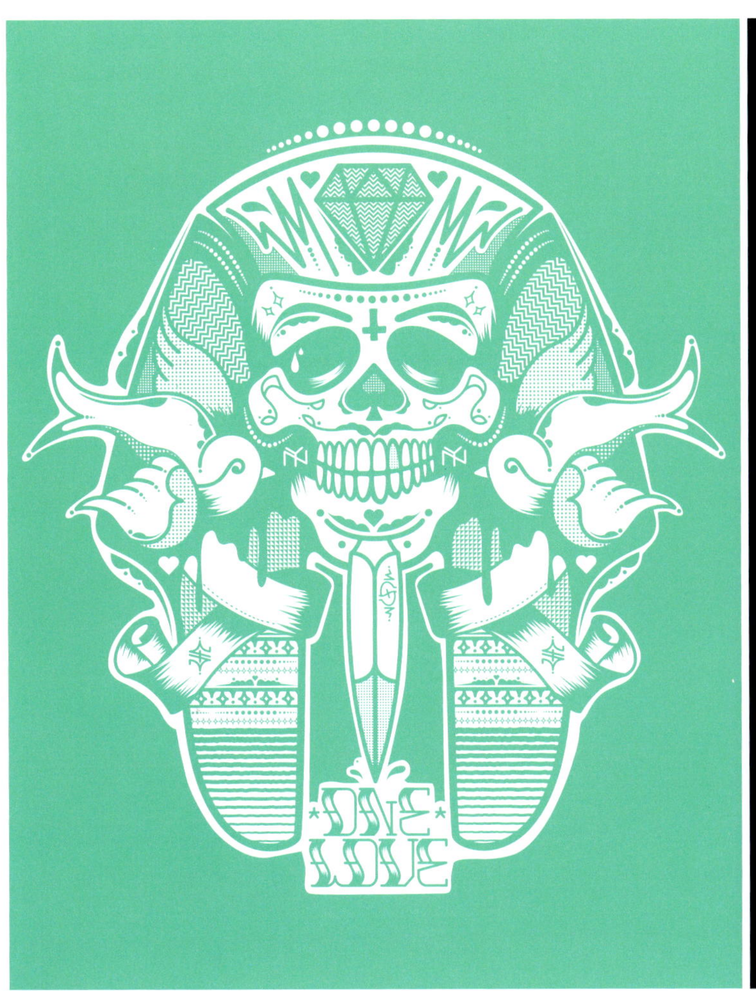

Tutam.

2009.

Personal project.

Author: Yker Moreno

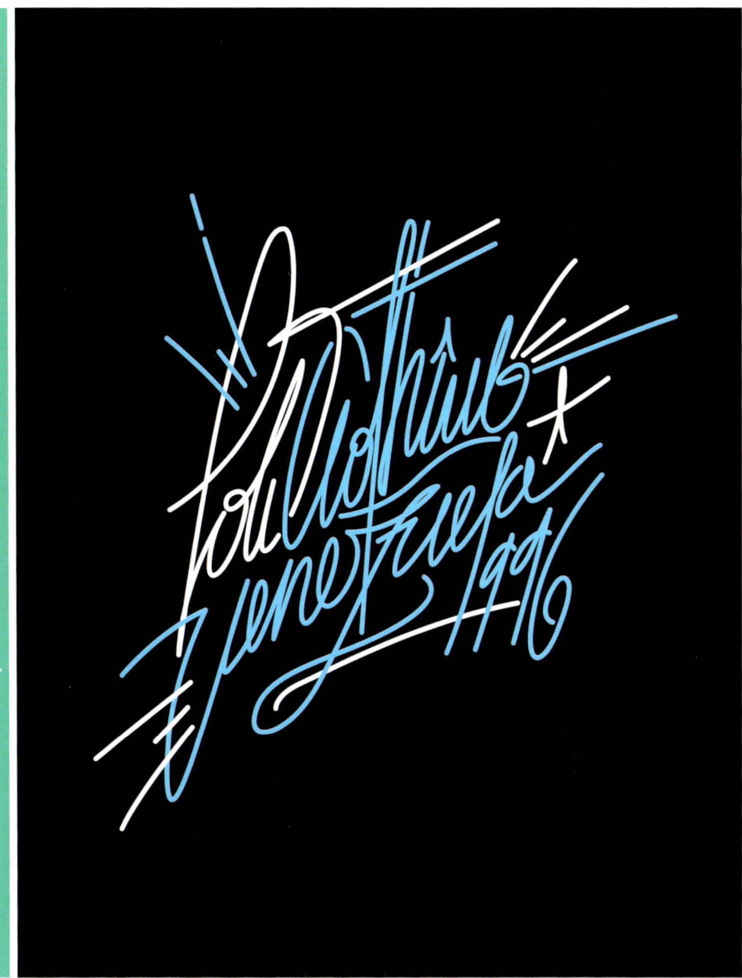

Pow script.

2009.

Pow Clothing T-shirt.

Client: Pow Clothing
Author: Yker Moreno

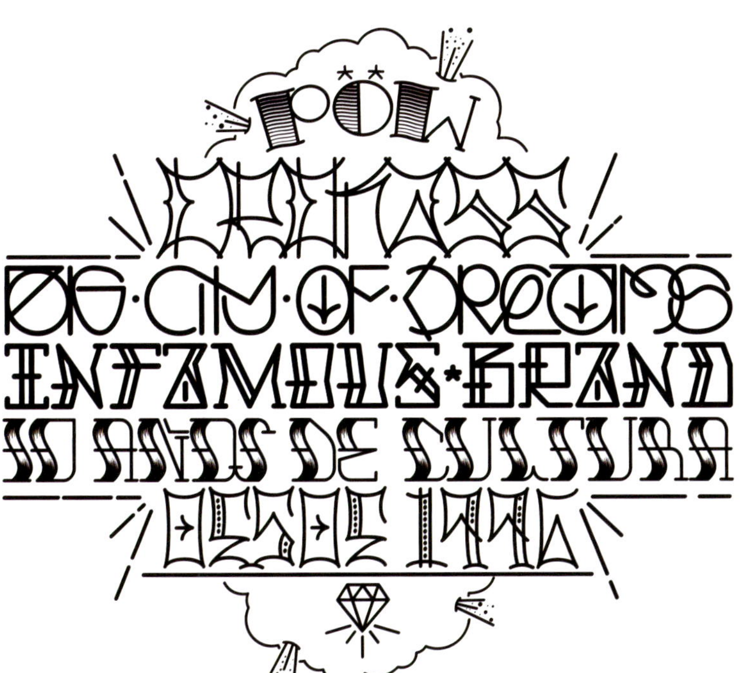

Pow artist series 1.

2008.

Artist series T-shirt for Pow Clothing.

Client: Pow Clothing
Author: Yker Moreno

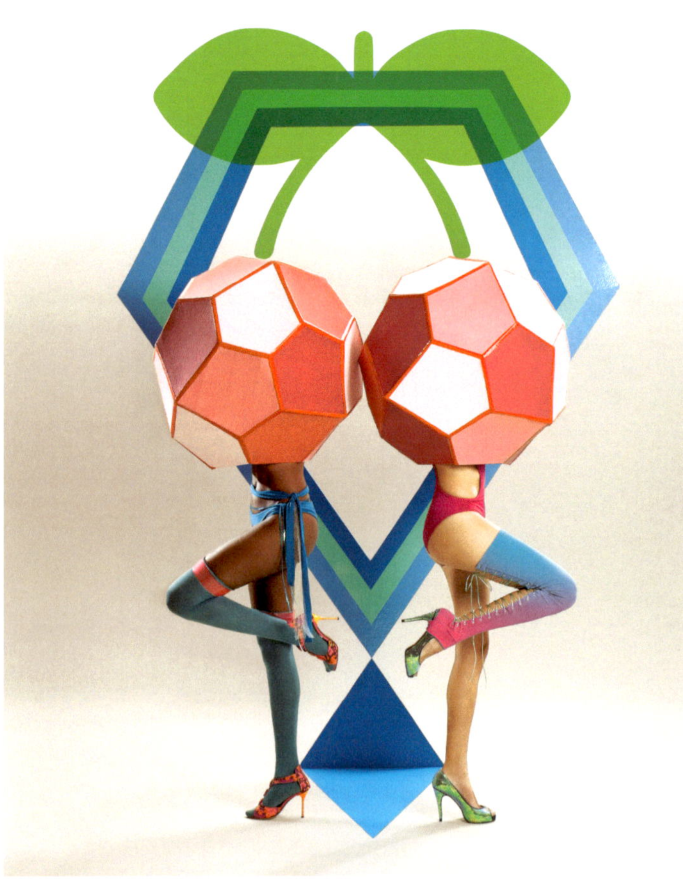

Pure Pacha.

2009.

**Commissioned work to create flyers,
posters, and billboards for Pacha Ibiza,
summer season 2009.**

Client: Pacha Ibiza
Author: Tomi & Cherry
Styling: Analia Bernabe
Models: Lulu and Emily

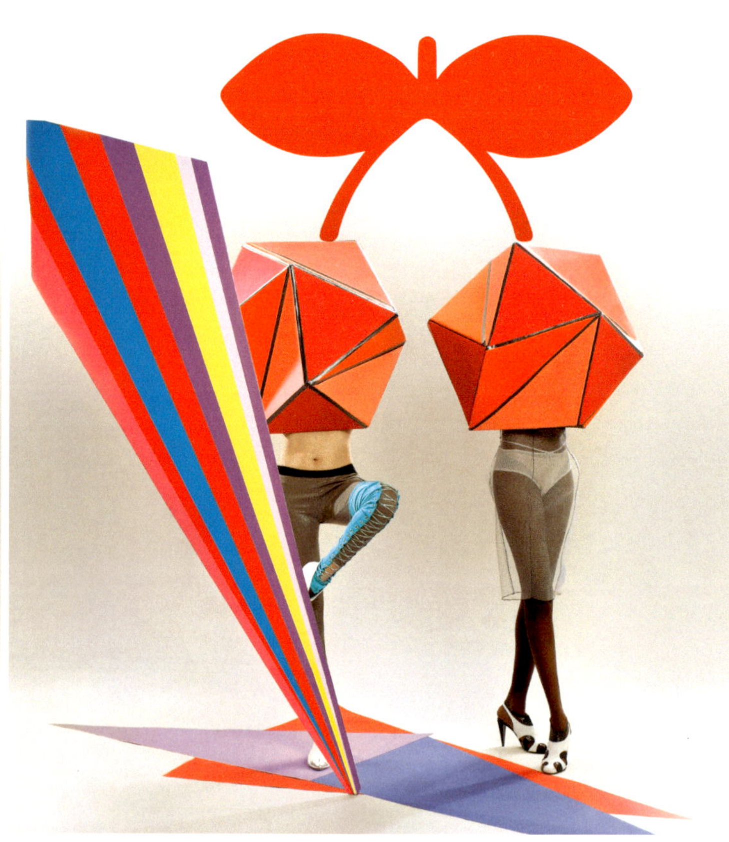

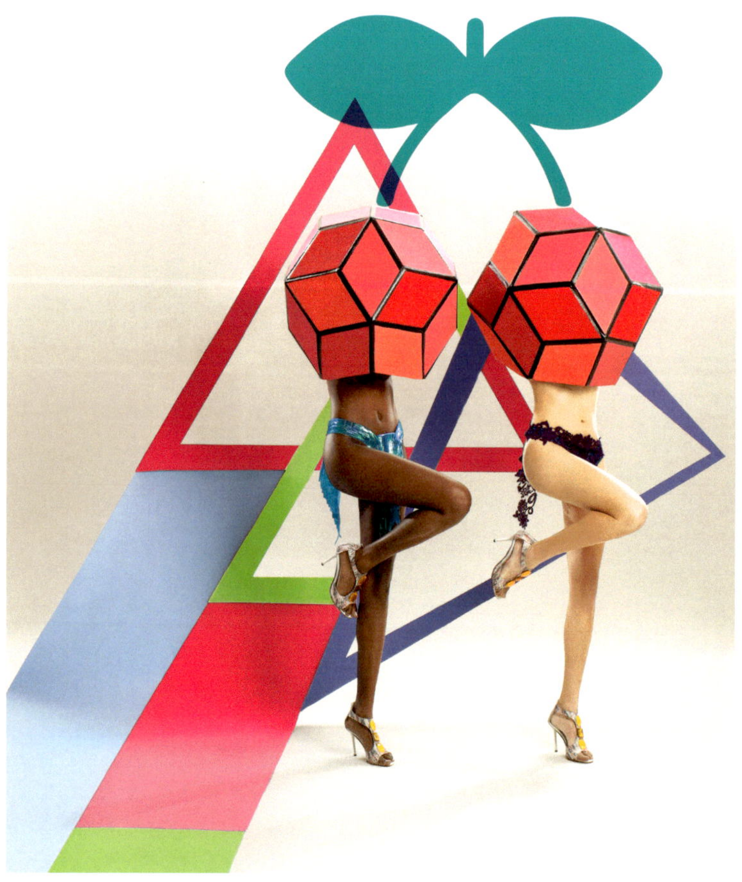

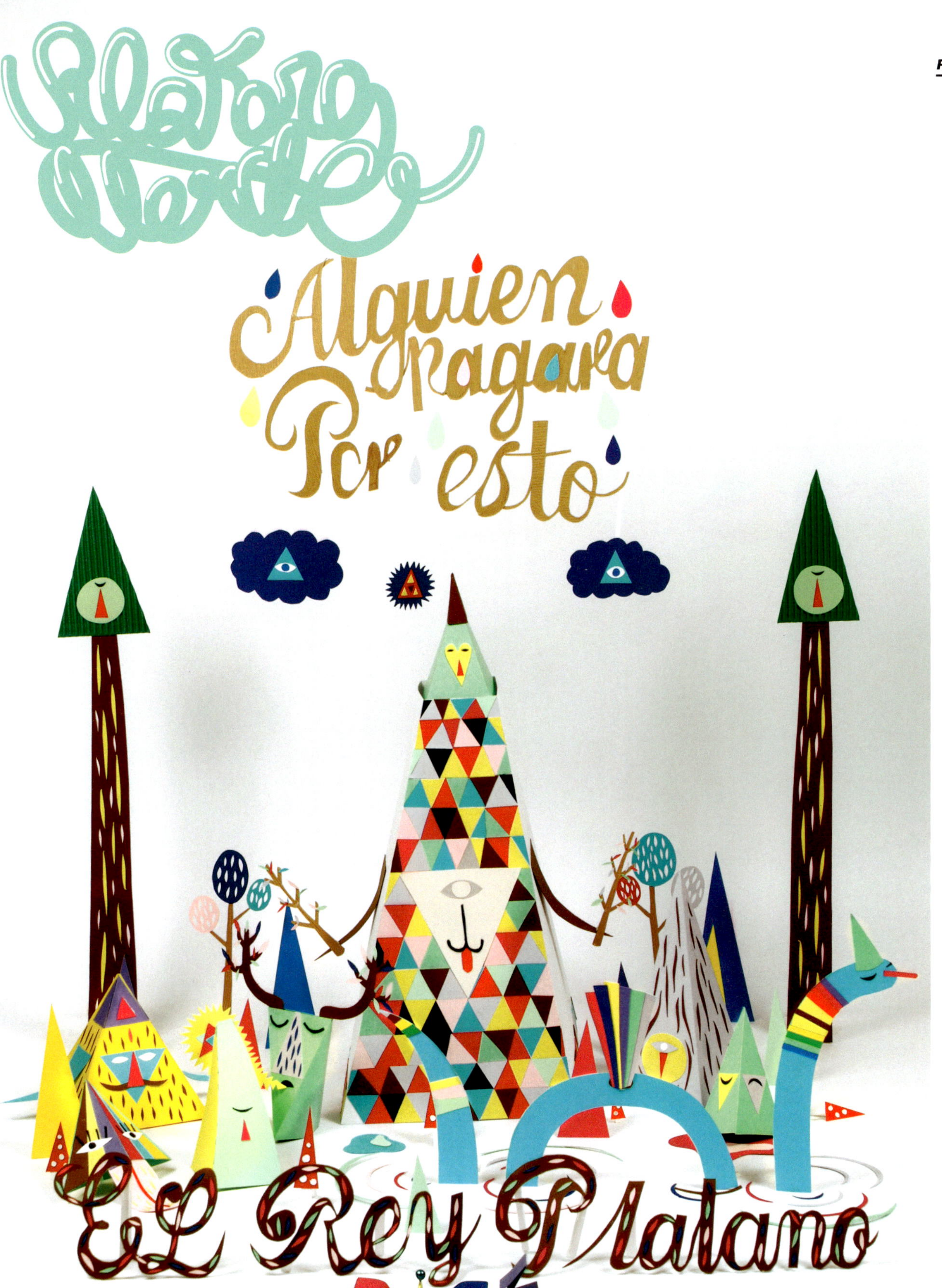

Plátanoverde magazine.
2008.

Cover design and logo.

Client: *Plátanoverde* magazine
Studio: Juntos otra vez
Author: Martín Allais

Movieapolis.
2008.

Author: Ana Serrano
Photography: Julie Klima

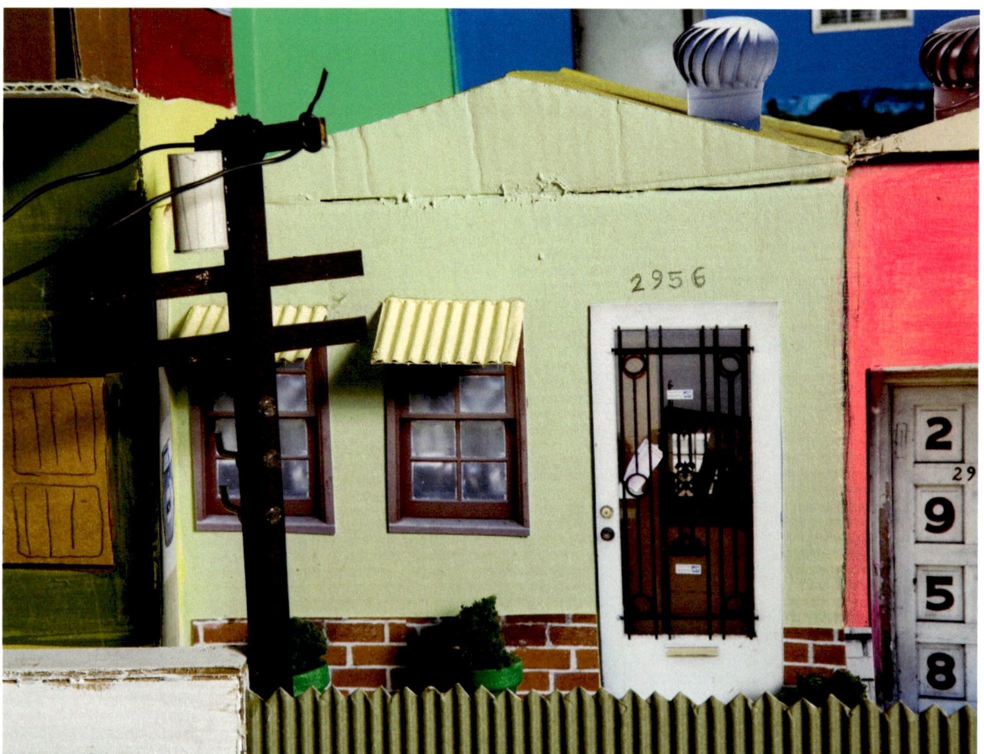

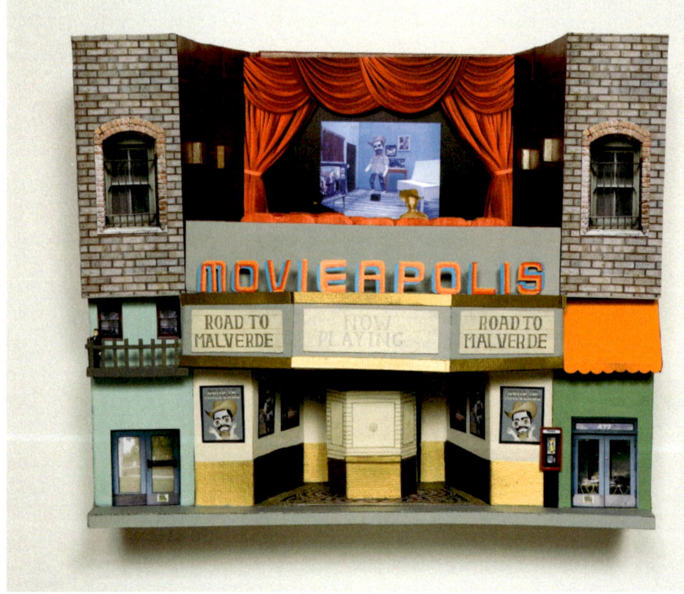

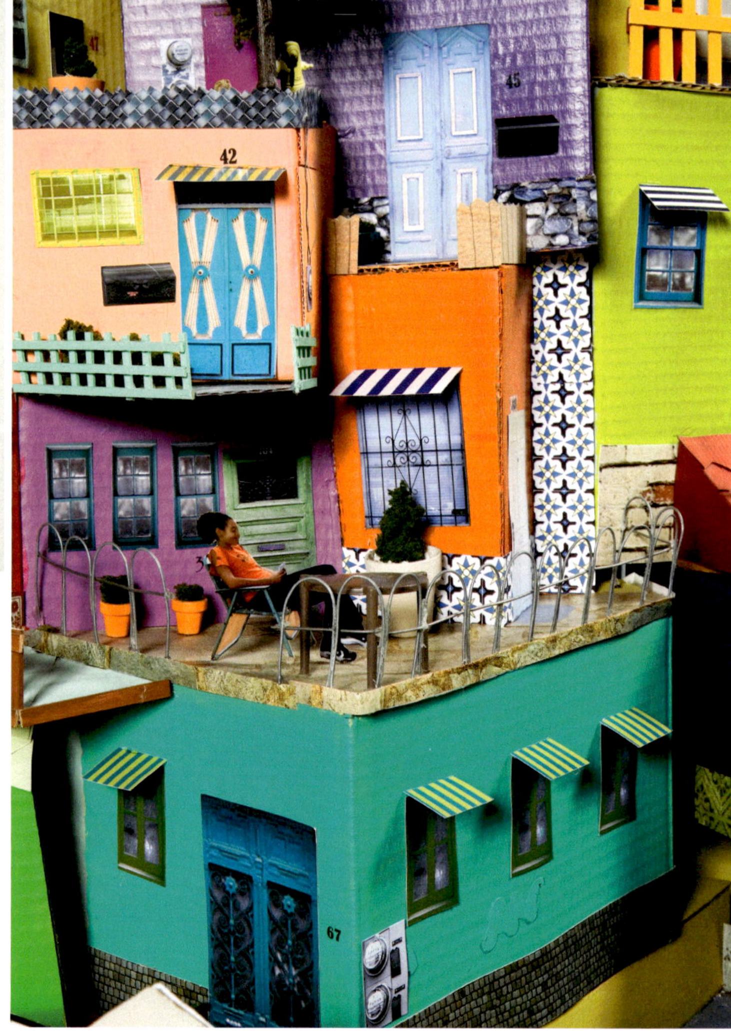

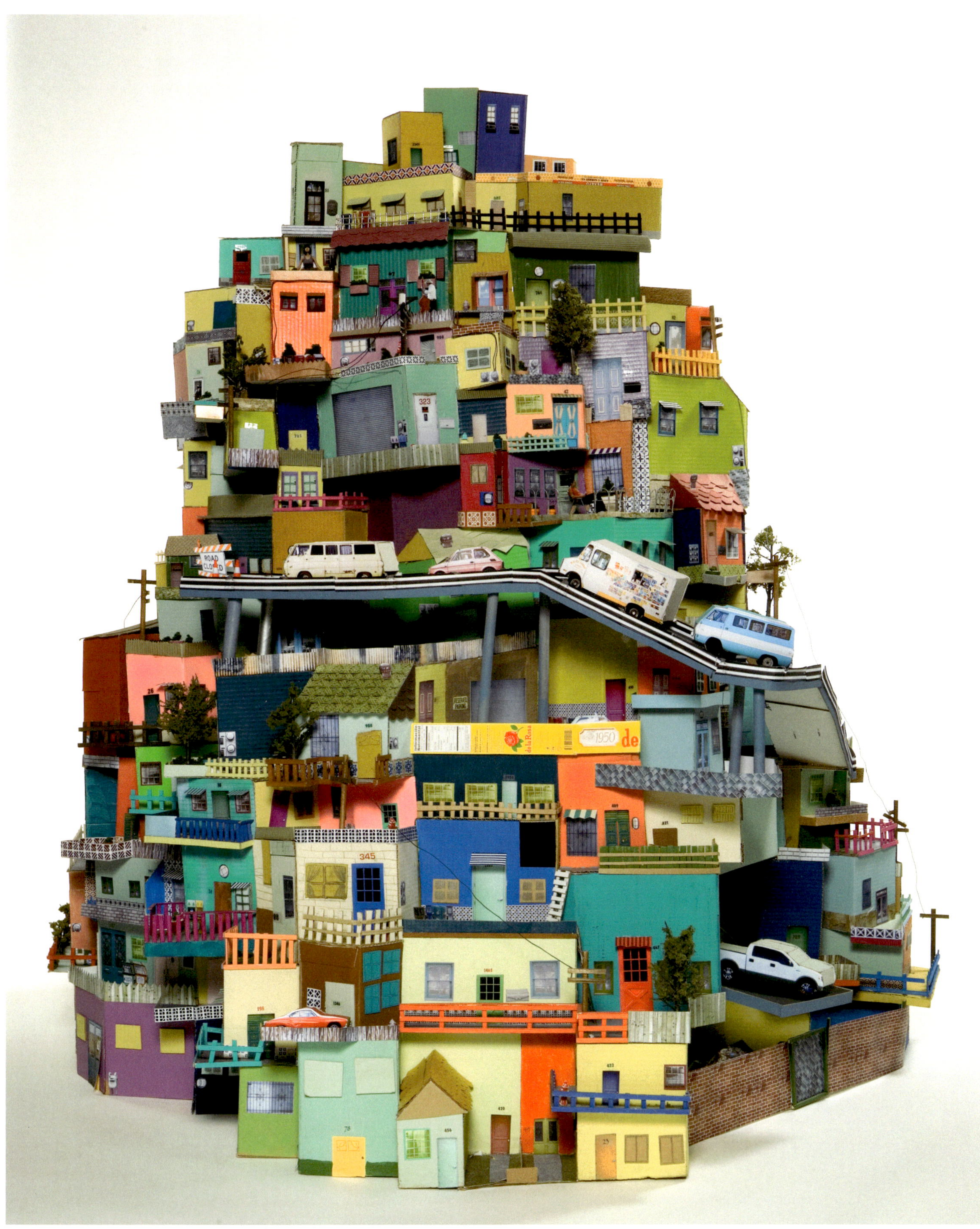

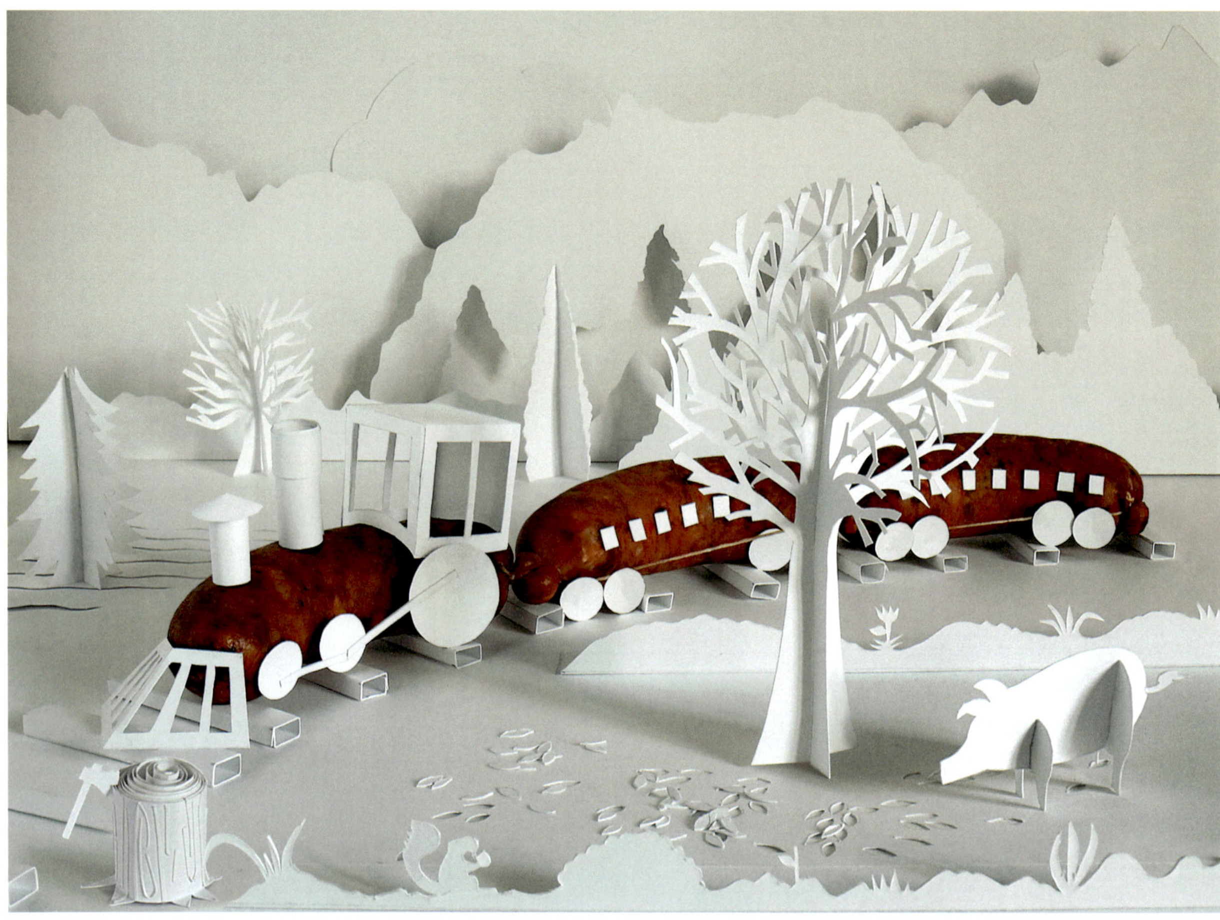

Papel y grasa.
2009.

Scale paper model. This was one of our first works and we did it for our website. We were attracted by the contrast that could come out between the total whiteness of the paper (in a meticulous set design) and the sausage, one of the symbols of the "Argentine asado."

Author: CINCO
Photography: Abi Bianchi

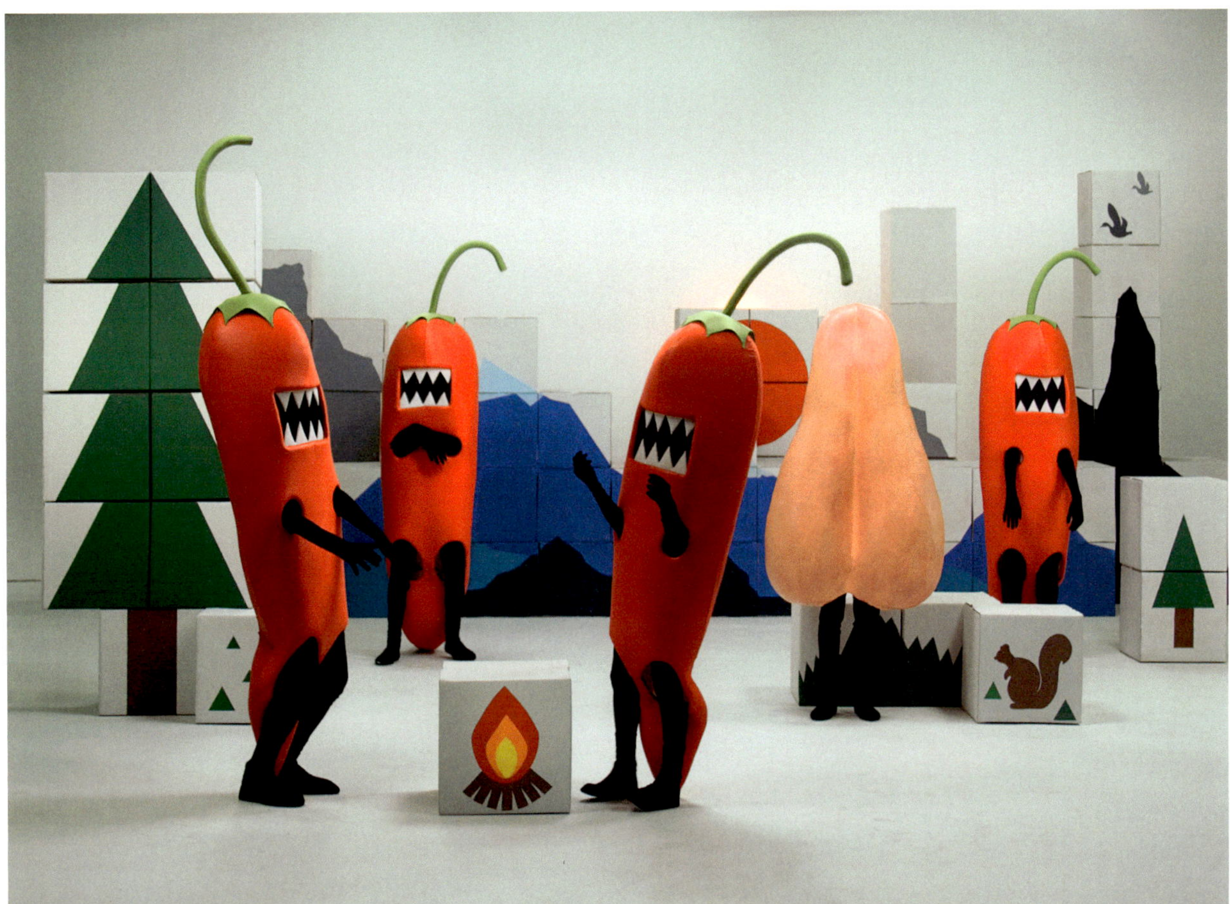

Forest.
2009.

This project was a TV
promotion for *Fist of
Zen*, an MTV show. We
took care of the set
and costume design.
The set was made
out of prefabricated,
hand-painted card-
board boxes. It first
came up as a solution
for the small budget
we had but then, after
we made a scale
model, we realized
that we loved what
was happening. It is
inspired by Japanese
landscapes, because
the main character
of the show is a Zen
master

Client: MTV
Author: CINCO

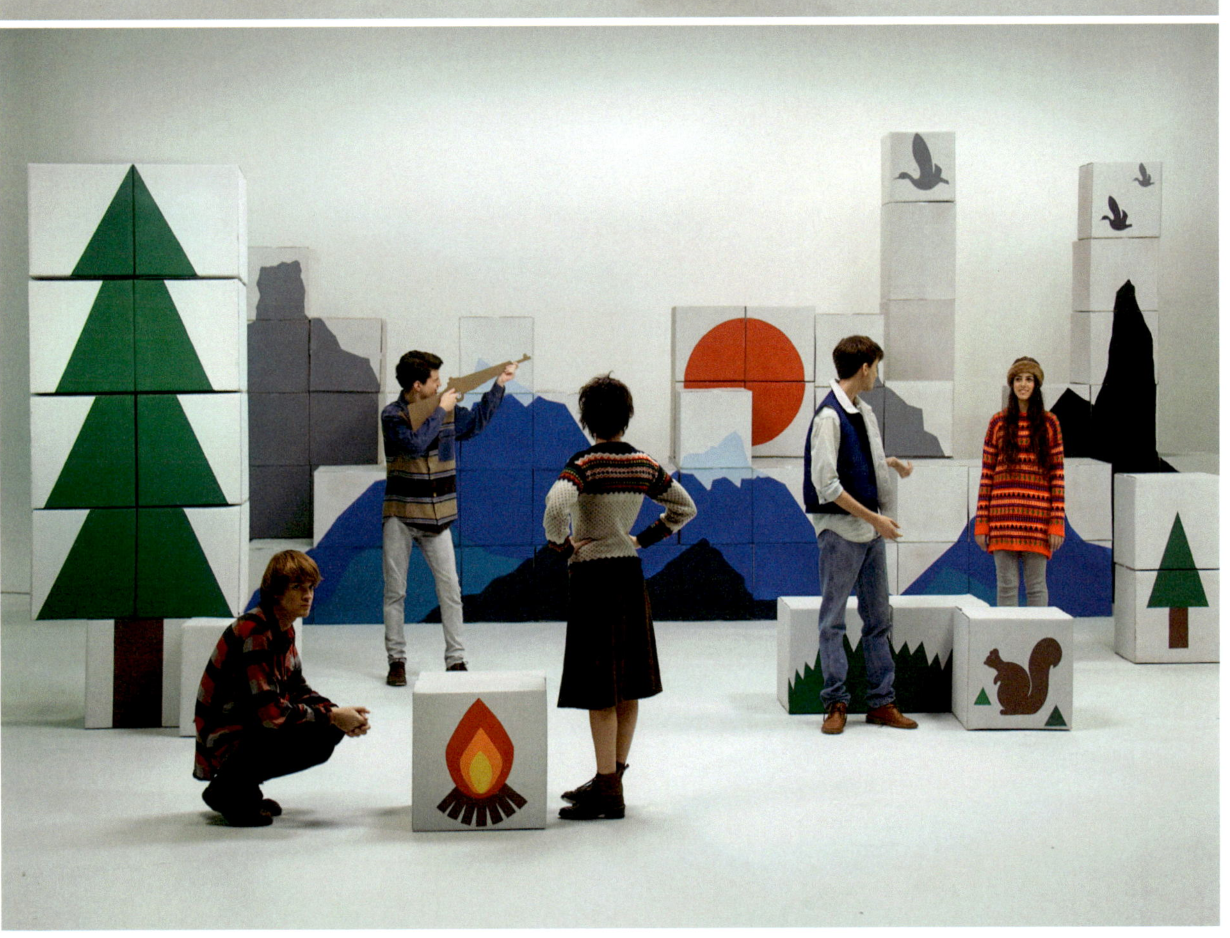

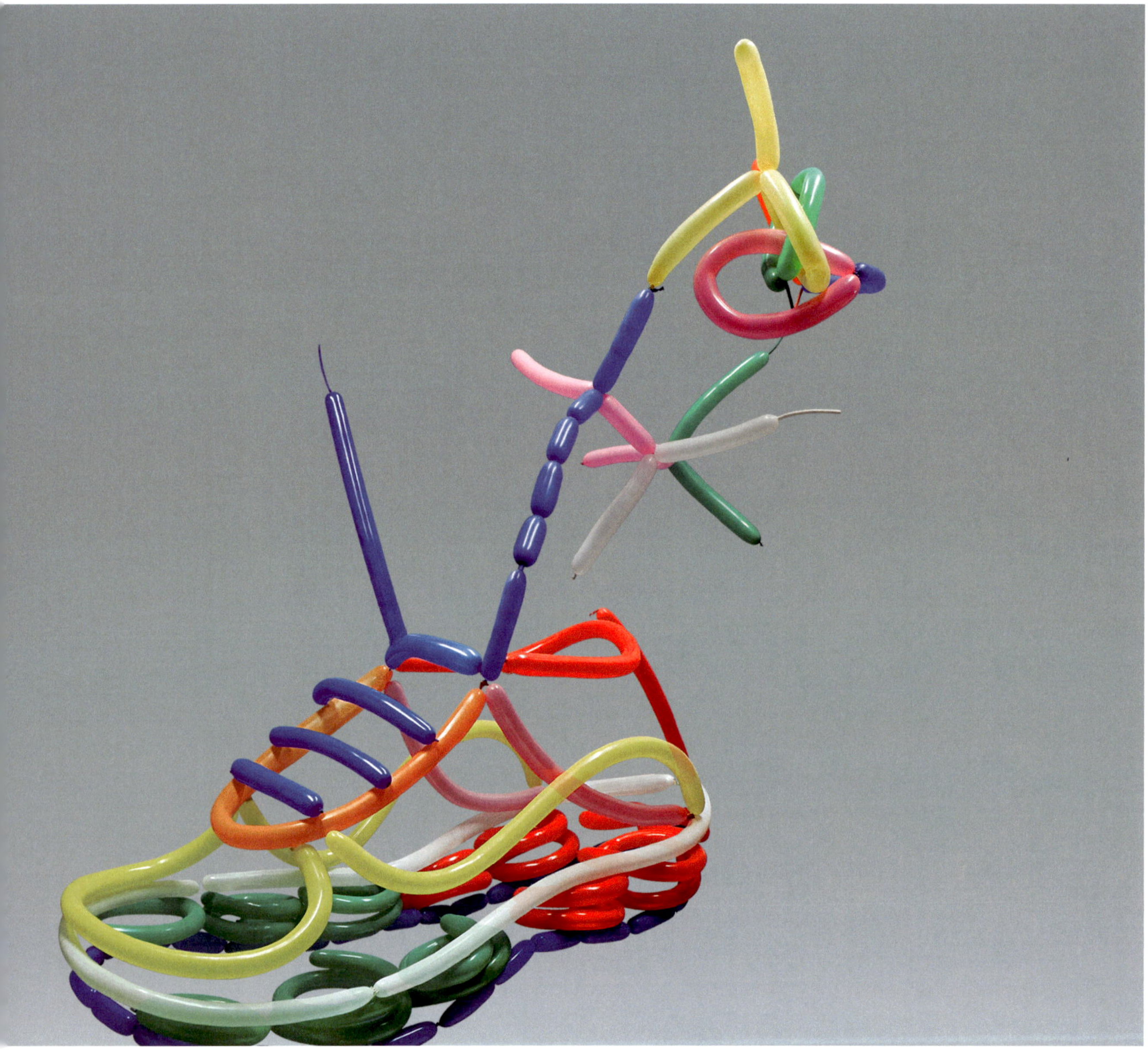

Sneaker.
2009.

**This was a project for
a sneakers brand.
We developed the
design of the sneaker,
we produced it, and
we did the photo
shooting at CINCO's
studio. Once again
we worked with bal-
loons. By now we feel
totally comfortable
with this element.**

Client: Olympicus
Author: CINCO

POM POM.
2009.

**This piece was made for a collective exhibi-
tion of an Argentinean art gallery called *Pan
Francés* (French bread). Each artist or designer
had to develop a piece based on a different
letter of alphabet. Of course, we were
assigned the letter "A".**

Author: CINCO

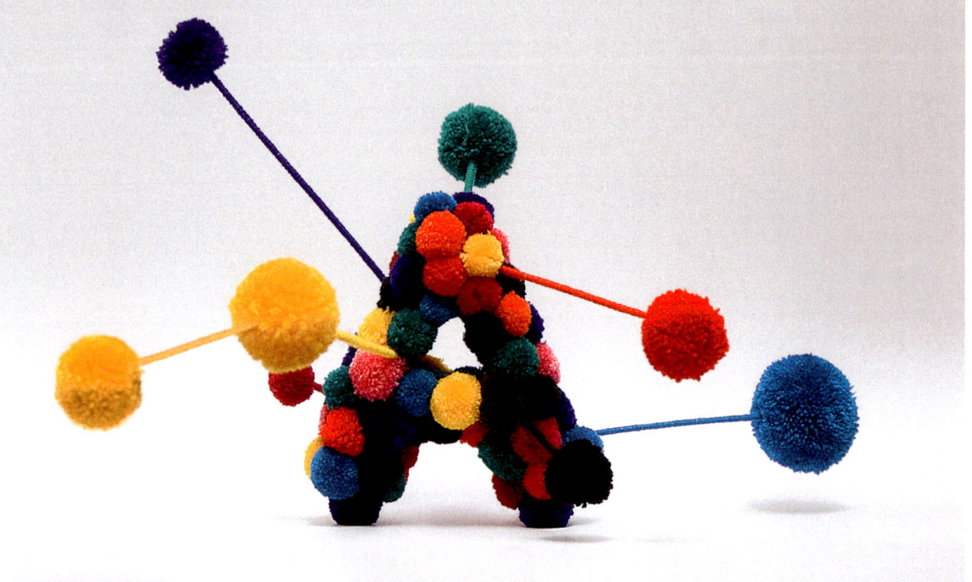

RED COW.
2008.

This photo was part of a project we did for Red
Creek, a production company. This is why tri-
pods can be seen on the shot. The project consisted of an image design, captured in graphic
commercials for different media. Working with
a cow turned out to be a very interesting experience. We made her interact with balloons, a lu-
dic element which gave the cow a friendly dose
of tenderness.

Client: Red Creek
Author: CINCO
Photography: Urko Suaya

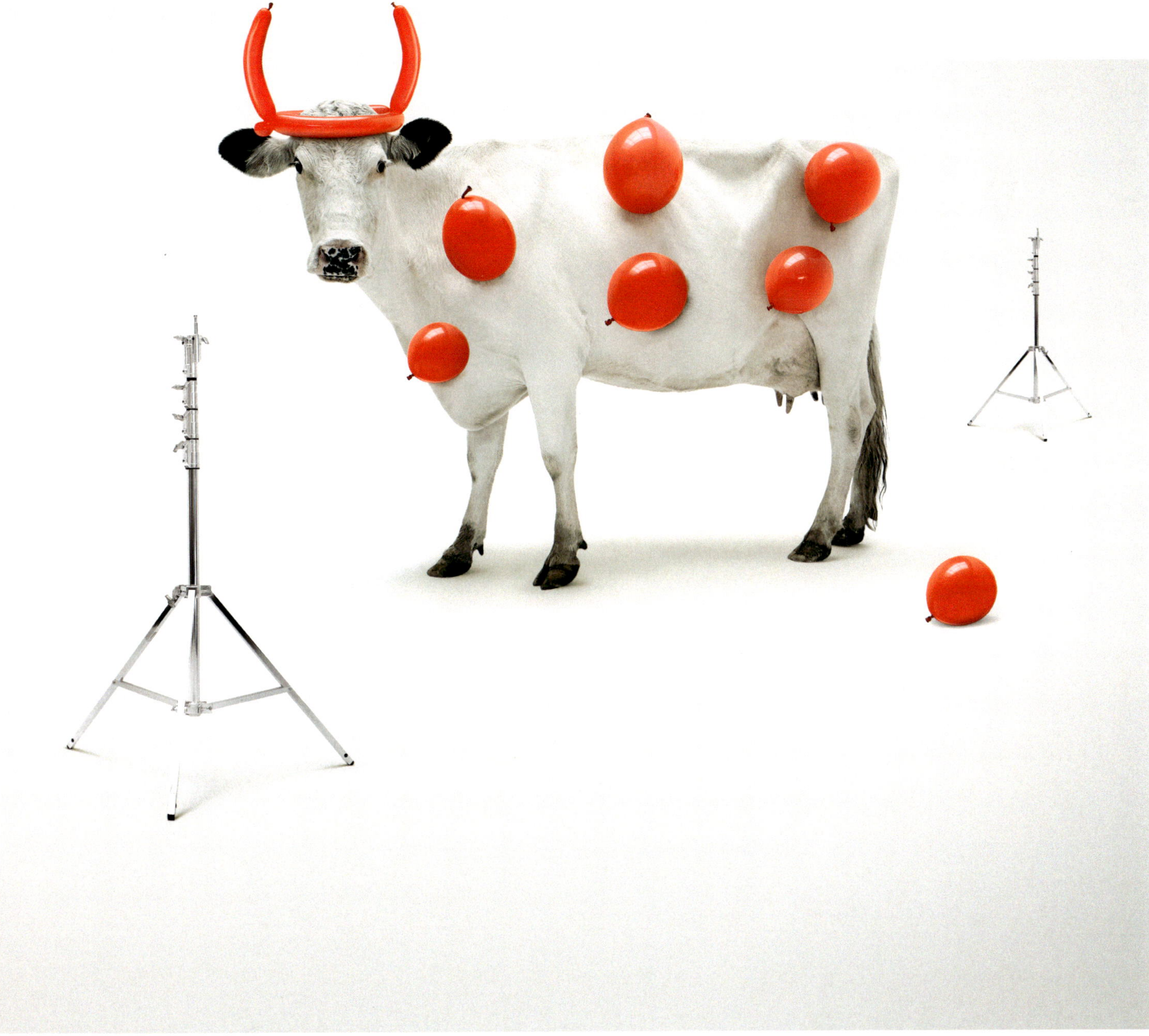

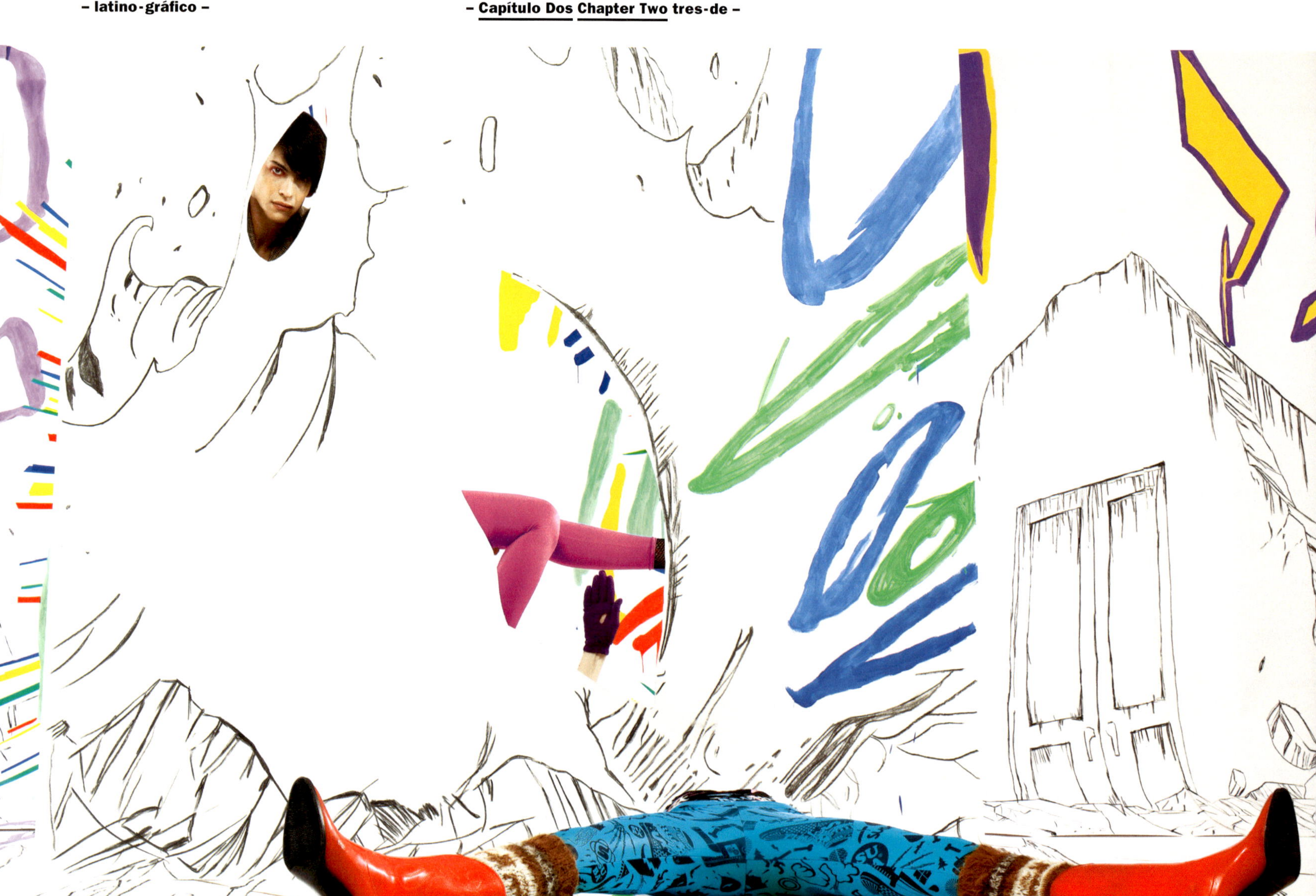

Bankai.
2009.

Editorial.

Client: Soko Zine
Author: Tomi & Cherry
Styling: Walter Delucchi
Makeup and Hair: Ivana Kiss
Models: Civiles

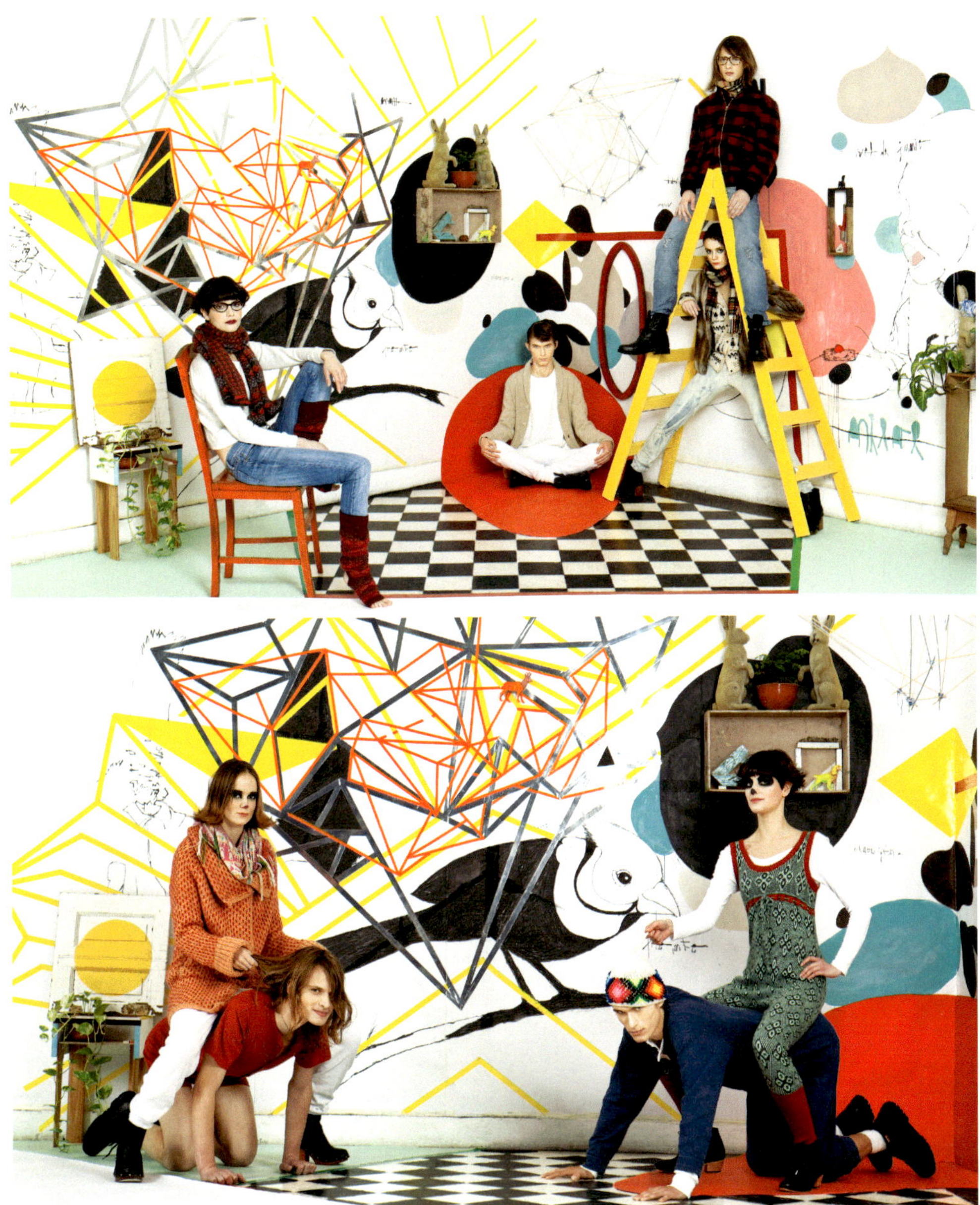

Atom sun.

2009.

Editorial created with Hernan Paganini (aka Puloverchito). We aimed at a formal dialogue between our approaches when creating a scene.

Client: *GO MAG*
Studio: Tomi & Cherry
Author: Tomi & Cherry in collaboration with Puloverchito
Styling: Analia Bernabé
Makeup and Hair: Ivana Kiss
Models: Civiles
Post-production: Tomi & Cherry

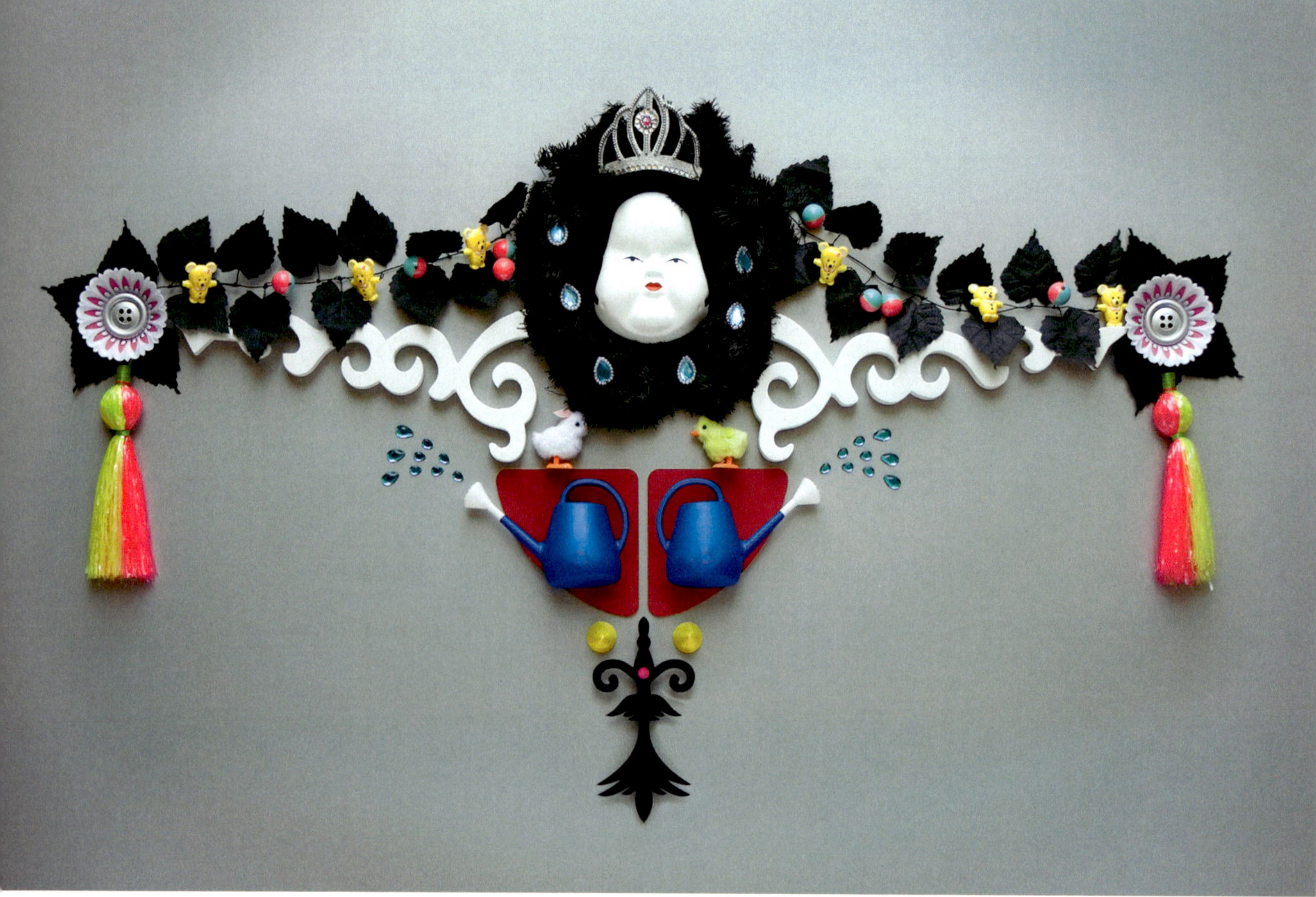

Ornaments (gray).
2008.

Mixed technique. Classical shapes combined with everyday materials. This was the first project of our studio. We did it a year before CINCO was inaugurated. It came up as a result of our goal of finding our own language. The only thing we were sure about was that we wanted to research and develop the handcraft concept. These shapes needed a lot of work at the workshop given that most of them used mostly prefabricated objects that were worked out to lend a new meaning to each of them. The "Ornaments" project consists of a series of three montages that today hang on CINCO's walls. This one is the most gothic and boasts a very kitsch touch.

Author: CINCO

Ornaments (green).
2008.

This is the second
montage of the
"Ornaments" project.
It mostly features
industrial elements.

Author: CINCO

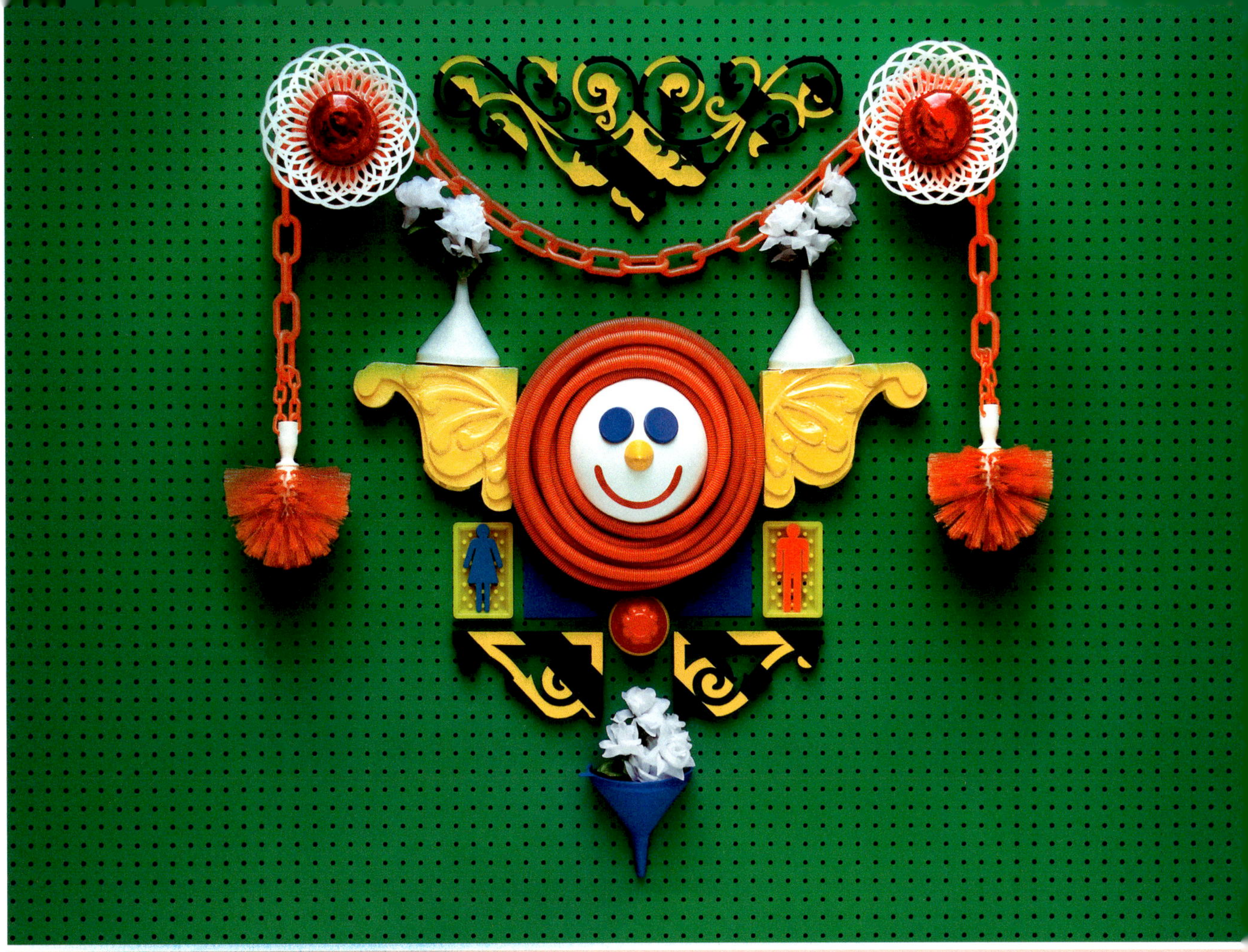

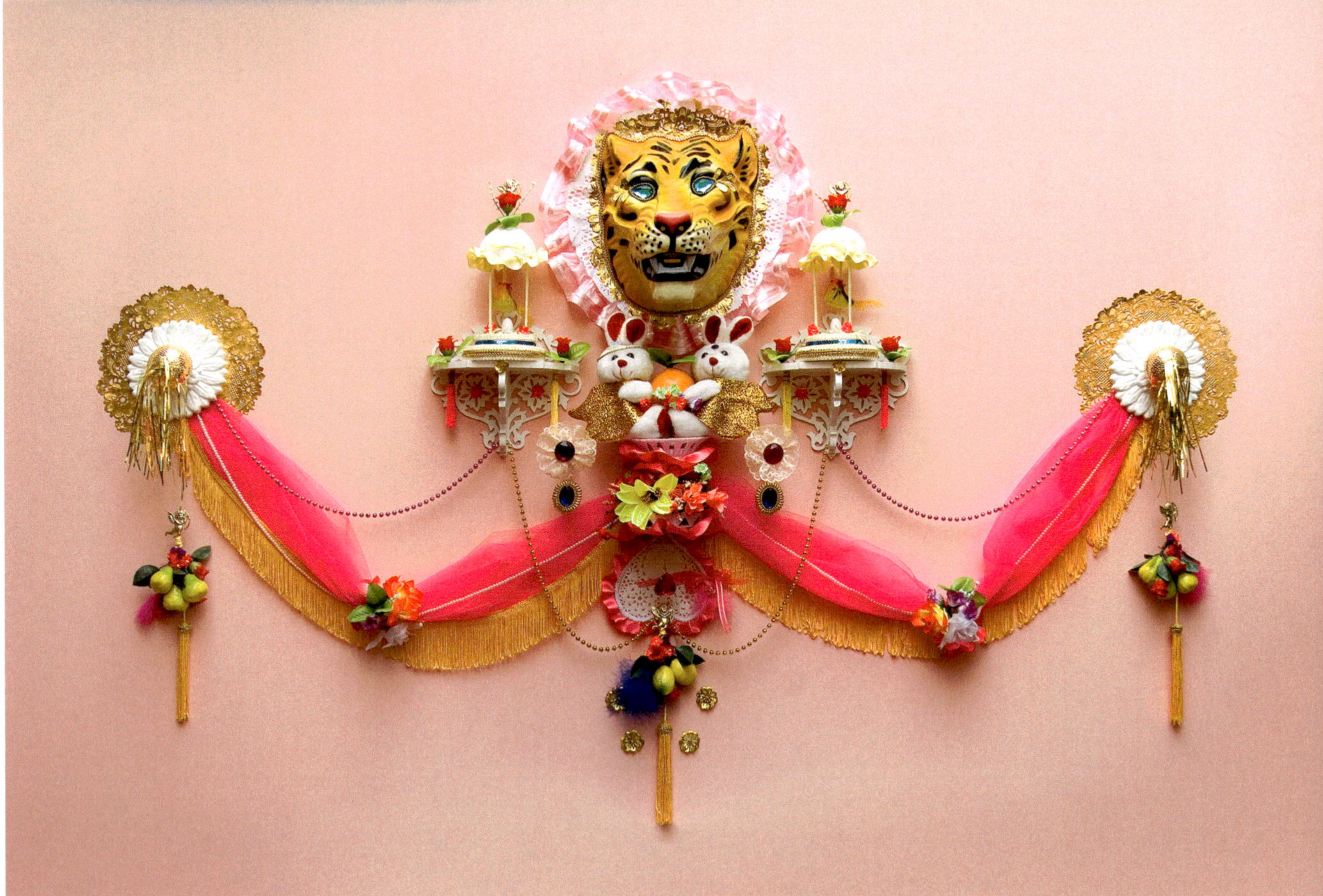

Ornaments (pink).
2008.

This is the third
montage of the
"Ornaments" project.
It is the most kitsch
because of the ele-
ments it features and
its overelaboration.

Author: CINCO

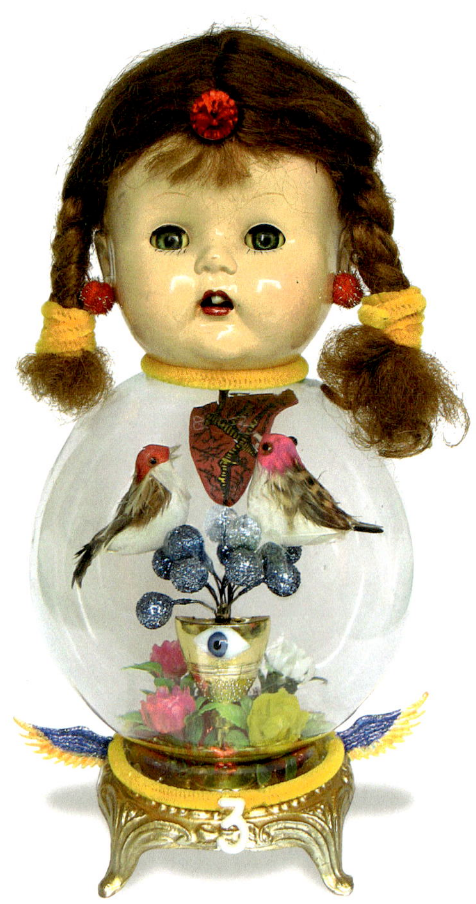

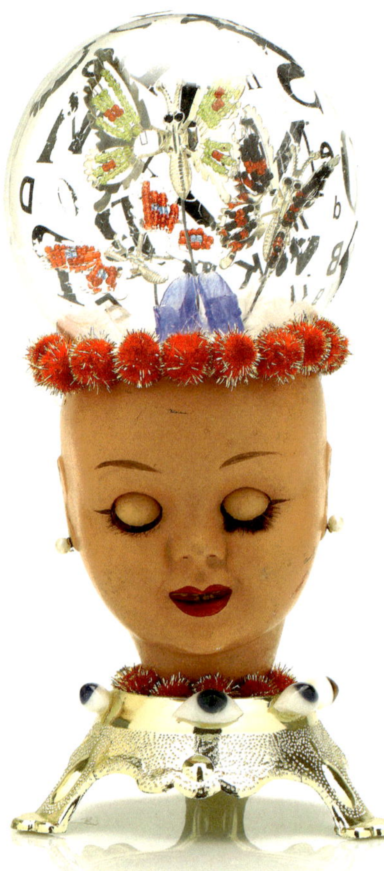

Literary dreams.

2000.

Illustration for *Letras Libres* magazine.

Client: *Letras Libres* magazine
Author: Zoveck Estudio

War.

2004.

Client: *Letras Libres* magazine
Author: Zoveck Estudio

Faty.

2004.

Illustration for Zoveck.

Author: Zoveck Estudio

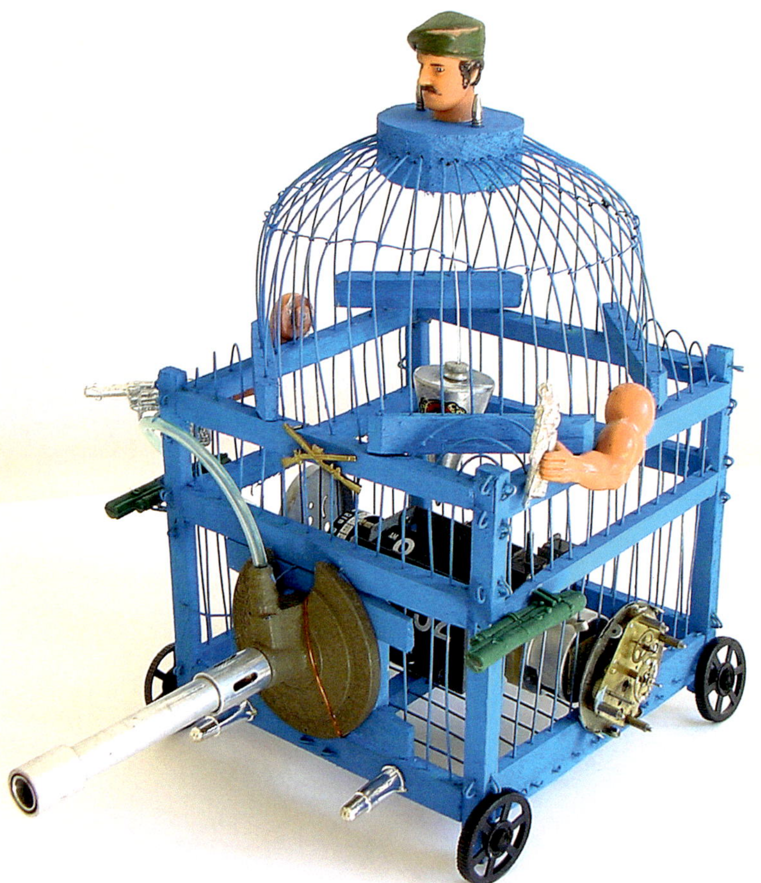

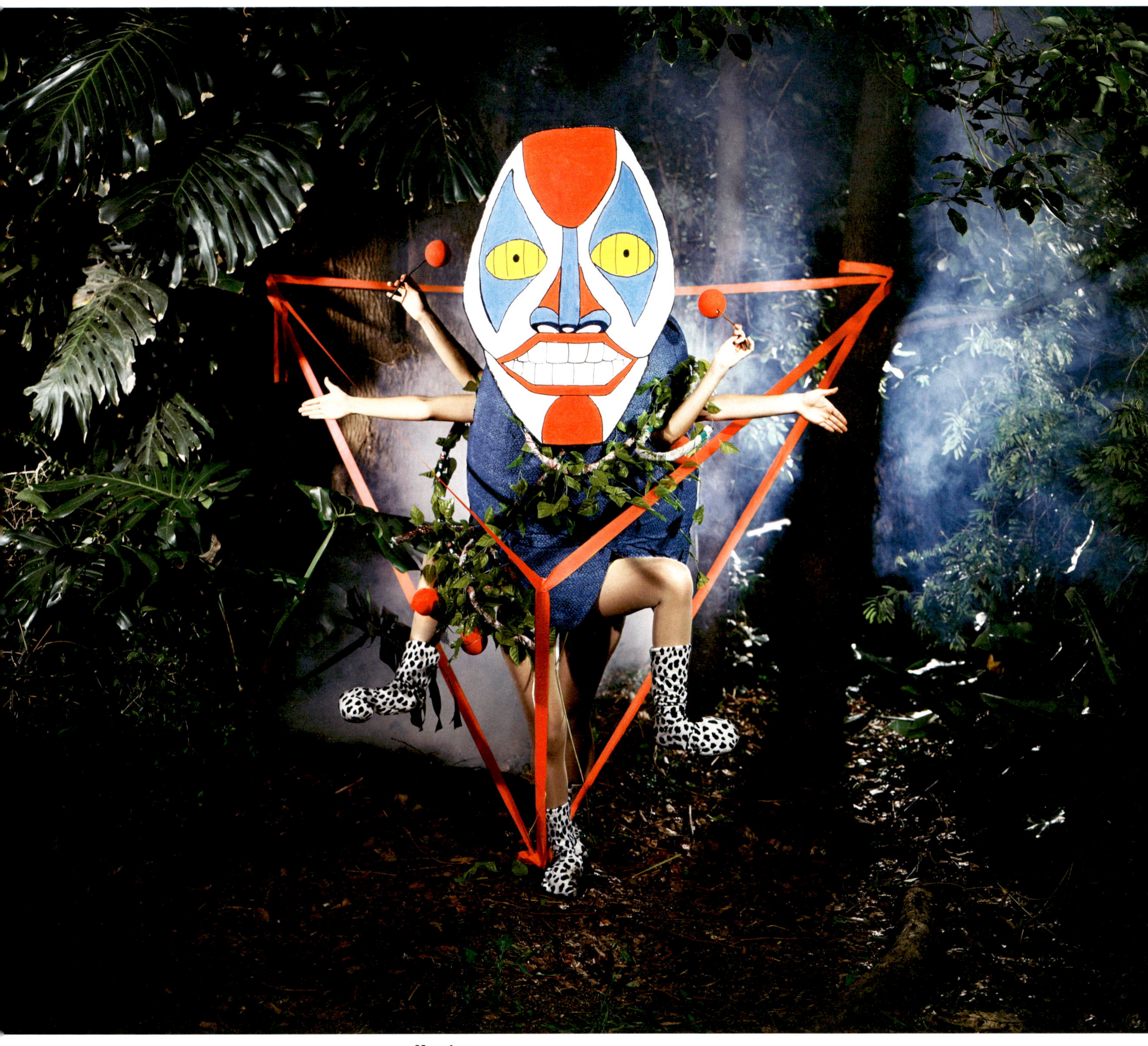

Monstruo.
2009.
Artwork.
Author: Tomi & Cherry

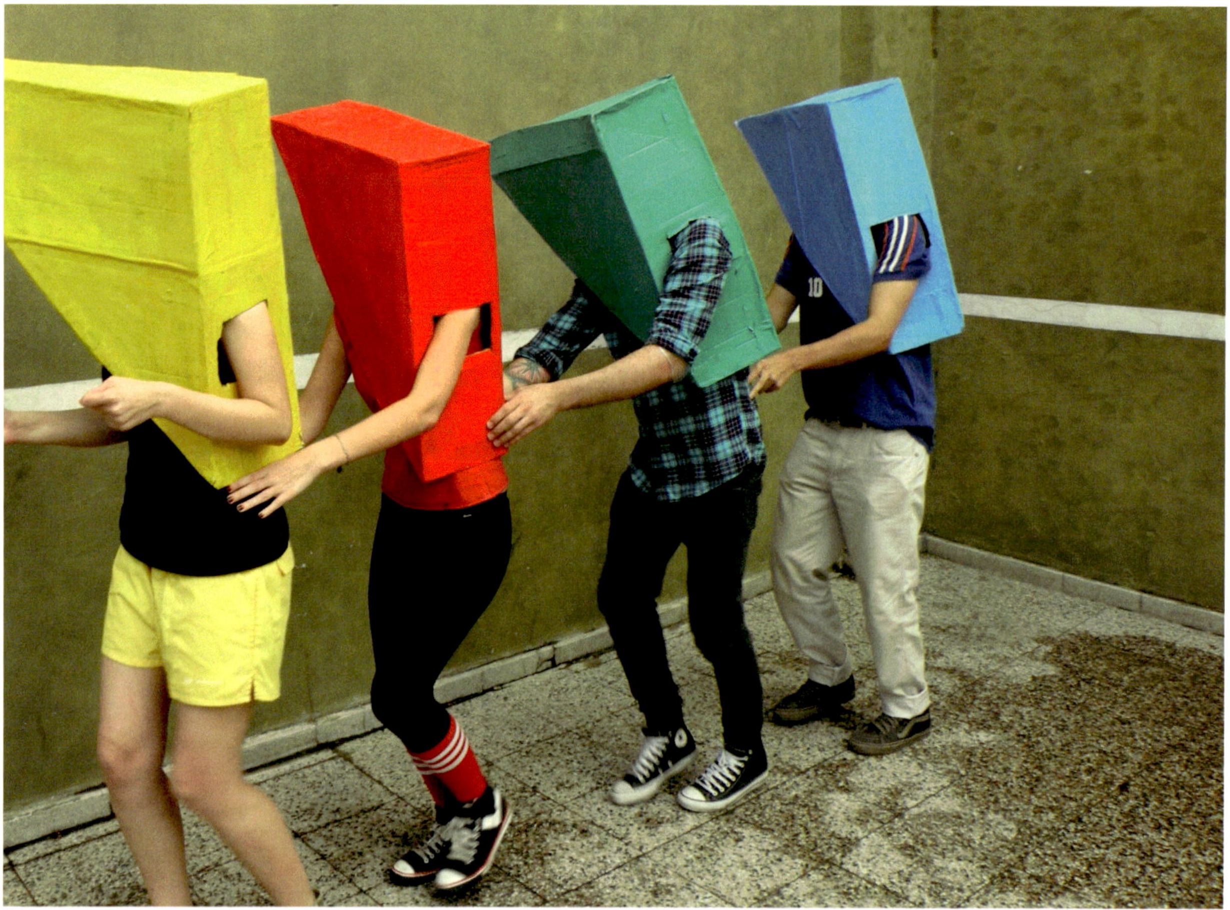

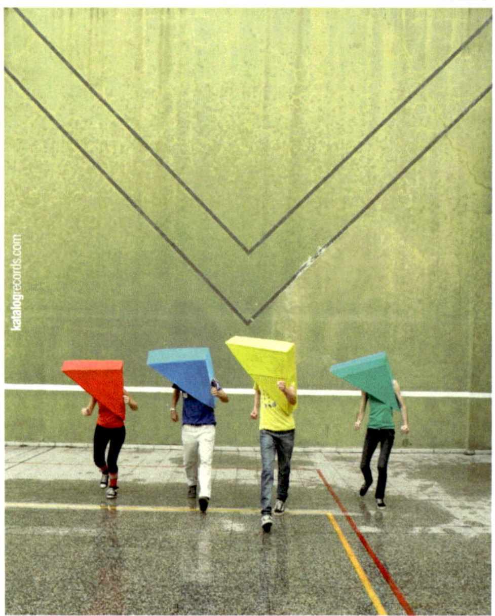

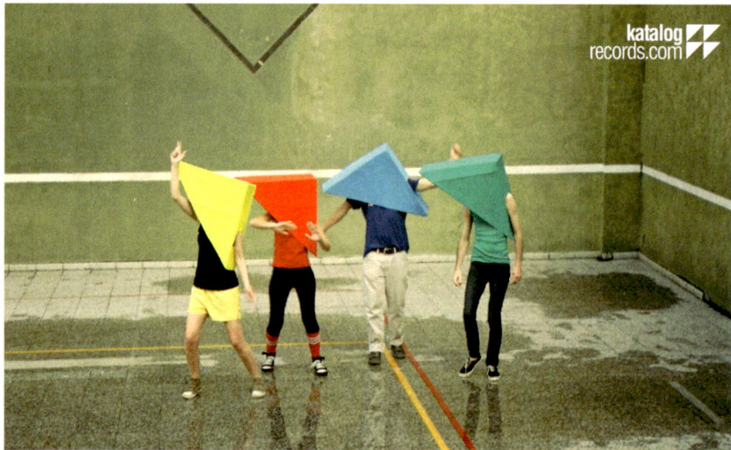

Tournaments and competitions.
2009.

Client: Katalog Records
Author: Valen Paulucci
Credits: www.katalogrecords.com

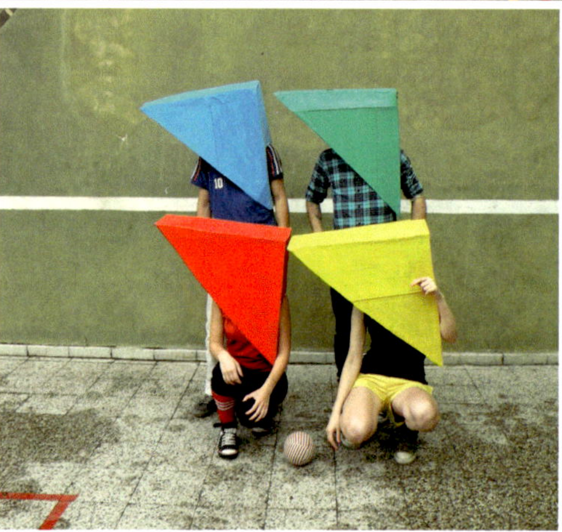

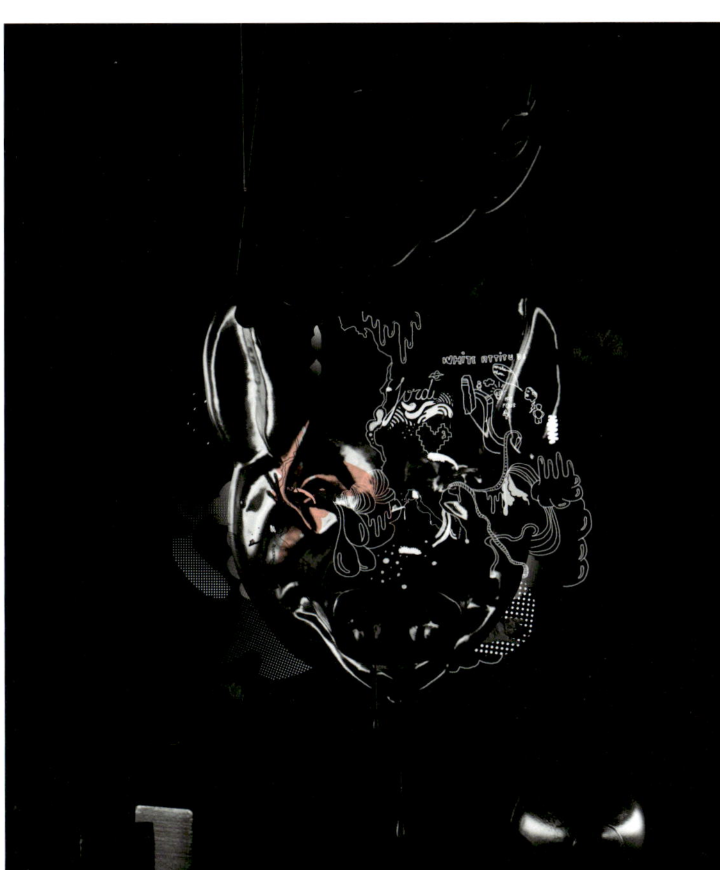

Black arty.

2009.

Guest artist for *Rexona Trend Book*.

Client: Rexona Black
Studio: Bruster Special
Author: Martin Albornoz
Photography: Juan Pablo Landarin

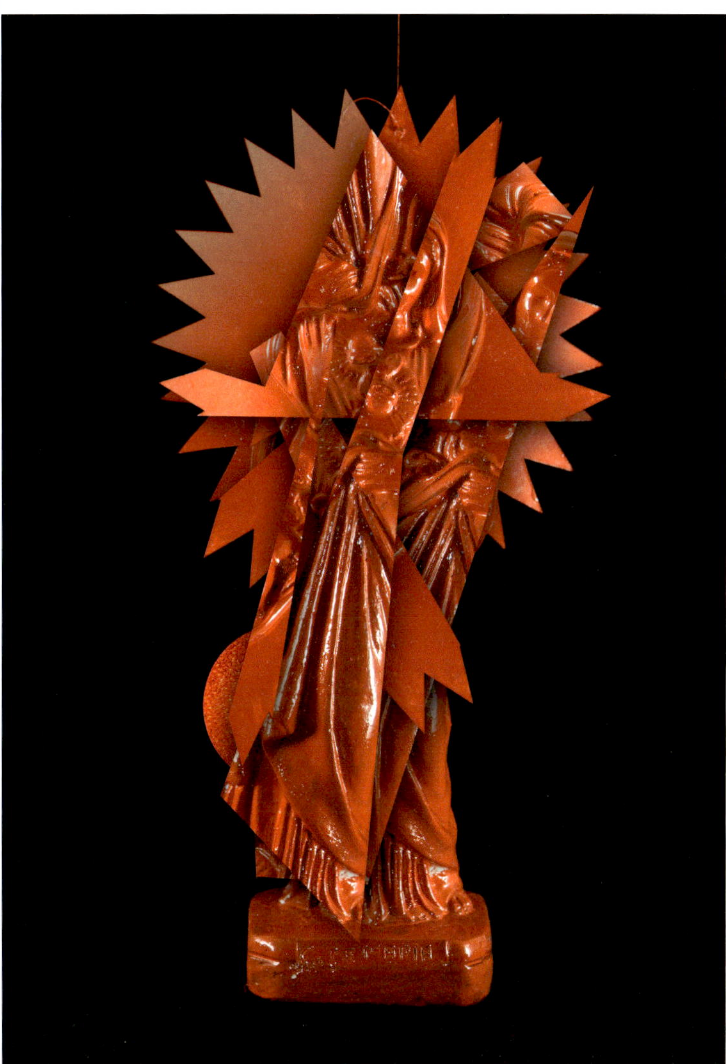

Black eco.

2009.

Guest artist for *Rexona Trend Book*.

Client: Rexona Black
Studio: Bruster Special
Author: Martin Albornoz
Photography: Juan Pablo Landarin

Dulce virgen.

2009.

Guest artist for *Rojo magazine®ocho número atómico*.

Client: *Rojo* magazine
Studio: Bruster Special
Author: Martin Albornoz
Photography: Juan Pablo Landarin

Play & Fluo.

2009.

Work to relaunch my new identity and this high-definition website. I played with a lot of fluorescent colors, shapes, geometries, typography, and tones of love.

Studio: Playful
Author: Pablo Alfieri

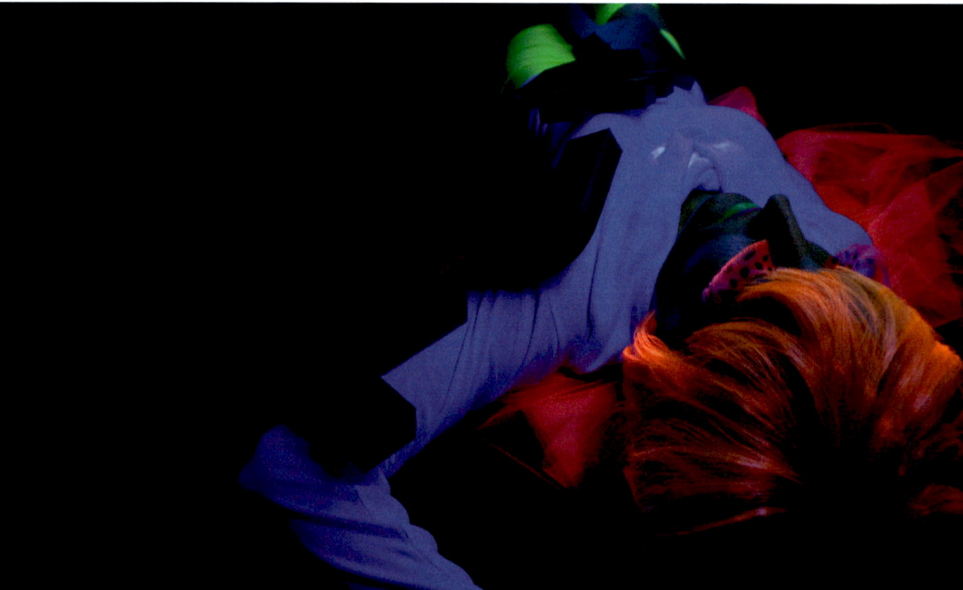

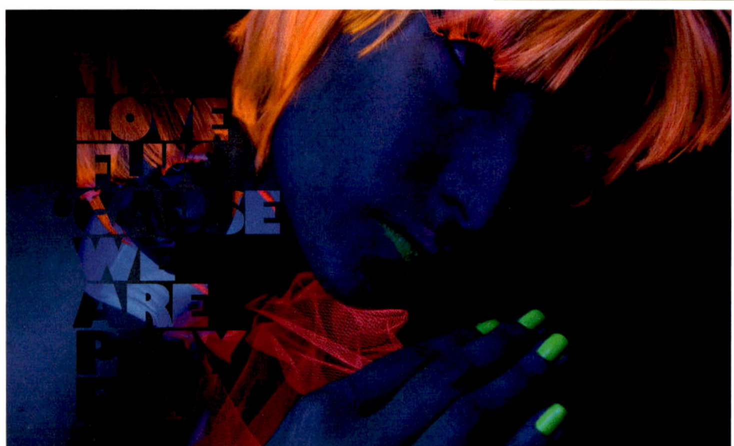

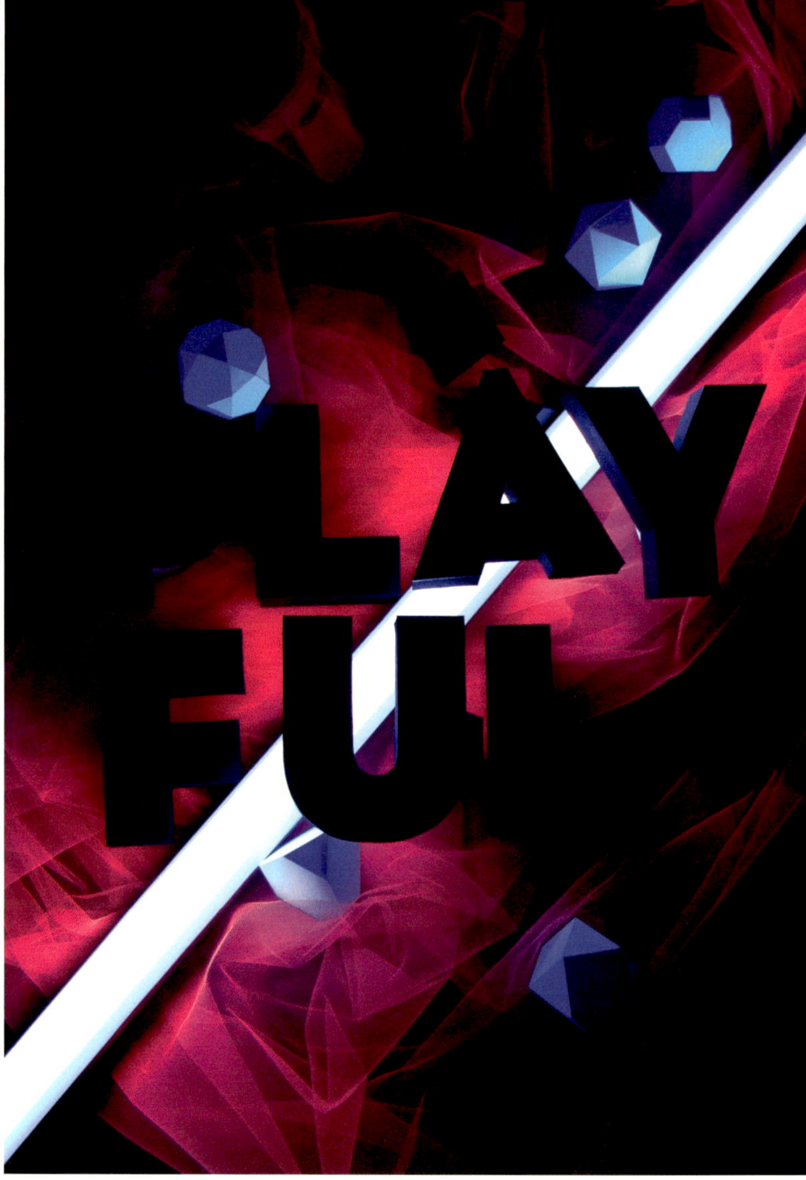

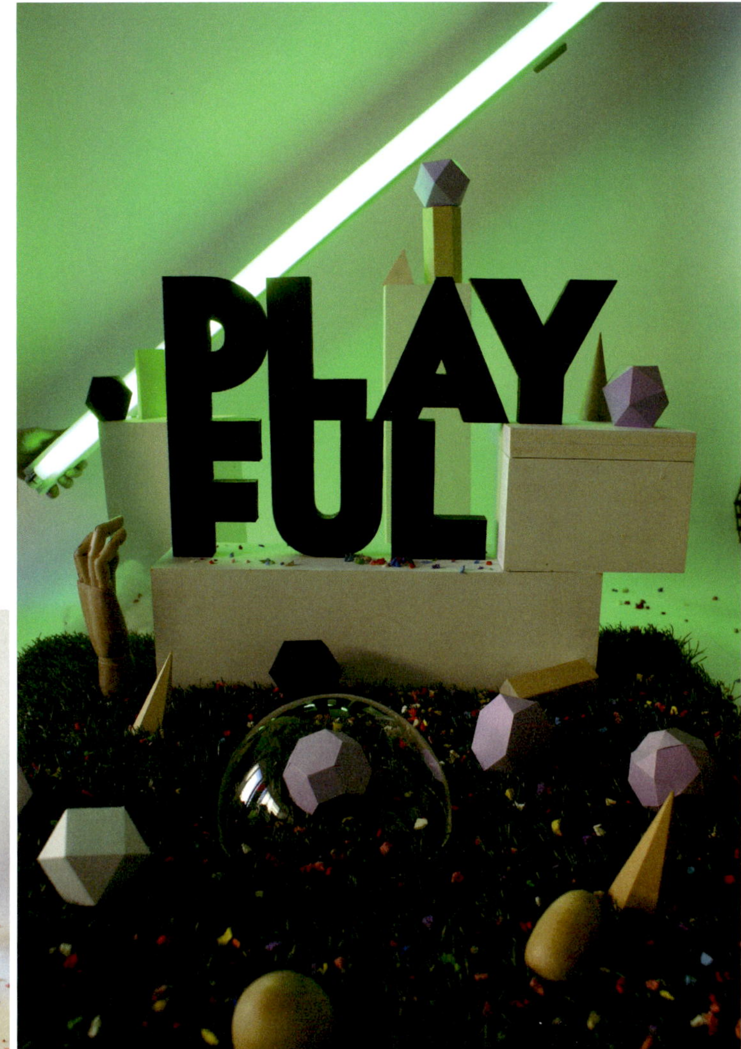

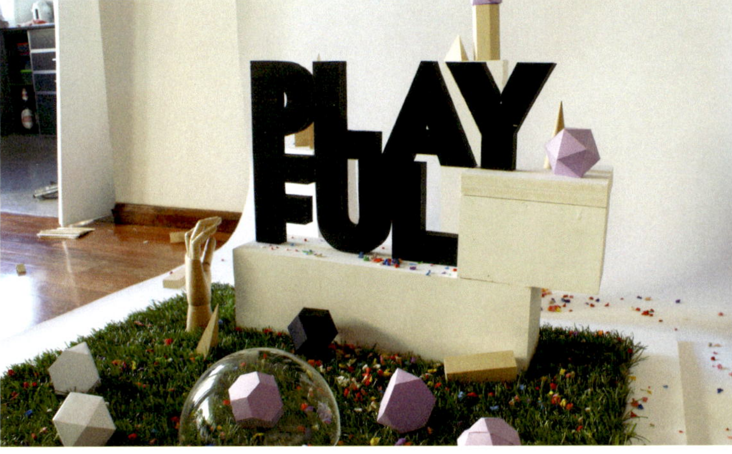

Playful 2010.

2009.

**Self-promotional material to relaunch my new
identity and this high-definition website.**

Studio: Playful
Author: Pablo Alfieri

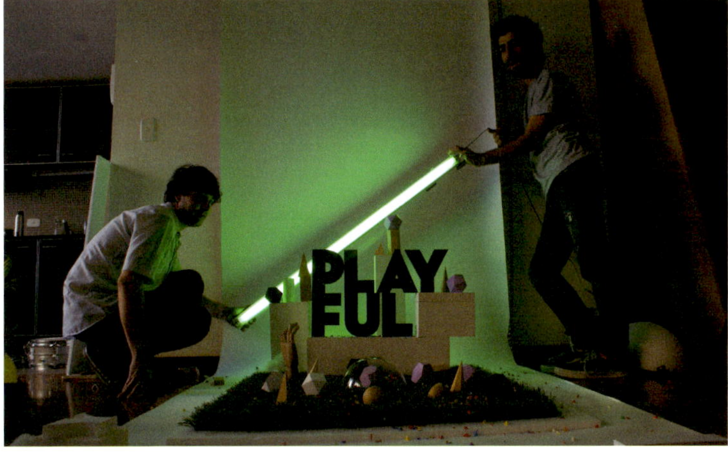

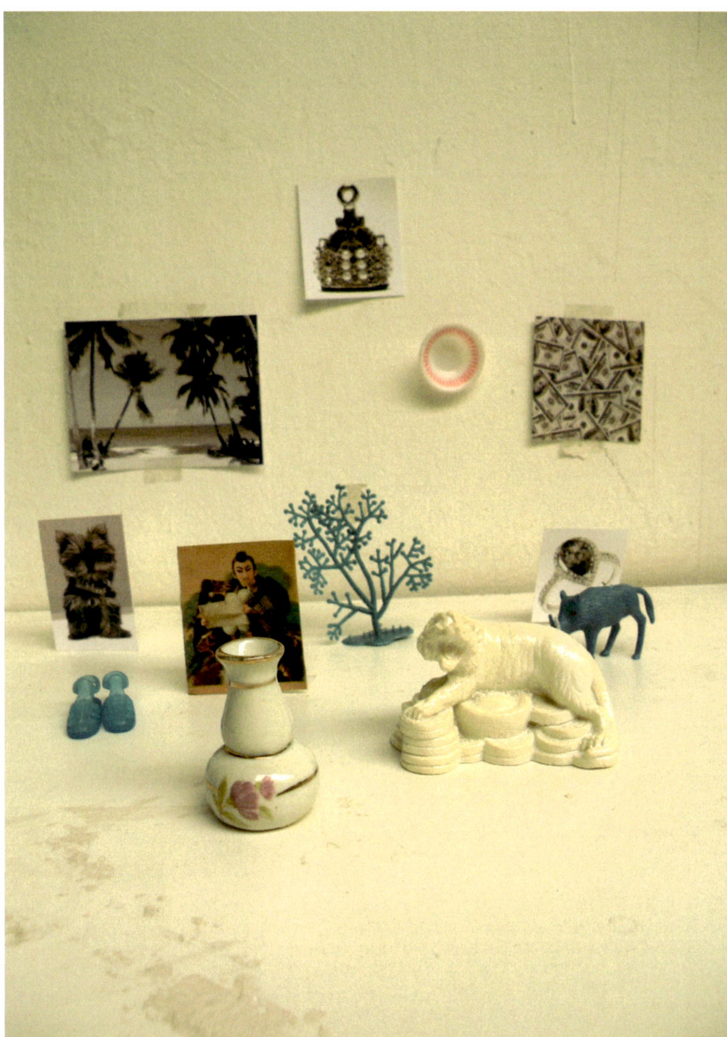

I want fame.
2009.

Image for *atypica* magazine, issue 36.

Client: *atypica* magazine
Author: Valen Paulucci
Credits: www.atypica.com.ar

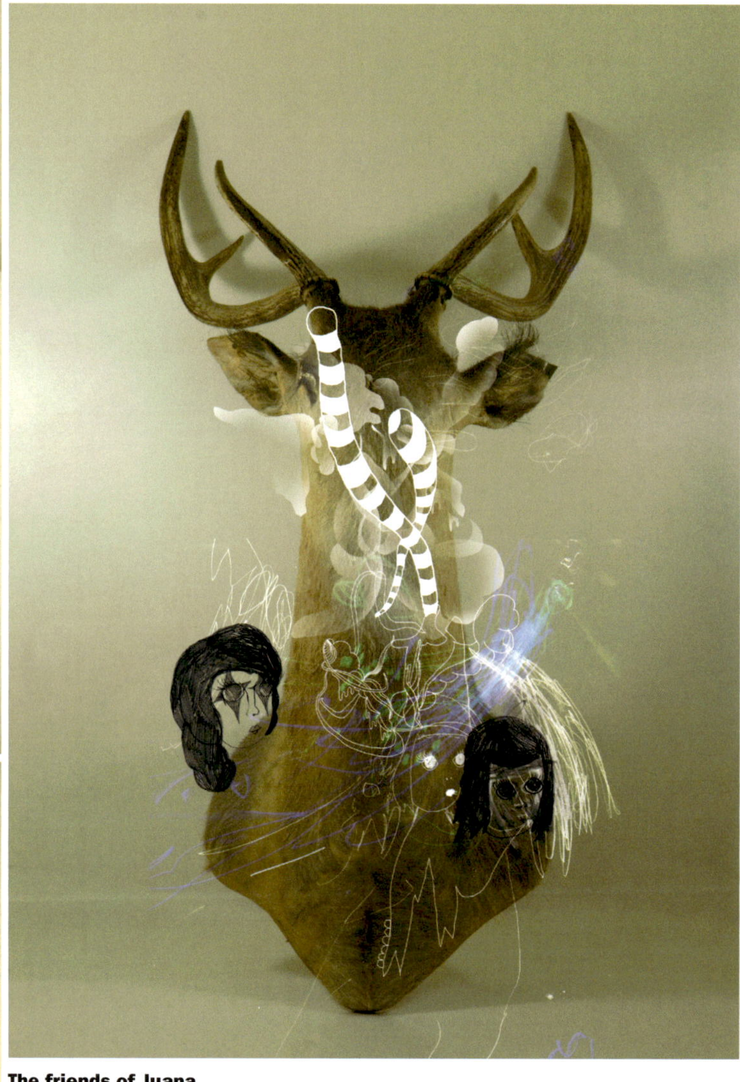

The friends of Juana.
2009.

Guest artist for *Rojo magazine®ocho número atómico*.

Client: *Rojo* magazine
Studio: Bruster Special
Author: Martin Albornoz
Photography: Juan Pablo Landarin

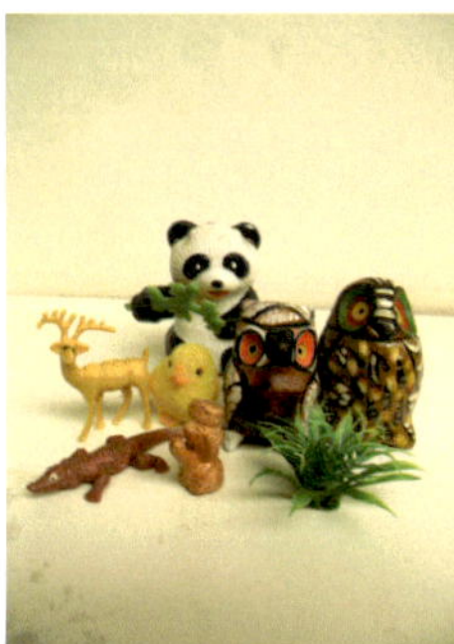

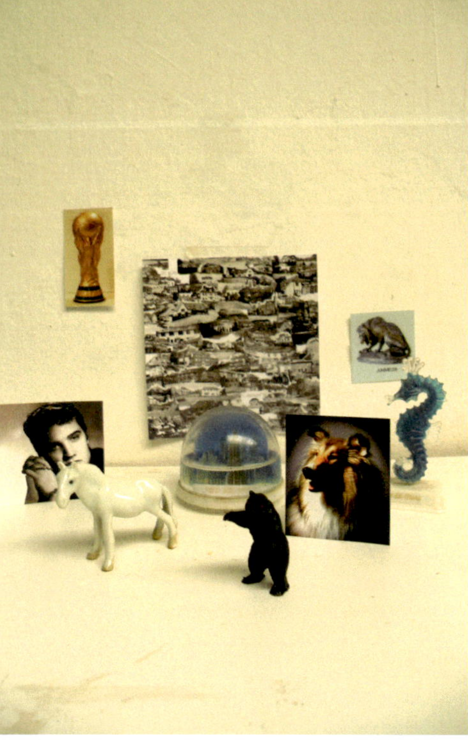

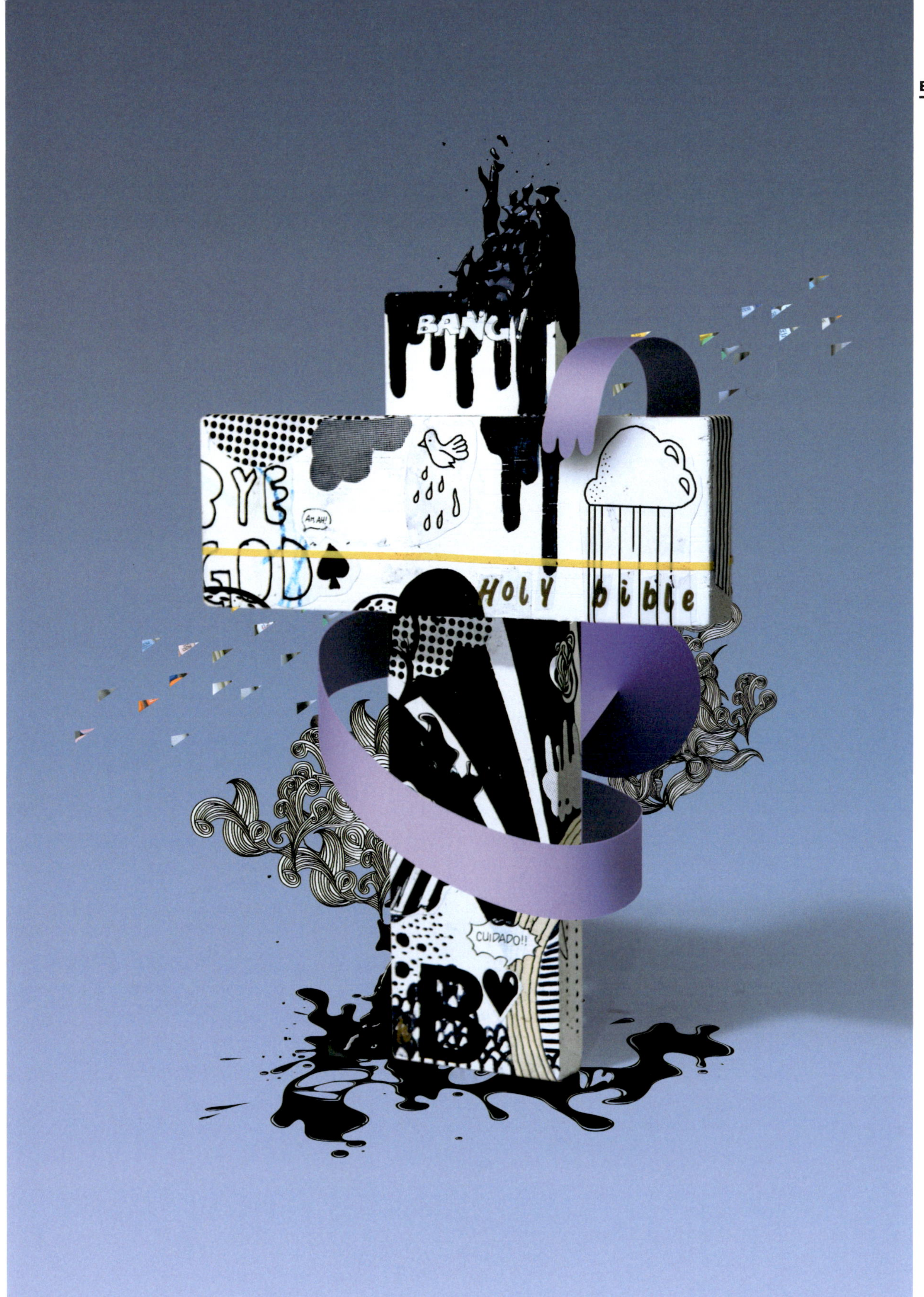

Bye God.
2008.

Guest artist for Synth Eastwood's "Flags and Anthems" show.

Client: Synth Eastwood
Studio: Bruster Special
Author: Martin Albornoz, Augusto Giovanetti
Photography: Juan Pablo Landarin

The last breath.
2008.

Author: Augusto
Giovanetti

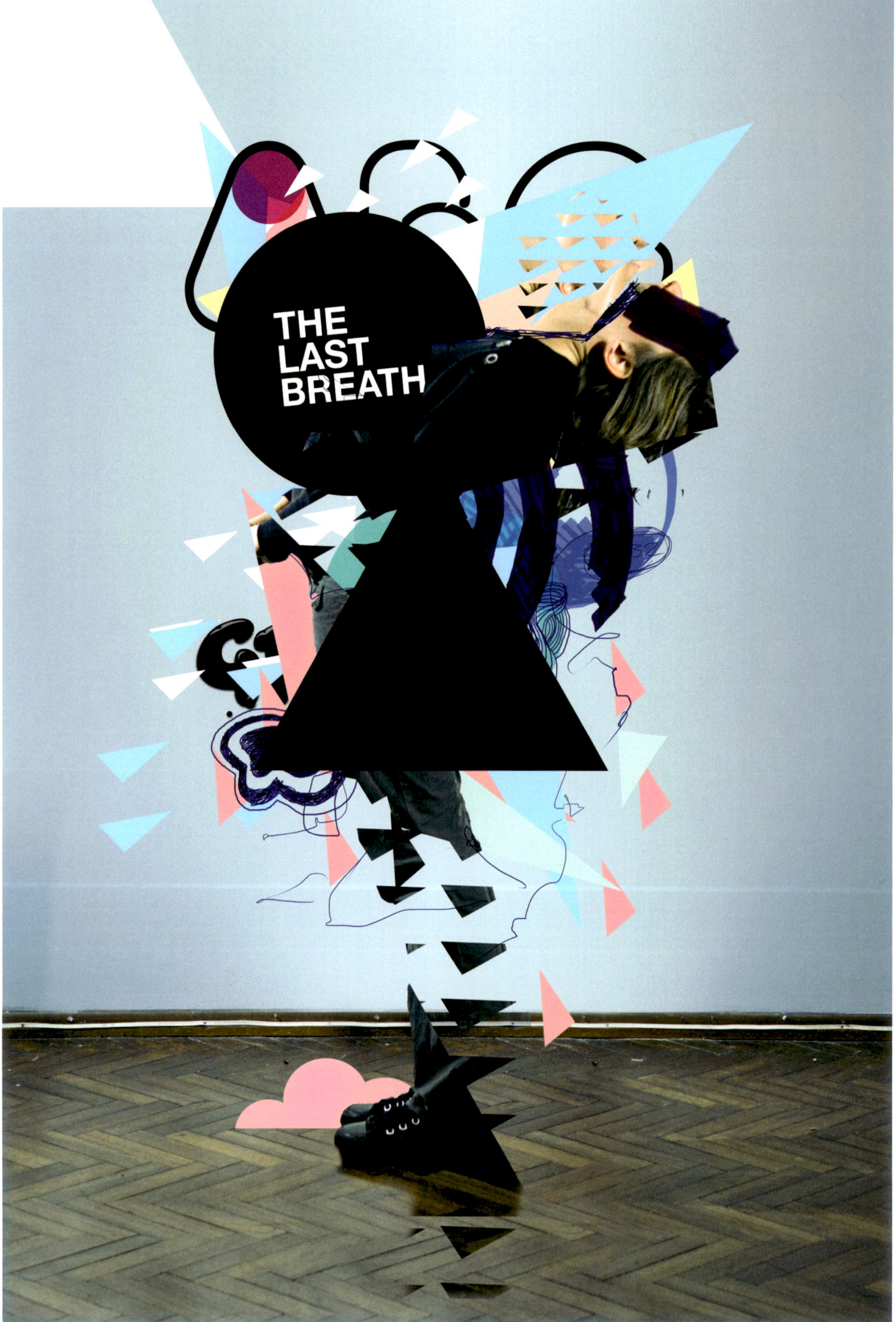

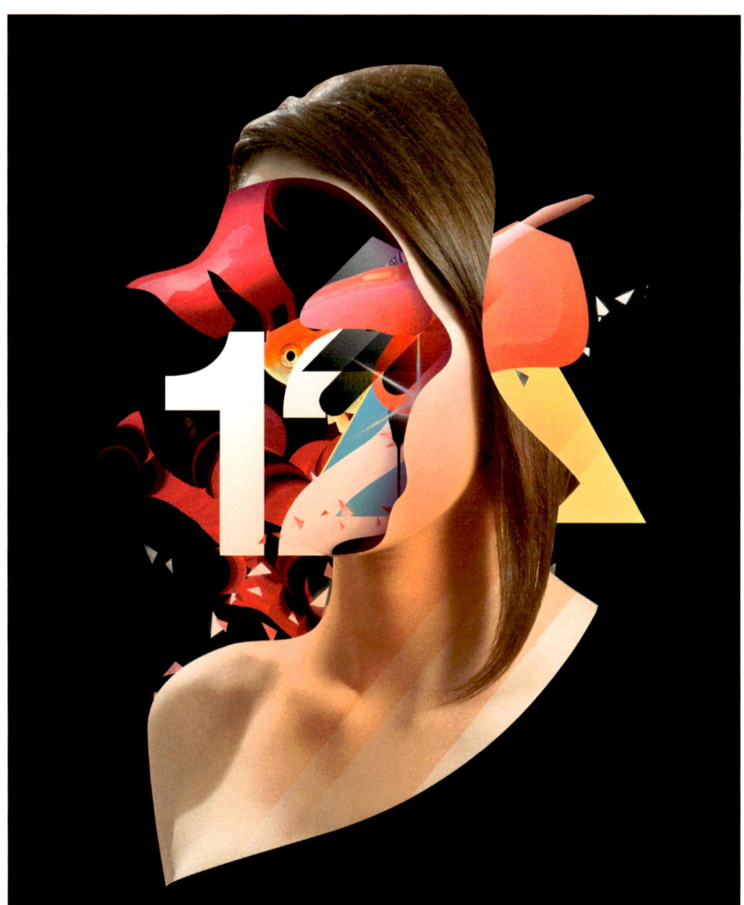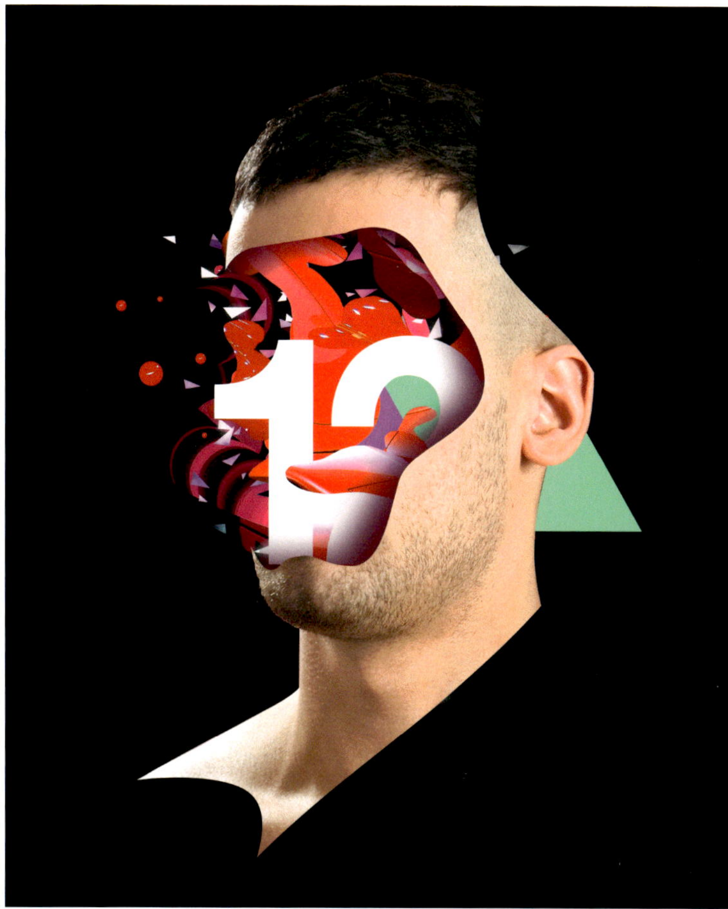

Closet 01.
Closet 02.
Closet 03.
2009.
Author: Augusto Giovanetti

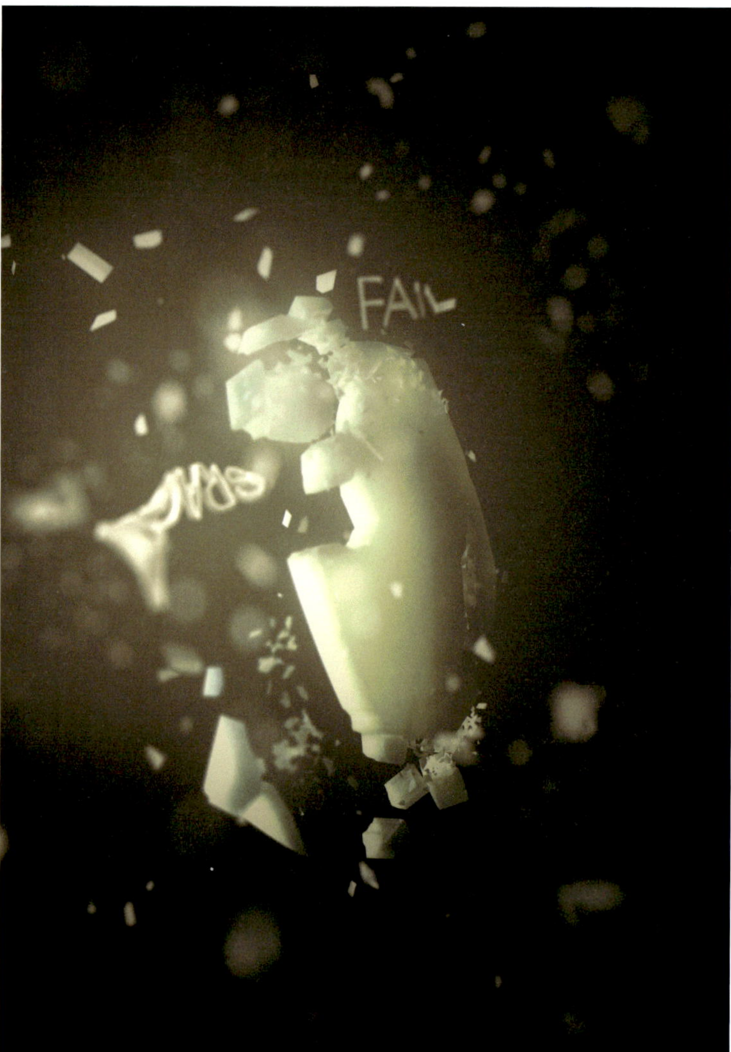

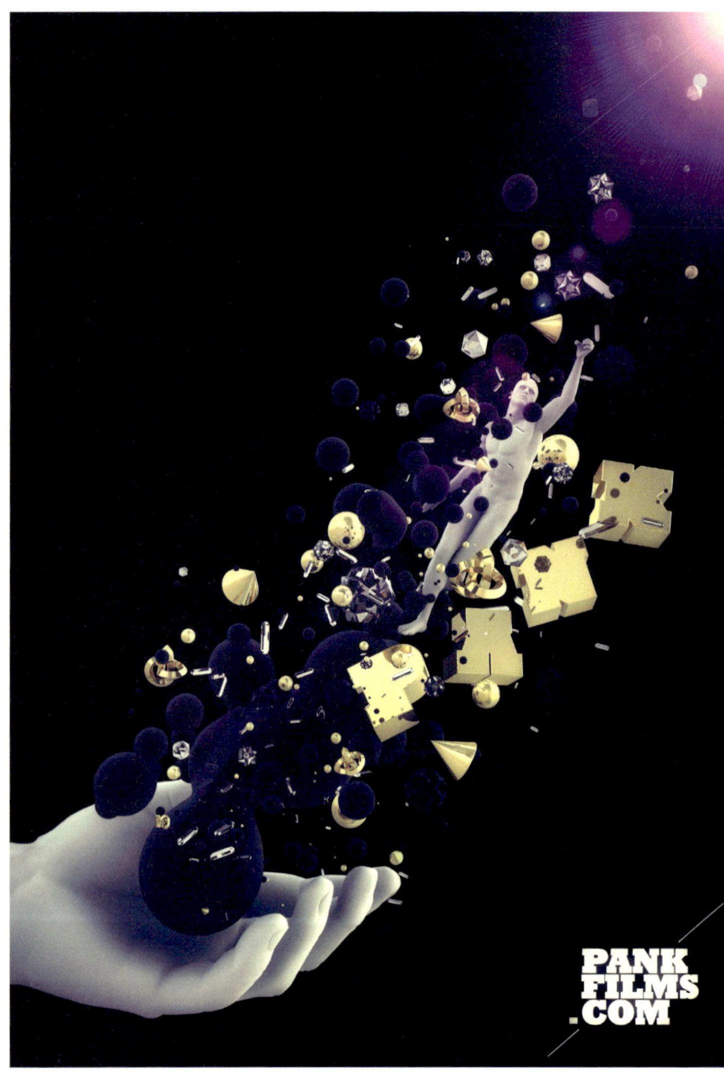

Pank Films.
2009.

This is a promotional piece that I did for new branding of the production company Pank Films.

Client: Pank Films
Studio: Playful
Author: Pablo Alfieri

Fail gracefully.
2009.

OFFF Oeiras 2009 invited artists to design an art work for OFFF Oeiras print catalogue under the theme, "Fail Gracefully."

Client: OFFF Oeiras 2009
Author: Kultnation

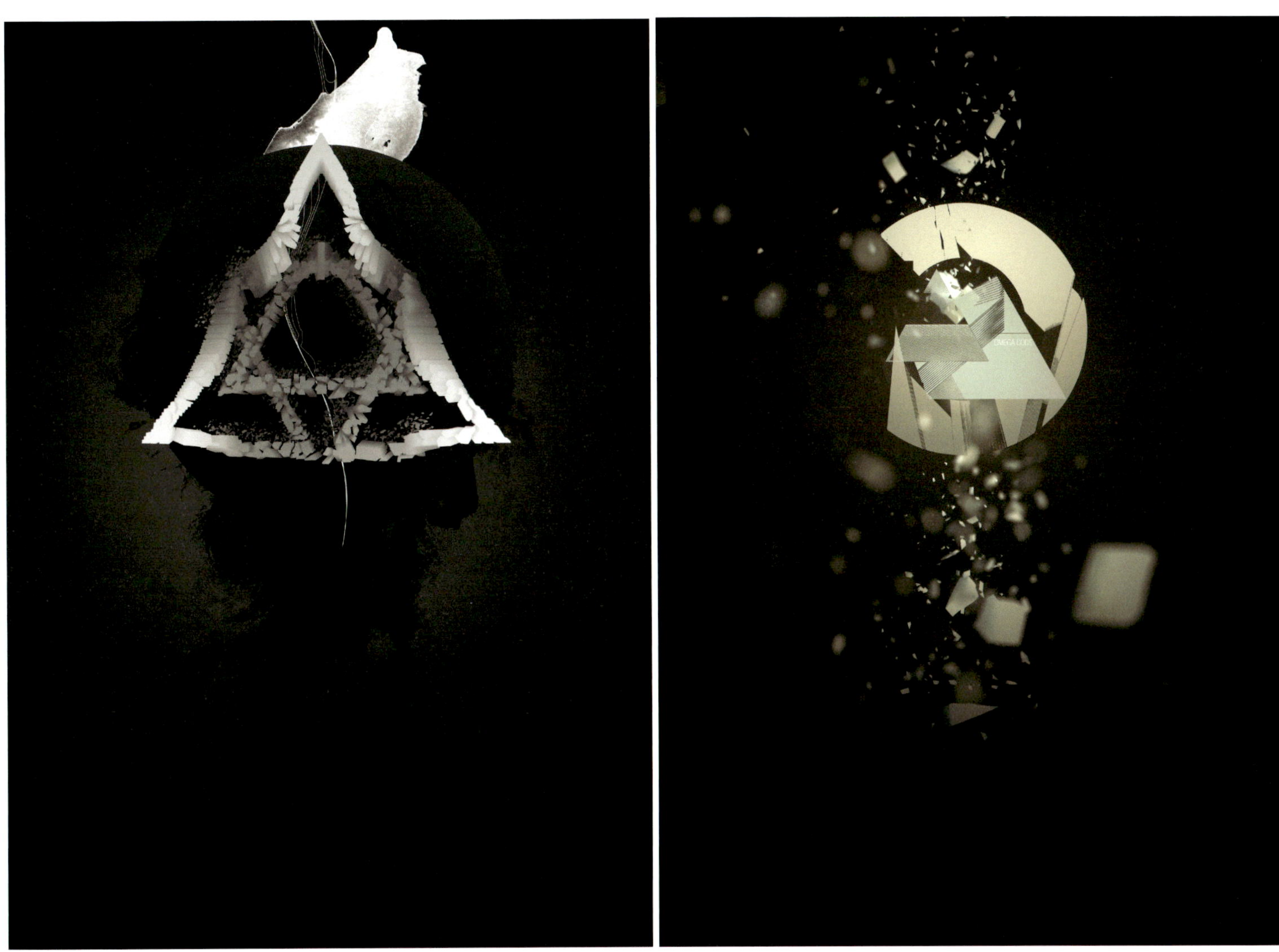

Omega Code fan poster.

_2009._

Artwork submitted for Omega Code
fan poster series.

Client: Omega Code
Author: Kultnation

Omega Code fan poster.

_2009._

Selected as one of the 20 finalists for the
Omega Code fan poster series. The artwork was
selected as the cover illustration for Omega
Code's _Zero Point One_ EP.

Client: Omega Code
Author: Kultnation

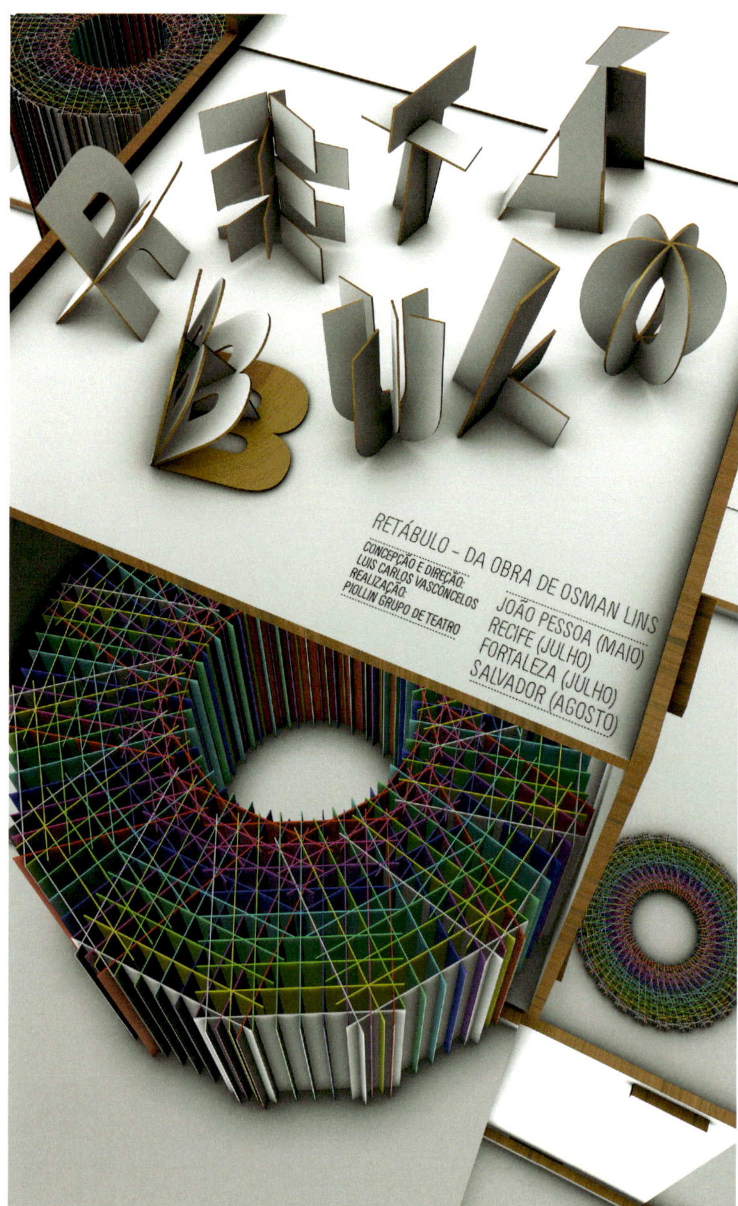

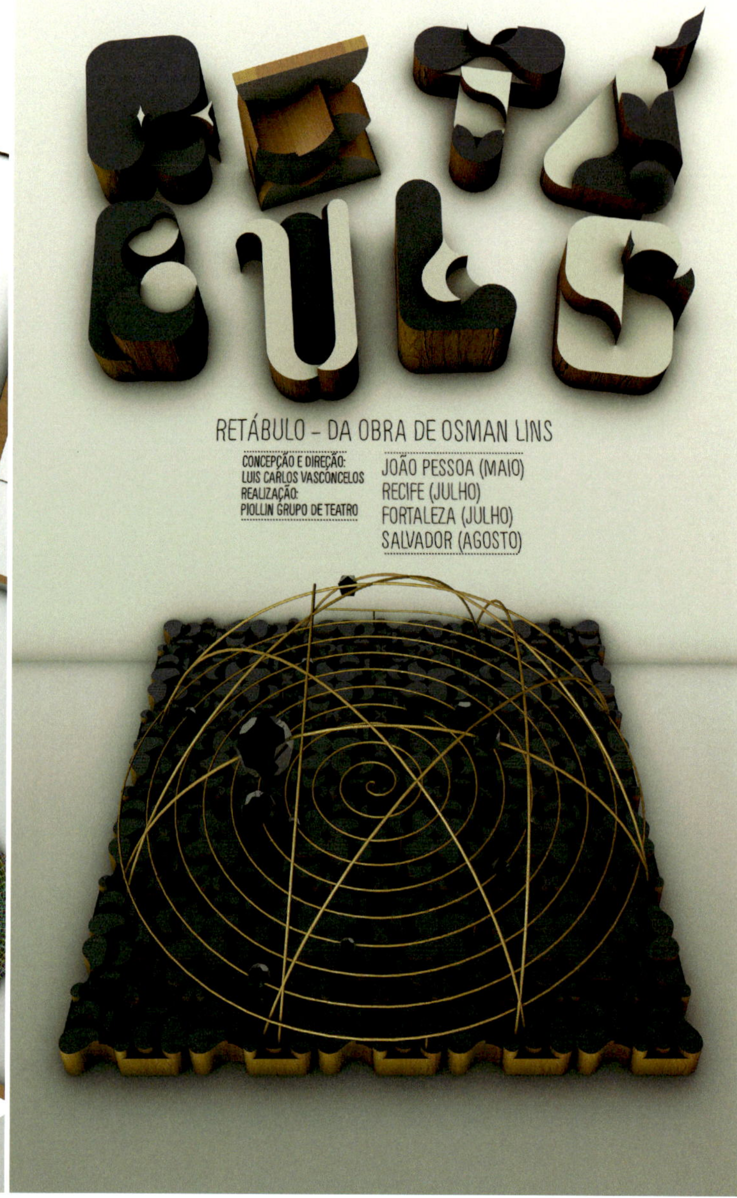

Retabulo.

2010.

Series of typographic posters for Brazilian play *Retabulo*, which is based on Osman Lins' novel *Avalovara*, one of the greatest architectural narratives of all time.

Client: Piollin Theater Group
Studio: Molho
Author: Marcelo Altino García

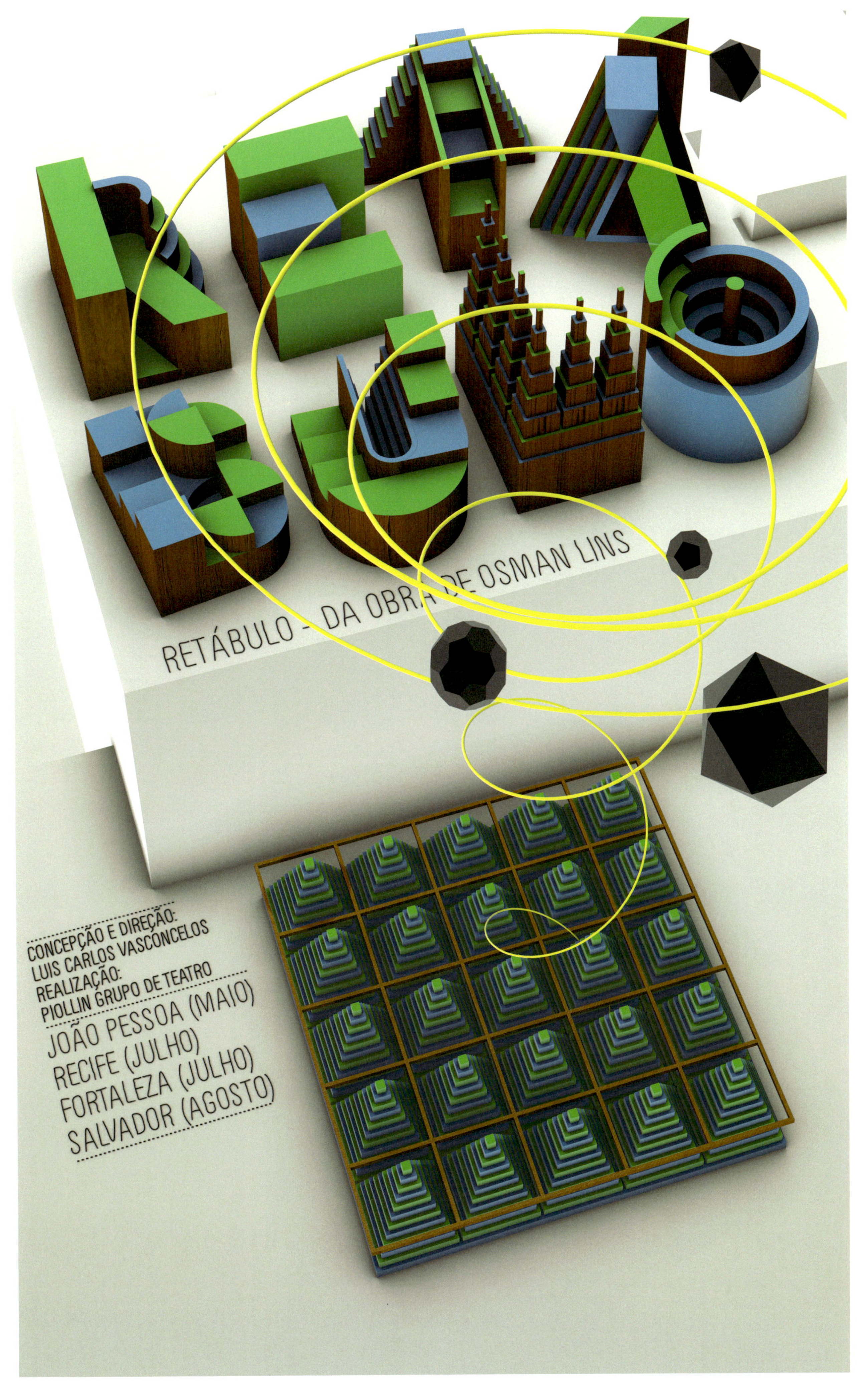
RETÁBULO - DA OBRA DE OSMAN LINS
CONCEPÇÃO E DIREÇÃO:
LUIS CARLOS VASCONCELOS
REALIZAÇÃO:
PIOLLIN GRUPO DE TEATRO
JOÃO PESSOA (MAIO)
RECIFE (JULHO)
FORTALEZA (JULHO)
SALVADOR (AGOSTO)

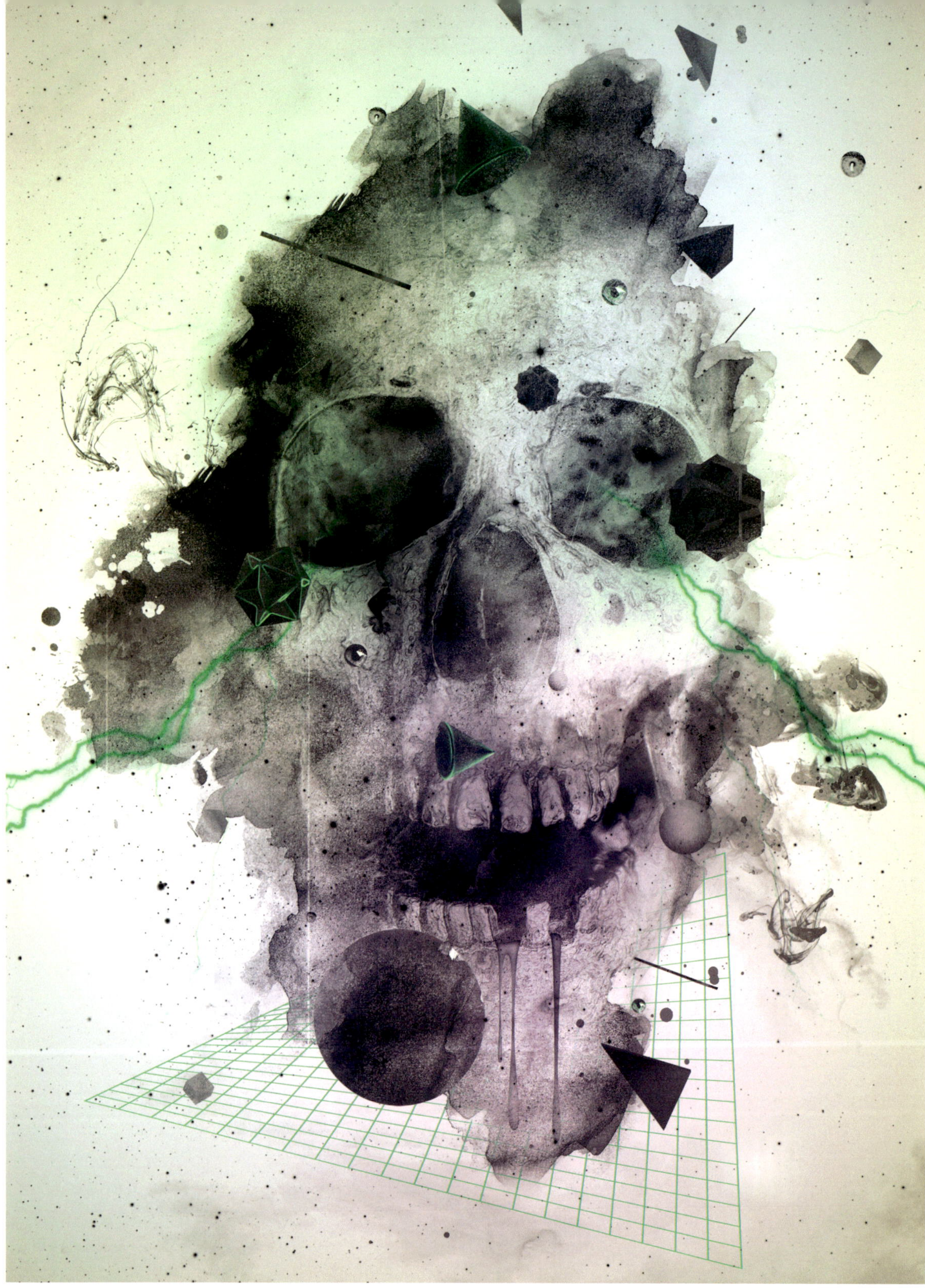

Supernaturalism.

2009.

Collaboration for the crazy *Beautiful/Decay* magazine. Theme: Supernatural.

Client: *Beautiful/Decay*
Studio: Playful
Author: Pablo Alfieri

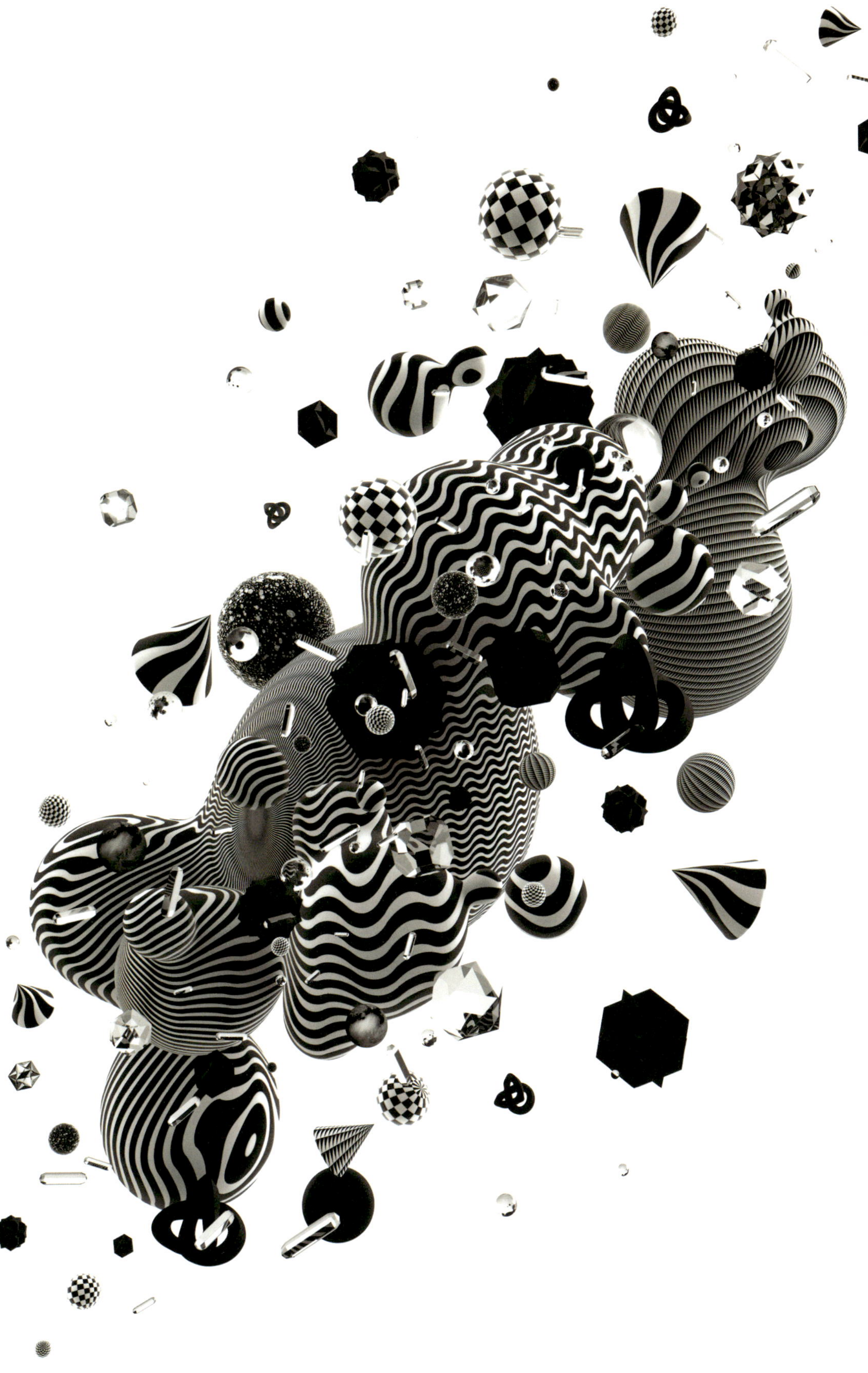

Chaos theory.
2009.

**The Few Gallery selected
me to do a unique and
limited artwork for its
online gallery.**

Client: The Few Gallery
Studio: Playful
Author: Pablo Alfieri

Ushuaia Shh… Festival 2010, concept art.

2010.

Graphic concept for the fourth edition of the International Mountain Film Festival in Ushuaia, Argentina.

Client: Vertigo Producciones
Studio: Rock Studios Design
Author: Horacio Lorente

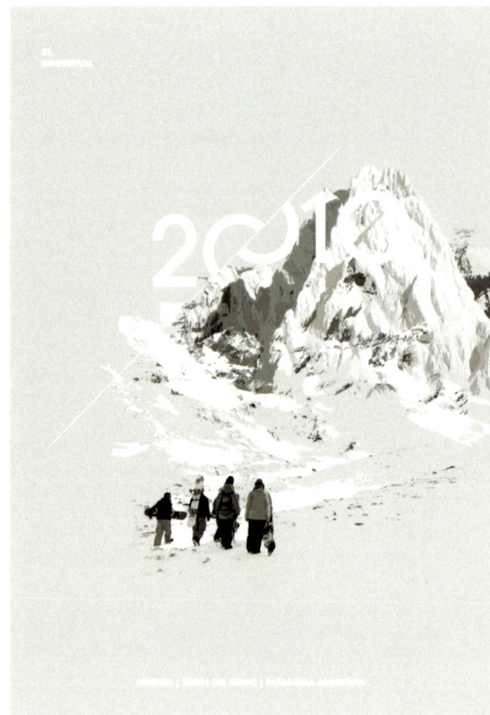

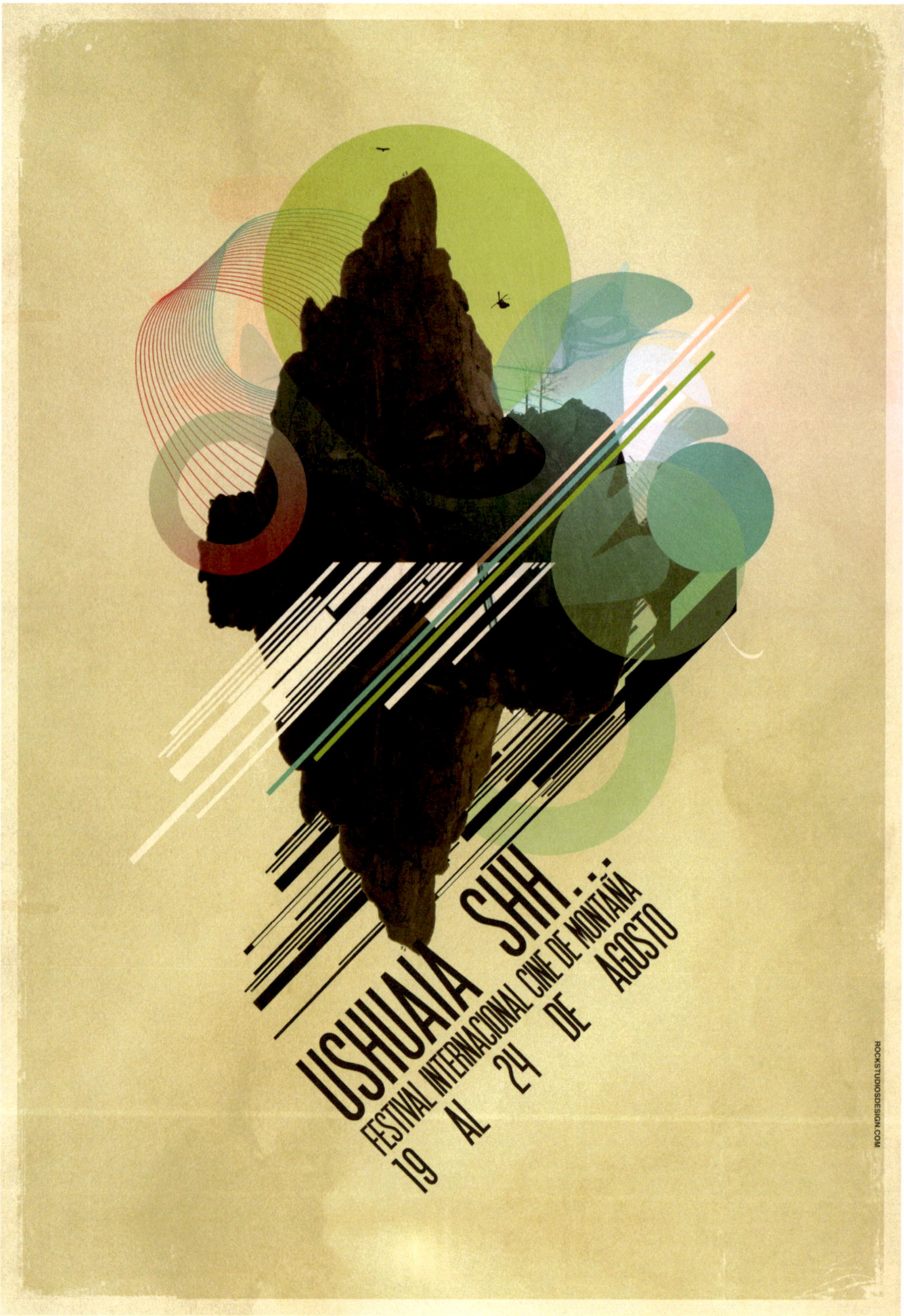

Ushuaia Shh… Festival 2008.

2008.

A limited series of posters were produced to advertise the second edition of the International Mountain Film Festival in Ushuaia, Argentina. The result was a conceptual retro piece, with inspirations from old mountain film posters and the city's beautiful natural landscape mixed with a strong typographic work.

Client: Vertigo Producciones
Studio: Rock Studios Design
Author: Horacio Lorente

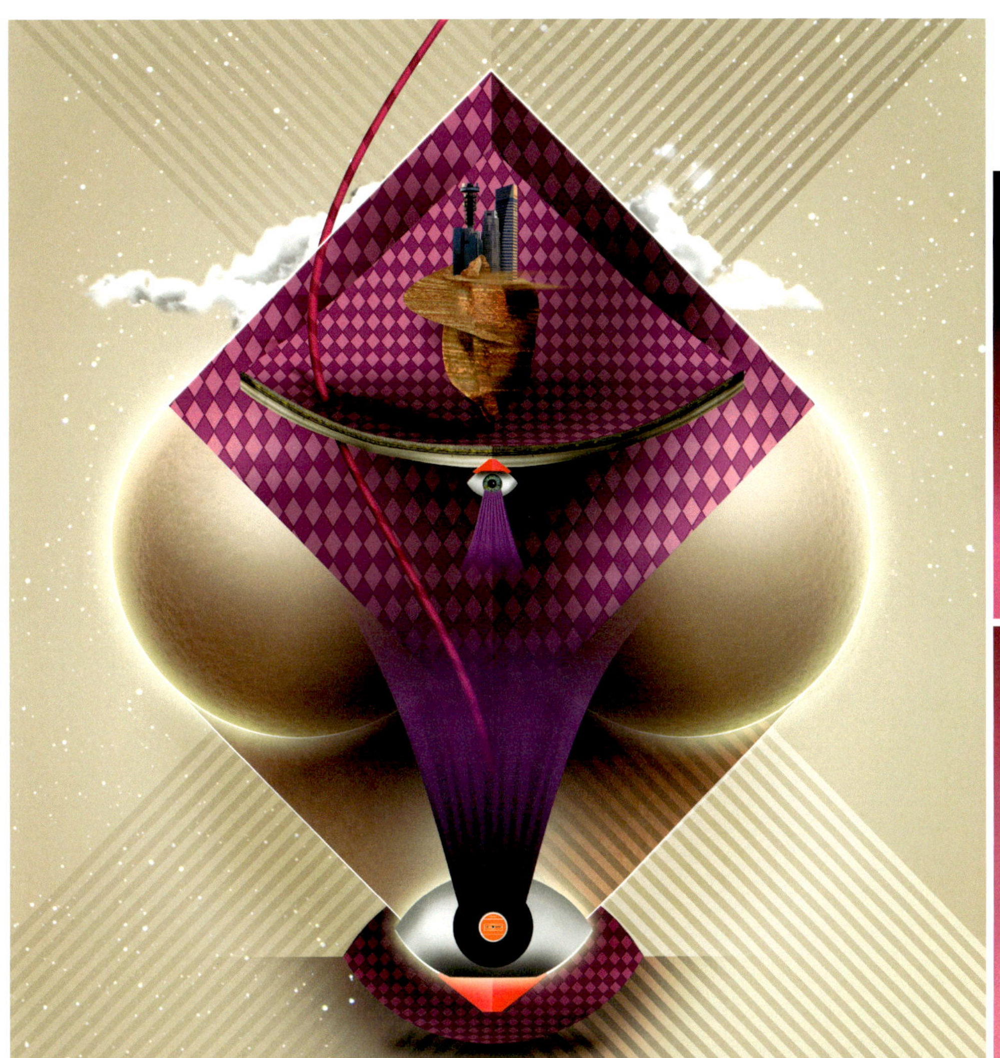

Curitiba.

2009.

Illustration for an article about the city of Curitiba, published by *Deluxe* magazine.

Client: *Deluxe* magazine
Studio: Renan Molin
Author: Renan Molin and Ale Tauchmann
Art Direction: Anderson Maschio

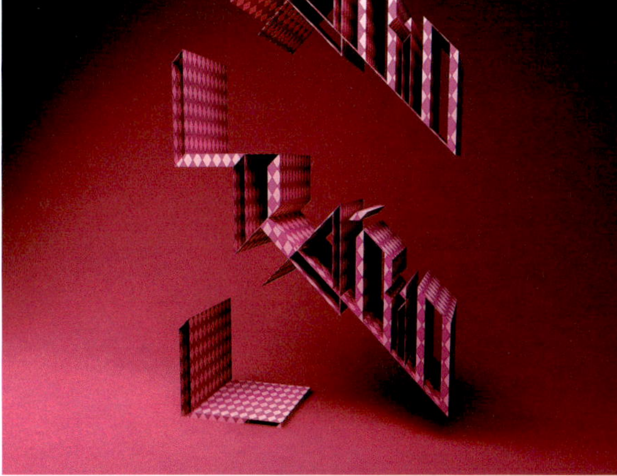

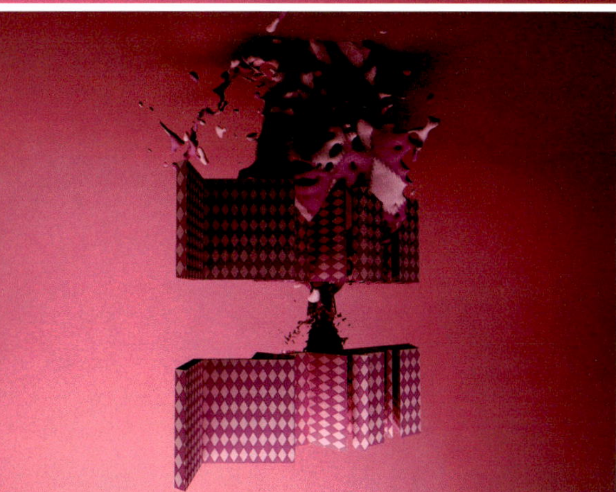

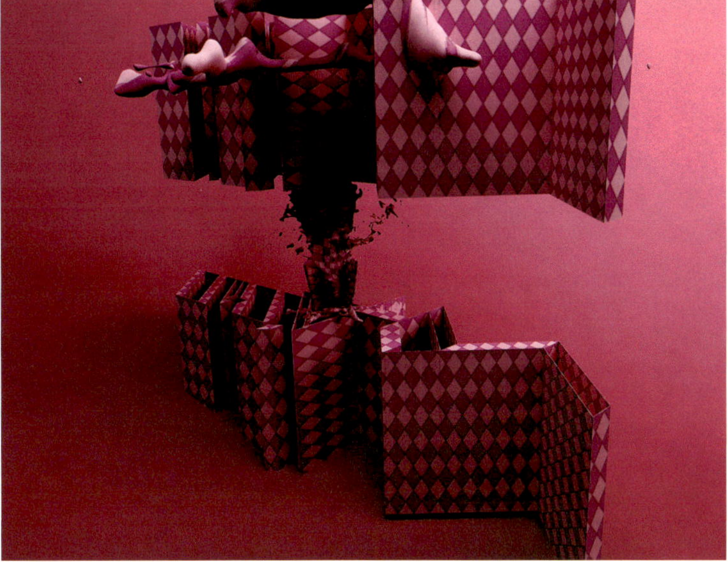

Luxúria.

2009.

Project for *IdeaFixa* magazine.

Client: *IdeaFixa* magazine
Author: Renan Molin

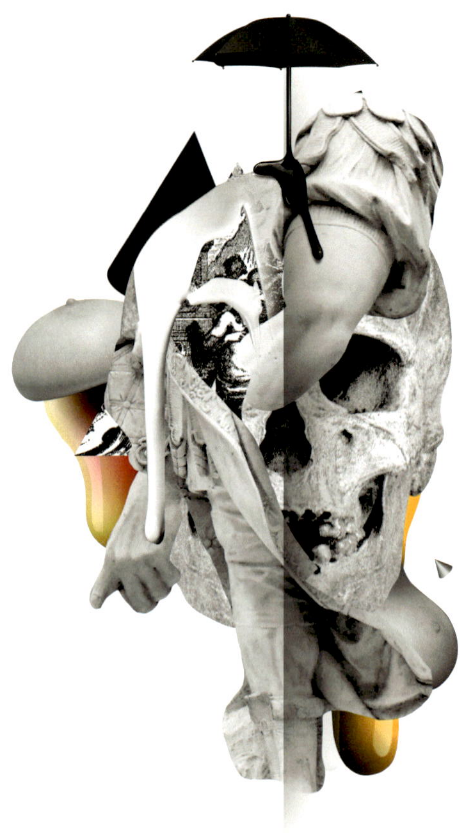

Bichos 02.

2009.

Author: Augusto Giovanetti

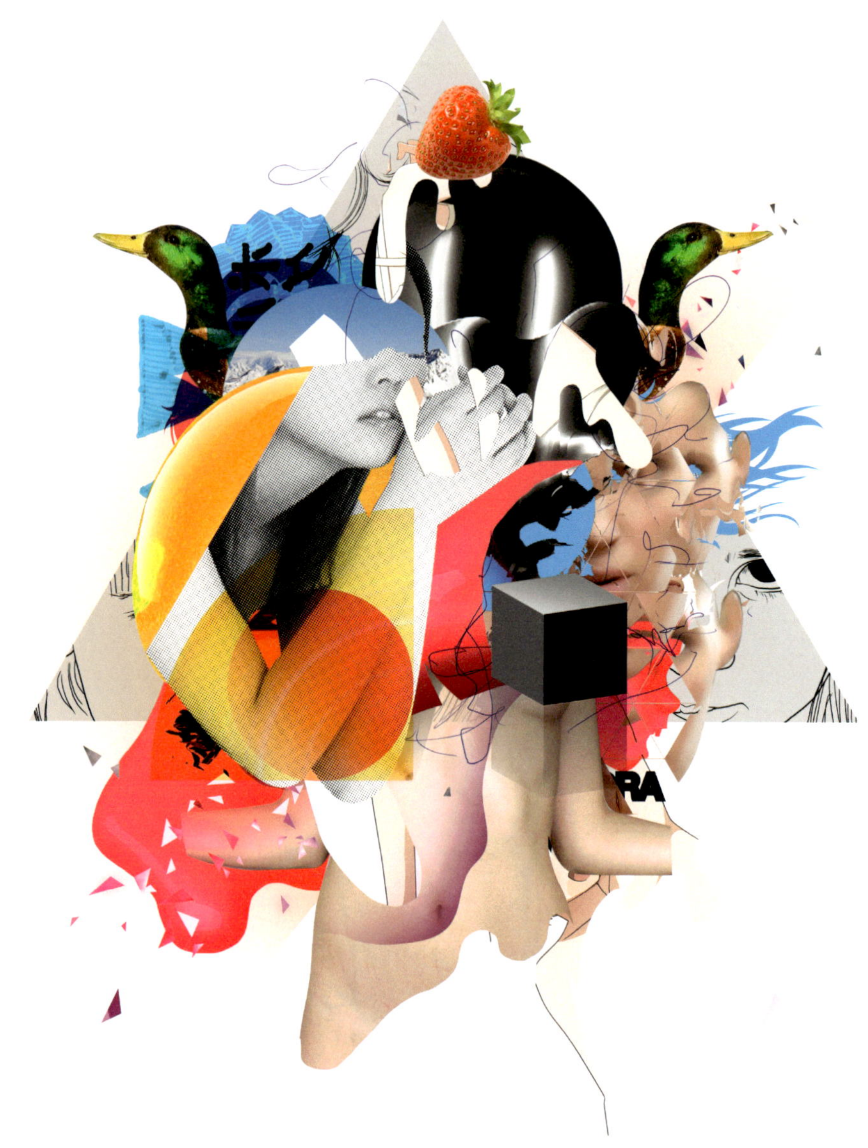

Hacedora de sueños.

2009.

This image was made for a collective exhibition called "La edad de oro" curated by Fiorella Varaldi.

Author: Augusto Giovanetti
Credits: www.fiolence.com

Poster design.

Client: Rev
Studio: Modo
Author: Alexander Wright

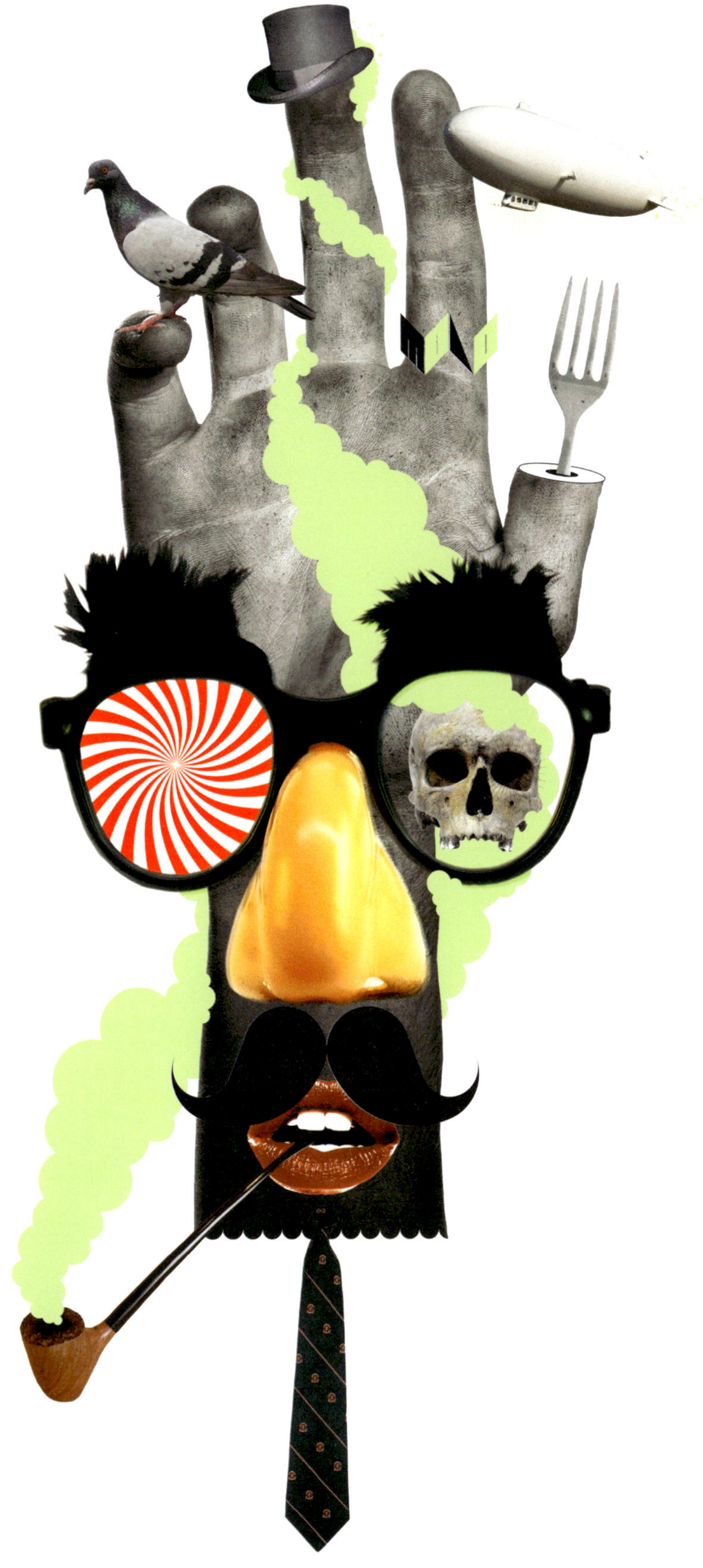

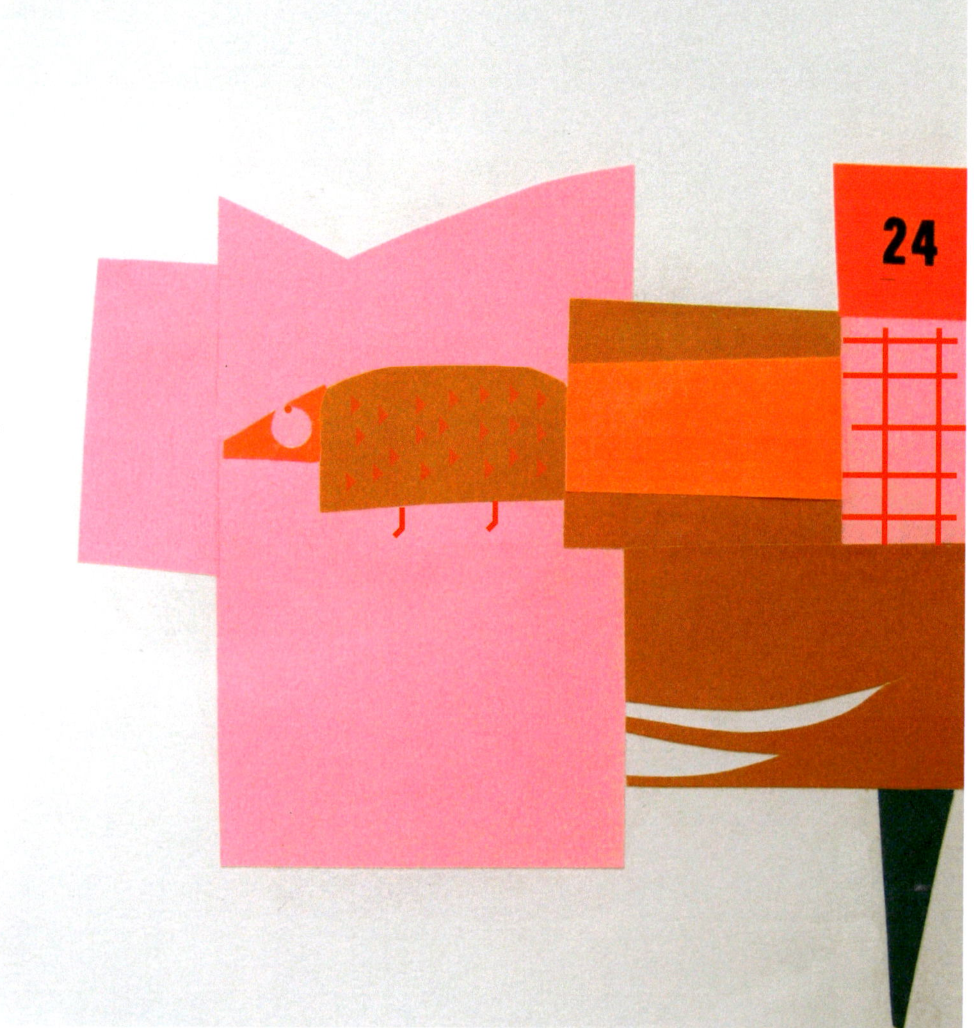

Lost.
2009.

Collage.

Studio: al borde llama
Author: Silvana Mosquera

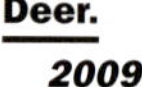

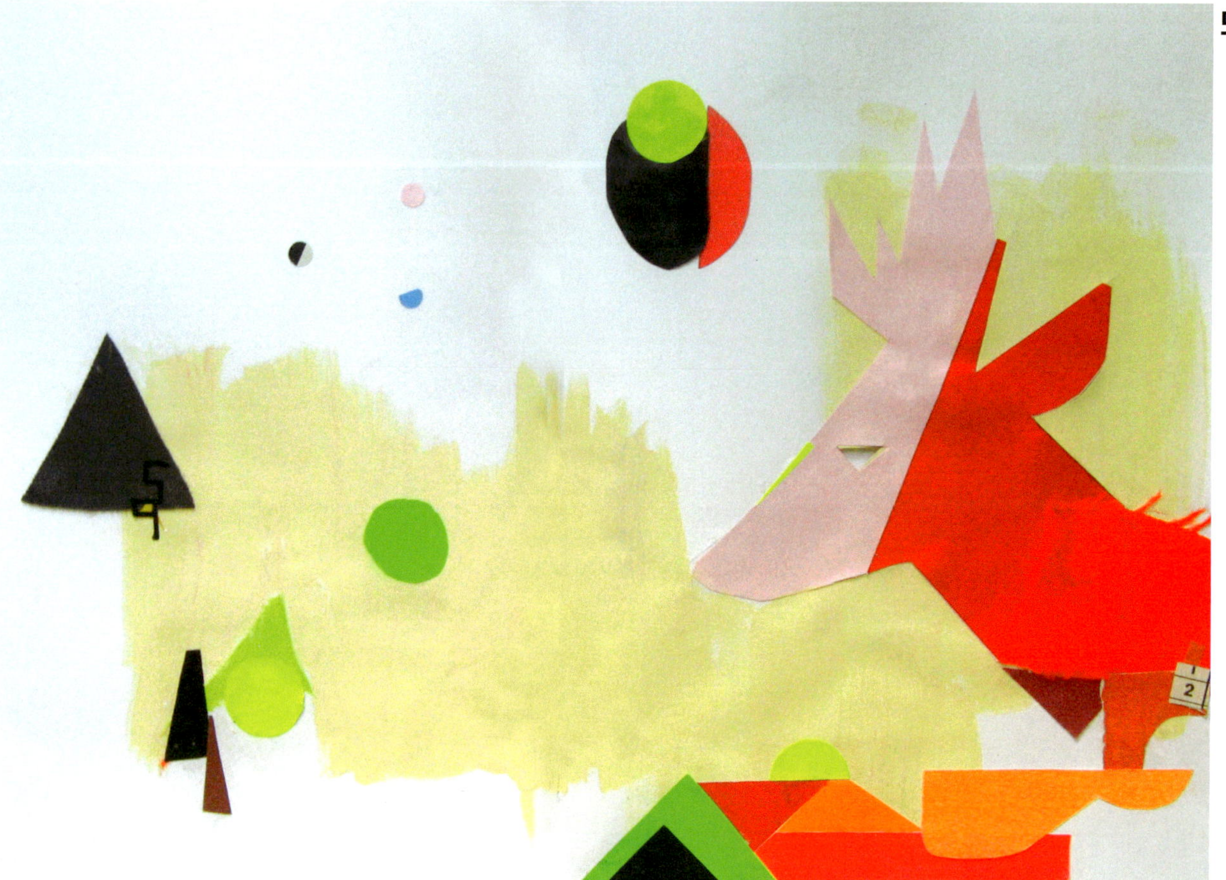

Deer.
2009.

Collage.

Studio: al borde llama
Author: Silvana Mosquera

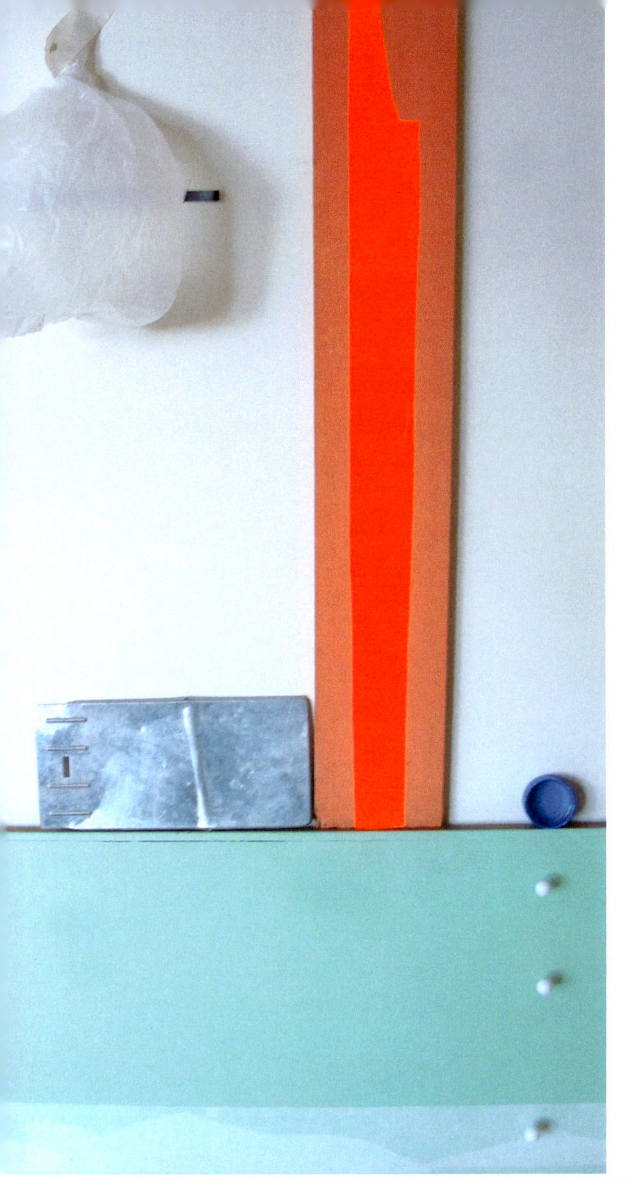

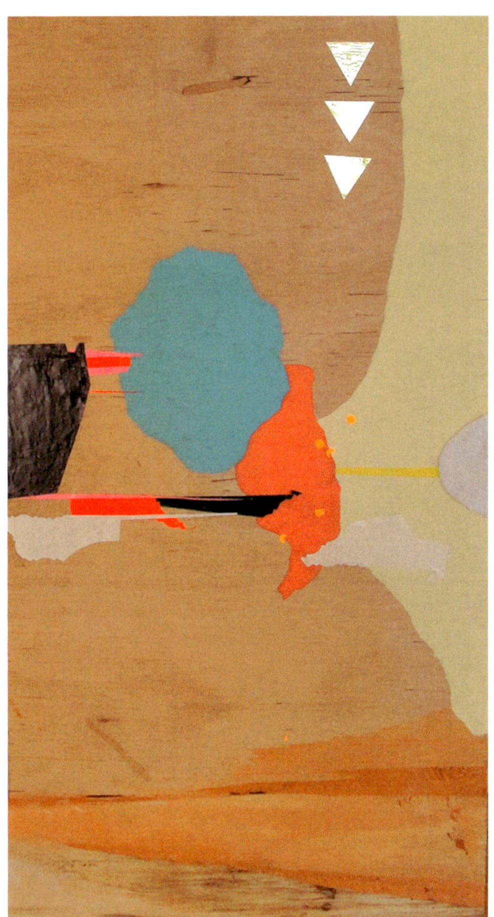

Latent construction.

2009.

Acrylic and vinyl on wood.

Studio: al borde llama
Author: Silvana Mosquera

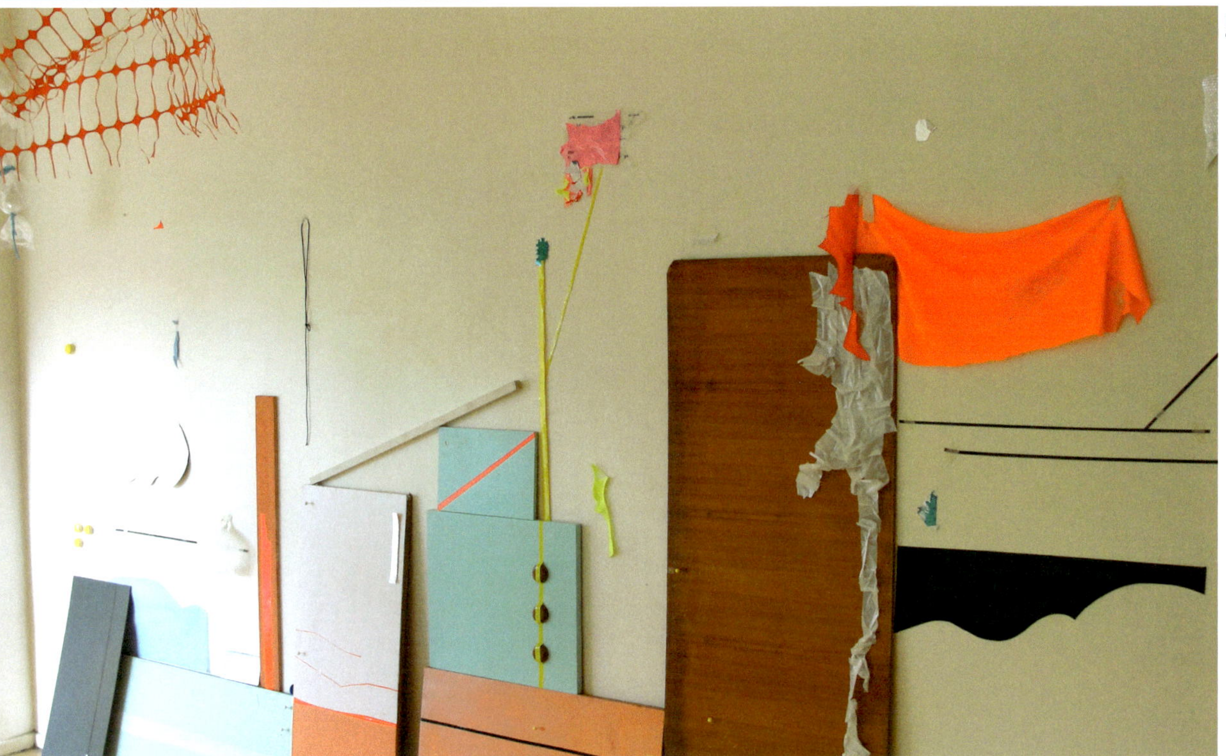

Introspective construction.

2009.

Installation.

Studio: al borde llama
Author: Silvana Mosquera

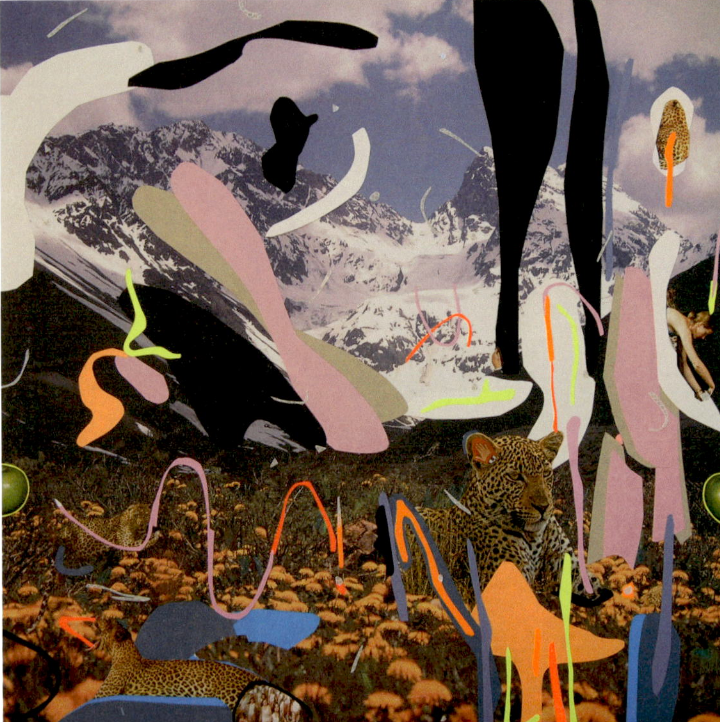

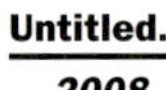

Untitled.

2008.

Analog collage 70x70 cm.

Author: Virginia Echeverria

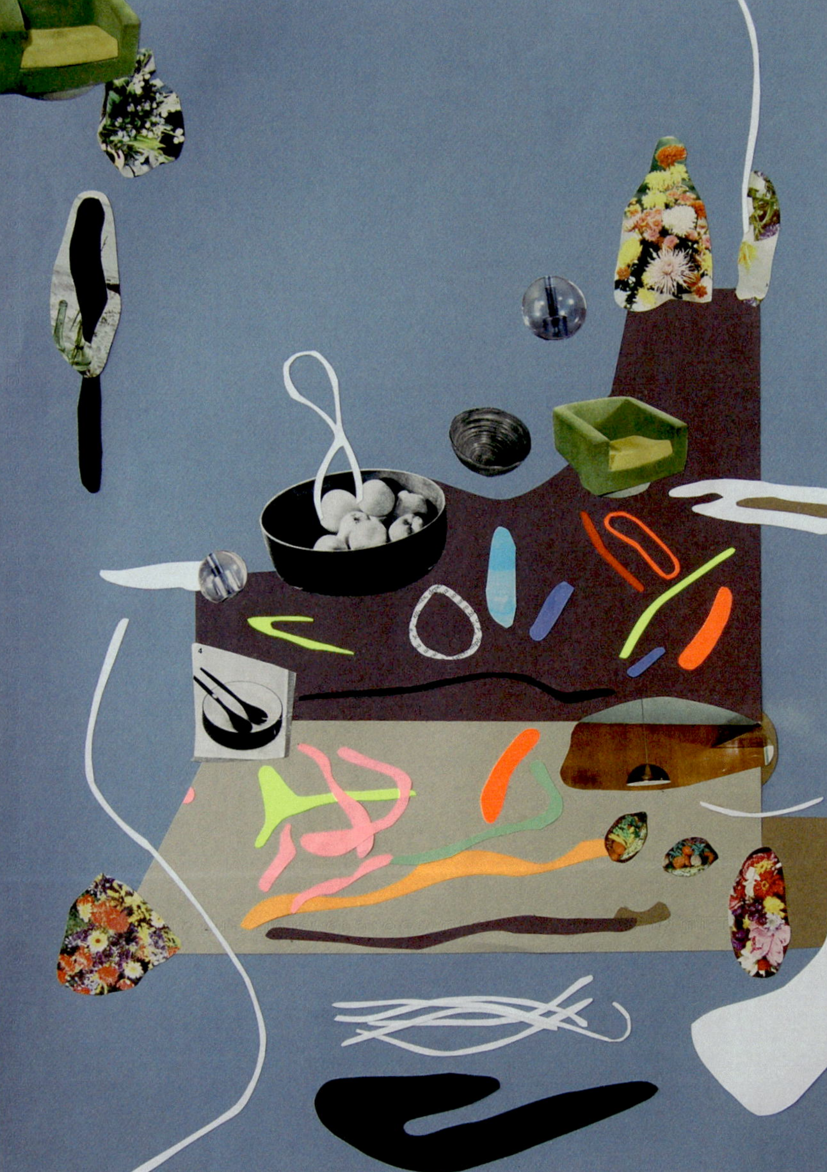

Untitled.

2008.

Analog collage 50x60 cm.

Author: Virginia Echeverria

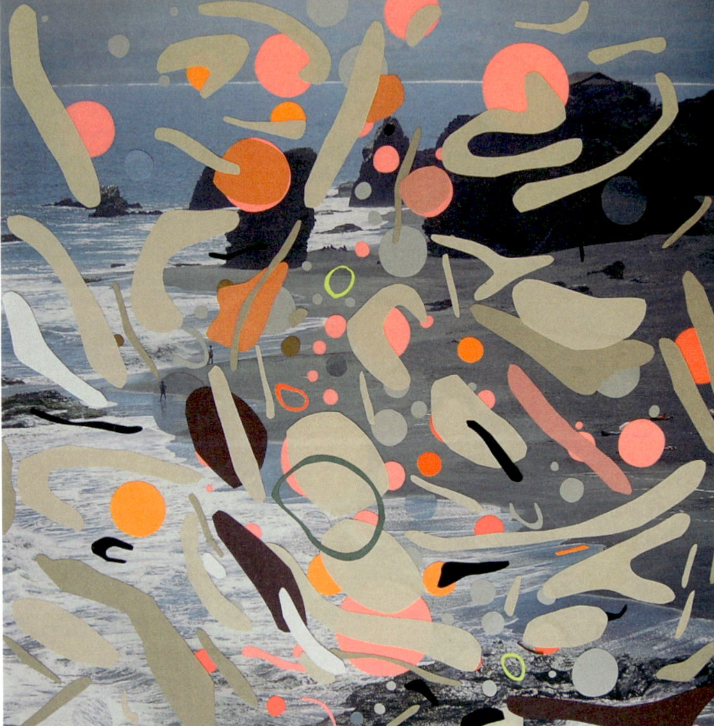

Untitled.

2008.

Analog collage 70x70 cm.

Author: Virginia Echeverria

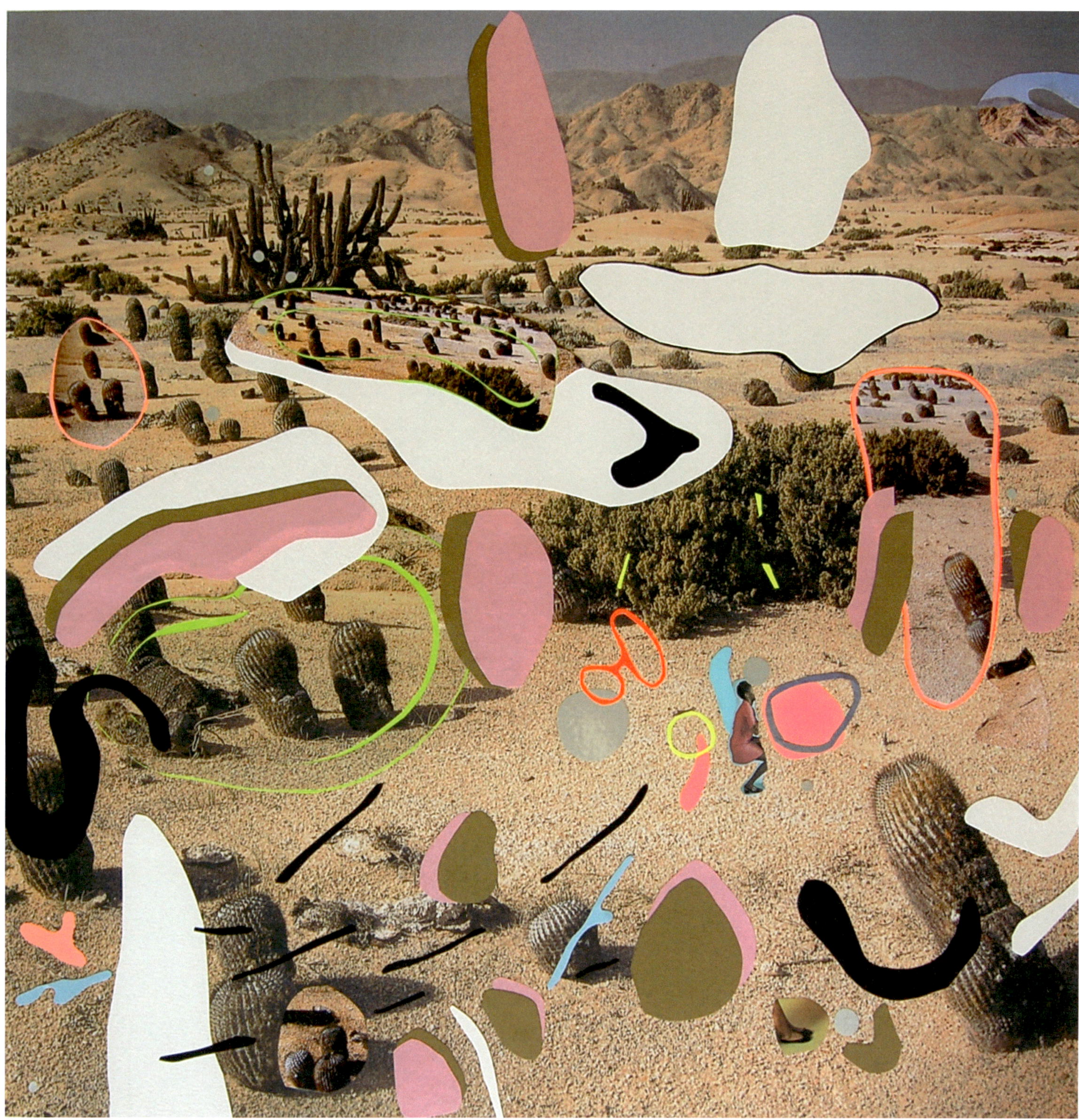

Untitled.

2008.

Analog collage.

Author: Virginia Echeverria

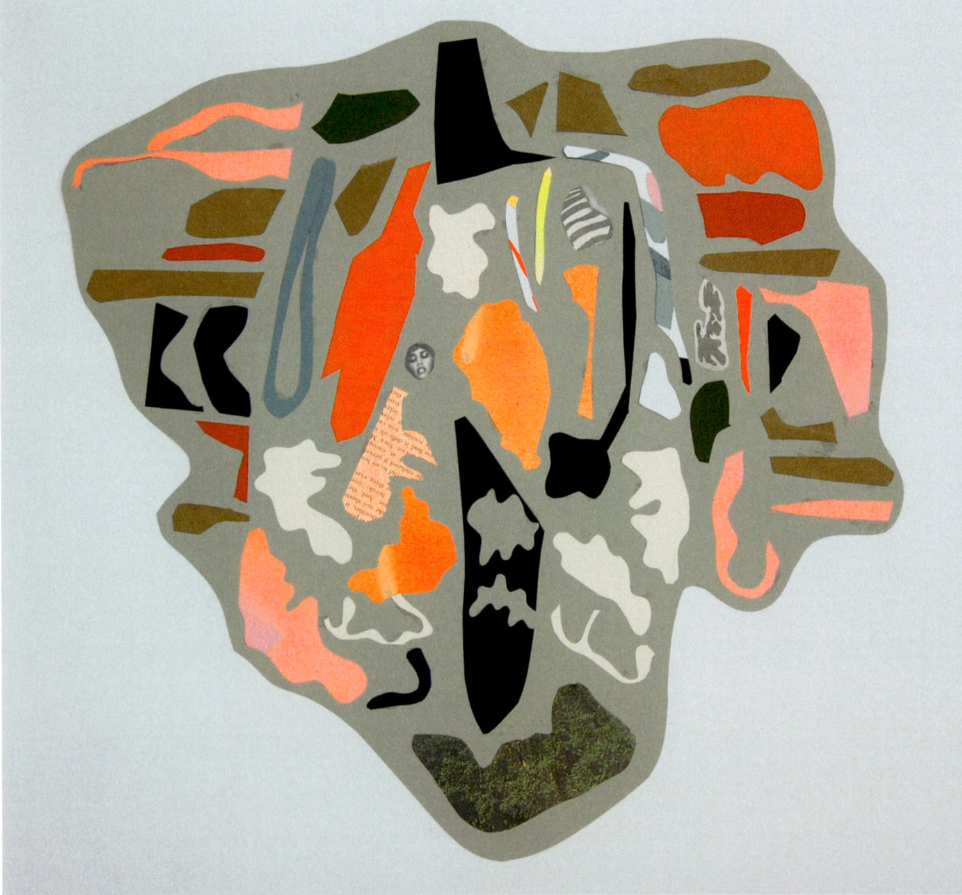

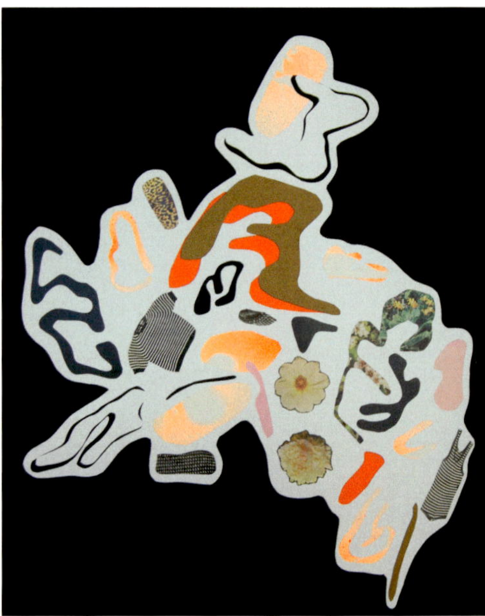

Untitled.
2009.

Analog collage
80 x 70 cm.

Author: Virginia Echeverria

Untitled.
2009.

Analog collage
50 x 66 cm.

Author: Virginia Echeverria

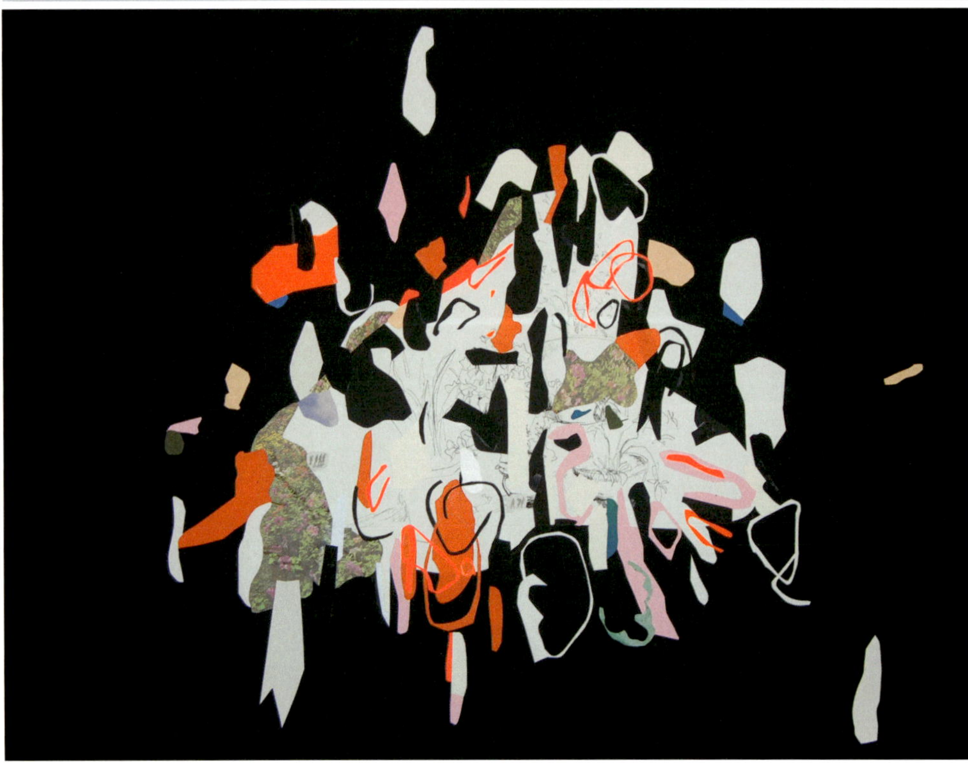

Untitled.
2009.

Analog collage 100 x 70 cm.

Author: Virginia Echeverria

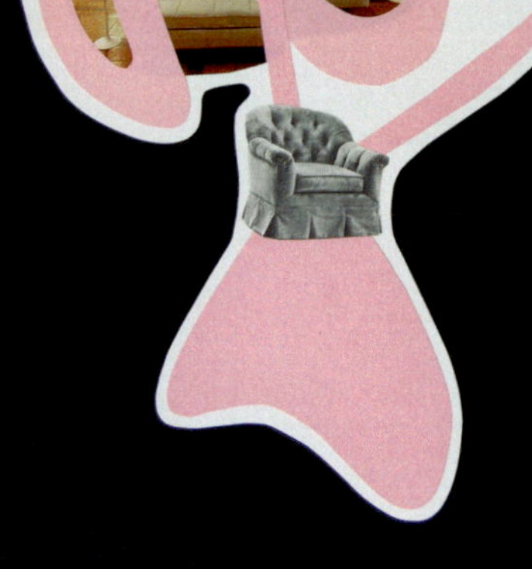

Untitled.
2008.

Analog collage 50 x 66 cm.

Author: Virginia Echeverria

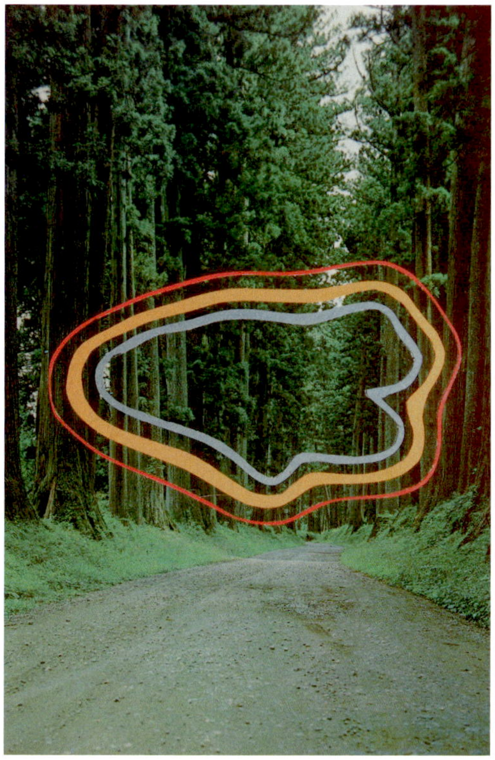

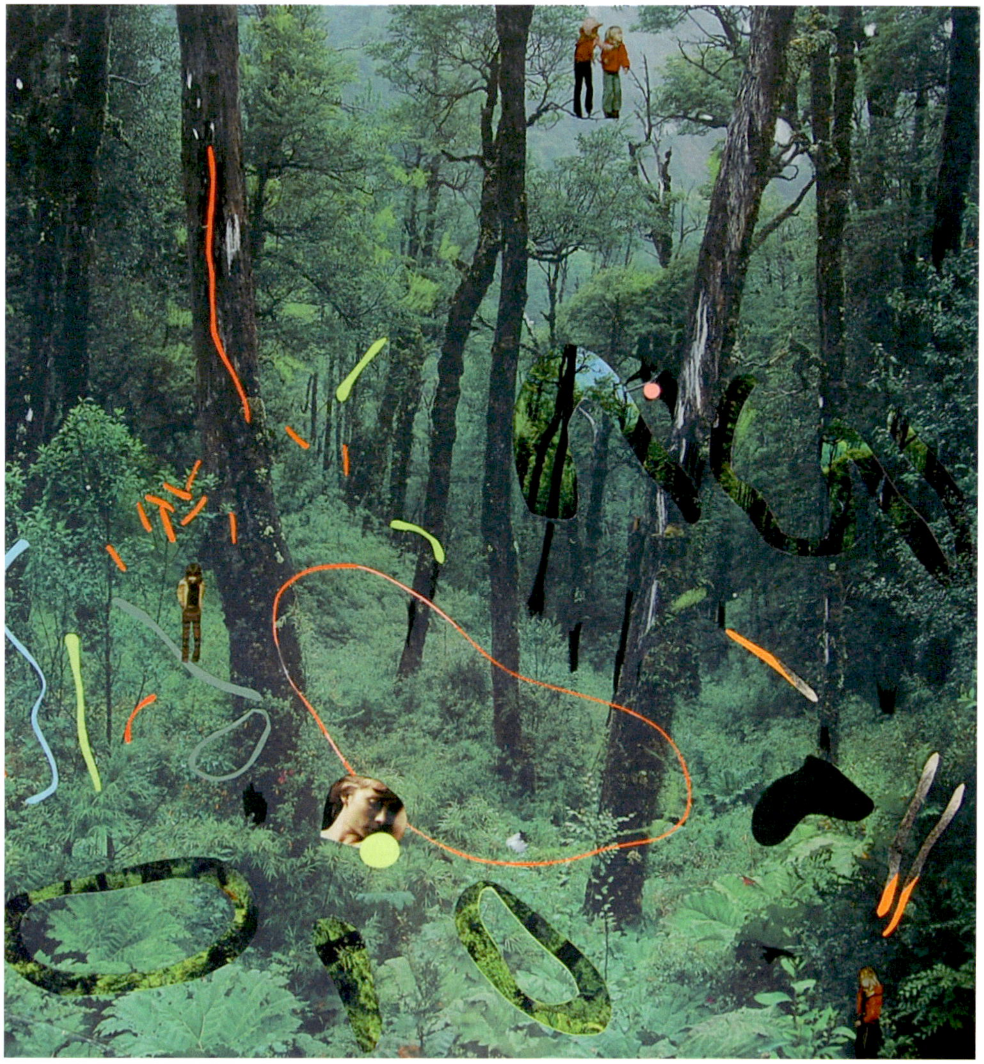

Untitled.

2008.

Analog collage 15x20 cm.

Author: Virginia Echeverria

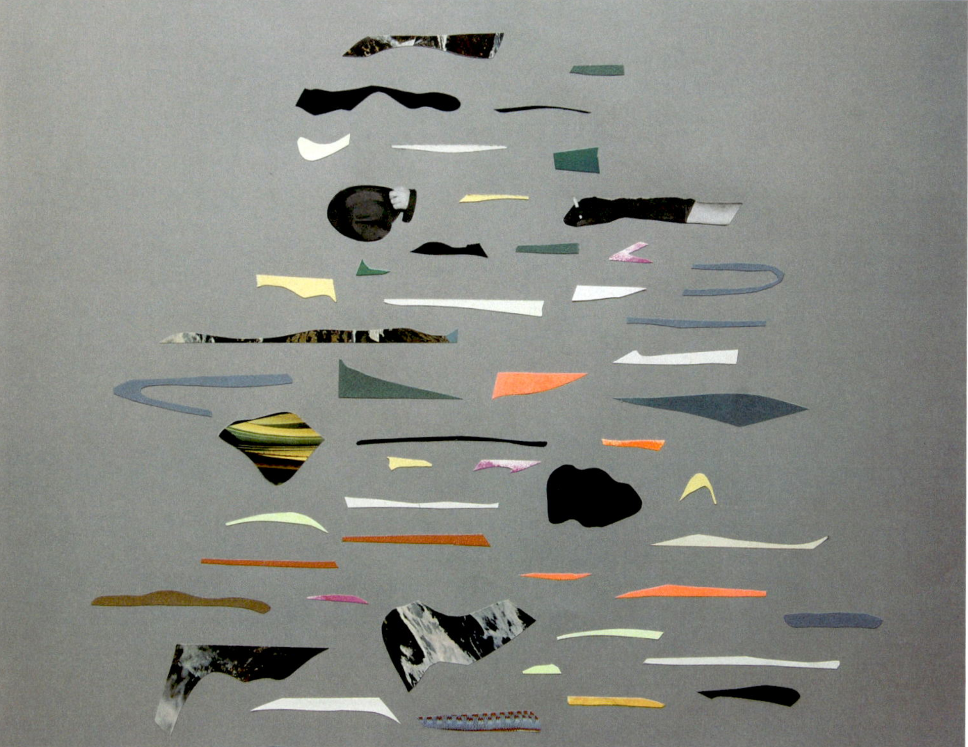

Good by.

2009.

Analog collage 60x50 cm.

Author: Virginia Echeverria

Untitled.

2008.

Analog collage 34 x 24 cm.

Author: Virginia Echeverria

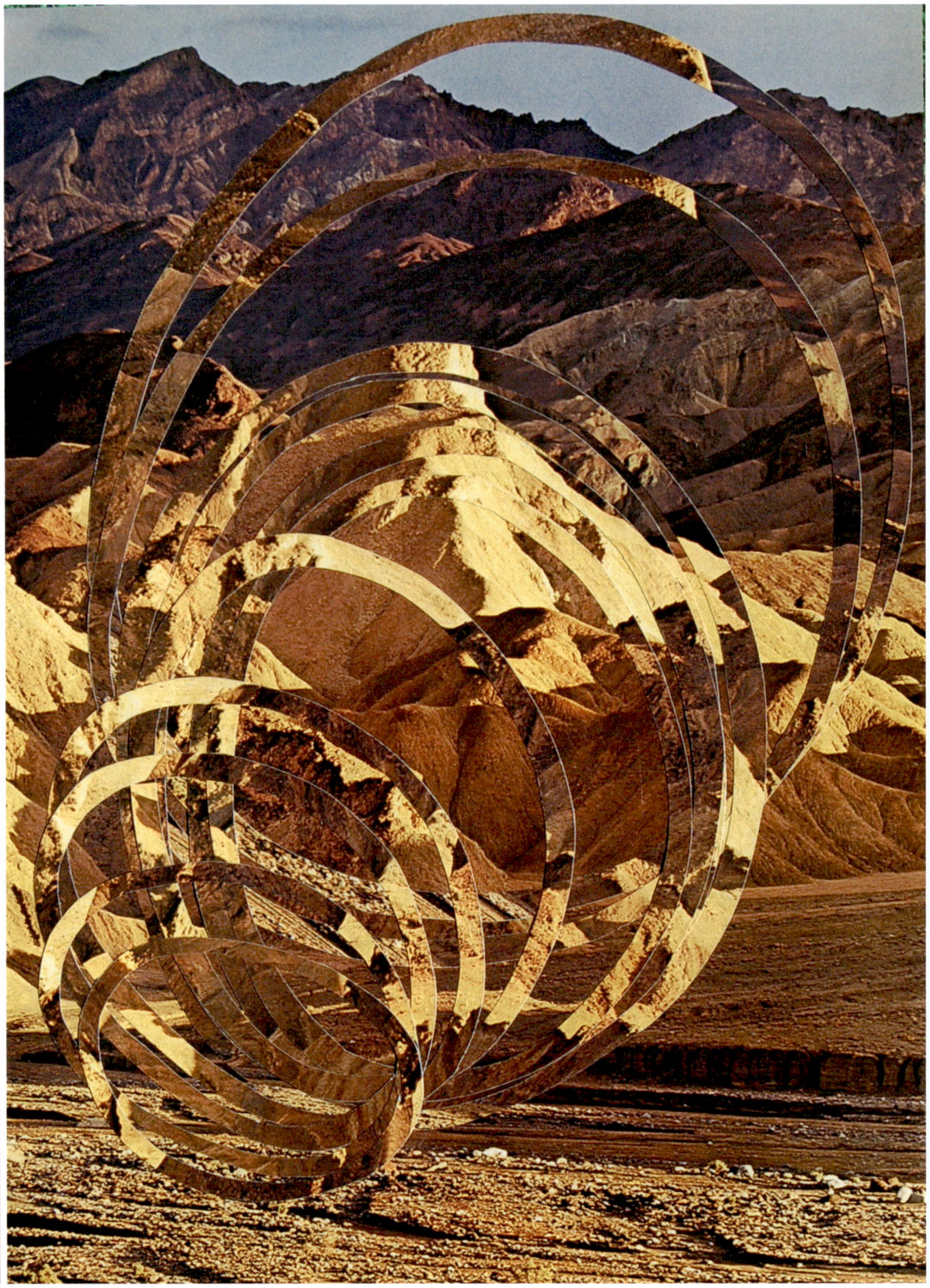

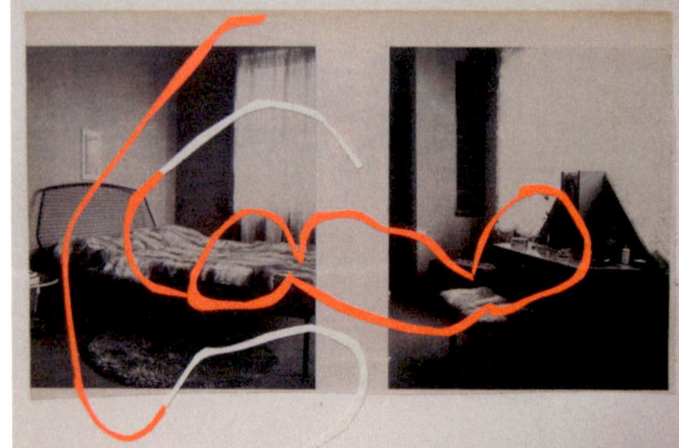

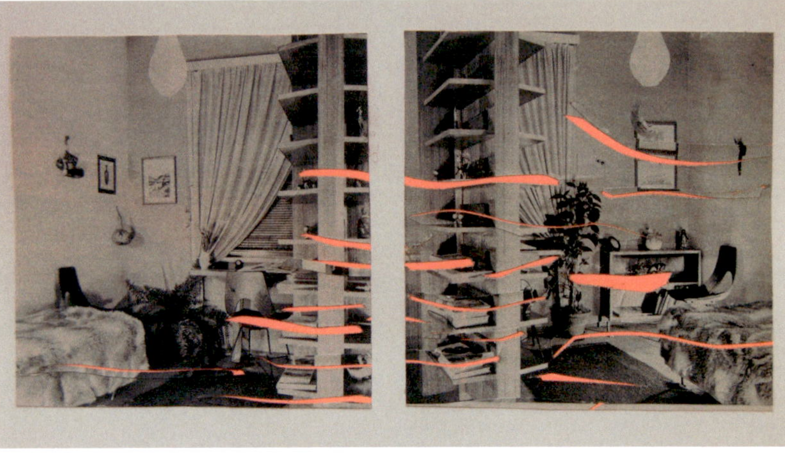

Untitled.

2008.

Analog collage 28 x 16 cm.

Author: Virginia Echeverria

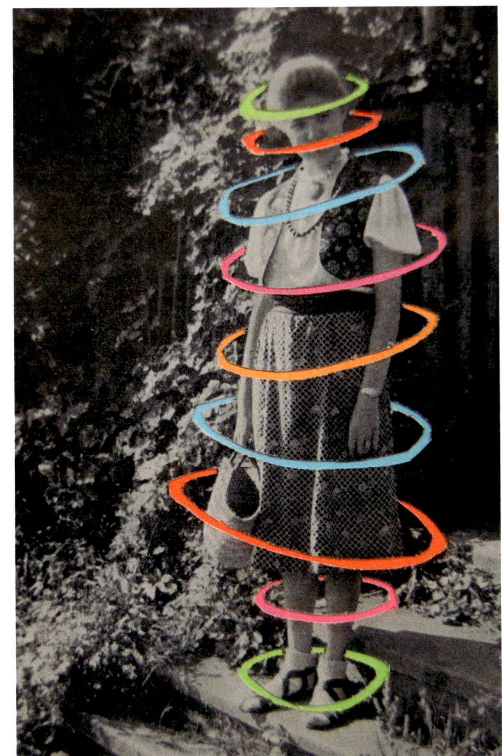

Untitled.

2008.

Analog collage 13x17 cm.

Author: Virginia Echeverria

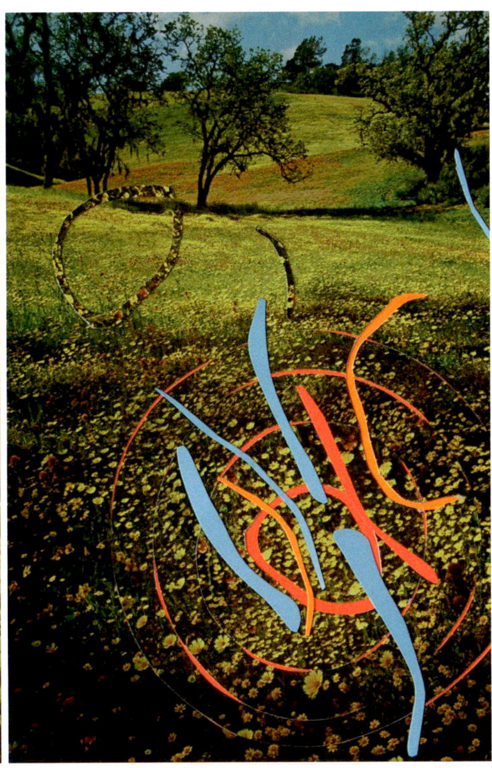

Untitled.

2008.

Analog collage 24x33 cm.

Author: Virginia Echeverria

Untitled.

2008.

Analog collage 24x34 cm.

Author: Virginia Echeverria

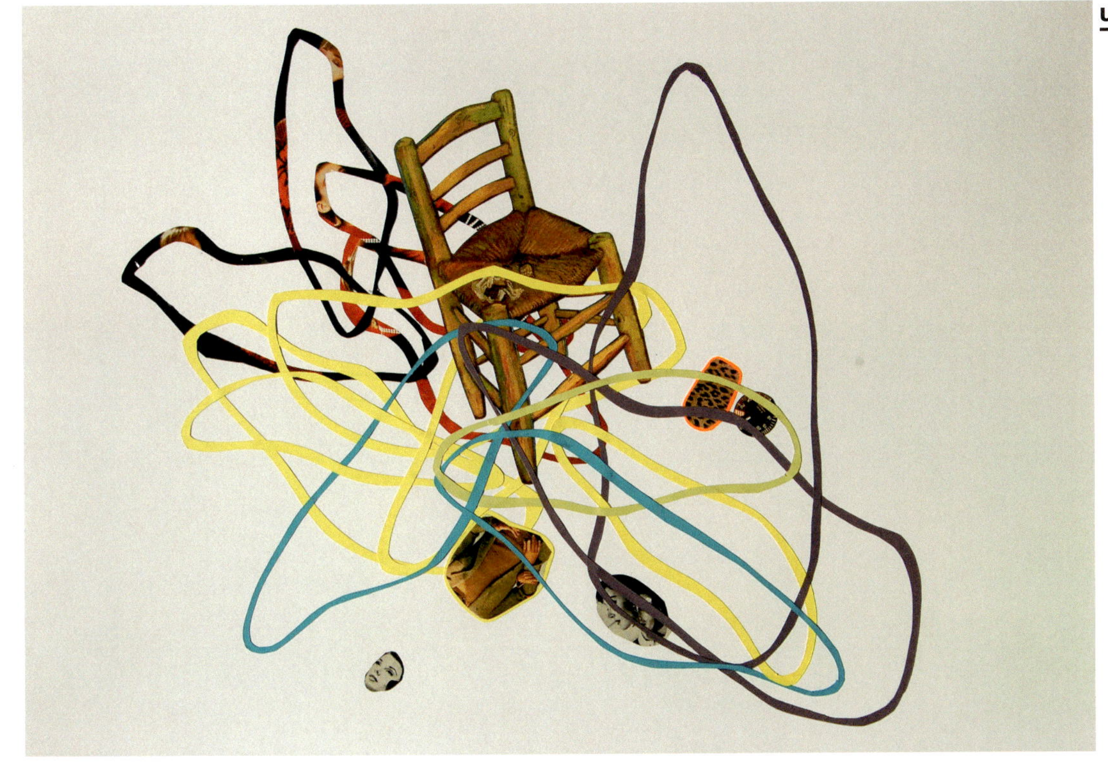

Untitled.

2008.

Analog collage 100x70 cm.

Author: Virginia Echeverria

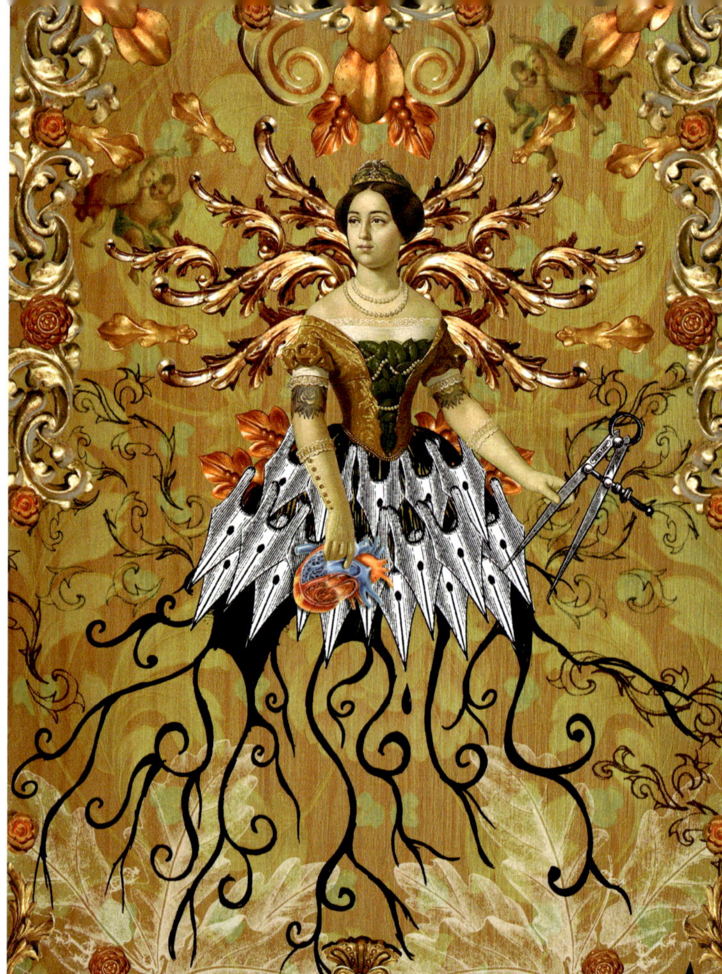

Barroco.

2007.

Client: *ArteMX* magazine
Author: Zoveck Estudio

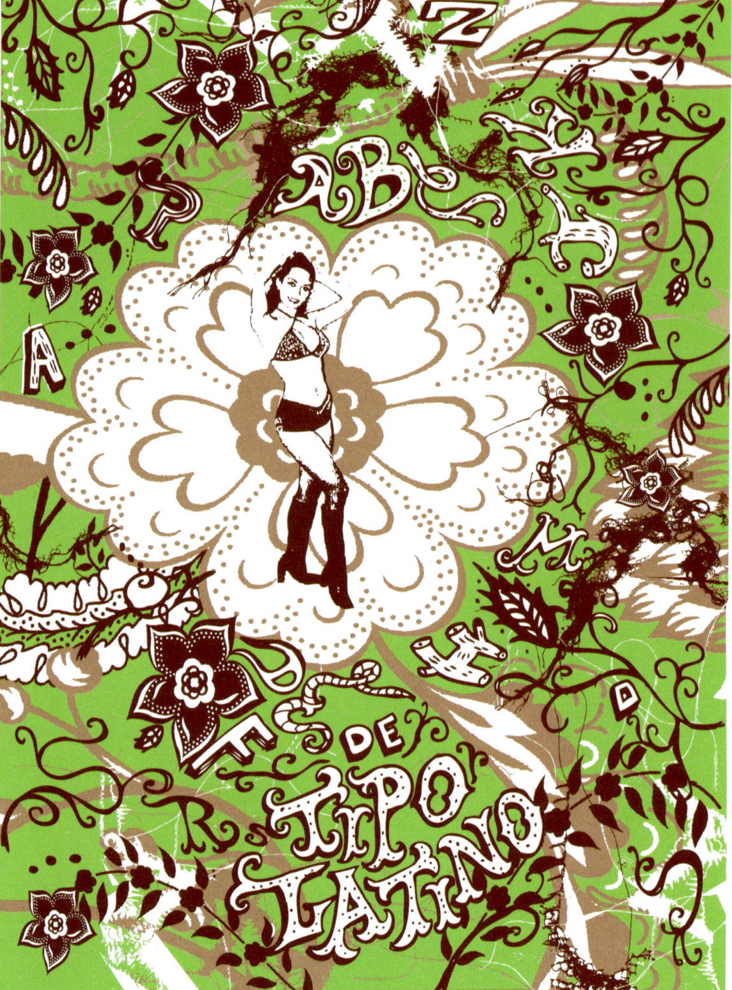

De tipo latino.

2007.

Client: Revista Typo
Author: Zoveck Estudio

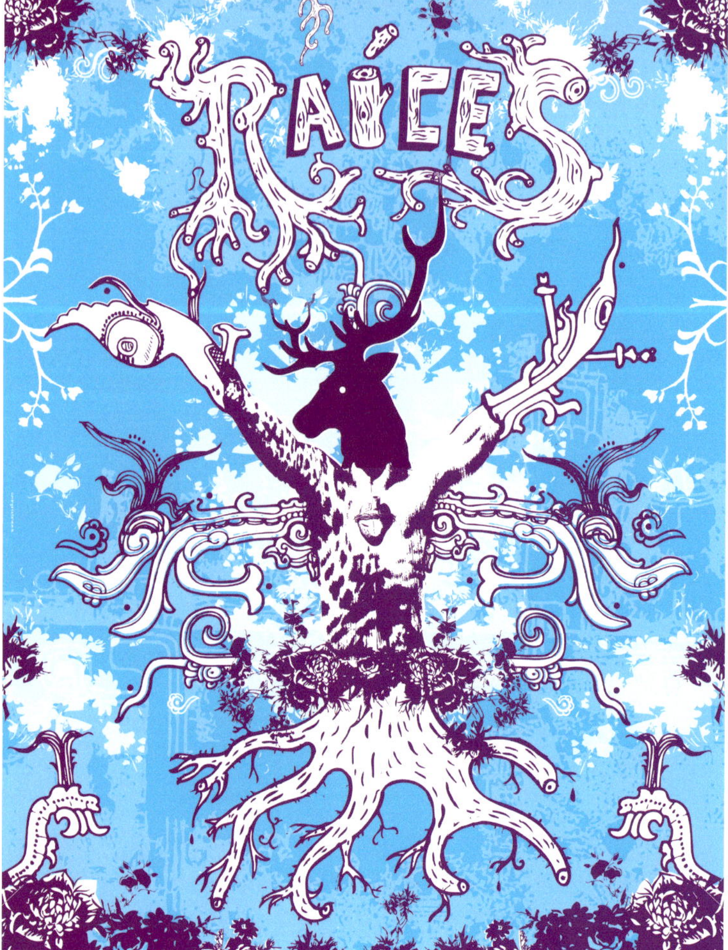

Roots.

2005.

Poster for independent magazine.

Client: *Matica* magazine
Author: Zoveck Estudio

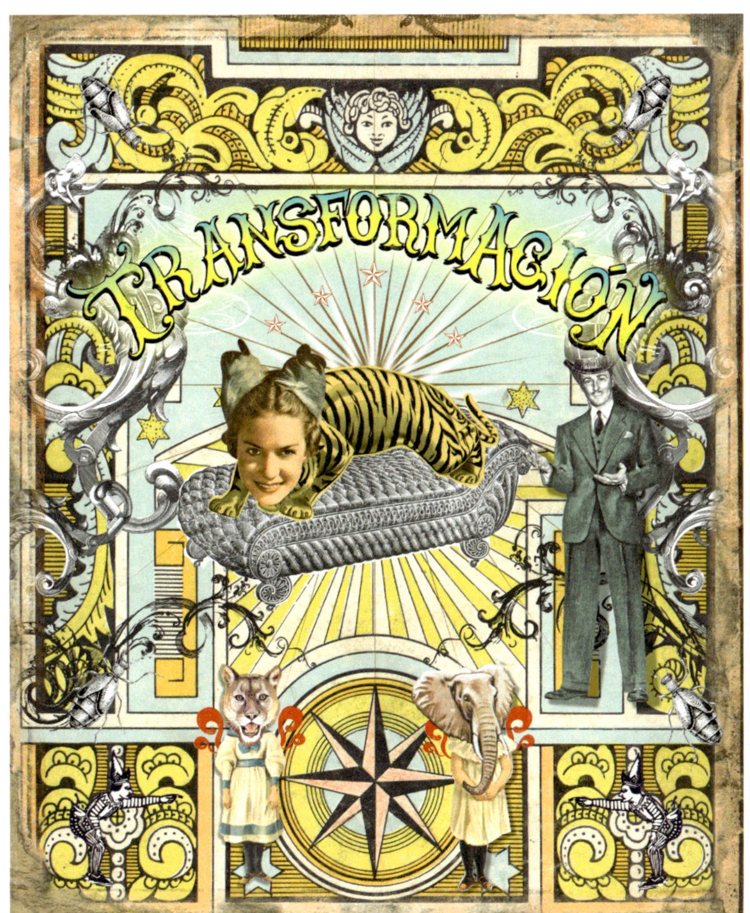
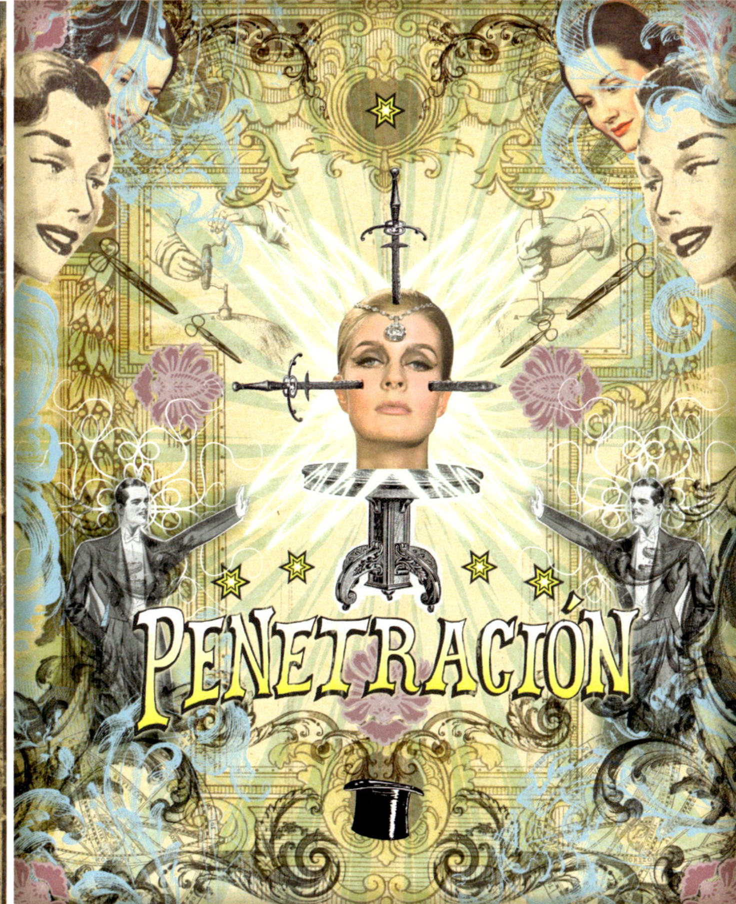

Transformation.
2008.

Client: *Picnic* magazine
Author: Zoveck Estudio

Penetration.
2008.

Client: *Picnic* magazine
Author: Zoveck Estudio

XV years.
2007.

Client: Watchavato
Author: Zoveck Estudio

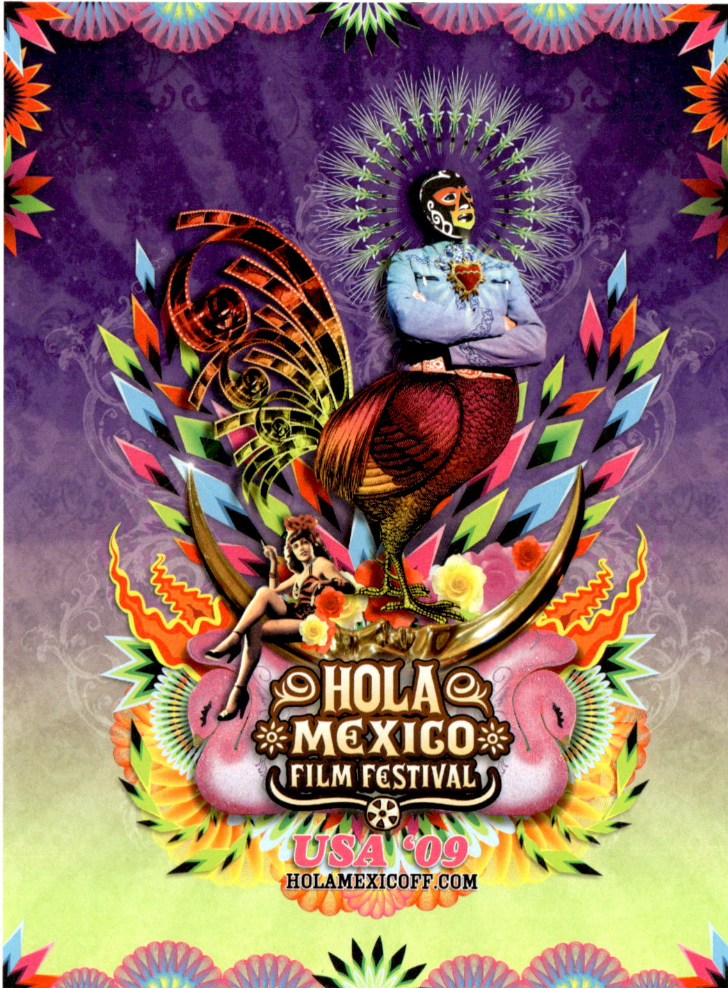

Hola México.

2009.

Poster for the Mexico Film Festival.

Client: Samuel Dueck
Author: Zoveck Estudio

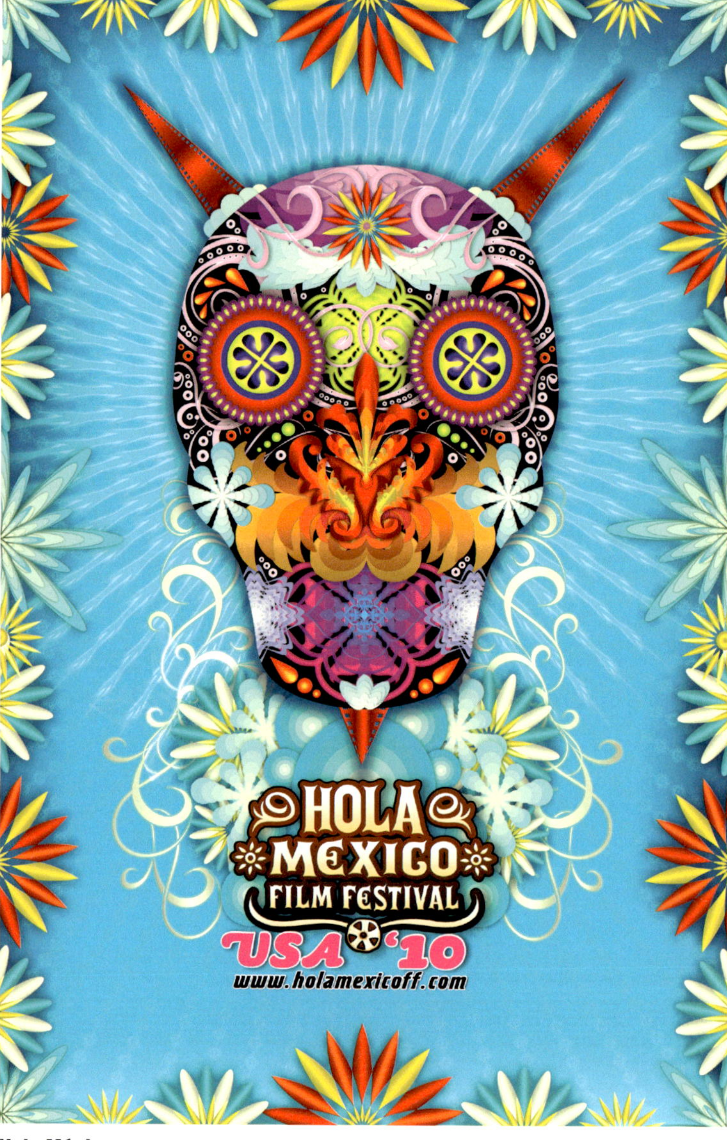

Hola México.

2010.

Poster for the Mexico Film Festival.

Client: Samuel Dueck
Author: Zoveck Estudio

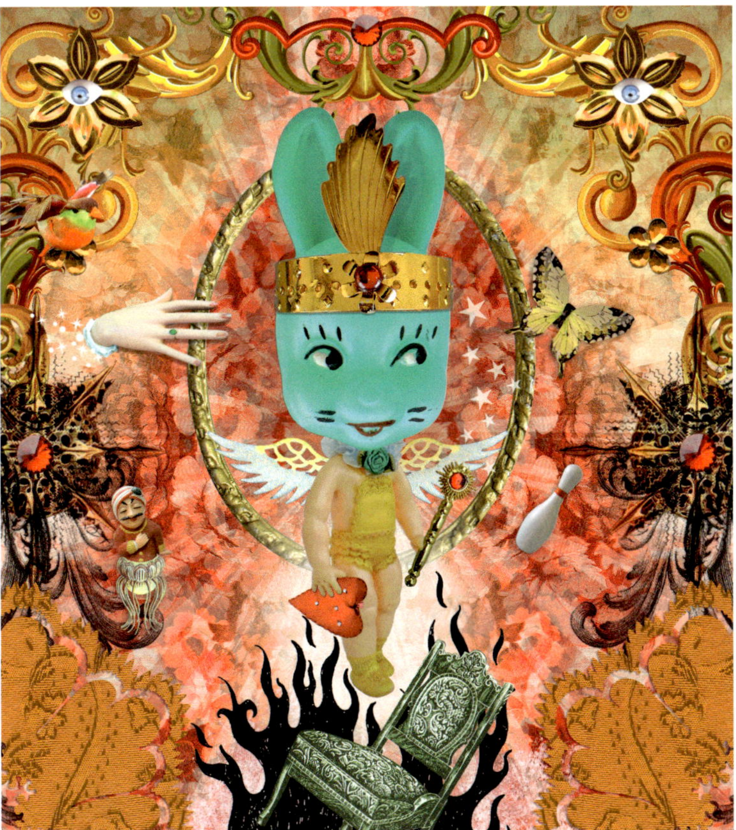

Mexican designer.

2008.

Client: Gustavo
Author: Zoveck Estudio

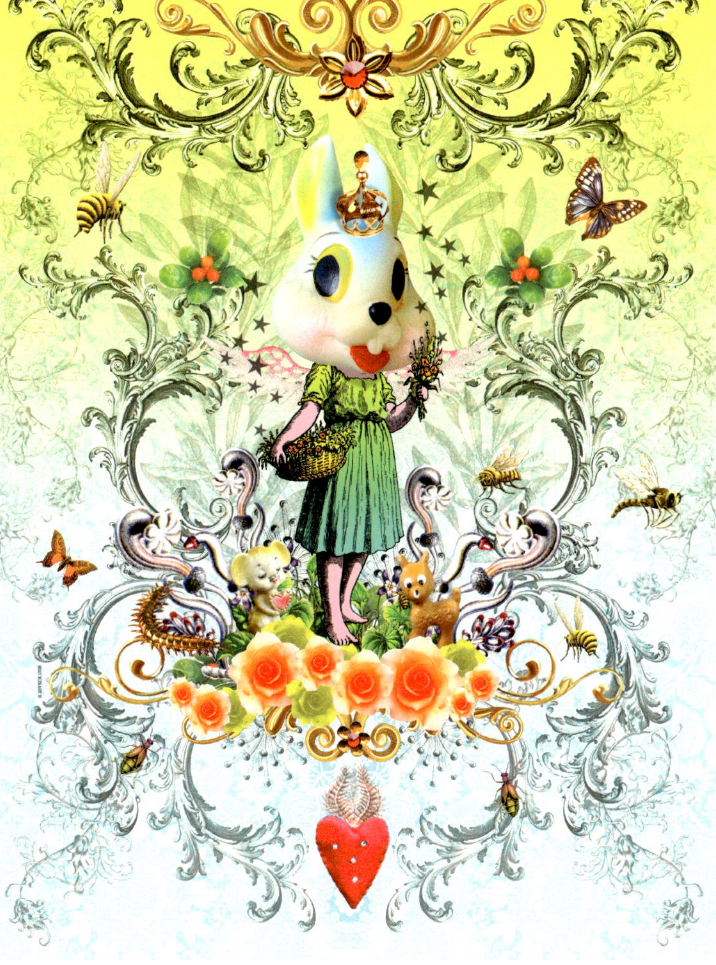

Rabbit.

2009.

Promotional poster.

Author: Zoveck Estudio

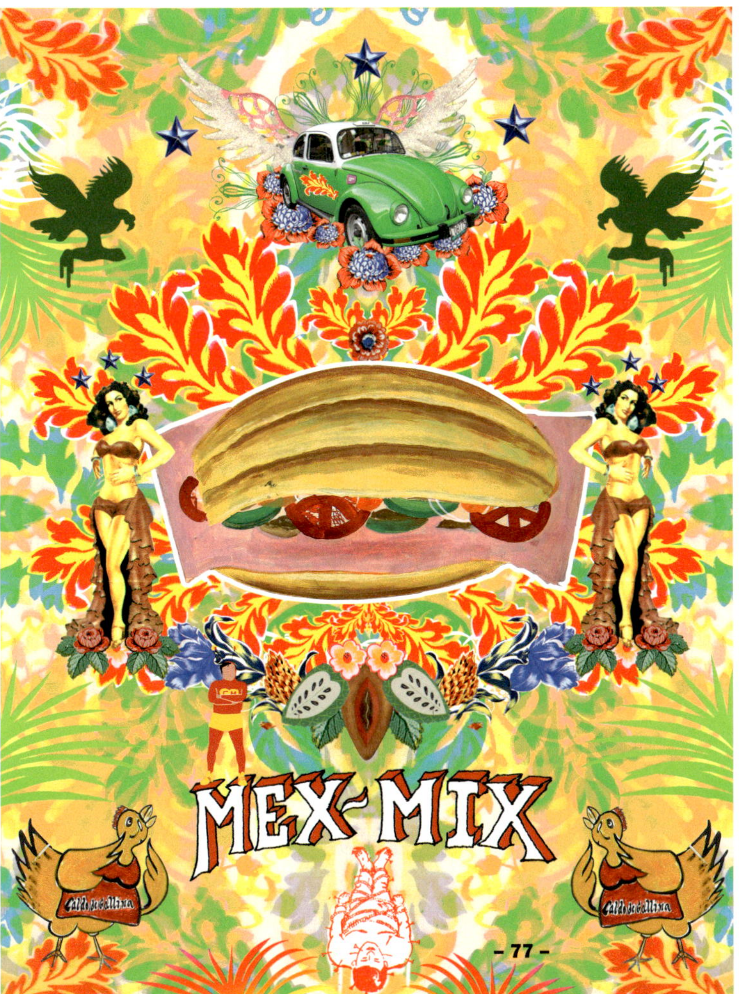

Mex mix.

2005.

Cover for *Ésete* magazine.

Client: *Ésete* magazine
Author: Zoveck Estudio

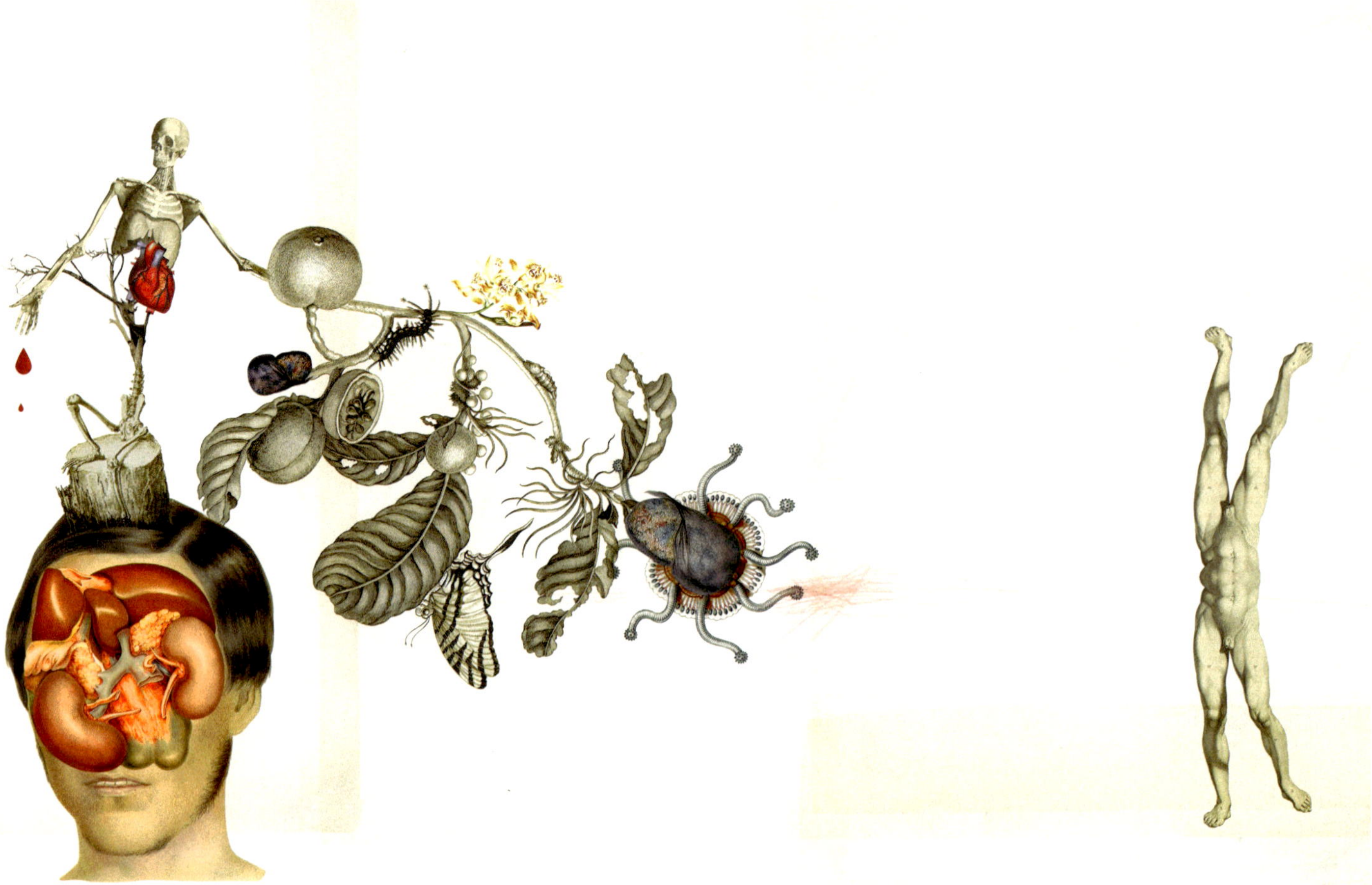

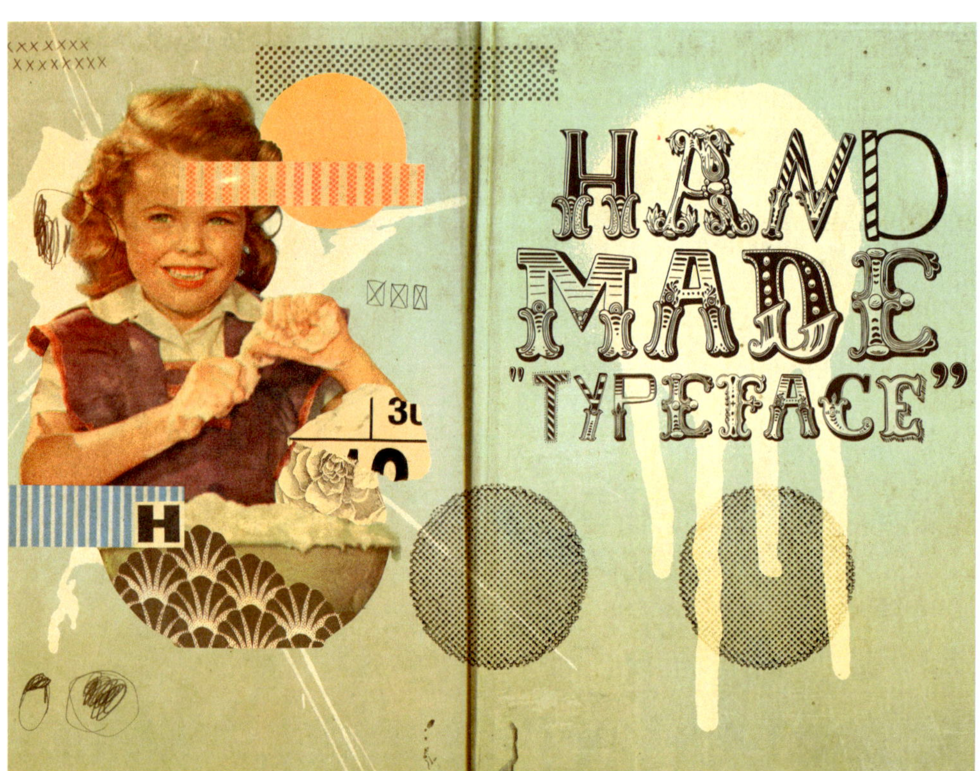

Center.

2009.

**We were asked to create a personal illustration for the magazine *S/Nº*.
The theme was "The Center."**

Client: *S/Nº* magazine
Author: Abiuro

HandMade Typeface.

2007.

Promotional poster for the HandMade Typeface.

Studio: Misprinted Type
Author: Eduardo Recife

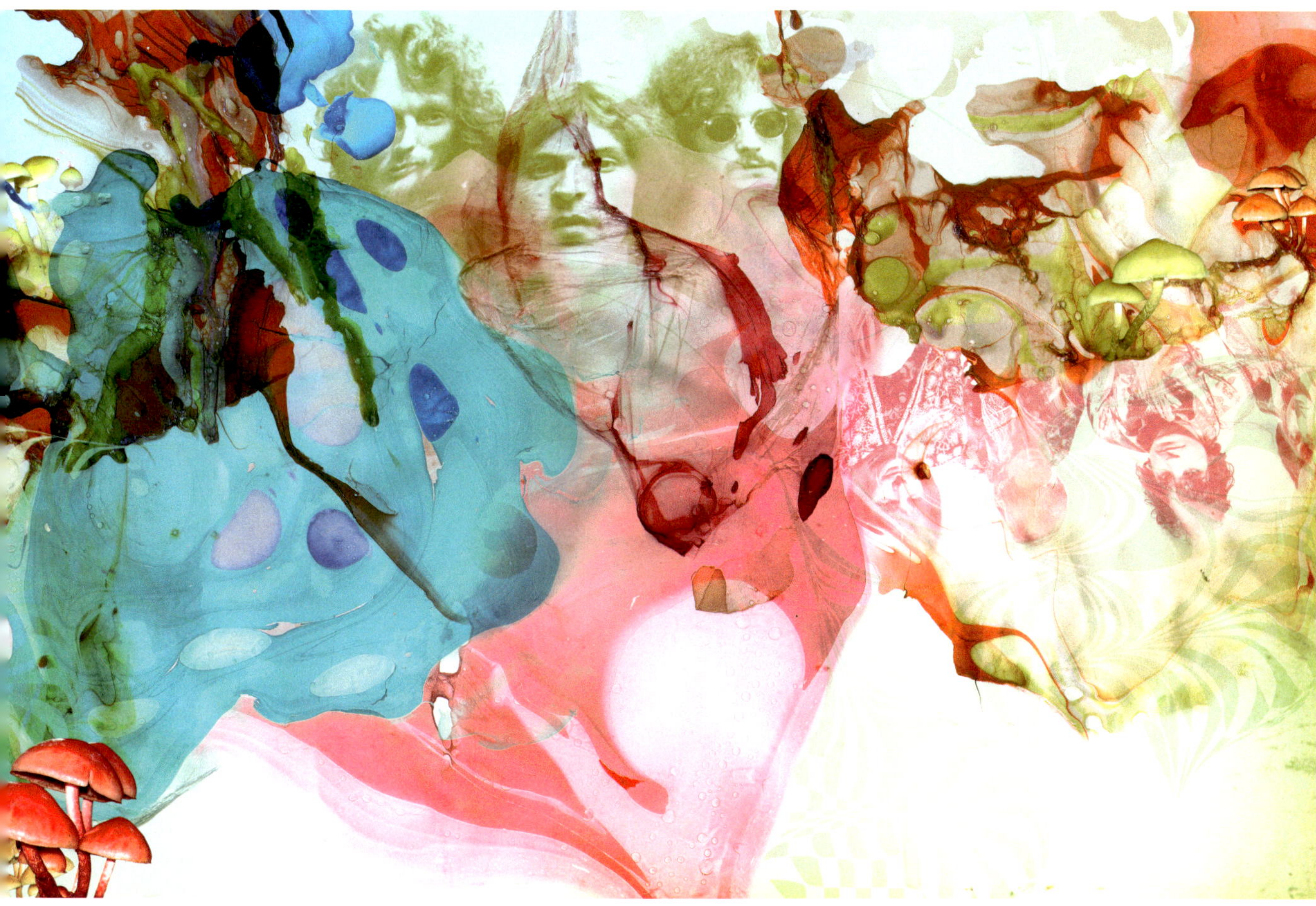

Psychedelic.
2008.

We were asked to create an ilustration for *MTV* magazine to reflect the psychedelic sixties.

Client: MTV
Author: Abiuro

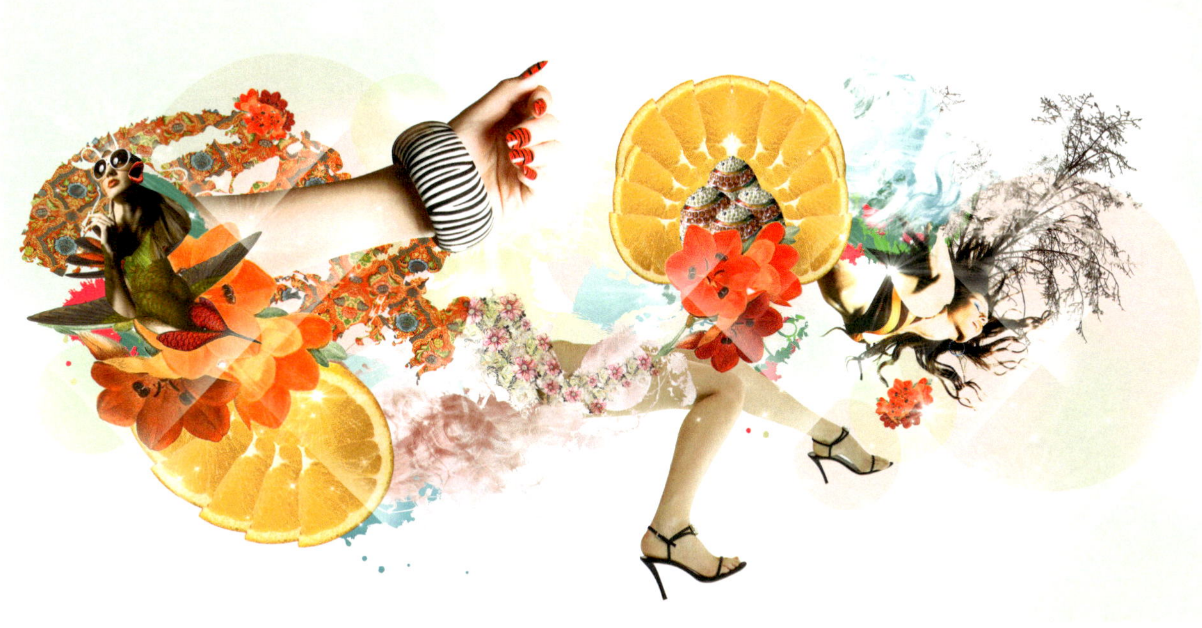

C&A.
2008.

We were asked to develop an illustration for São Paulo Fashion Week, sponsored by C&A.

Client: C&A
Author: Abiuro
Comissioned by DM9DDB

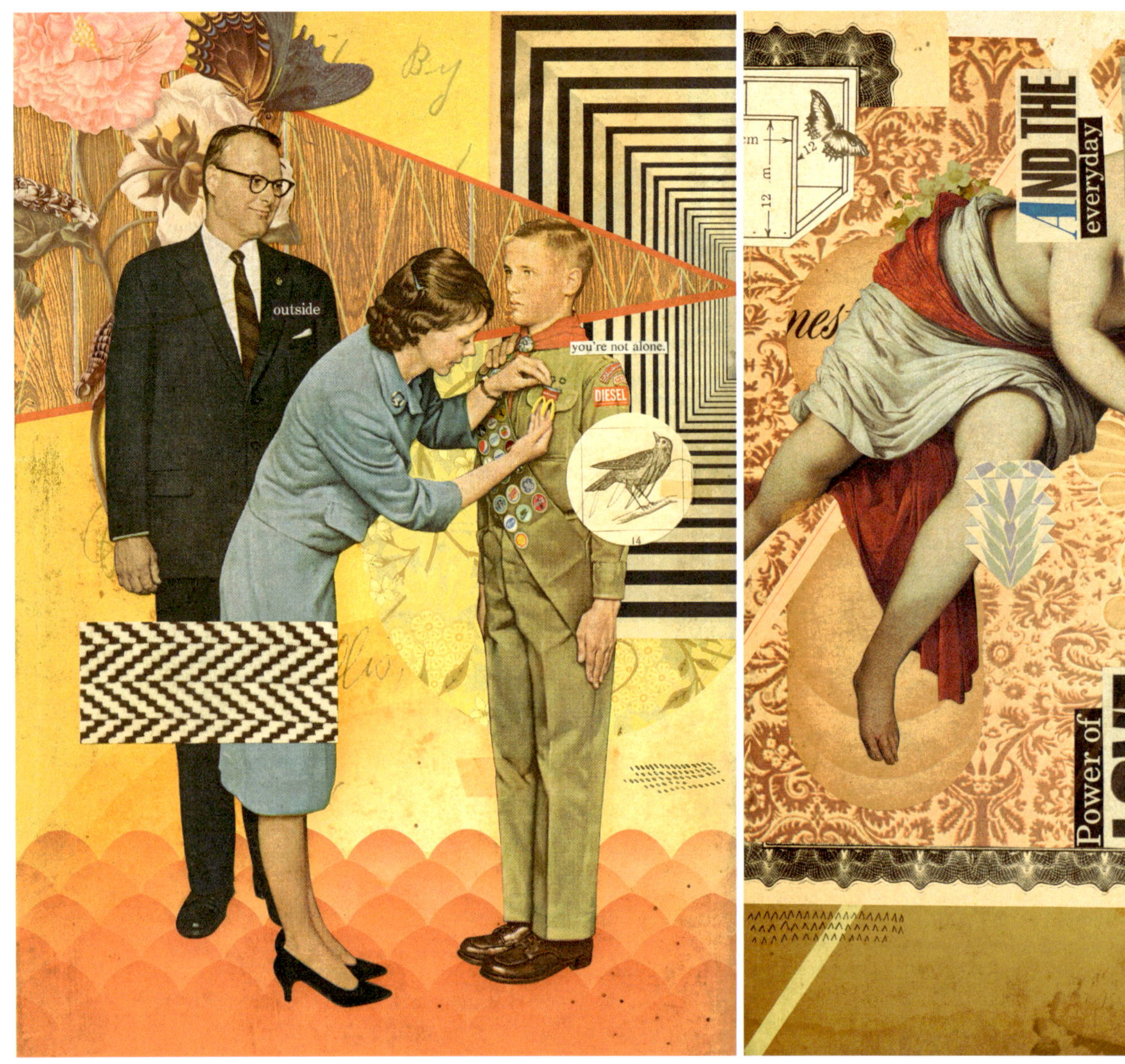

You're not alone.

2009.

Personal project.

Studio: Misprinted Type
Author: Eduardo Recife

Love.

2007.

Personal project.

Studio: Misprinted Type
Author: Eduardo Recife

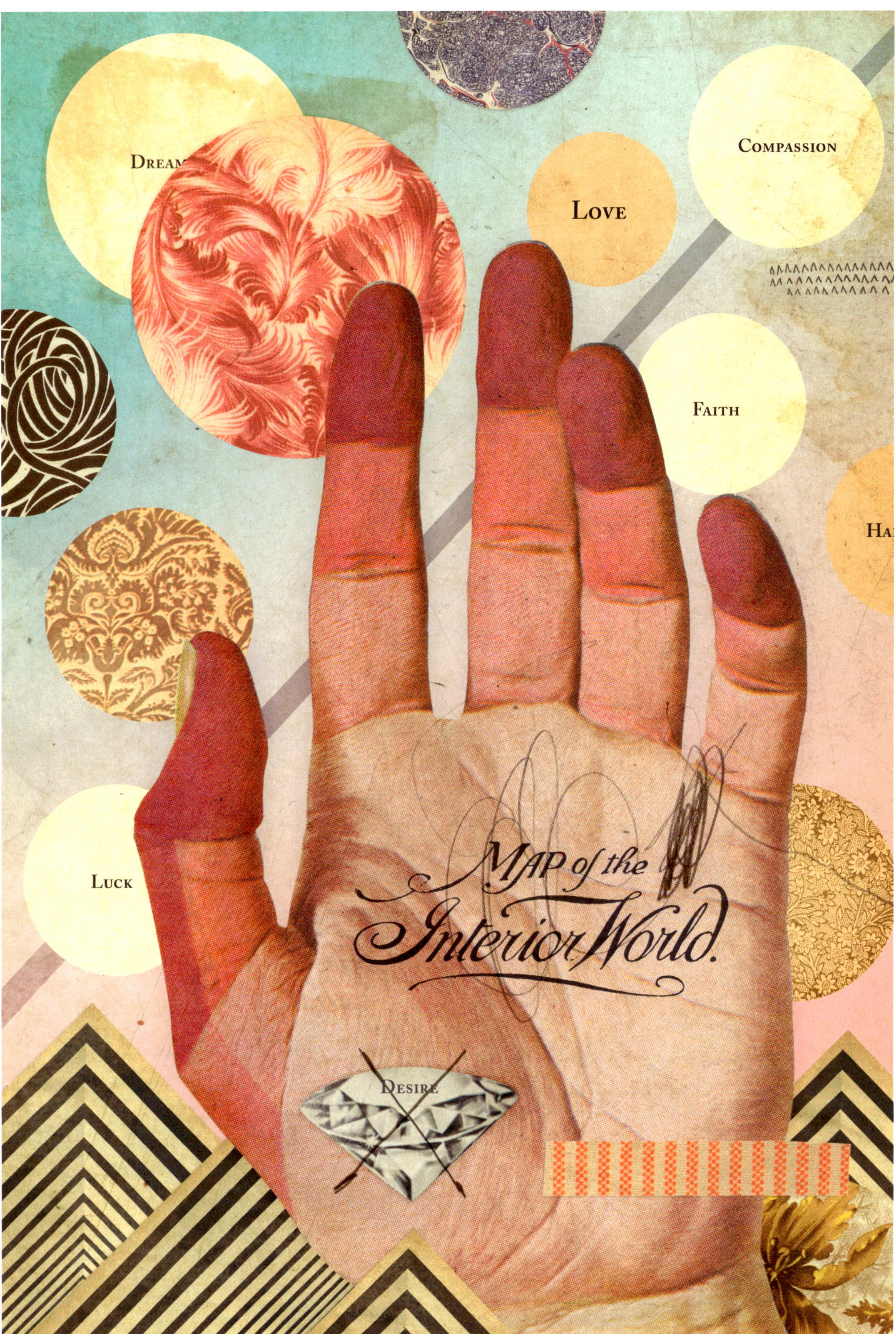

Map of the interior world.
2008.

Personal project.

Studio: Misprinted Type
Author: Eduardo Recife

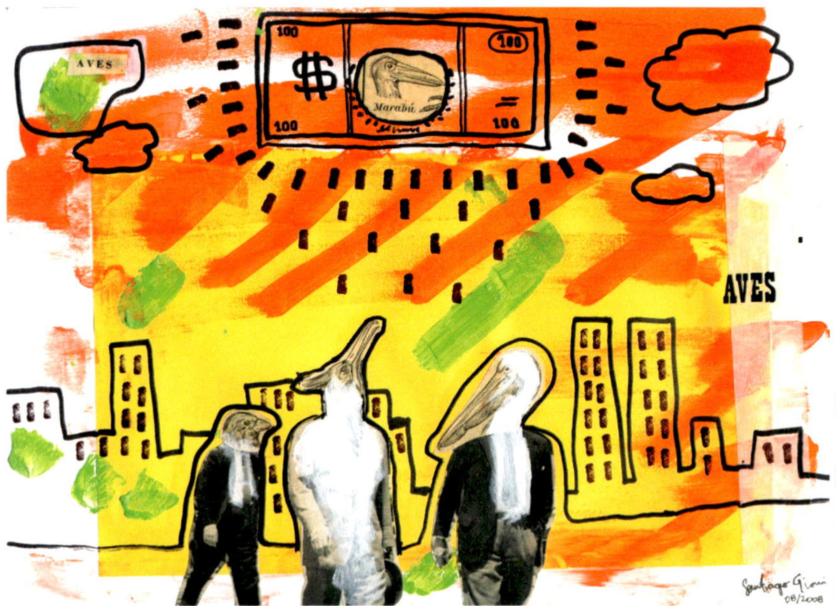

Aves.
2008.

Author: Santiago Giani

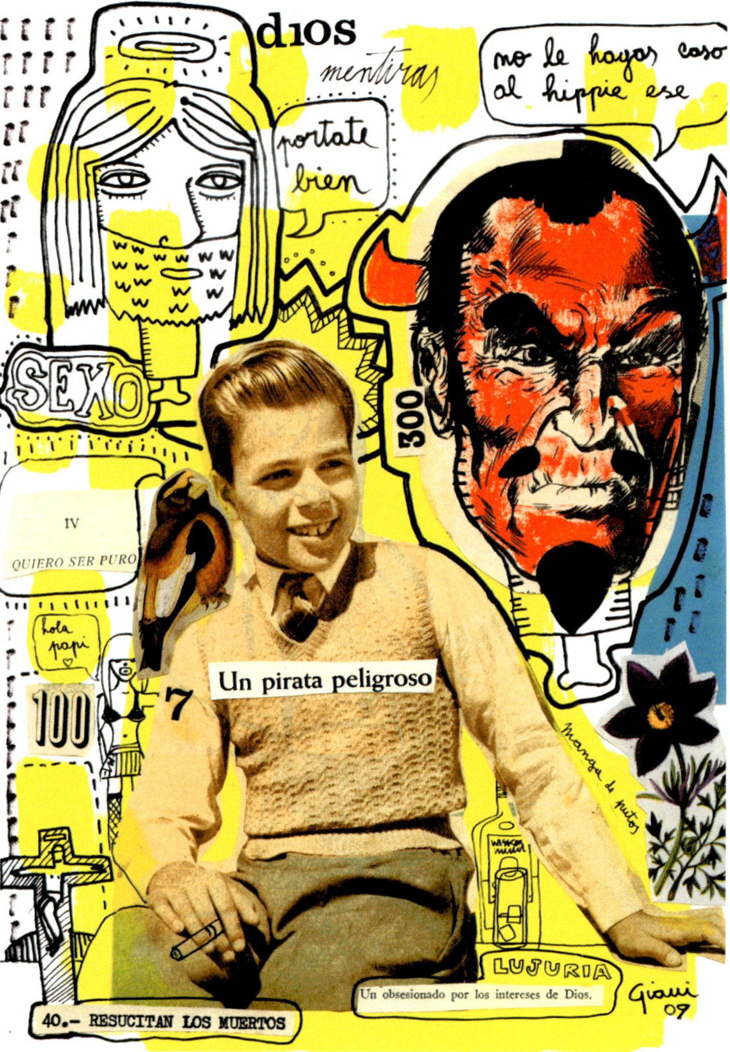

Control de las necesidades primarias.
2009.

Author: Santiago Giani

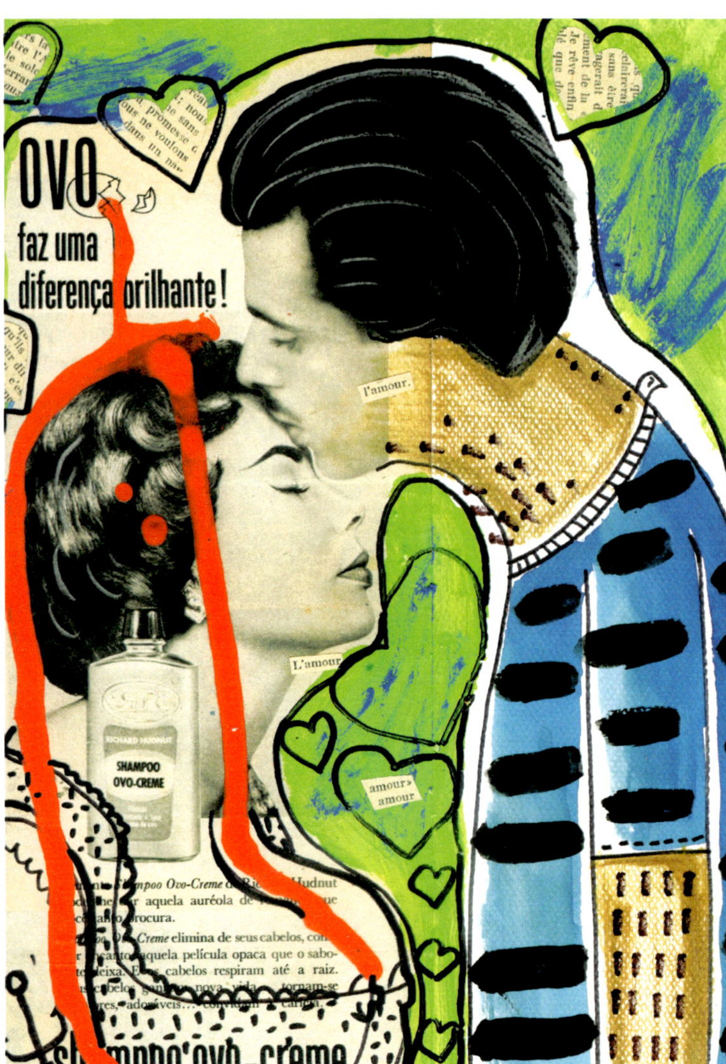

Ovo.
2008.

Author: Santiago Giani

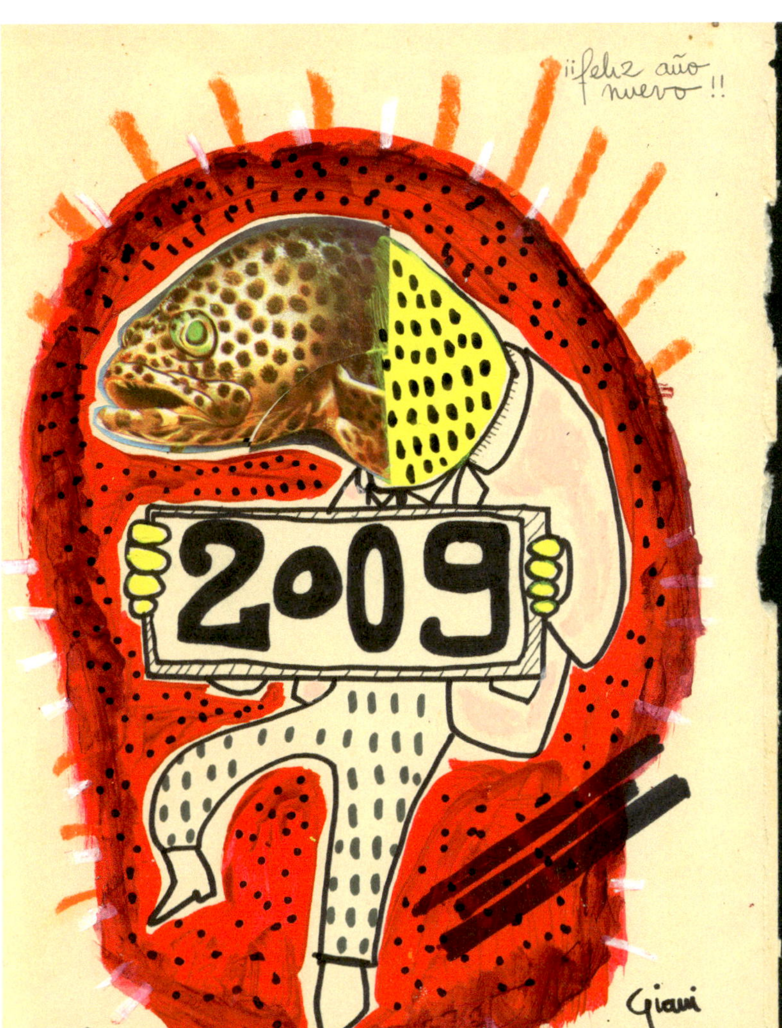

Happy New Year!
2008.

Author: Santiago Giani

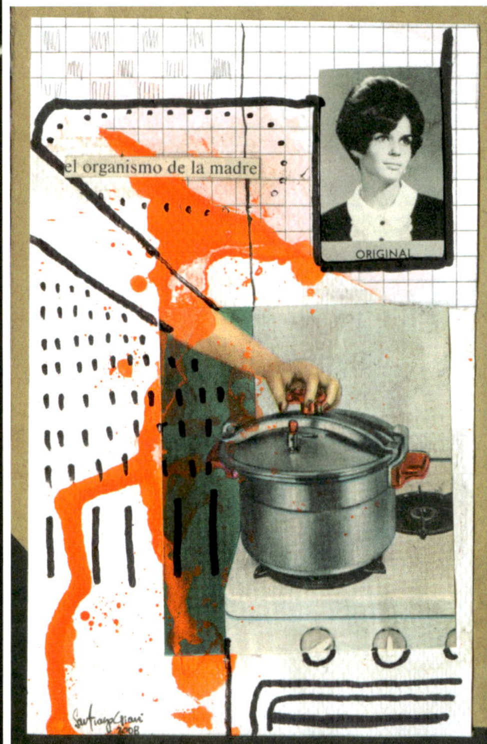

El organismo de la madre.
2008.

Author: Santiago Giani

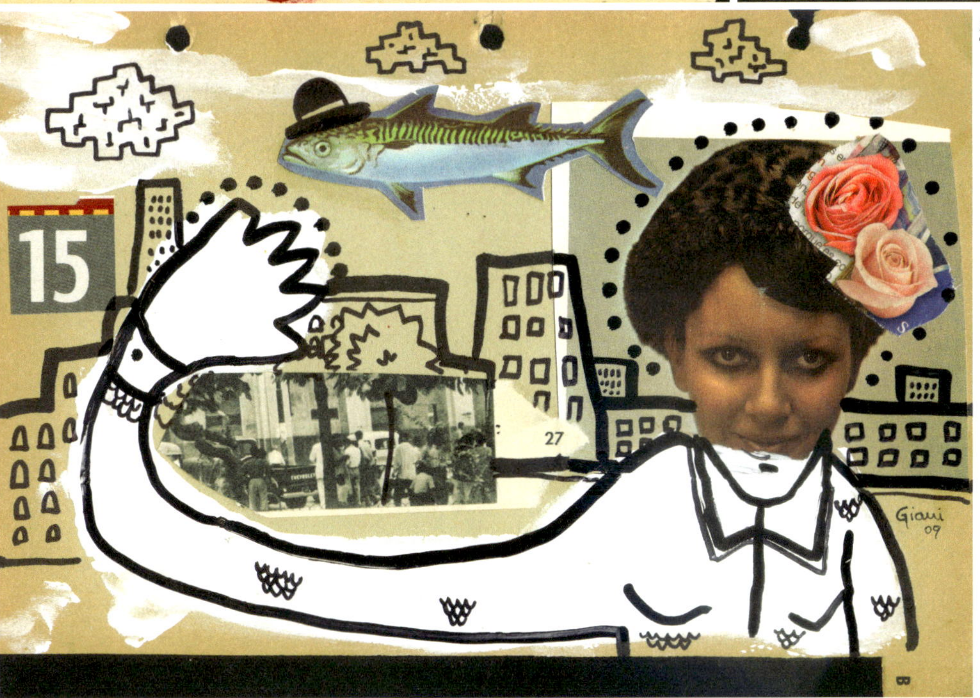

A espalda de sus dioses.
2009.

Author: Santiago Giani

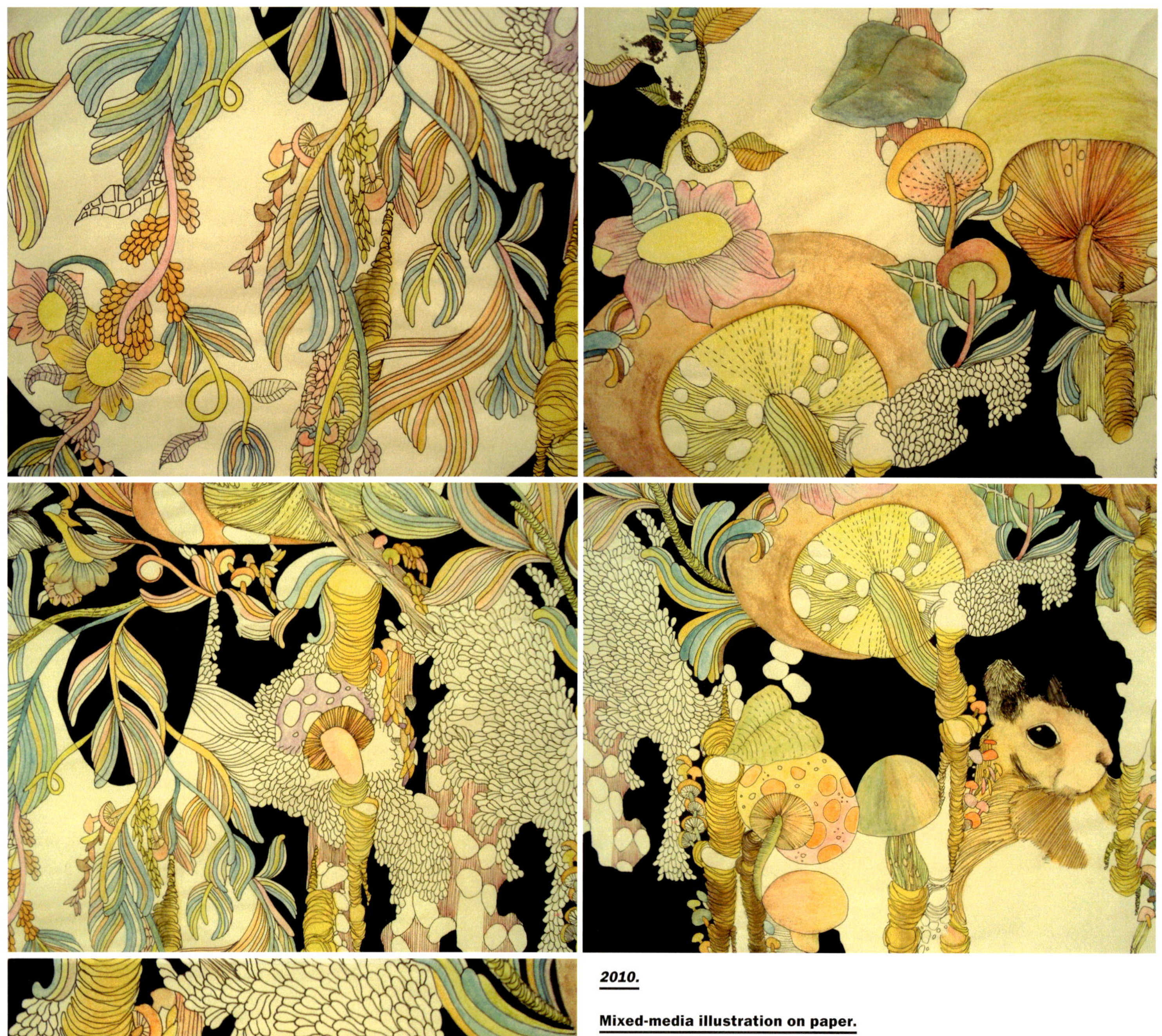

2010.

Mixed-media illustration on paper.

Author: Pat Lobo

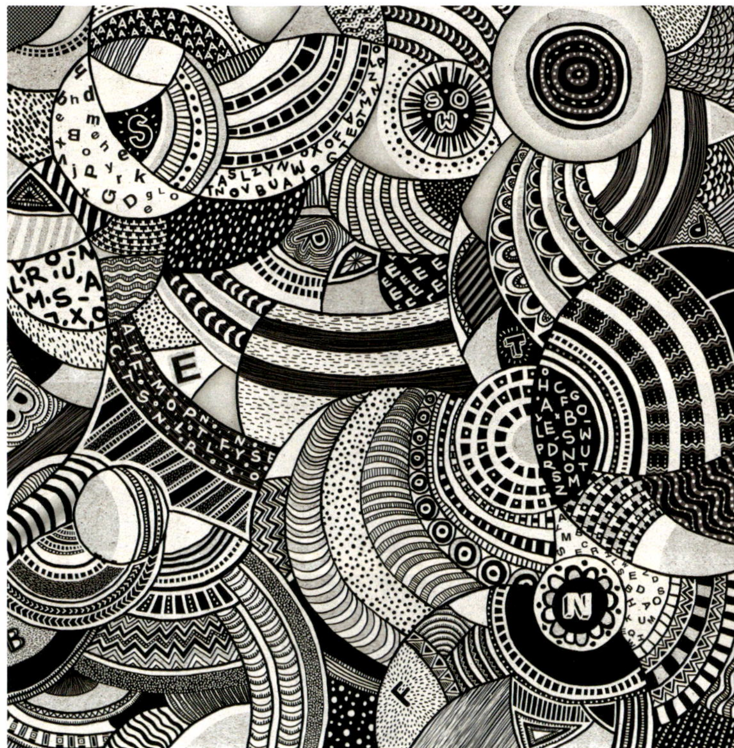

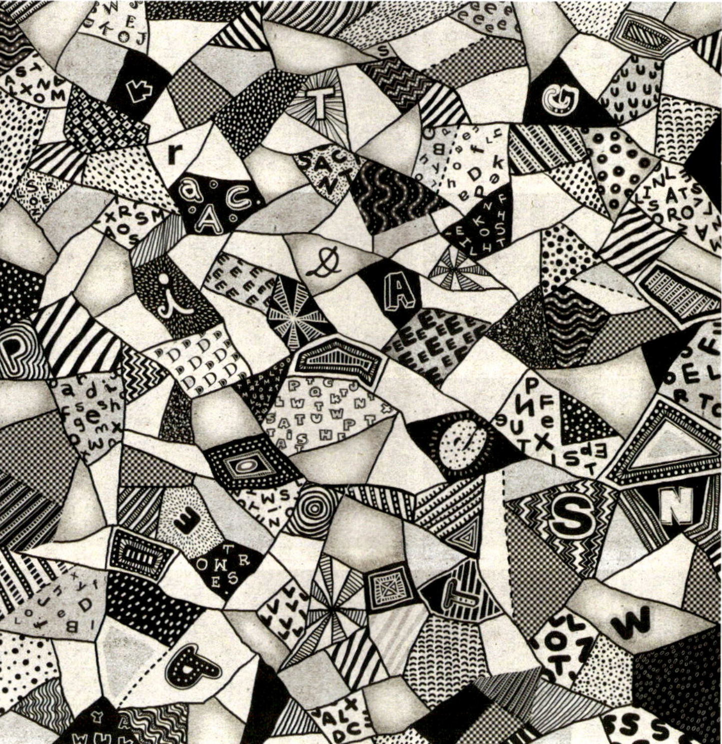

Mural design for the motion graphics studio, Loica.
2010.

The design depicts the endless situations generally involved in the creation, sketch-up, animation, and production of a motion graphics commercial.

Client: Loica
Author: Raúl Burgos Gómez

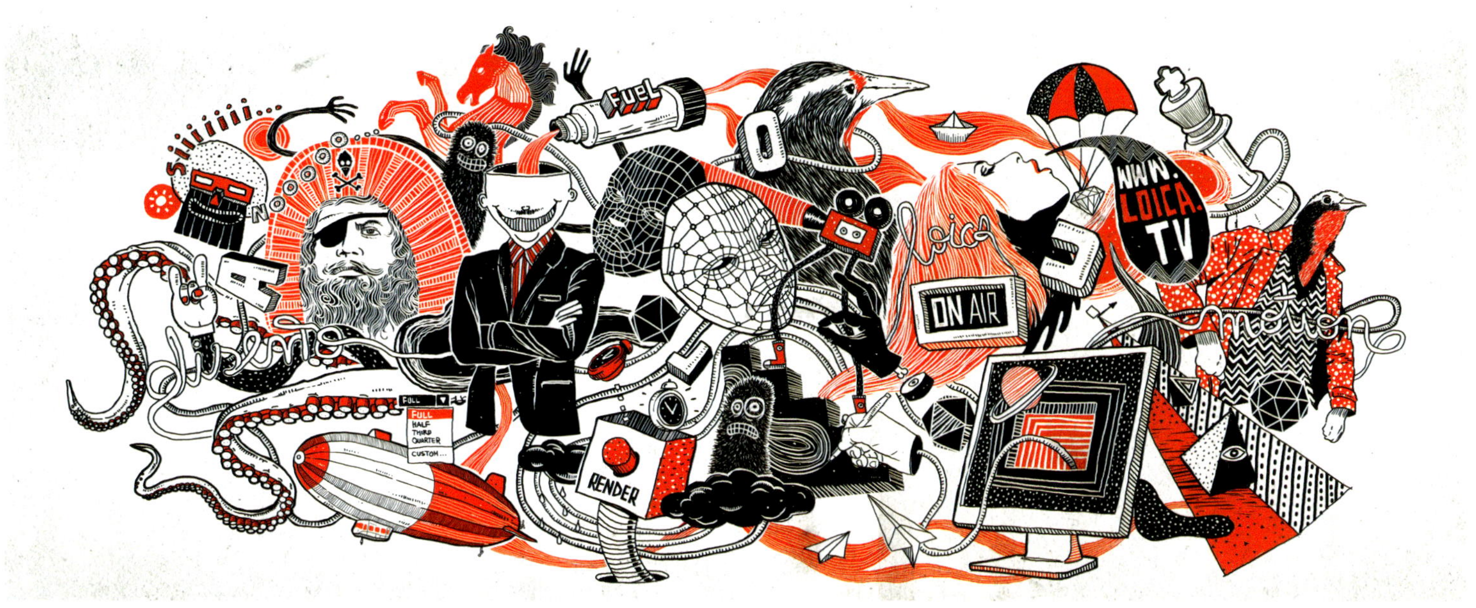

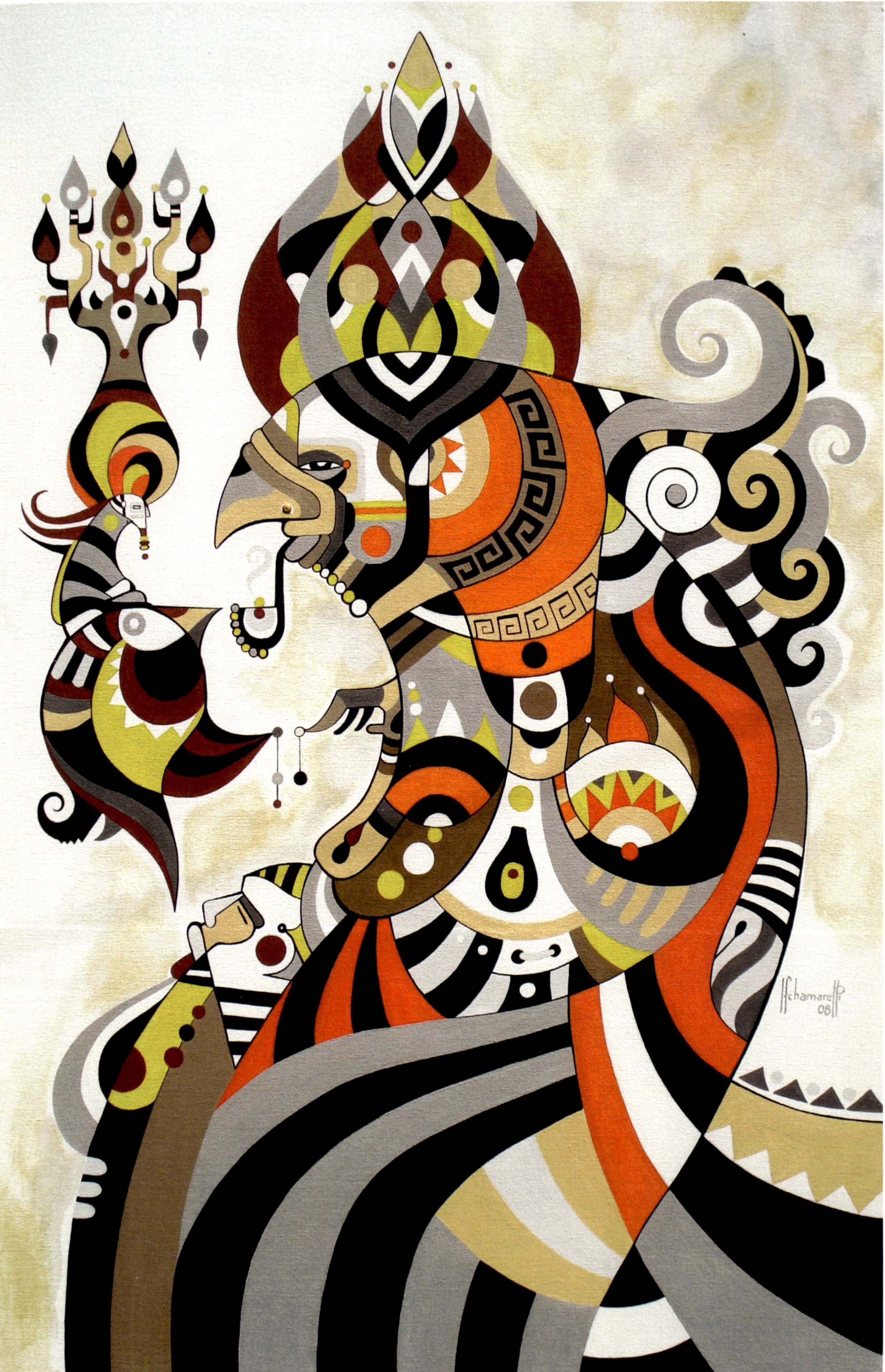

Yansã.
2008.

Acrylic on canvas, 60x90 cm.

Author: Fernando Chamarelli

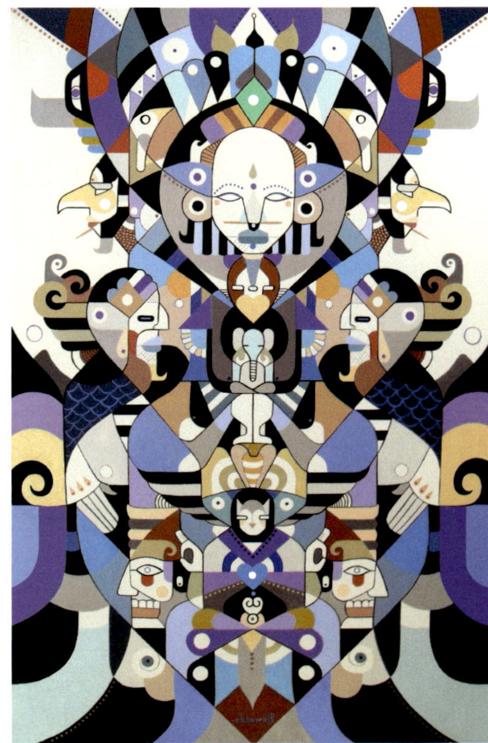

Totem azul.
2009.

Acrylic on canvas,
60 x 90 cm.

Author: Fernando
Chamarelli

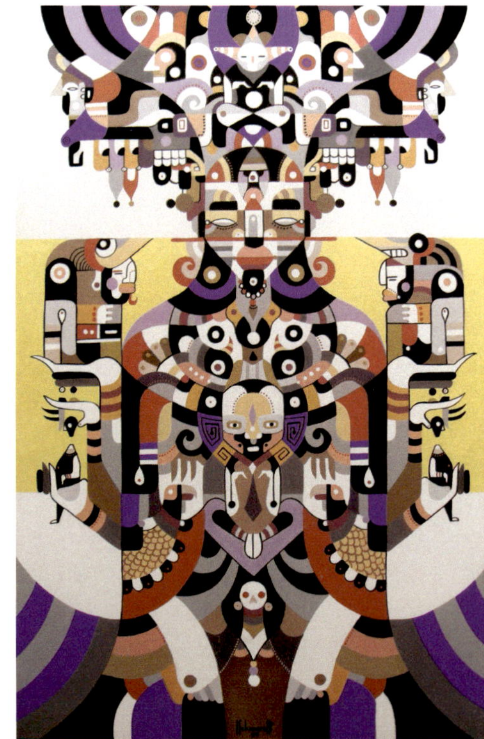

Viracocha.
2009.

Acrylic on canvas,
60 x 90 cm.

Author: Fernando
Chamarelli

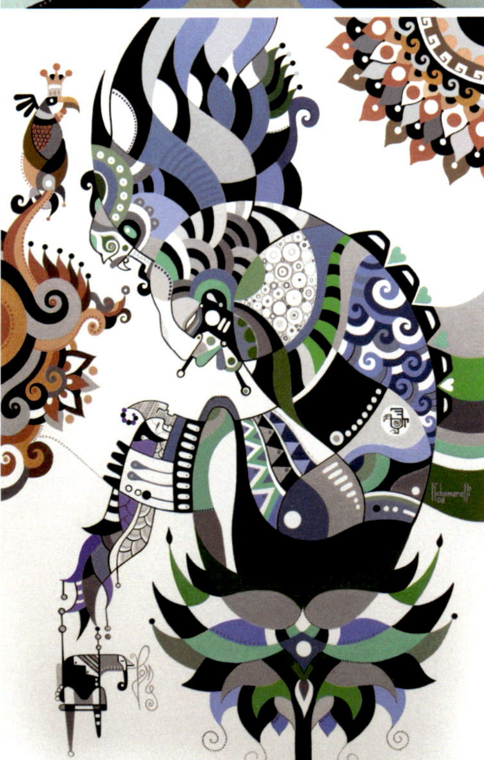

Primavera.
2008.

Acrylic on canvas, 60 x 90 cm.

Author: Fernando Chamarelli

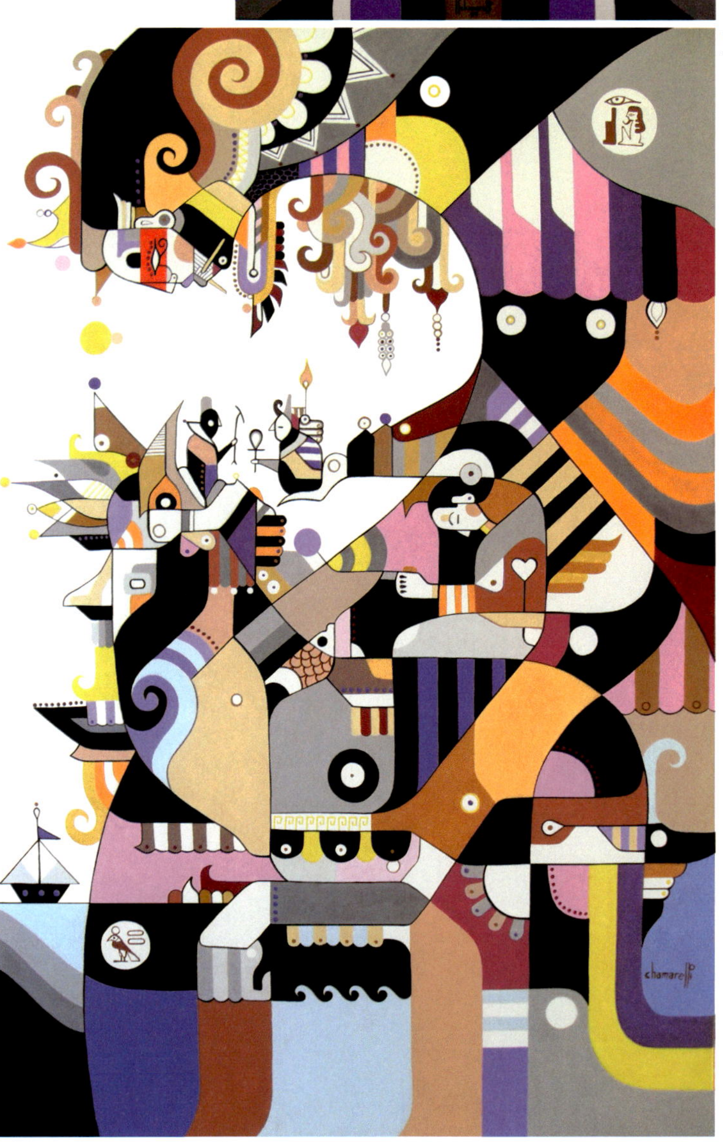

Vida eterna.
2009.

Acrylic on canvas,
60 x 90 cm.

Author: Fernando
Chamarelli

Entrevista Catalina Estrada

Nacida y criada en Colombia, vive en Barcelona desde 1999; Catalina transporta todos los colores y el poder del folclore latinoamericano y los refina con un toque sutil de sofisticación europea. Su capacidad para crear mundos fascinantes ilusorios, llenos de color, naturaleza, y caracteres encantadores aflora en todos sus trabajos: arte, diseño gráfico e ilustraciones.

¿Crees que existe el diseño/ilustración/arte Latino? ¿Algo que no se encuentre en ningún otro lugar?

Bueno, la verdad es que veo tantos talentos en el mundo inspirados e influenciados por un entorno cada vez más amplio que creo que cada vez es más difícil identificar rasgos distintivos de países o regiones. Los dibujos de Kawaii, Charly Harper, el Constructivismo Ruso o el folclore mexicano se pueden encontrar casi en todas partes. Para mí el poder adivinar la proveniencia de un artista es casi un tema de intuición.

¿Qué es ese algo? ¿Es un estilo, un método de trabajo, un enfoque, una manera de pensar?

No me atrevería a identificar ese algo. Se me ocurren muchos rasgos distintivos de mi trabajo, que a mí me parece bastante latinoamericano y que puedo encontrar en otros ilustradores muy lejanos de Latinoamérica… y de la misma manera, hay ilustradores latinoamericanos increíbles que comparten muy poco de mi estilo.

¿Qué es lo que define el diseño/ilustración/arte de tu país de origen?

De nuevo, creo que afortunadamente hay muchos talentos de Colombia haciendo cosas muy diferentes. Para mí es difícil meterlos a todos en el mismo saco.

¿Qué piensas sobre tus países vecinos?

Creo que en general hay mucho talento ahí fuera.

¿Cómo te posicionas en el mapa de los movimientos culturales?

Hasta donde alcanzan mis recuerdos siempre tuve mucho contacto con la naturaleza. Fui criada en una casa llena de objetos preciosos y poco comunes. Mi madre es artista y le encanta decorar su casa y coleccionar objetos hermosos. Tienen un fantástico y personal sentido de la belleza y es la persona que conozco que mejor combina los colores. Cada pared tienen un color determinado que combina perfectamente con las vigas y los muros. Es como si cada habitación tuviera una atmósfera propia gracias a los colores que usa. Hasta donde llega mi memoria siempre me atrajeron, el arte y los gráficos de embalajes, pegatinas, etiquetas… Recuerdo estar especialmente fascinada por la colección de sellos de todo el mundo que tenía mi abuela.

Por otro lado mi padre trabajó para compañías japonesas durante más de 25 años, y por lo tanto tenía que viajar mucho a Japón y traía fantásticos souvenires para mis hermanos y para mí cuando éramos niños. Esto fue sin duda otra gran influencia. Aparte de todo esto, he tenido la suerte de poder viajar mucho y este hecho ha tenido gran influencia en lo que hago. Saco la inspiración para mis diseños de todo tipo de música, arte —especialmente arte folk—, diseño, películas y libros. Me gustan especialmente los artistas, escritores y músicos latinoamericanos, aunque también los artistas de las Arts & Crafts y del Art Nouveau con su obsesión por los detalles. Casi todas las cosas y las personas que me emocionan pueden inspirarme. La naturaleza siempre ha sido una de mis fuentes prioritarias de estimulación desde mi niñez en la parte rural de Colombia. A pesar de que echo de menos ese contacto directo con la naturaleza, el descubrir nuevas formas de vida cuando me mudé a Barcelona me ha puesto en contacto con muchas culturas diferentes en una ciudad vibrante que ha sido fantástica para mi trabajo, en ambos sentidos, el comercial y el artístico.

¿Tu posición geográfica influencia la cultural? ¿De qué manera?

Bueno, por supuesto que lo hace. Pero el matiz es que lo influencia, no lo determina. Así que nuevas cosas afloran con el paso del tiempo.

Nos damos cuenta de que en la última década la diversidad de estilos ha aumentado y han surgido multitud de nuevos artistas y diseñadores. ¿Cuál es tu opinión personal de la evolución ocurrida en tu país de origen?

Creo que en general los artistas son más permeables a las influencias provenientes de cualquier parte del mundo. Cuando miras en internet no filtras los artistas por país o región, sino que todo aparece a la vez. Tu localización física te influencia sin duda, pero eso puede suponer desde que revivas tu cultura natal a que huyas en busca de nuevos aires.

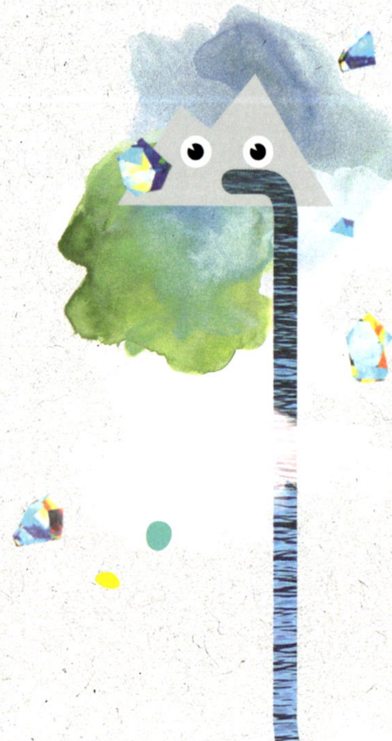

Interview Catalina Estrada

Born and raised in Colombia, and living in Barcelona since 1999, Catalina takes all the colors and power of Latin American folklore and refines them with a subtle touch of European sophistication. Her ability to create fascinating, illusive worlds full of colors, nature, and enchanting characters, bursts out in all of her works: art, graphic design, and illustration.

Is there a typical style of Latin design/illustration/art? Something that you do not find anywhere else?

Well, I see so many talents around the world inspired and influenced by their broader surroundings that it becomes more and more difficult to identify traits by country or regions. Kawaii, Charly Harper, Russian constructivism, or folk Mexican drawings can be found almost everywhere. My feeling is that it is becoming more and more a matter of a hunch to guess the artists' provenance.

What is this something? Is it a style, a working method, an approach, a way of thinking?

I would not dare to identify that something. I can think of many traits that are representative of my work, which I find quite "Latino American," and find those same traits in other illustrators far away from Latin America. And in the same way, there are amazing illustrators as Latin American as me, who share very little with my style.

What defines the design/illustration/art from your home country?

Again, fortunately there are many talents from Colombia that are doing quite different things. It is hard for me to put them all into the same bracket.

What do you think about your neighboring countries?

I think in general there is plenty of talent around.

How do you position yourself in the map of cultural movements?

As far as I can remember I always had a lot of close contact with nature as I grew up. I was raised in a house full of beautiful and unique things. My mother is an artist and she loves decorating her home and collecting beautiful objects. She has an amazing and very personal sense of beauty and has a sense of combining colors like no one else I know. Each wall has its own specific color that matches perfectly with the beams and walls. It is as if every room has its own atmosphere from the colors that she uses. As far as I can recall I have always been attracted both to art and the graphics of packaging, stickers, labels. I remember being especially fascinated by my grandmother's collection of postage stamps from all over the world.

On the other hand my father worked for Japanese companies for more than 25 years. He had to travel a lot to Japan and brought cool souvenirs for my

brother and me when we were kids. That was indeed another huge influence.
Besides all this, I have been very lucky to travel a lot and this has been a great influence in all I do. I take inspiration for my designs from all types of music, art—especially folk art—design, movies, and books. I particularly like Latin American artists, writers, and musicians, as well as both the arts & crafts and art nouveau artists with their obsession for detail. Almost anything or anyone that touches my emotions can easily inspire me. Nature has always been one of my main sources of stimulation dating back to my early childhood in the countryside of Colombia. Although I really miss that direct contact with nature, discovering new ways of living when I moved to Barcelona has brought me into contact with lots of different cultures in a vibrant city. That has been amazing for my work, both commercially and artistically.

Does your geographic position influence your cultural position? If so, how?

Well, of course it does. The thing is that it influences it, it does not determine it. So new things flourish as times goes by.

We recognized that for the last decade the diversity of styles increased and many new artists and designers emerged. What is your personal view on the evolution in design/illustration/art that your home country went through?

I think that in general, artists are more susceptible to influences that may come from any part of the world. When you browse the web you do not filter artists by country or region, so it all comes at once. Your physical location does indeed have an influence, but it may go from reviving the folk culture of your hometown to runnning away from it, searching for new air.

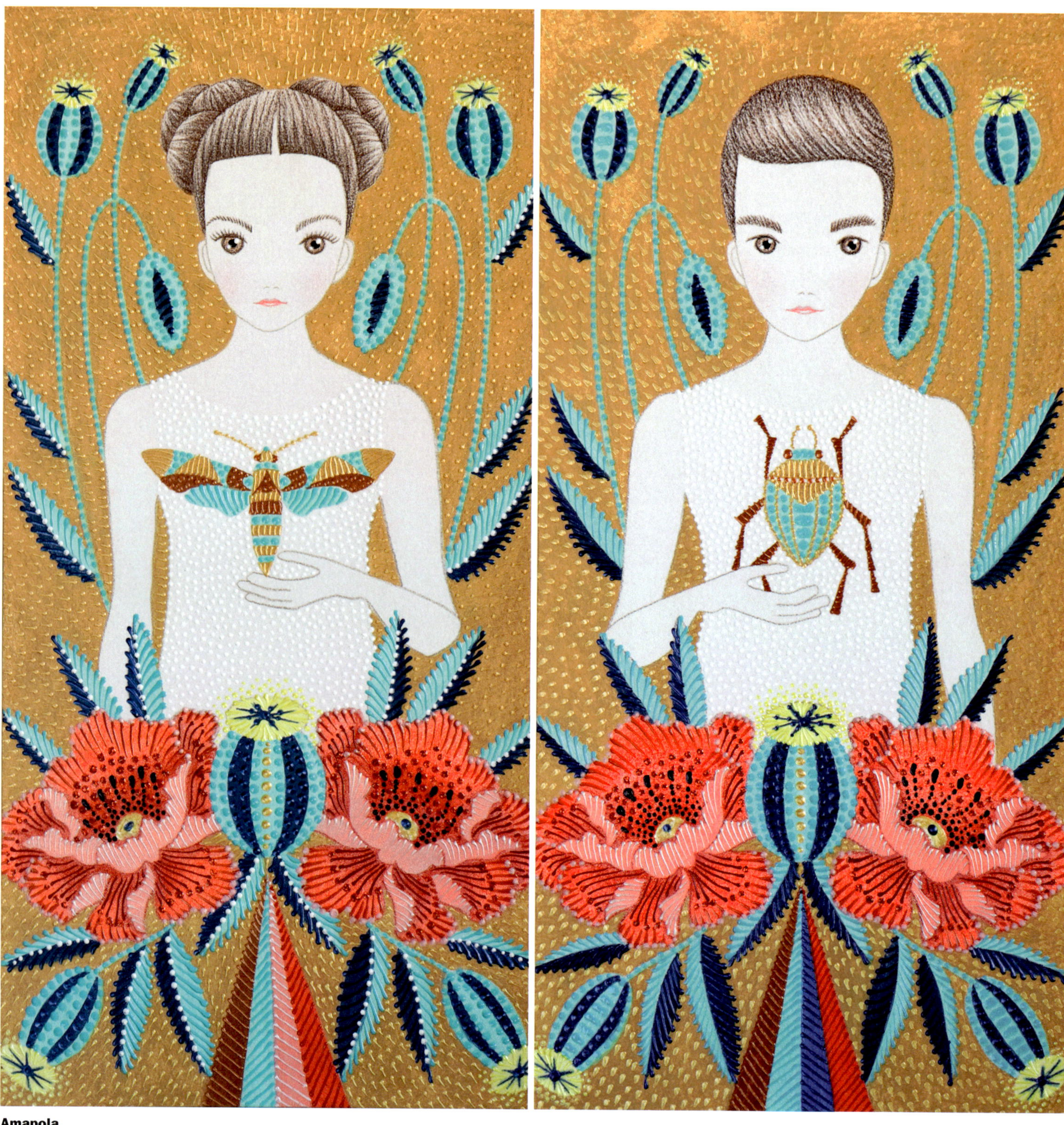

<u>**Amapola.**</u>
<u>*2009.*</u>

<u>**"Disarming Dreams" solo exhibition at Iguapop Gallery, Barcelona, May 2009.**
The exhibition is based on the role of children in Colombia's armed conflict.</u>

Author: Catalina Estrada

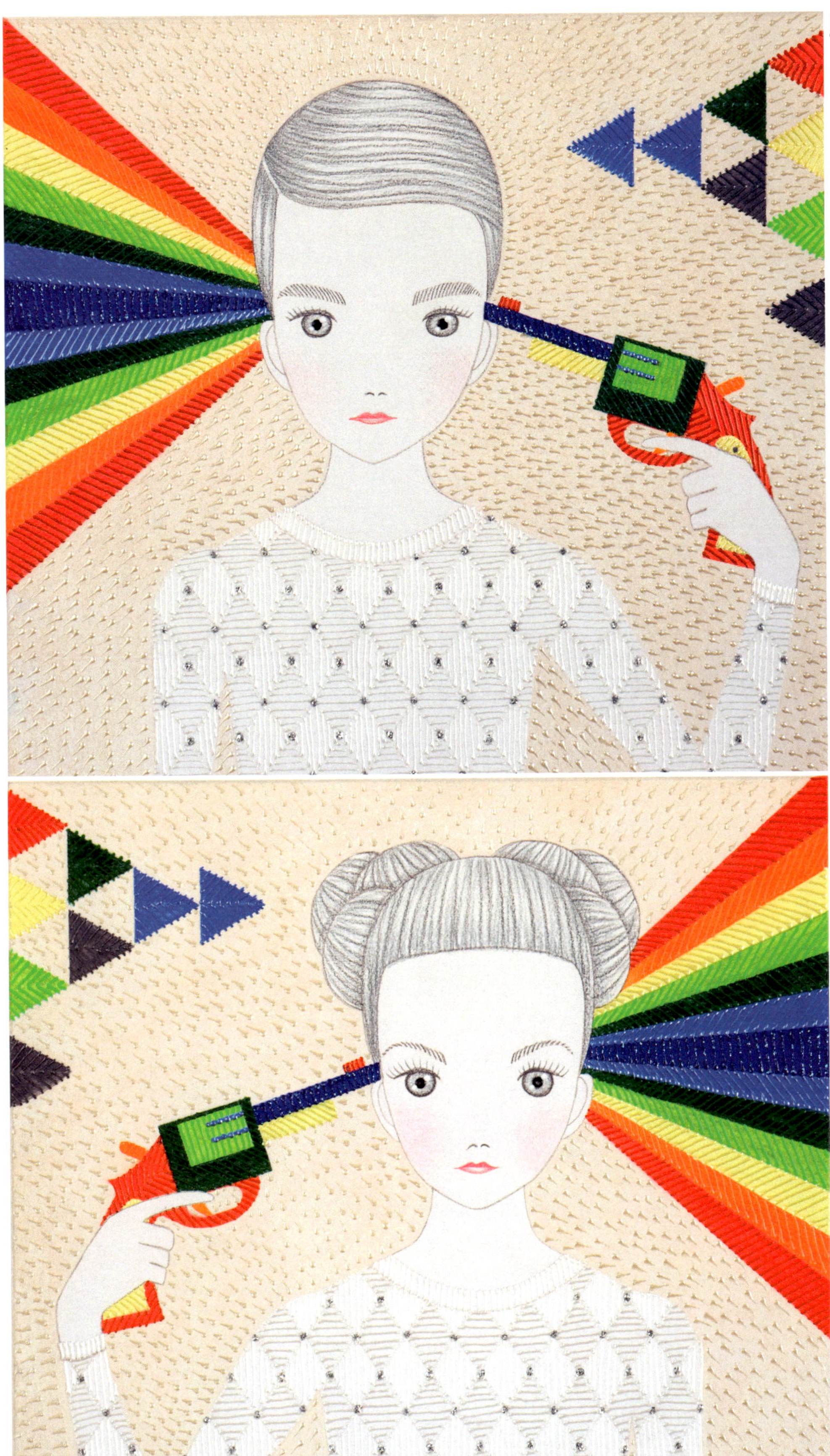

Introspection 1.
2009.

"Disarming Dreams" solo exhibition at Iguapop
Gallery, Barcelona, May 2009.

Author: Catalina Estrada

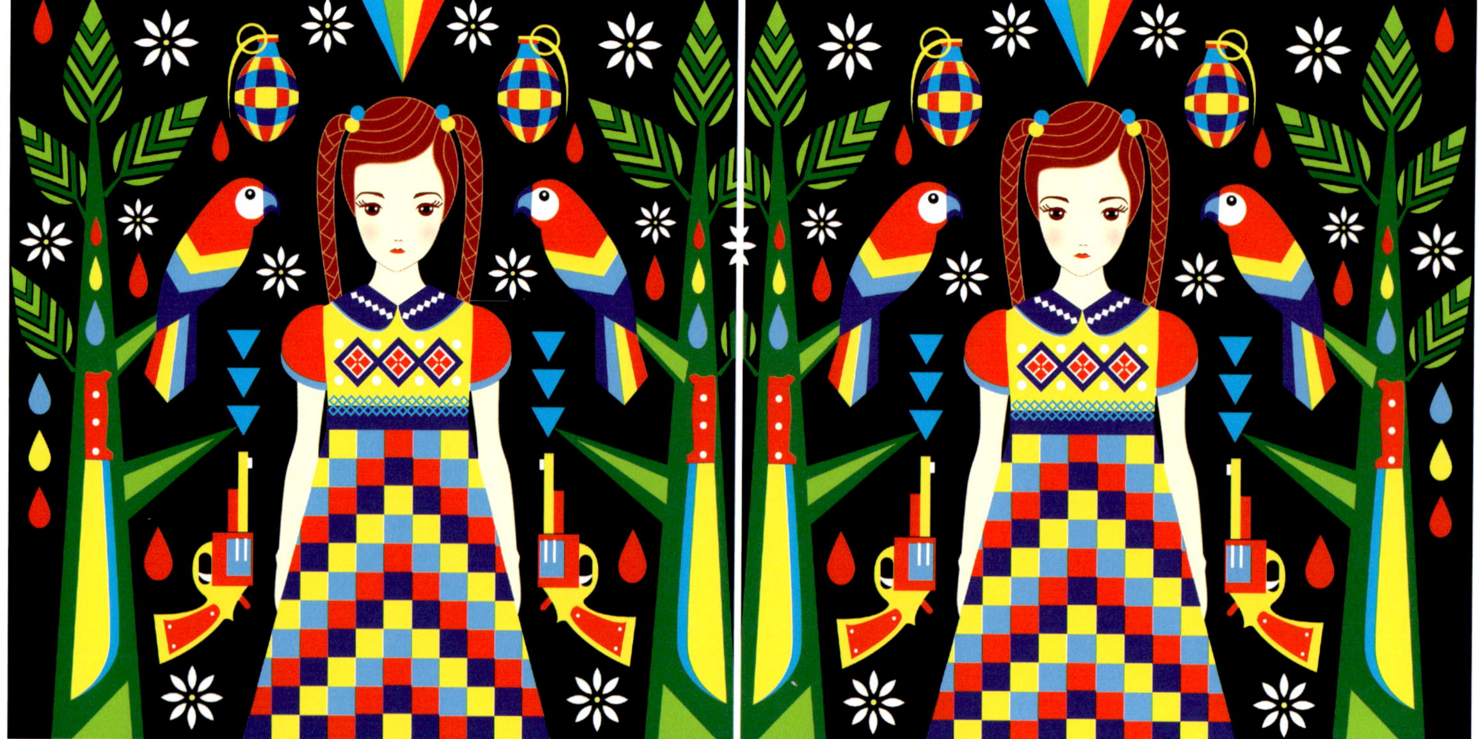

Heading front even if I bleed.
2009.

**"Disarming Dreams" solo exhibition at Iguapop
Gallery, Barcelona, May 2009.**

Author: Catalina Estrada

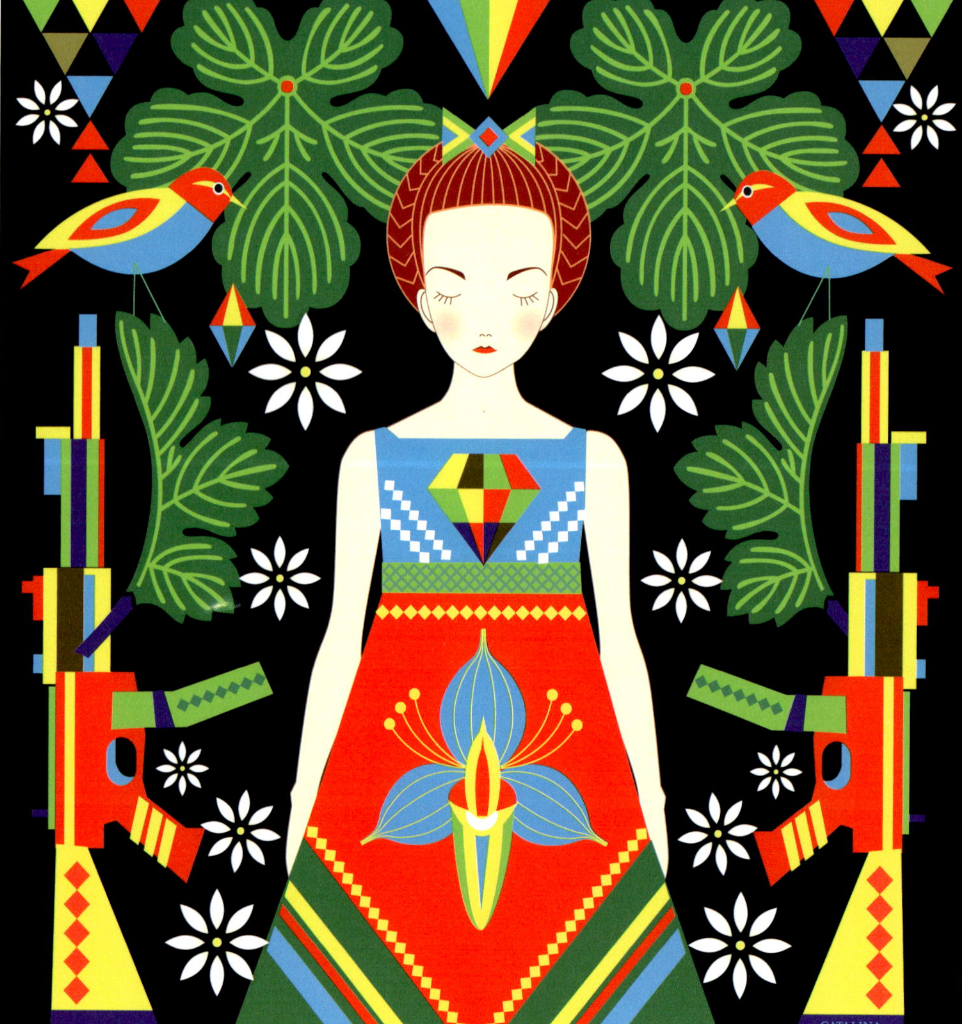

I'm a precious stone.
2009.

**"Disarming Dreams" solo exhibition at Iguapop
Gallery, Barcelona, May 2009.**

Author: Catalina Estrada

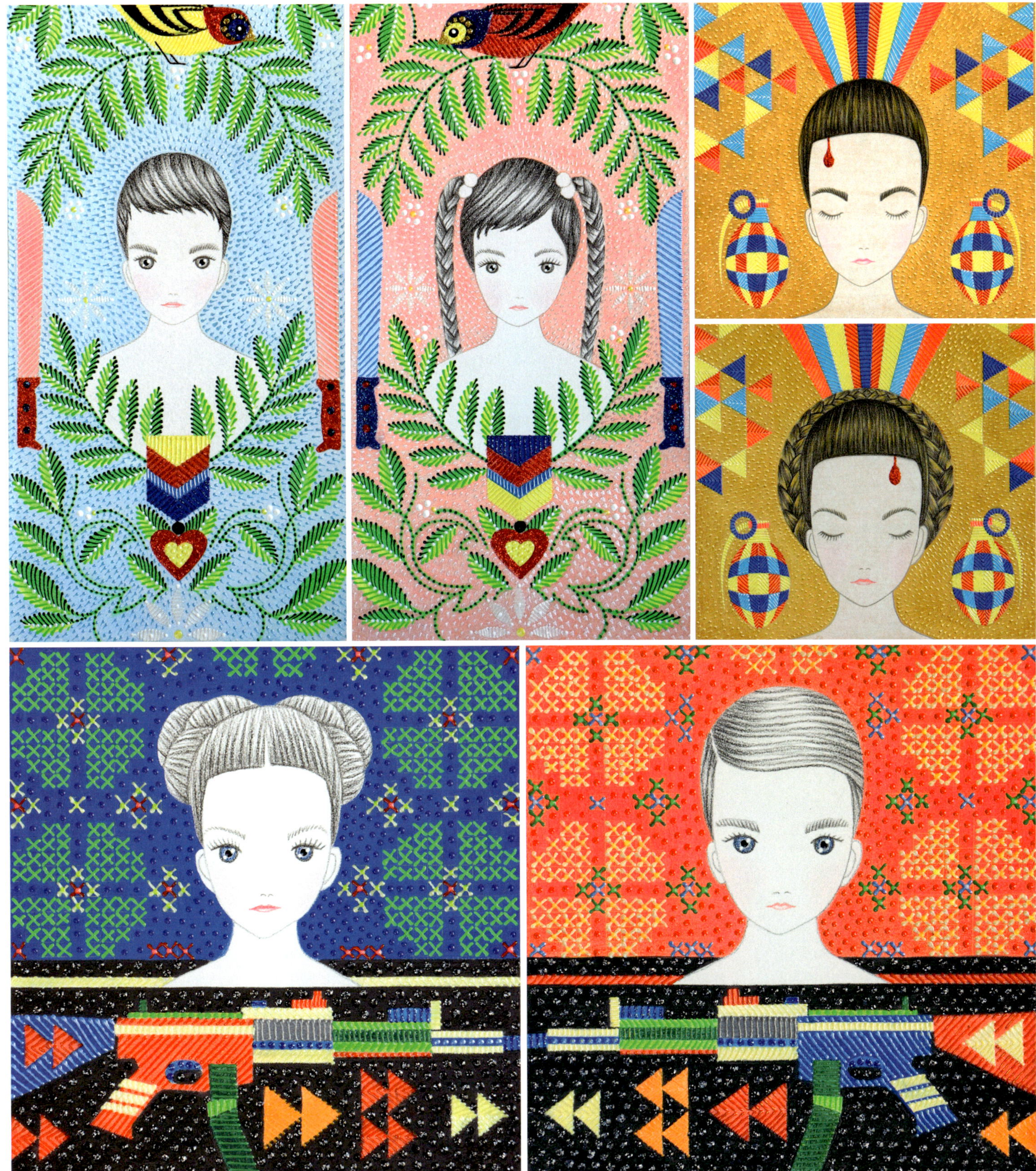

I'm my rifle's prisoner 2.
2009.

I'm my rifle's prisoner 1.
2009.

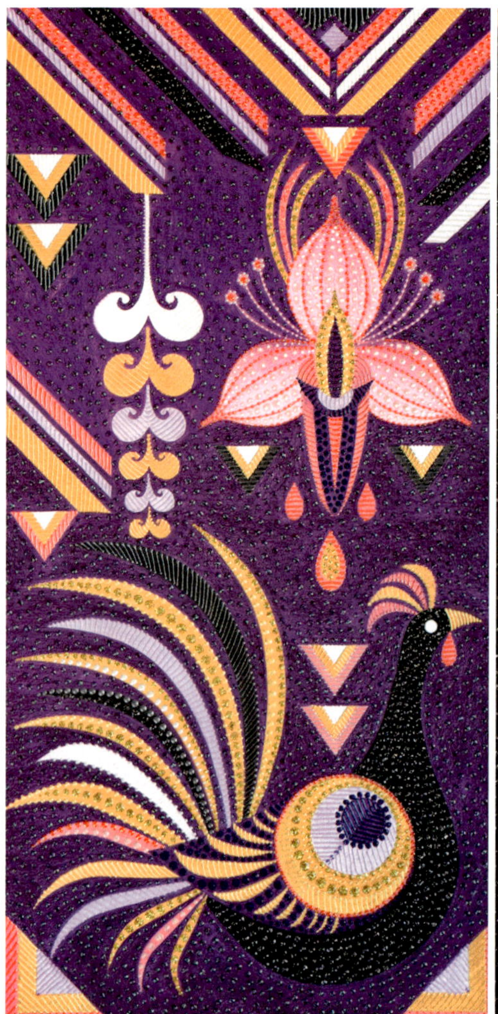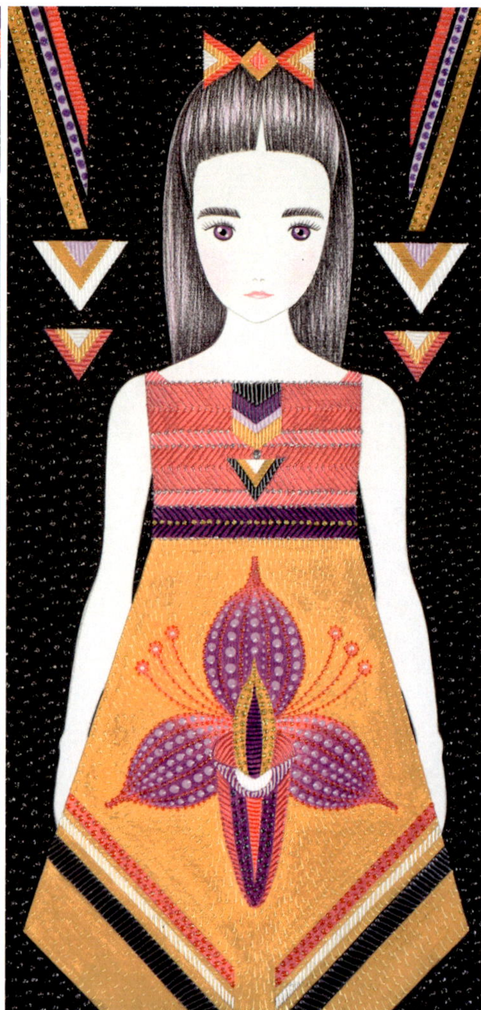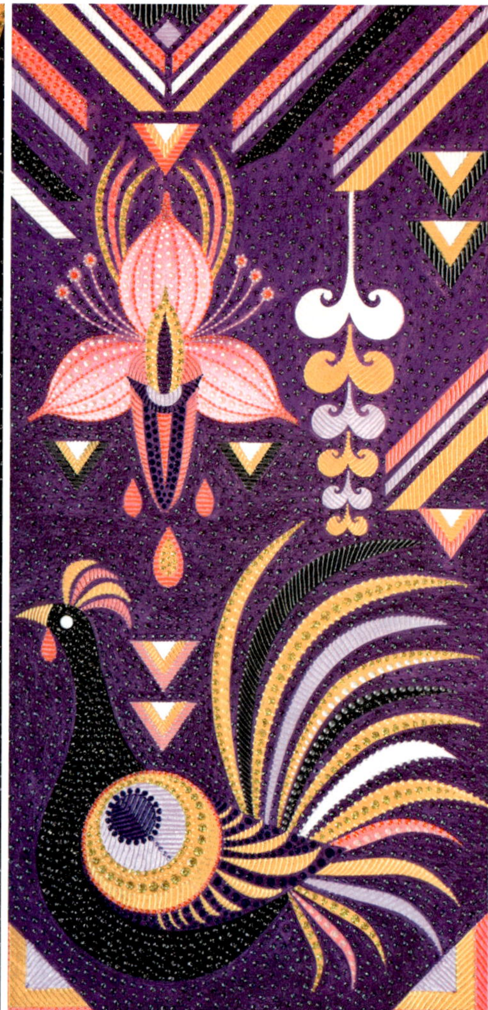

My treasure is still mine.
2009.

"Disarming Dreams" solo exhibition at Iguapop
Gallery, Barcelona, May 2009.
The exhibition is based on the role of children
in Colombia's armed conflict.

Author: Catalina Estrada

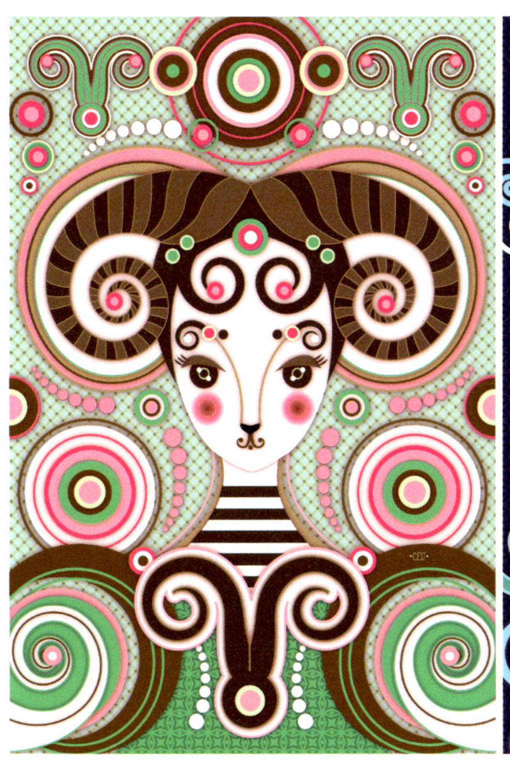

Zodiac series for Zune
mp3 players.
2008

Client: Microsoft/Zune
Author: Catalina Estrada
Art direction: Ramiro
Torres

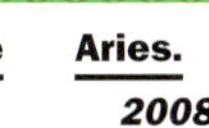

Aries.
2008.

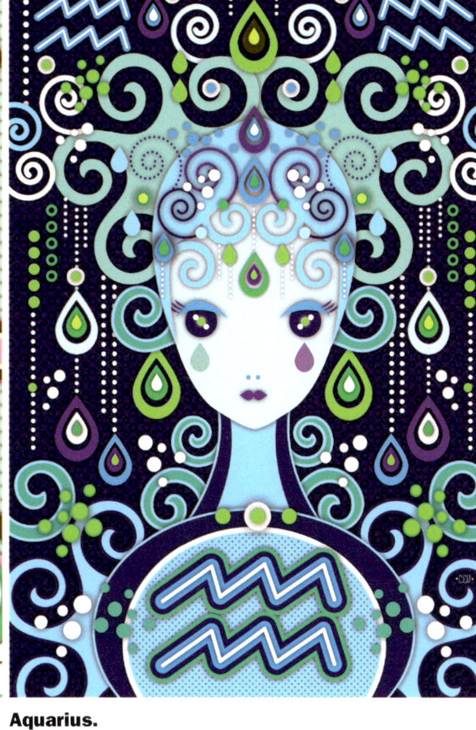

Aquarius.
2008.

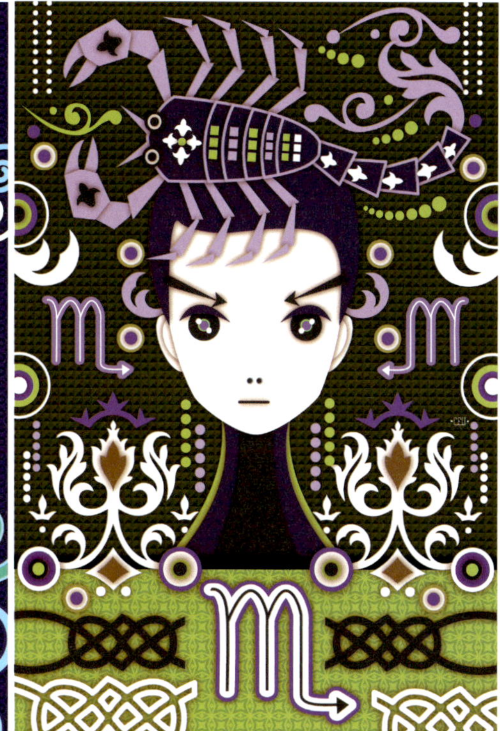

Scorpio.
2008.

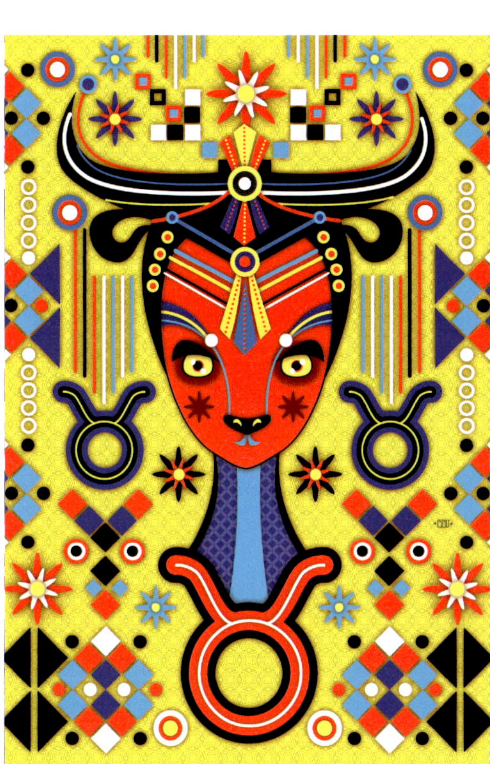

Tauro.
2008.

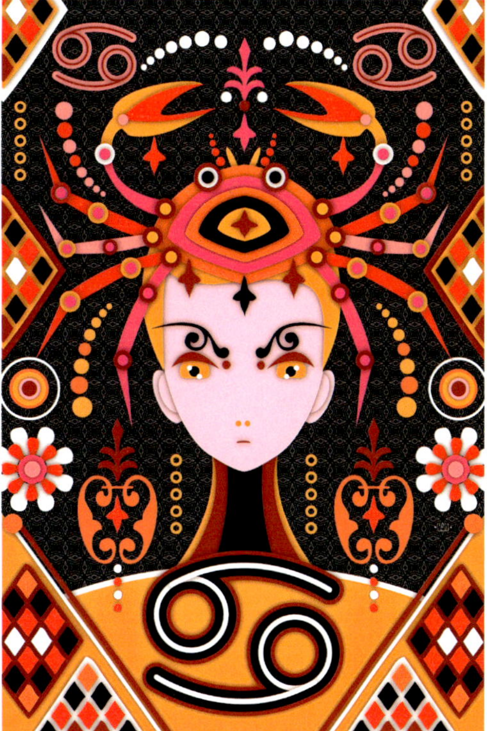

Cancer.
2008.

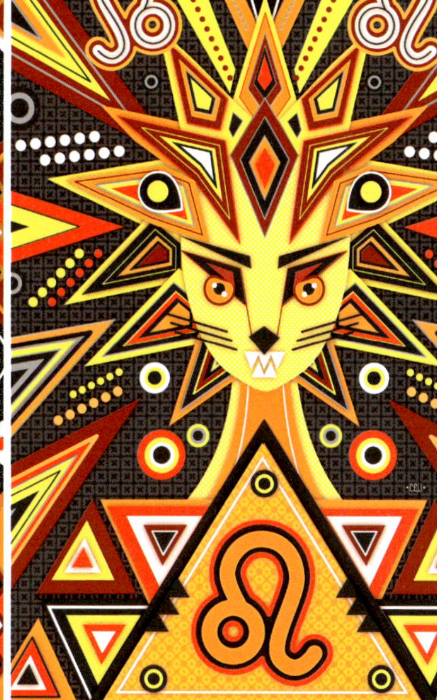

Leo.
2008.

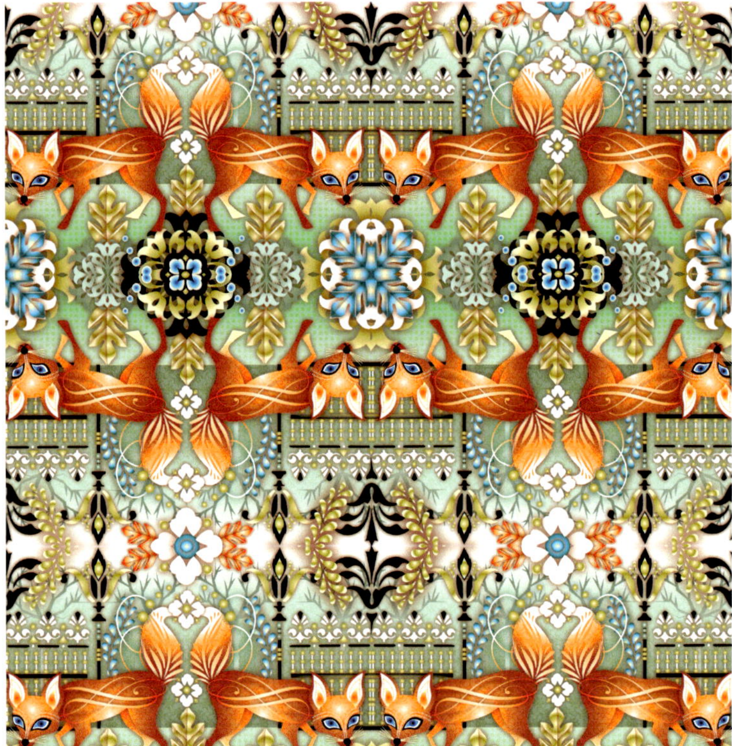

Foxes.

2007.

**Illustrations for Paul Smith's
Autumn/Winter 2007 collection.**

Client: Paul Smith
Author: Catalina Estrada

Guards and swans.

2007.

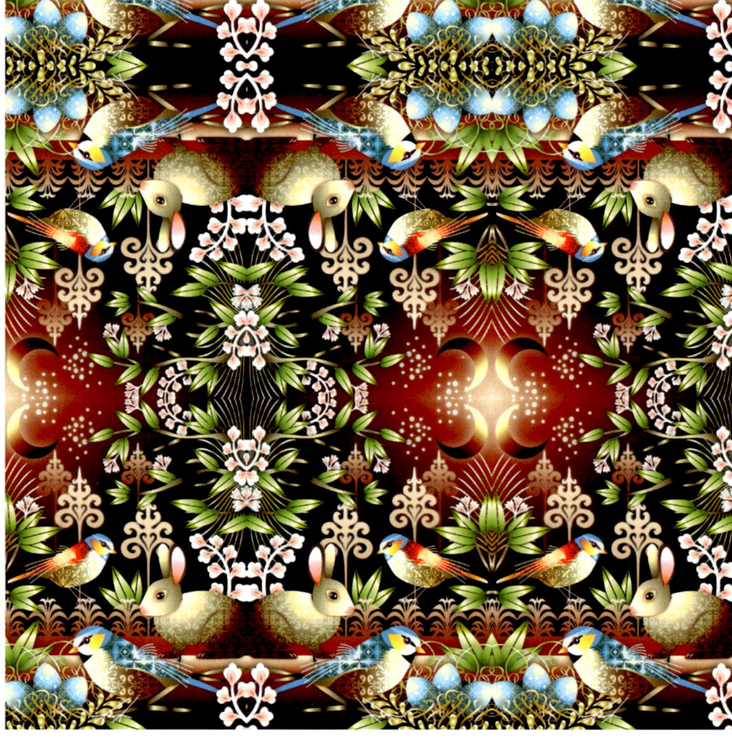

Birds and rabbits.

2007.

Ducks.

2007.

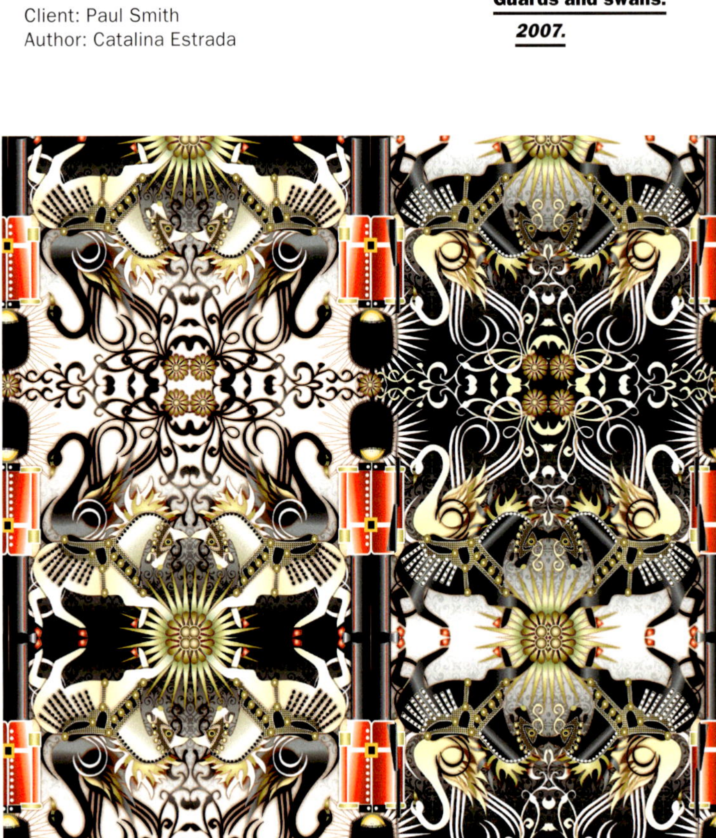

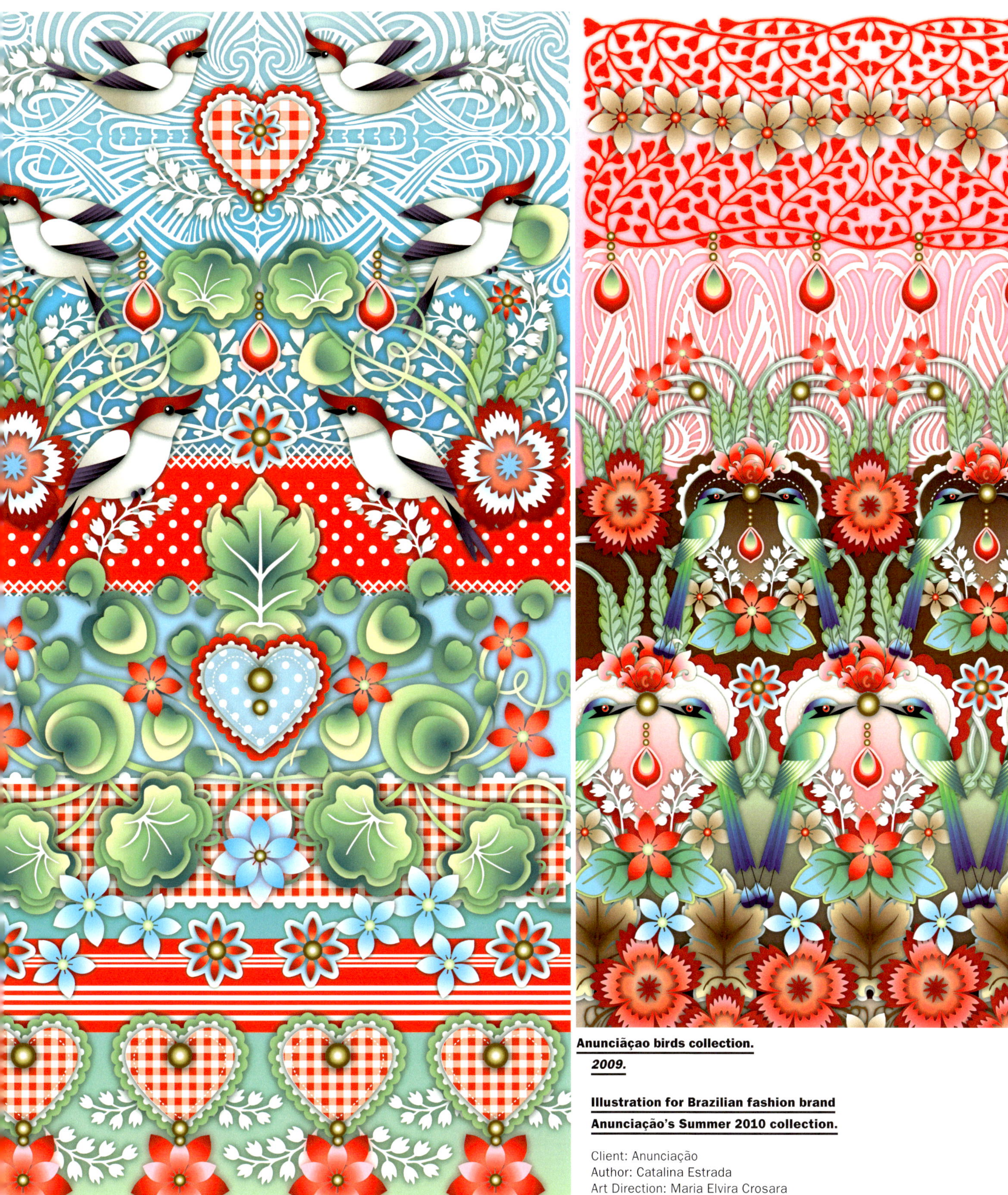

Anunciãçao birds collection.

2009.

**Illustration for Brazilian fashion brand
Anunciação's Summer 2010 collection.**

Client: Anunciação
Author: Catalina Estrada
Art Direction: Maria Elvira Crosara

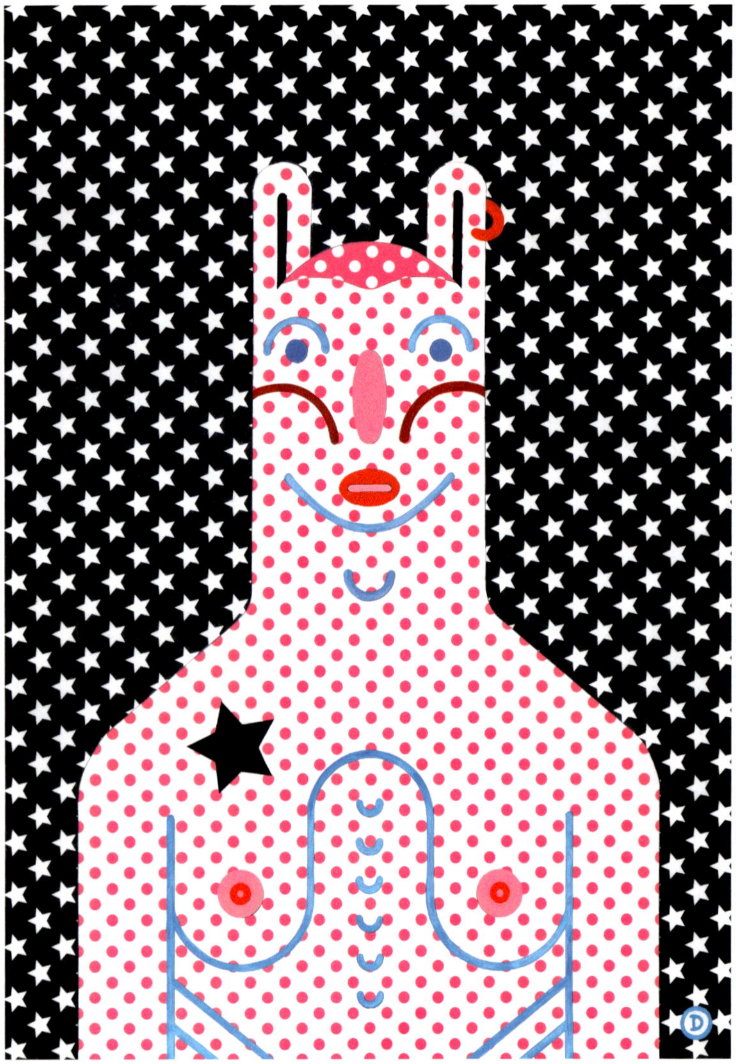

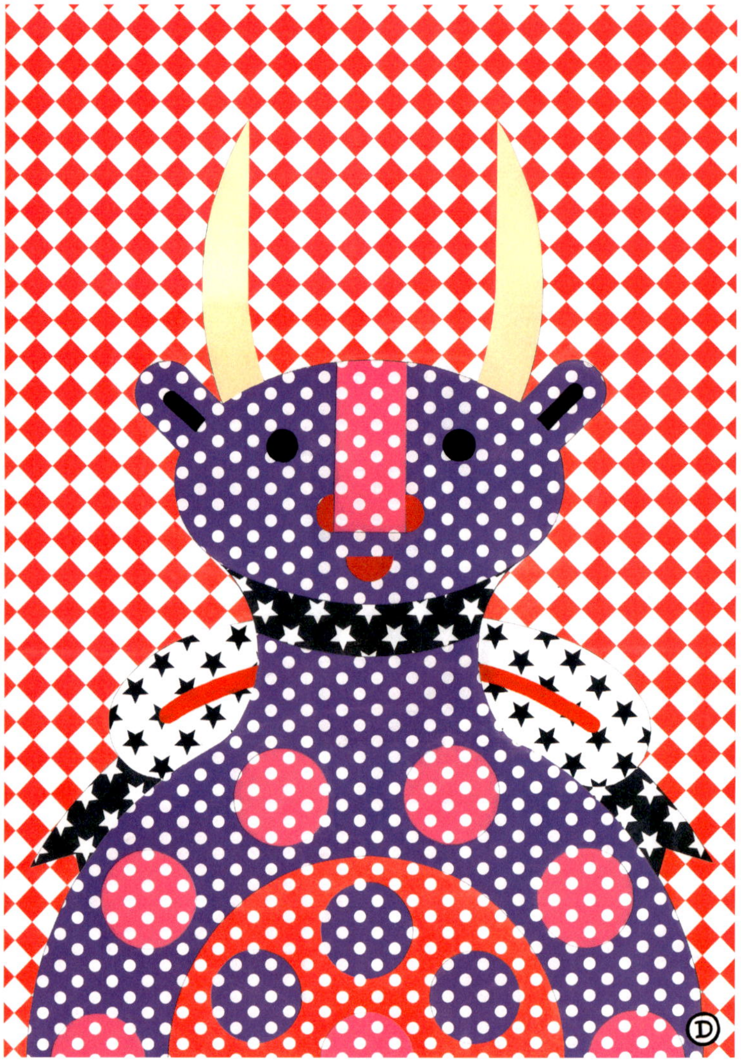

Amanda.
2009.

Ruby.
2009.

Collage using wrapping paper, cardboard, and watercolors.

Author: Delius
Original copy created for the showcase "Las Hortensias,"
Buenos Aires, 2009.

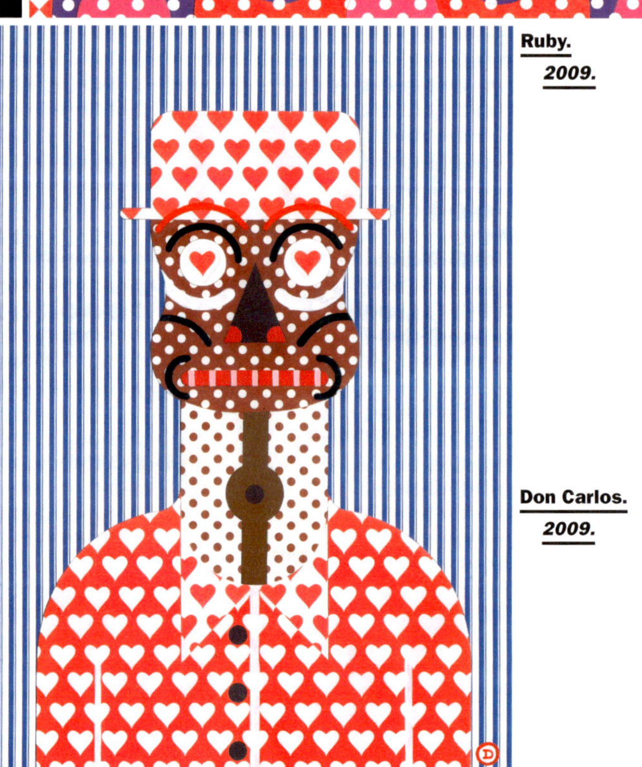

Don Carlos.
2009.

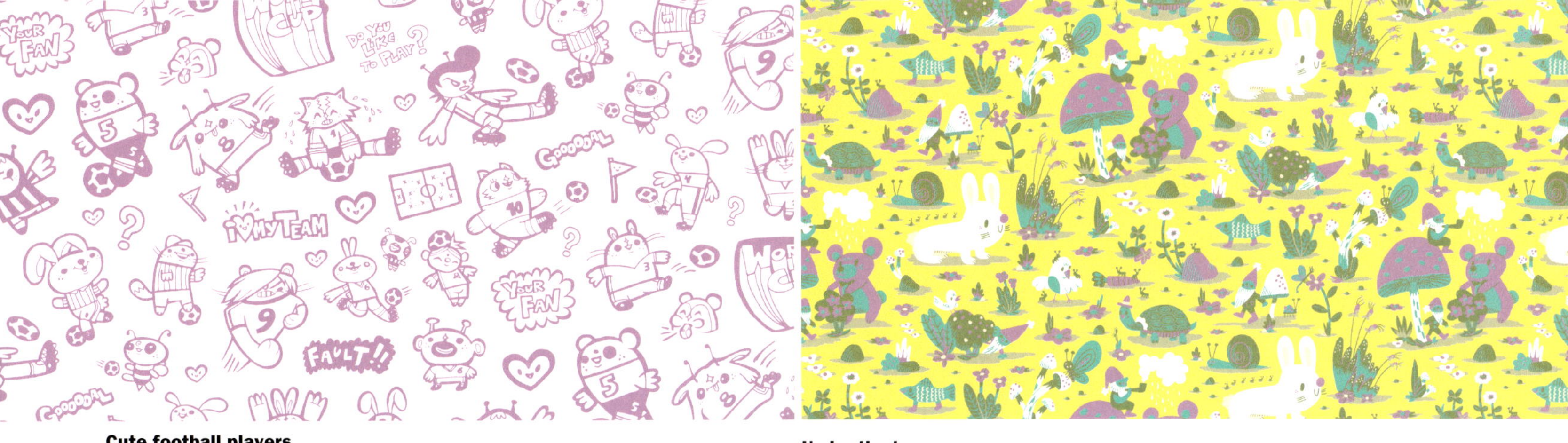

Cute football players.

2010.

Under the trees.

2010.

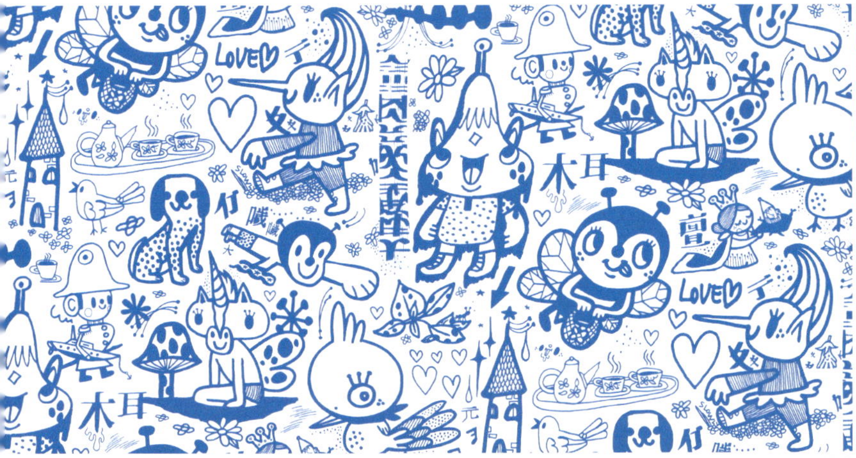

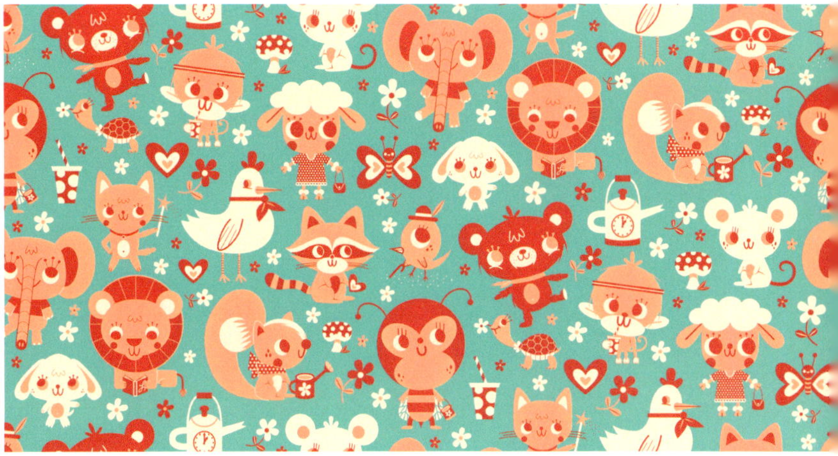

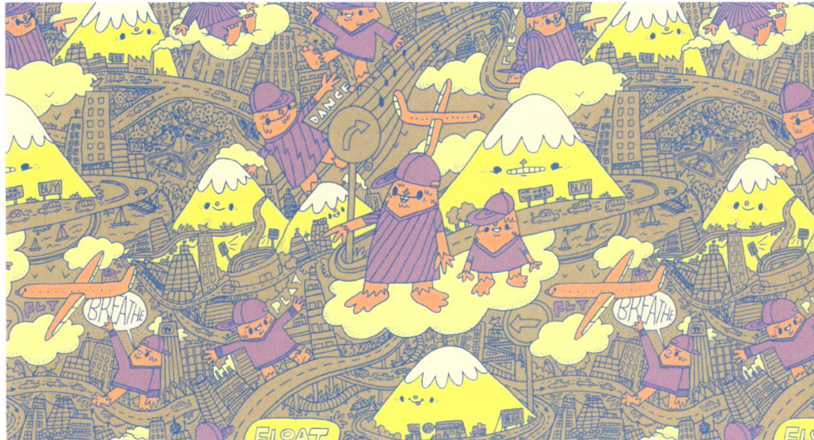

School fantasy.

2010.

Cute friends.

2010.

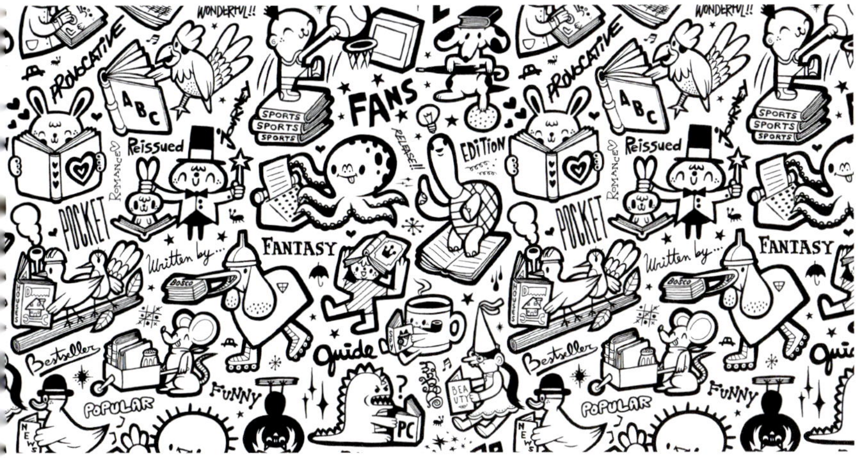

Books are fun.

2010.

Pattern design for We Love Patterns.

Client: We Love Patterns
Author: Gaston Caba
Credits: ©2010 We Love Patterns

Float and breathe.

2010.

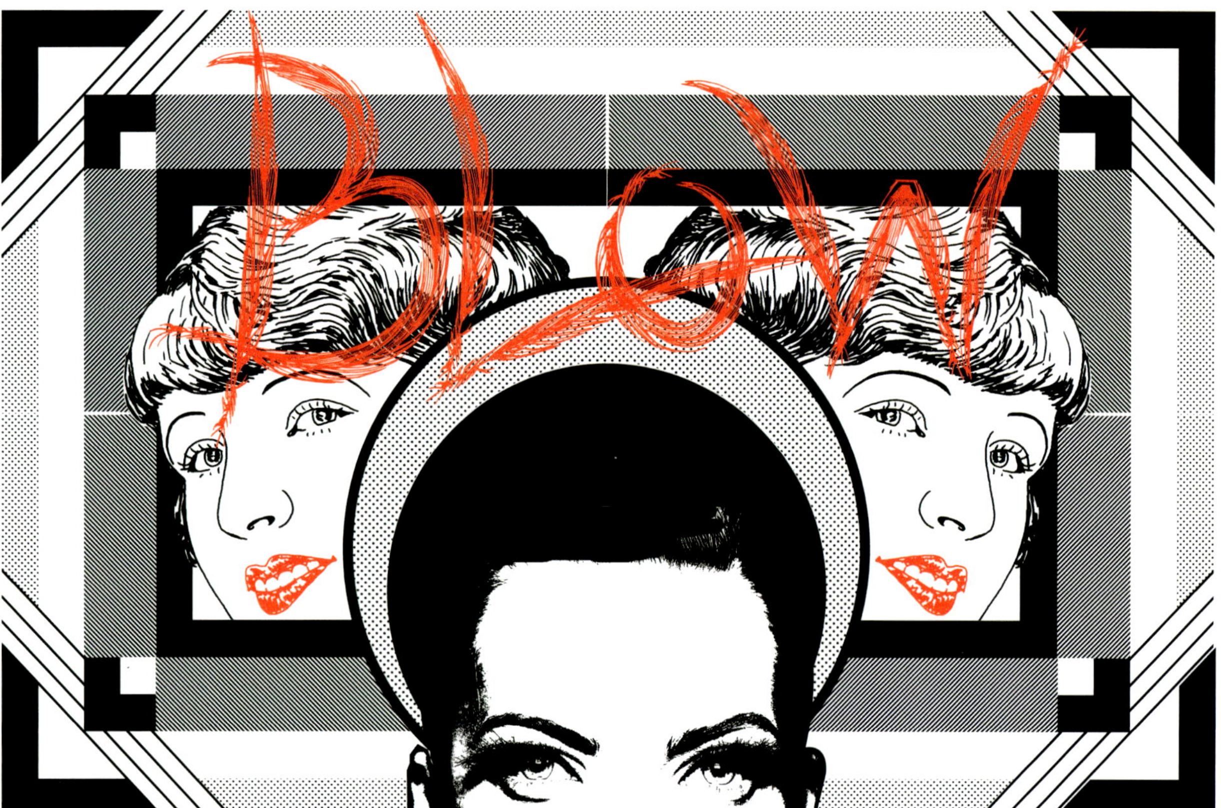

Blow.
2007.

Illustration for a tribute to Isabella Blow in the Top 100.

Client: *Complot* magazine
Author: Nohemi Dicuru

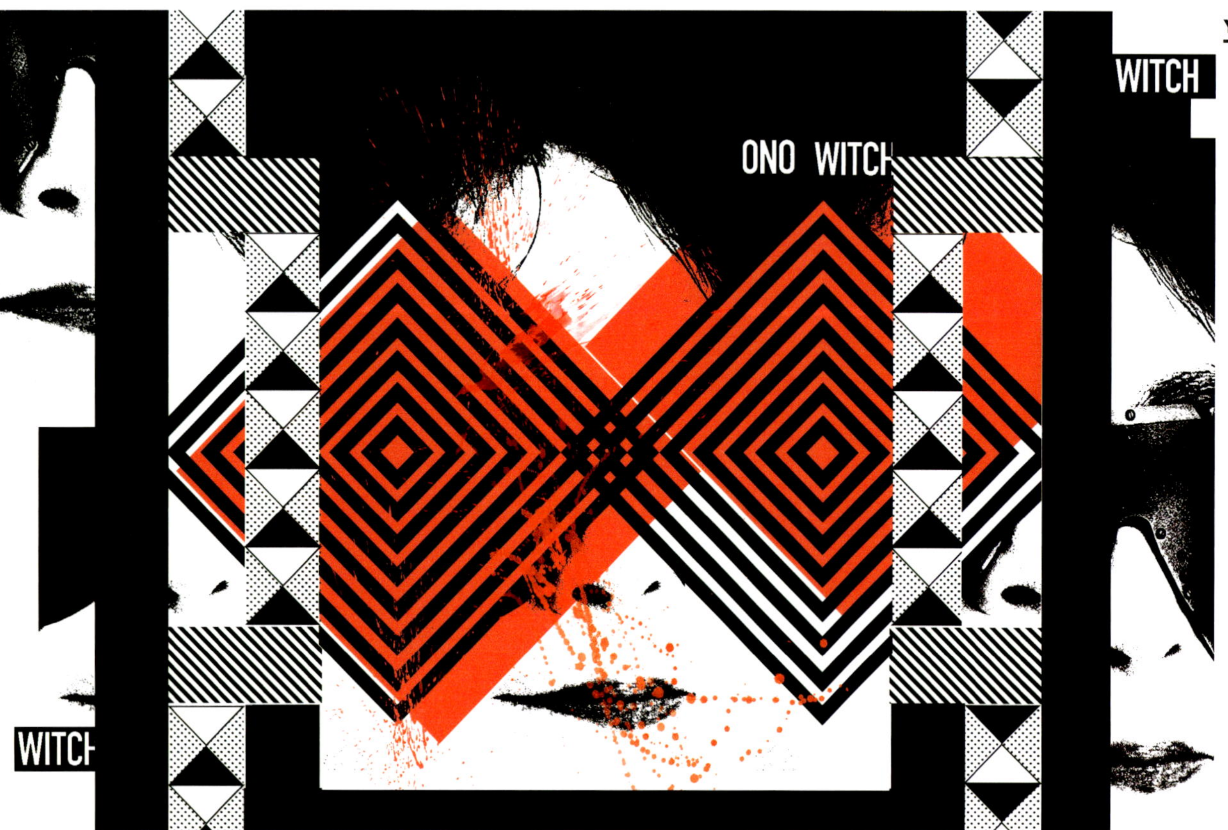

Yoko.
2007.

Illustration for text about Yoko Ono in the Top 100.

Client: *Complot* magazine
Author: Nohemi Dicuru

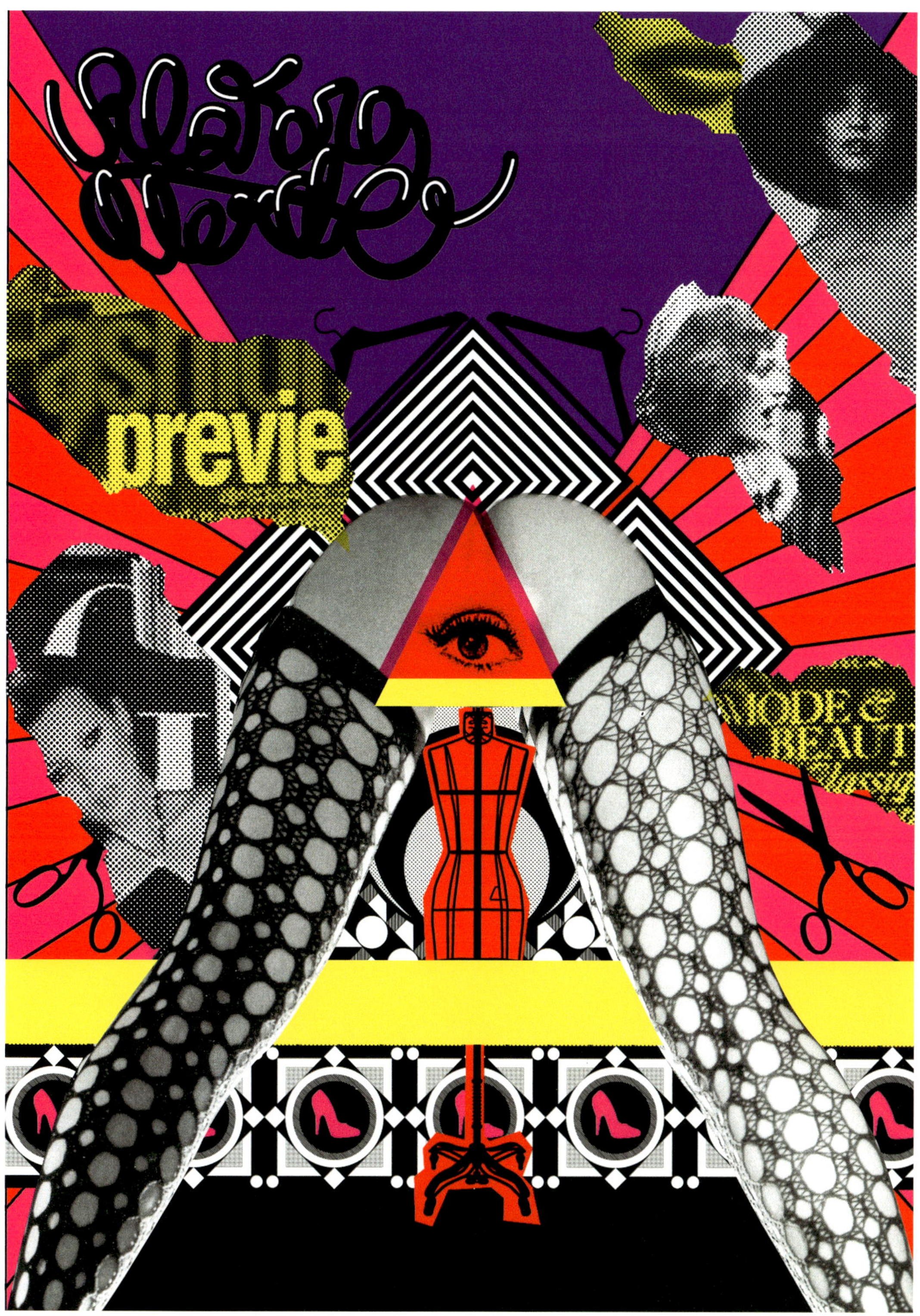

It's not sex. It's fashion.

2008.

Cover for *Plátanoverde* magazine fashion issue.

Client: *Plátanoverde* magazine
Author: Nohemi Dicuru

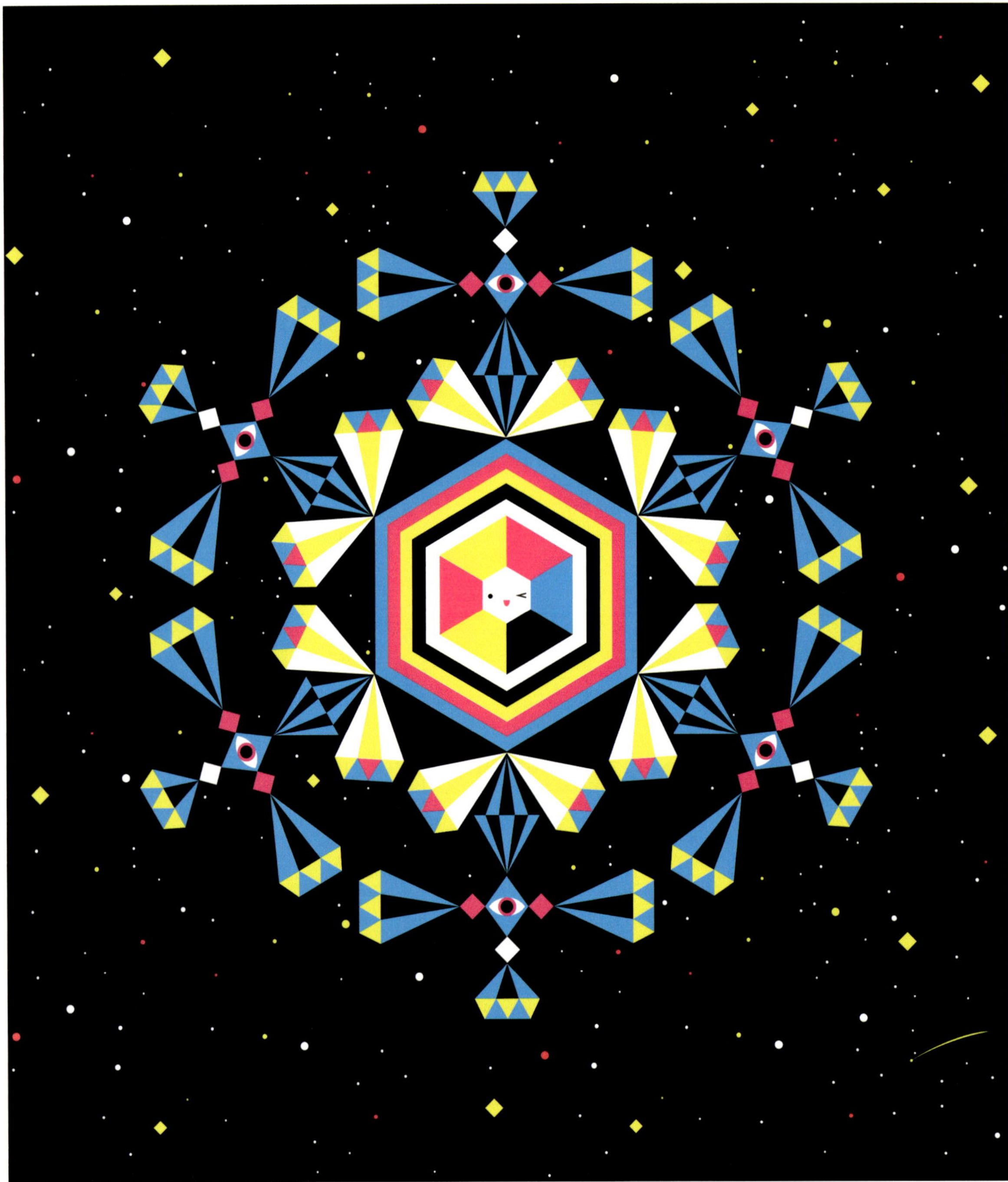

Abundance star.

2009.

Masuro Emoto's work inspired this drawing. His photograph of the water molecule tagged as "abundance" is the reference. This artwork represents all the richness of the universe

Client: Private collection
Author: VENA2

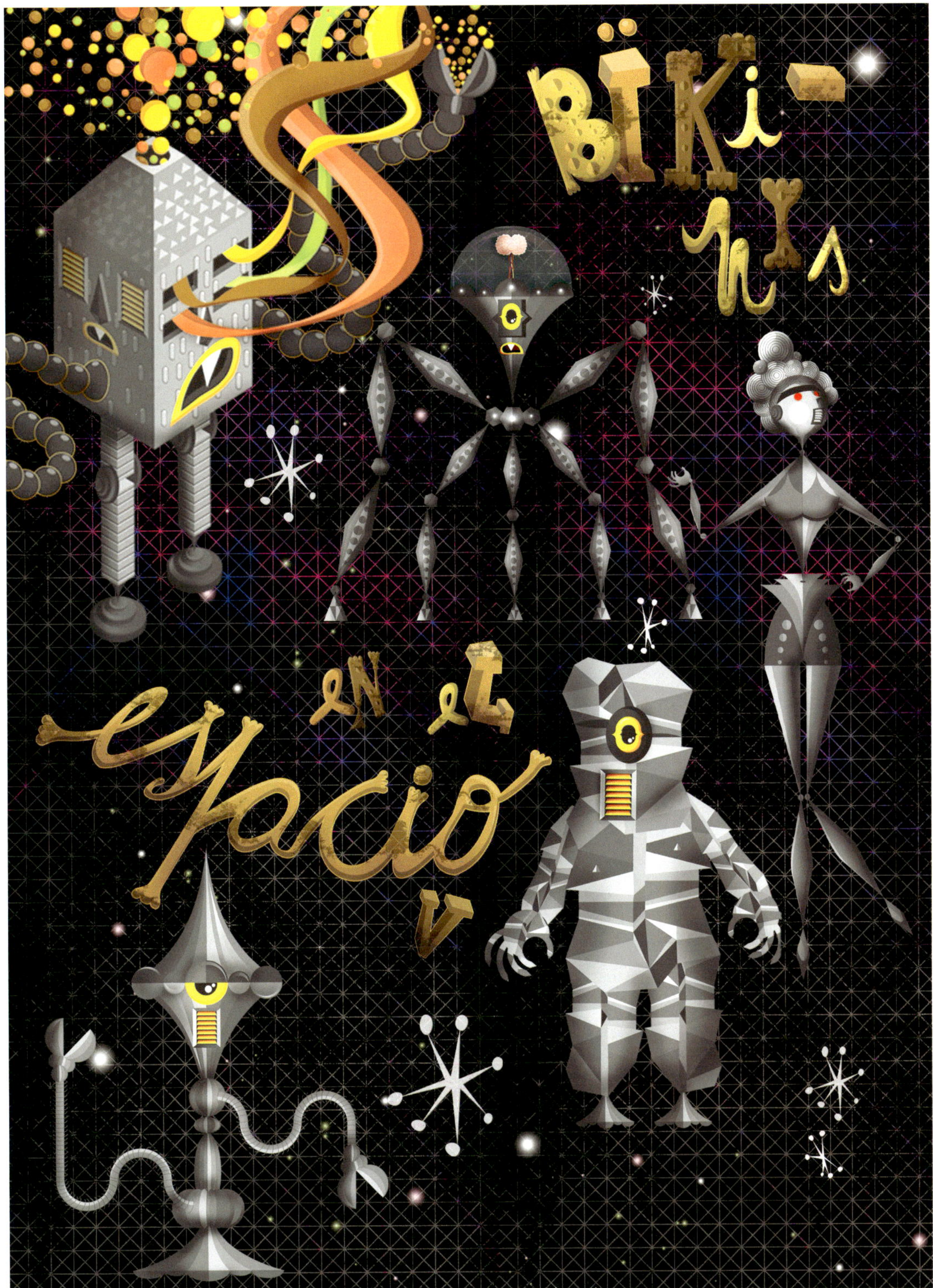

Bikinis in space.

2007.

Illustration for an Argentinean magazine.

Author: Nicolas Bolasini

Entrevista Christian Montenegro

Christian Montenegro es un ilustrador argentino. Estudió historieta con Alberto Breccia y luego diseño gráfico en la Universidad de Buenos Aires. Desde el año 2002 trabaja en formato digital fusionando conceptos del diseño con su experiencia previa en la narración gráfica. Su estilo podría compararse con un Lego, piezas simples que se combinan en organizaciones complejas. Su trabajo ha sido publicado en Números medios tanto de Argentina como del exterior.

¿Crees que existe el diseño/ilustración/arte Latino? ¿Algo que no se encuentre en ningún otro lugar?

Resulta difícil decir si lo hay.

Me gustaría empezar las respuestas aclarando que hablo desde mi experiencia personal, mis conocimientos y como ilustrador que vive en Buenos Aires. Mis respuestas ahora, en marzo de 2010, son las que siguen y tienen un tiempo y un lugar determinado. Las mismas preguntas formuladas mañana seguramente tendrán otras respuestas.

¿Puedo comenzar a responder con una pregunta aunque la costumbre dice que es de mala educación? No encuentro un mejor modo para dar una idea acerca de la inmensidad y la complejidad del tema sobre el cual voy a dar mi opinión.

¿Qué caracteriza a la producción europea? ¿Hay una característica que englobe la producción de diseño/ilustración/arte de países como Francia, Inglaterra, Alemania, Rusia, Rumanía, Bulgaria, Grecia, Lituania, etc.?

Y si además pensamos en todas las áreas que sumadas constituyen los campos gaseosos que llamamos diseño/ilustración/arte, ¿Cómo pondríamos en palabras dicha caracterización?

Quizás lo mejor que uno puede hacer desde este espacio es presentar un contexto que acompañe al lector de este libro y acercarle interrogantes para que, por sí mismo, encuentre las respuestas y formule nuevas preguntas que enriquezcan el universo aquí expuesto.

Otro tema sobre el que me gustaría reflexionar en este comienzo es el etimológico. Desde mi punto de vista la palabra "latino", que da título a este libro, es el término empleado por la América anglosajona para definir a esa otra América, la que se extiende infinitamente desde México hacia el extremo sur. Esa otra América consecuencia de la colonización española y portuguesa.

La primera vez que escuché hablar de una característica Latinoamericana fue cuando DGV editó mi portafolio en una revista. Me sorprendió leer en la descripción de mi trabajo la siguiente frase: "the South American feeling for color and shapes". En esa época estaba obsesionado con Bauhaus, Constructivismo, Expresionismo Alemán y Cubismo. Creía trabajar bajo sus paradigmas.

Frente a aquella frase pensé: "¡¿qué diablos vio el escritor?!"

Ahora pienso que efectivamente algo hay, que una sustancia impalpable quizás nos caracteriza. Y creo que son nuestros lugares, los contextos en los que nuestros trabajos son creados y para quién son creados.

Europa siempre ha proveído los marcos, soportes y herramientas a Latinoamérica, desde los tiempos de la Colonia, y nosotros los hemos hecho nuestros. Nuestra cultura es mestiza, "sangre mezclada" leí en algún lugar.

¿Qué es ese algo? ¿Es un estilo, un método de trabajo, un enfoque, una manera de pensar?

Para mí, como mencioné antes, ese algo es la sociedad en la que se produce el trabajo, la cocina en la que se elabora.

Dar mi descripción sobre lo que veo y conozco me parece la mejor manera de responder. Por favor que mis palabras se entiendan como una pintura de paisaje lo más objetiva posible, casi como una lente de cámara.

Las sociedades latinoamericanas compartimos ciertas características, creencias, modos de entender el mundo. Como países apenas superamos los doscientos años de existencia. Somos países jóvenes.

Estamos en la zona del planeta con mayor desigualdad social. Esto trae como consecuencia una fuerte presencia de la violencia en nuestra vida cotidiana.

Somos países principalmente productores y exportadores de materias primas; la industria no es nuestra principal fuente de ingreso. El hecho de no ser altamente industrializados determina las características y condiciones de nuestra producción visual.

La tecnología que usamos en su mayor parte es importada, su disponibilidad es limitada y cara para los presupuestos con que generalmente contamos.

Se puede decir que las sociedades latinoamericanas están conformadas por dos componentes:
– un componente europeo y criollo que se asume como el lado A del país;
– un componente popular conformado por las poblaciones originarias, los mestizos y descendientes de africanos al que se considera el lado B.

Es interesante observar como en varias regiones el lenguaje es aún una herramienta de poder y de lengua nativa, hablada por la inmensa mayoría de la población, no es reconocida como idioma por un estado de habla española y/o portuguesa.

Argentina y varios países latinoamericanos se instituyeron como países sobre la idea de que Civilización y Cultura (con mayúsculas) eran Europa (desde nuestro nacimiento) y USA (desde el siglo XX) como referentes y hacia allá dirigimos nuestra mirada para formarnos.

Sumemos a esto que, al menos en mi país, la clase media es en su mayor parte hija o nieta de inmigrantes europeos.

Crecemos con la convicción de que deberíamos viajar a Europa aunque sea una vez en la vida y conocer ese lugar que tuvimos que "lamentablemente" abandonar en algún momento.

En cambio a la cultura local y popular, el lado B, lo percibimos (lamentablemente) como lo bajo, de mal gusto y carente de valor; un espejo en el que no queremos vernos reflejados.

(Por momentos siento que en nuestros países los distintos estratos sociales no se entienden como parte de un total, si no como entes extraños forzados a compartir un espacio.)

En los últimos años el arte/ilustración/diseño latinoamericano se ha alimentado de esta nutritiva sopa que es la producción popular, lo ha asumido como propio con orgullo y lo ha traído al lado A.

Lo denominaría un acto Pop Político.

Me parece importante también hacer notar que nuestra tradición y nuestra cultura visual es barroca y católica.

Sin duda un fenómeno gráfico como el minimalismo suizo jamás hubiera surgido desde Latinoamérica.

Con la globalización y el flujo de la información se tiende a cierta homogenización en los estilos de cada región, pareciera ser que un latinoamericano puede diseñar como un japonés. Pero siempre lo hace hablando desde el paisaje que describí en los párrafos anteriores. Los procesos intelectuales para llegar a un resultado gráfico determinado son completamente distintos.

Se piensa desde otro lenguaje y esto diferencia los modos del pensamiento. La educación y conducta del ojo es distinta.

¿Qué es lo que define el diseño/ilustración/arte de tu país de origen?

Tenemos una fuerte referencia con la producción que se realiza en los países industrializados (así se nos forma cómo diseñadores en las universidades) y una realidad social, cultural y de mercado completamente distintas.

Al oficio gráfico lo entiendo como un diálogo entre el profesional y el cliente.

El mercado condiciona la producción. Cómo concibe y valoriza el cliente a la profesión, la determina y caracteriza en gran medida. De esa esquizofrenia dada por el choque entre referencia y realidad surge nuestro trabajo.

¿Qué piensas sobre tus países vecinos?

La información que recibo de Brasil, por ejemplo, es muy estimulante. Brasil, según como lo veo desde mi país, lleva desde hace años un proyecto industrial y cultural con características autóctonas muy marcadas y sólidas, sin por eso devenir en simples clichés.

Con Uruguay se da una fuerte relación, tomo como ejemplo la ilustración. Muchas de las grandes figuras de nuestra historia gráfica son uruguayos, gente que se ha integrado en Buenos Aires y a la vez ha influenciado el medio profesional en el que se desarrolla. De cualquier modo me gustaría que los países latinoamericanos estuviésemos más conectados entre nosotros, tuviésemos más diálogo, más información sobre lo que sucede en cada lugar. Los eventos de diseño, un fenómeno de los últimos años en Argentina, son lugares interesantes para intercambiar experiencias. Hemos empezado pero todavía tenemos mucho camino por recorrer.

¿Cómo te posicionas en el mapa de los movimientos culturales?

Mi mamá es portuguesa por lo tanto mucho de lo que hablé anteriormente lo aplico a mi persona. Creo que con el tiempo, y especialmente en estos últimos años, he asumido más y más mi condición de ser culturalmente mestizo.

Mirando hacia adentro de la fronteras y dialogando con lo que veo. Tratando de entender y apreciar las particularidades y características de la cultura de la que formo parte, aun cuando no sean de mi mayor gusto estético.

En estos momentos mi interés está en investigar y aprender de la producción gráfica de mi región, por el momento me he olvidado de Europa y USA. Conocer más sobre la historia cultural de mi país, y así tener herramientas para entender el presente en el que vivo. Lo cual no es una tarea fácil, Argentina no tiene una política de conservación de su patrimonio cultural, todo deviene en una tarea casi arqueológica de investigación. Si estás interesado en conocer ilustradores de los años 50 (una época gloriosa de la gráfica argentina), tienes que recurrir a las librerías de antigüedades, a especialistas o a gente que conoce el tema porque lo vivió y fragmento por fragmento ir reconstruyendo la época. Quizás estamos (los argentinos) muy mal acostumbrados a olvidar.

Desde lo poco que conozco, he empezado a concebir mi trabajo como parte de una tradición gráfica que heredo y a la vez contribuyo a expandir y continuar; a entenderme como un eslabón más en una larga cadena.

¿Tu posición geográfica influencia la cultural? ¿De qué manera?

A lo que respondí antes puedo agregar que la posición de Argentina, tan al sur, tan periférica dentro de Latinoamérica ha influenciado en cómo entendemos nuestra condición de latinos. Podríamos llamarnos latinos de clima templado.

Nos damos cuenta de que en la última década la diversidad de estilos ha aumentado y han surgido multitud de nuevos artistas y diseñadores. ¿Cuál es tu opinión personal de la evolución ocurrida en tu país de origen?

Hablo en lo que respecta a mi oficio, la ilustración. Un ilustrador ya no se entiende como un profesional sólo dedicado a los medios gráficos, sino como alguien cuya producción es cada vez más requerida en distintos campos de la industria y la cultura. Comencé como ilustrador a mediados de los años 90 y el cambio que ha sucedido es enorme. Esto a mi entender está muy relacionado con el retorno de muchos diseñadores a la ilustración y el dibujo.

La ilustración (una disciplina tradicionalmente relacionada con las bellas artes) y el diseño gráfico (una disciplina asociada con el campo proyectual) se han acercado y mezclado. ¡Se han mestizado!

Como ejemplo menciono que este año la materia ilustración se ha agregado al currículum de la carrera de diseño gráfico de la Universidad de Buenos Aires (UBA).

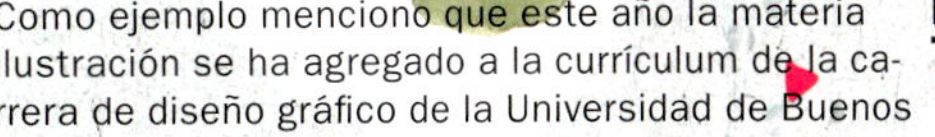
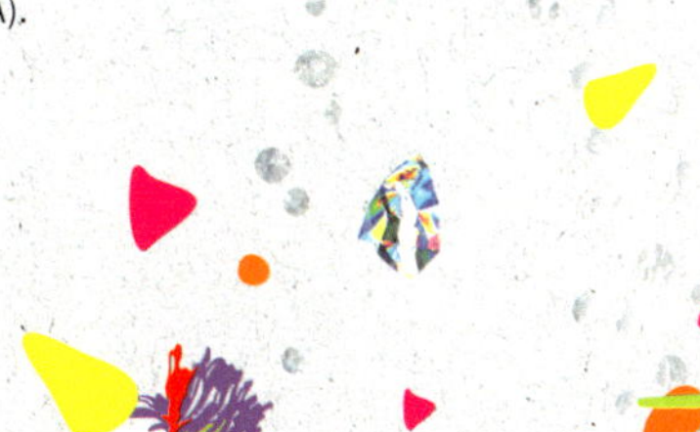
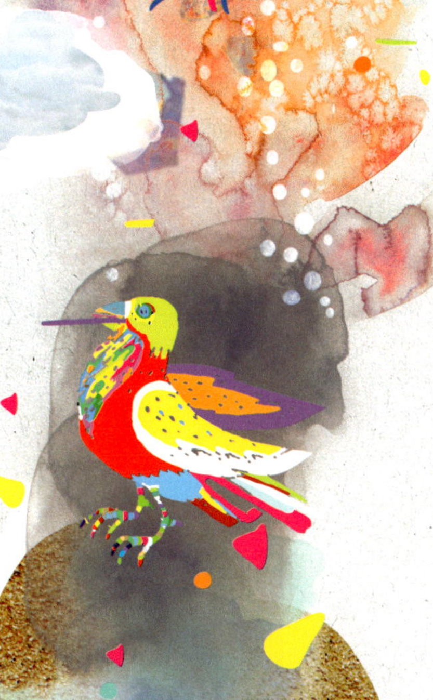

Christian Montenegro is an Argentinean illustrator. First, he studied comics in Alberto Breccia's atelier and later graphic design at Buenos Aires University. Since 2002 he has worked with digital media, mixing concepts from design with his previous experience in comics. The style could be compared to a Lego system, simple pieces are combined in a more complex organization. His work has been published in Argentina and all over the world.

Is there a typical style of Latin design/illustration/art? Something that you do not find anywhere else?

A difficult question to say if such thing exists. I would like to start by making clear that I speak from my personal experience, my skills, and also as an illustrator that lives in Buenos Aires. My answers now, in March of 2010, are the following and have a specific time and place. The same questions asked tomorrow will surely have different answers.

I will start with a question, although tradition says that is poor style. I do not find a better way to give an idea about the immensity and complexity of the subject on which I am about to give my opinion.

What characterizes European production? Is there one characteristic that englobes the production of design/illustration/art of countries such as France, England, Germany, Russia, Romania, Bulgaria, Greece, Lithuania, etc.?

And if we furthermore think of all the areas that, when summed up, constitute the sparkling fields we call design/illustration/art, how would we put into words this characterization?

Maybe the best thing one can do from this place is to present a context that accompanies the reader of this book and approach him with "questionmarks" so that the reader himself finds the answers and formulates new questions, thus enrichening the universe presented here.

Another subject that I would like to reflect on here, is an etymological one. From my point of view the word "Latino" that entitles this book is the term employed by Anglo-saxon America in order to define that other America, the one that extends infinitely from México towards the extreme south. That other America, consequence of the Spanish and Portuguese colonization.

The first time I heard mention of a Latin American characteristic was when DGV edited my portfolio for a magazine. I was surprised to read on the description of my work the following phrase: "the South American feeling for color and shapes". At that time I was obsessed with Bauhaus, constructivism, German expressionism and cubism. I believed I was working under their paradigms.

When I read that phrase I thought: "what the hell did the writer see?!"

Now, I think that certainly there is something, maybe an impalpable substance that characterizes us. And I think that is our places, the contexts in which our works are created, and those for who are created.

Europe has always provided the framework, media, and tools to Latin America since the age of the Colony, and we have combined them with the local culture and appropriated them. I once read somewhere own culture is *mestizo*, "mixed blood", .

What is this something? Is it a style, a working method, an approach, a way of thinking?

For me, as I mentioned earlier, that something is the society in which the work is produced, the kitchen in which is prepared.

I think that the best way to answer is to give out my description of what I see and know. So I would please ask that my words to be understood as a most objective landscape painting, almost as a camera lens.

Latin American societies share certain characteristics, beliefs, ways of understanding the world. As countries, we hardly exceed 200 years of existence. We are young countries.

We are situated in a zone with the largest social inequality on the planet. This as a consequence brings a strong presence of violence into our everyday life.

We are countries that mainly produce and export raw material; industry is not our principal source of income. The fact that we are not highly industrialized determines the characteristics and conditions of our visual production.

The technology we use is mostly imported and its availability is limited and expensive for the budgets we generally have available.

It could be said that Latin American societies are shaped by two components:
– A European and native component that assumes itself as side A of the country
– A popular component formed by the original populations, the *mestizos* and the descendants of Africans that are considered as side B.

It is interesting to observe how, in various regions, the language is still a powerful tool and the native tongue—spoken by the vast majority of the population—is not recognized as a language by a Spanish and/or Portuguese-speaking State.

Argentina and various other Latin American countries were established on the idea that Civilization and Culture (with capitals) were Europe (since our birth) and USA (since the twentieth century). So we looked towards there in order to shape ourselves.

Add to this the fact that—at least in my country—the middle class in its majority is the "child" or "grandchild" of European immigrants.

We grow up with the conviction that we should travel to Europe even though it might be for once in a lifetime and get to know that place we "lamentably" had to abandon at some moment.

On the other hand, we (lamentably) think of the local and popular culture—the side B—as the low, of bad taste and lacking value; a mirror where we do not want to see ourselves.

Sometimes I feel that in Latin American countries the different social layers do not look at each other as part of a total, but more as detached entities forced to share a space.

For the last few years Latin American art/illustration/design has been nourished from this nutritive soup that is the popular production. It has adopted it as its own and it has brought it to the side A.

I would call it a pop-political act.

It also seems important to me to notice that our tradition and visual culture is baroque and Catholic.

Without a doubt, a graphic phenomenon such as Swiss minimalism would have never arisen from Latin America.

Due to the globalization and flow of information, there is a tendency towards a certain homogenization of the styles of every region. Thus, it would appear to be that a Latin American can design as a Japanese person, but always does so talking from that landscape I described in the paragraphs above. The intellectual processes that lead to a specific graphic result are completely different.

It is thought through another language and that differentiates the ways of thinking. The education and conduct of the eye is different.

What defines the design/illustration/art from your home country?

We have a strong reference to the production realized in the industrialized countries (this is how we are formed as designers in universities) and a social, cultural, and market reality that is completely different.

I understand the graphic trade as a dialogue between the professional and the client.

The market conditions the production. It is, to a great extent, the way the client conceives and increases the value of the profession that also determines and characterizes it. This given schizophrenia, due to the clash between reference and reality, is where our work arises from.

The information I receive from Brazil for example, is very stimulating. Brazil, as I see it from my country, carries out for years an industrial and cultural project with native characteristics that are very solid and well marked—without turning into simple clichés.

With Uruguay there is a strong relation, taking illustration as the example. Many of the great figures of our graphic history are from Uruguay; people that have been integrated in Buenos Aires while at the same time have influenced the professional medium which they carry out. By any means I would like that the countries of Latin America were better connected to each other, had more dialogue, more information on what is happening in every place. The design events—a phenomenon of the last few years in Argentina—are an interesting place to exchange experiences. We have started but we still have a long way to go.

How do you position yourself in the map of cultural movements?

My mother is Portuguese; therefore much of what I talked about earlier, I apply to me. I believe that with time and especially during these last few years I have accepted even more my condition of being culturally *mestizo*.

By looking inside the borders and engaging with what I see. Trying to understand and aprecciate the particularities and characteristics of the culture that I belong to, even when they are not to my main aesthetic taste.

Currently I am interested in investigating and learning from the graphic production of my region; for the moment I have forgotten about Europe and the USA. This is so I can comprehend the cultural history of my country and thus possess the tools to get a better understanding of the present that I am living in. It is not an easy task; Argentina does not have a policy of conserving its cultural patrimony, everything turns into an almost archeological task of investigation. If you are interested in finding about illustrators of the 50s (a glorious era of Argentinean illustration) you must resort to antique bookshops, specialists, or to people that have knowledge on the subject because they lived through it and then go on to reconstruct that era piece by piece. Maybe we (the Argentineans) are quite used to forgetting.

As far as I know, I have started conceiving my work as part of a graphic tradition that I inherited and at the same time contributing to its expansion and continuation. I see myself as another link in a large chain.

Does your geographic position influence your cultural position? If so, how?

To what I responded earlier, I could add that Argentina's position—so far south and so peripheral within Latin America—has influenced the way we comprehend our condition as "Latinos." We could call ourselves "Latinos" of a mild climate.

We recognized that for the last decade the diversity of styles increased and many new artists and designers emerged. What is your personal view on the evolution in design/illustration/art that your home country went through?

I will talk in regard to my profession, illustration. An illustrator is no longer considered as a professional dedicated only to the graphic media, but as somebody whose production is increasingly required in different fields of industry and culture. I started as an illustrator in the mid 90s and the change that has occurred is enormous.

To my understanding this is largely related to many designers being more interested in illustration and sketching. Illustration (a discipline traditionally related to fine arts) and graphic design (a discipline associated to the projective field) have come closer and have mixed together. They have become *mestizos*! As an example, this year illustration has been added as a study subject to the curriculum of the degree of graphic design at the University of Buenos Aires (UBA).

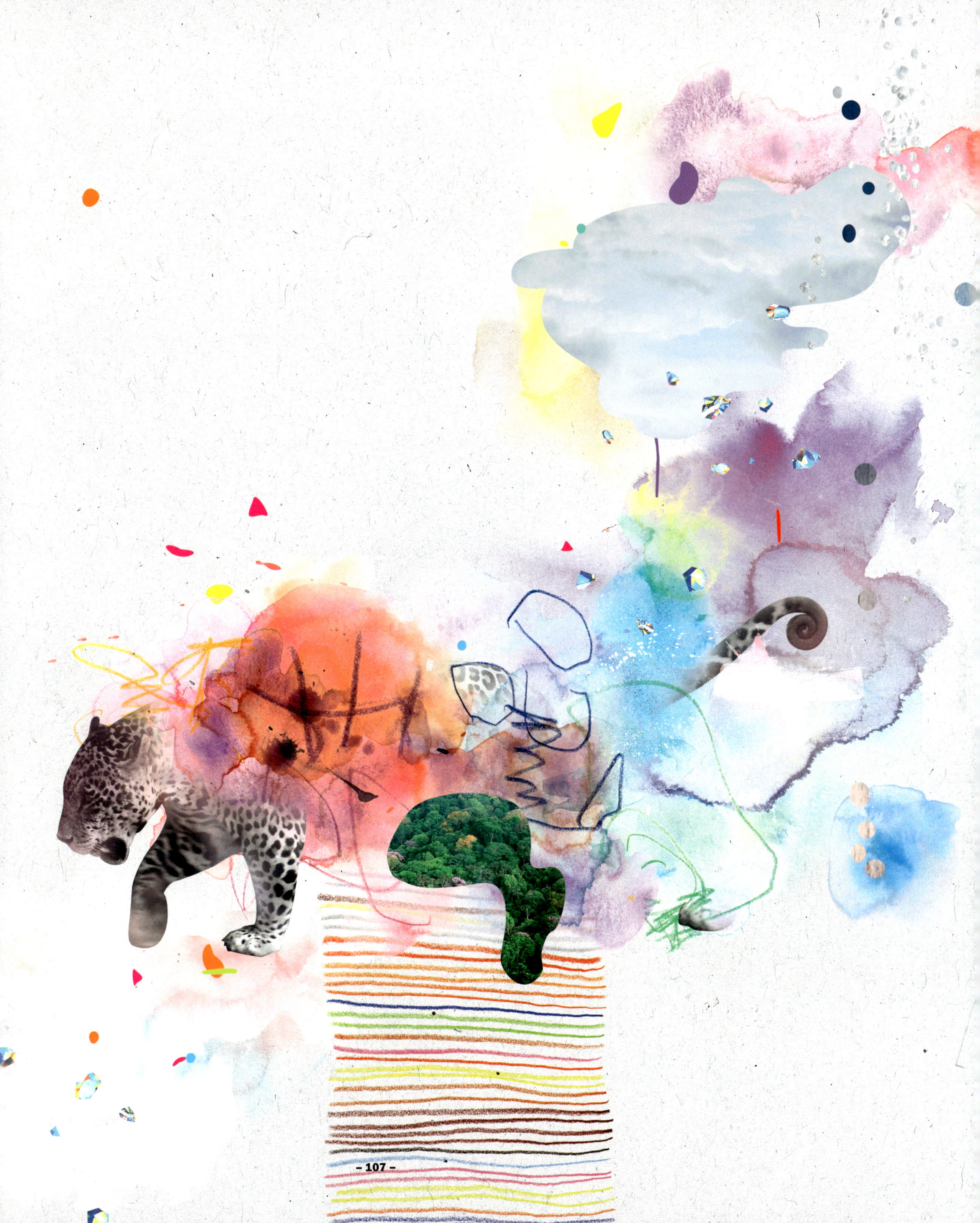

The city.
2010.

Puzzle to play with vehicles.

Client: DJECO
Author: Christian
Montenegro

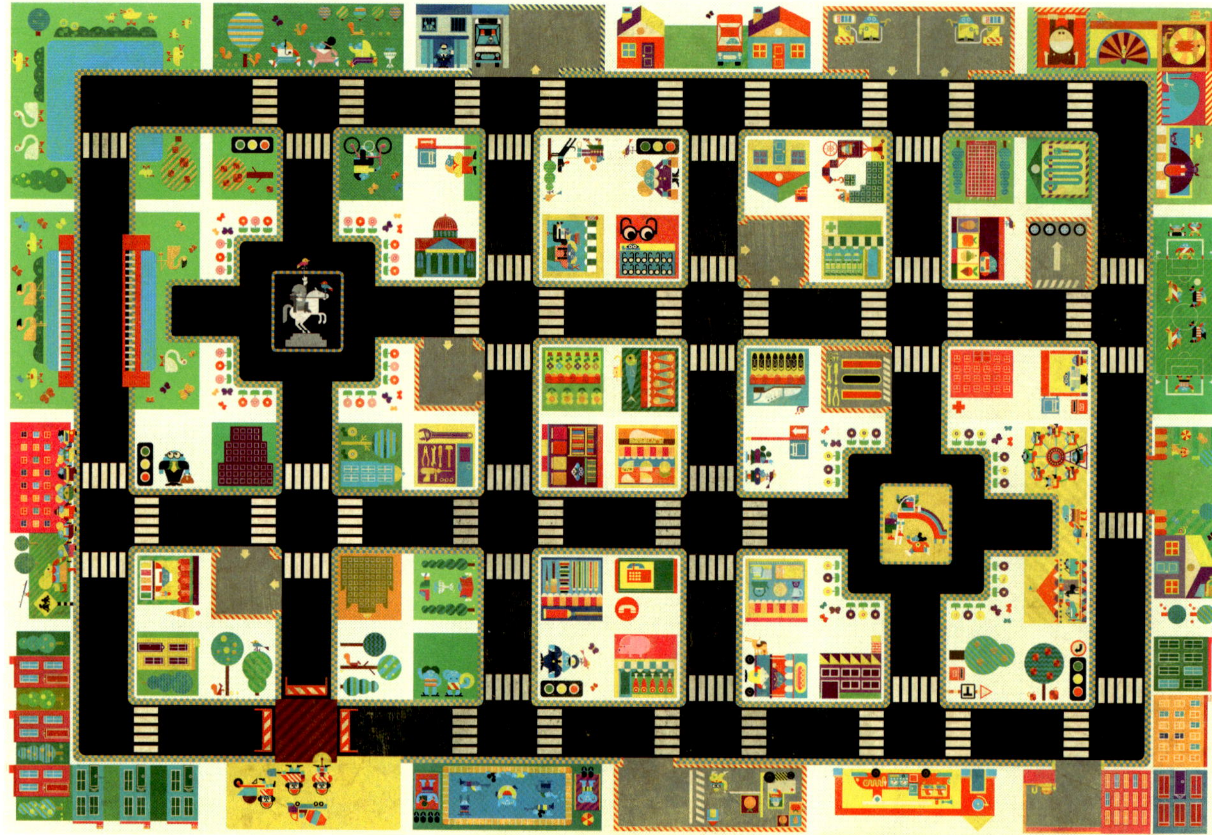

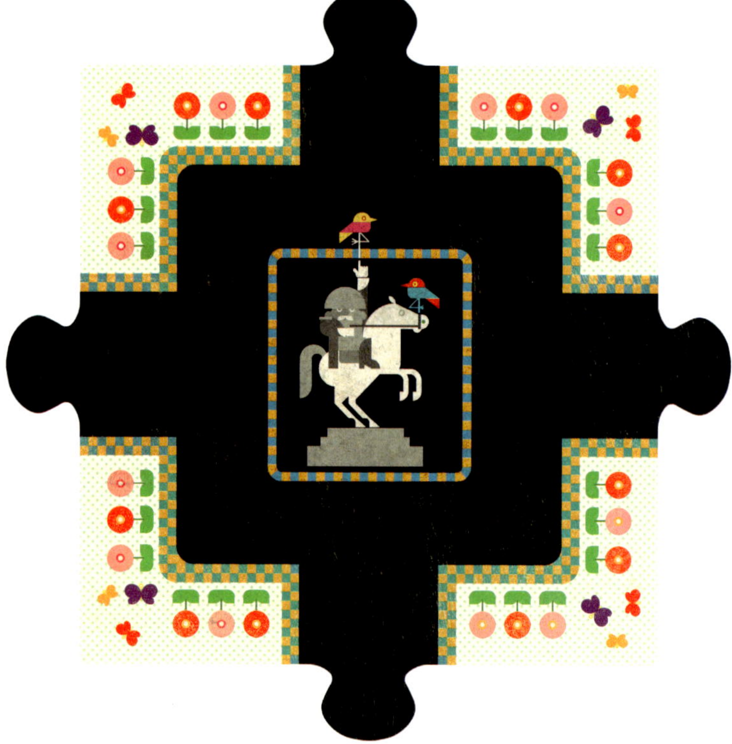

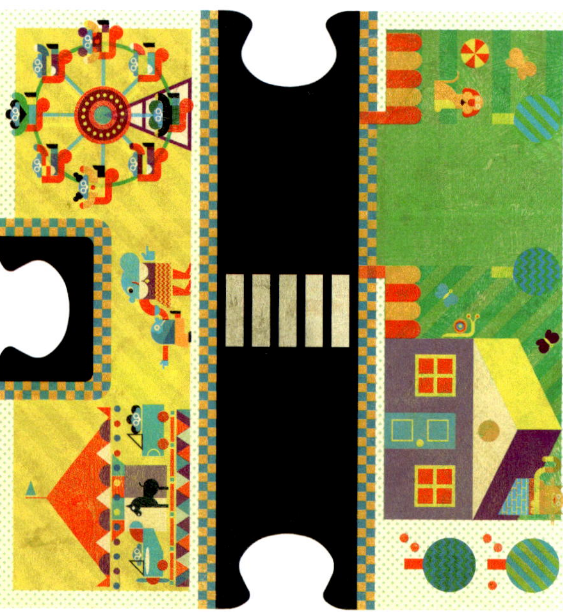

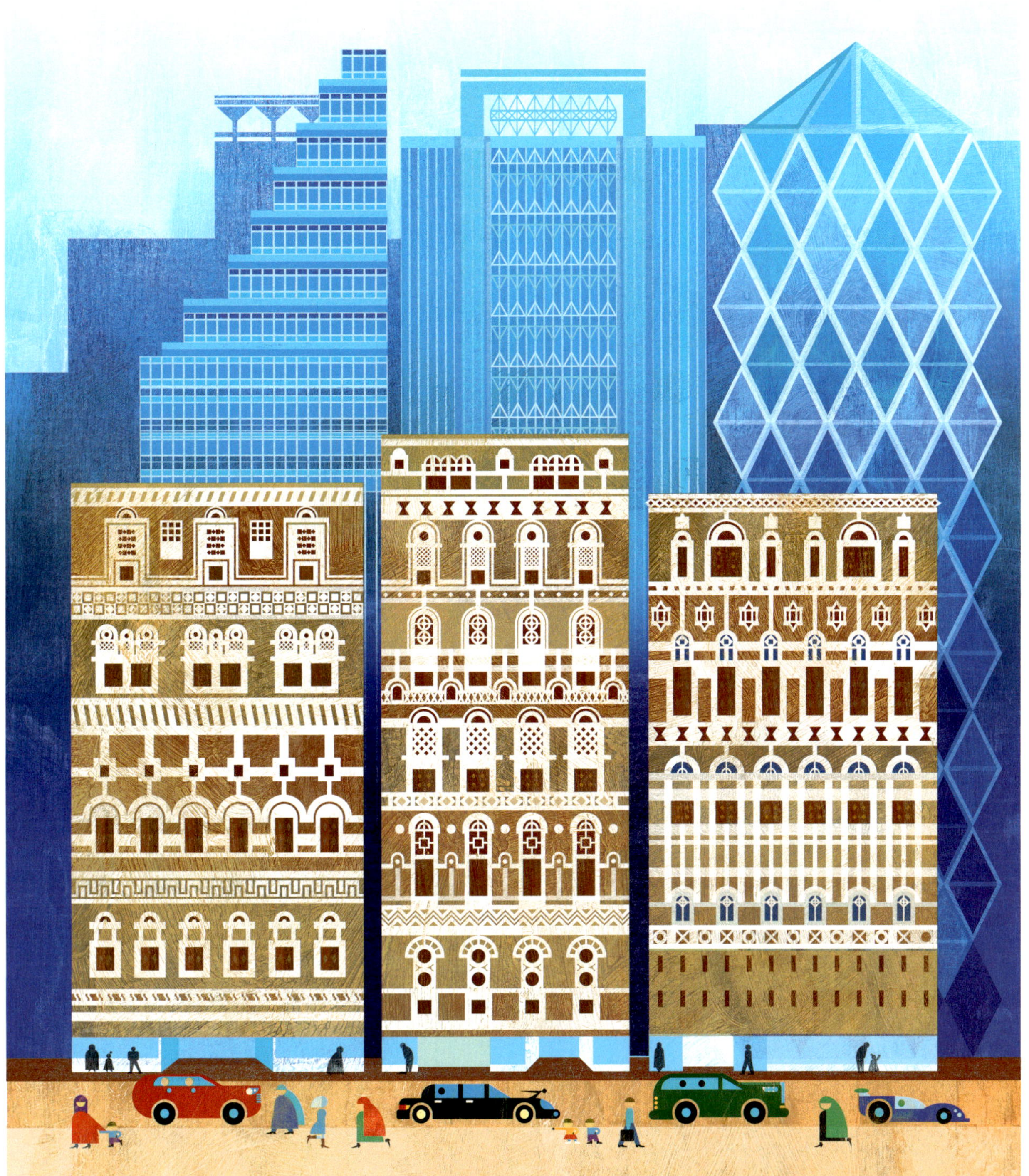

Untitled.
2010.

Magazine cover.

Client: *J* magazine
Author: Christian
Montenegro
Credits: Dutch Uncle
Agency

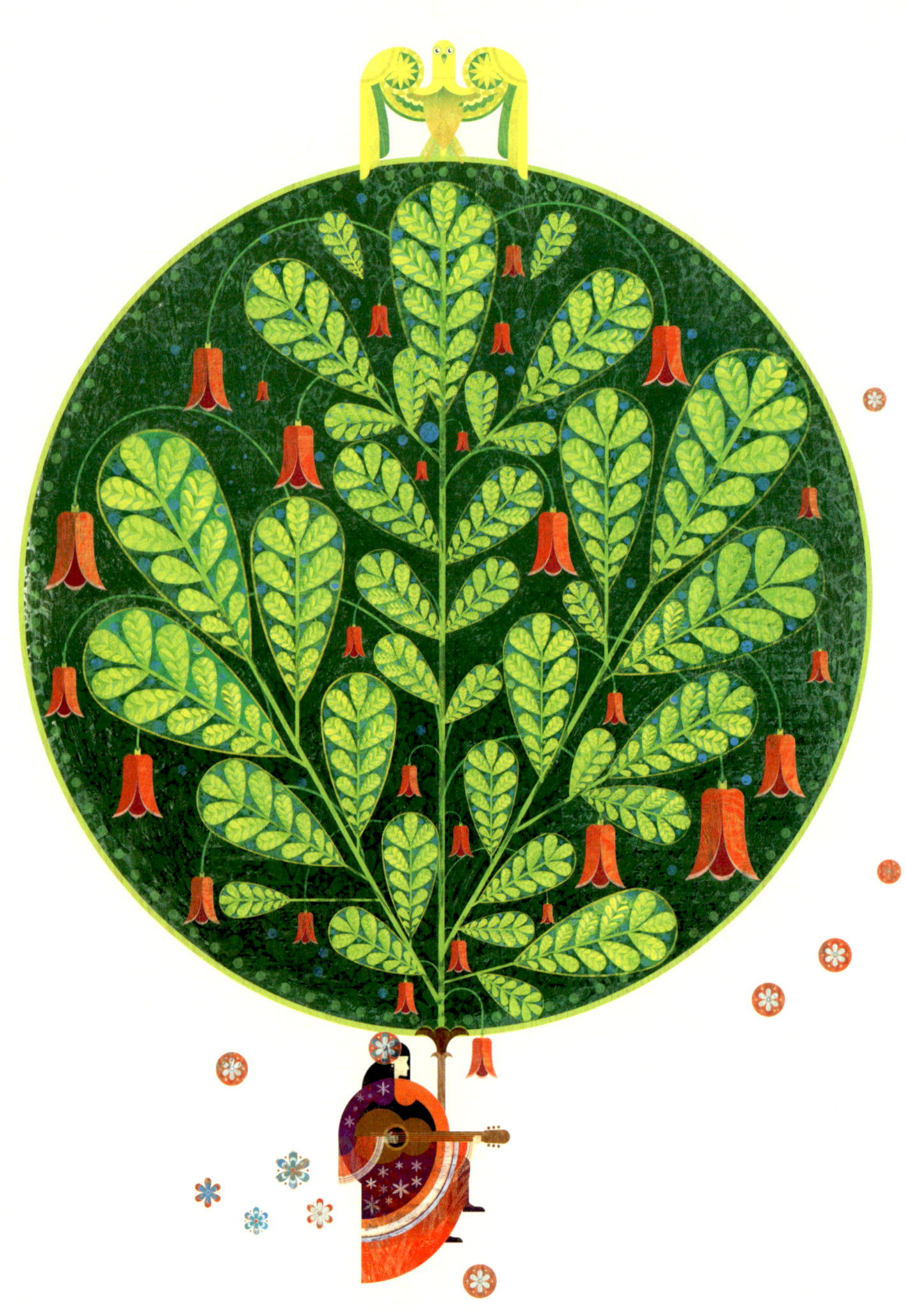

Violeta ausente.

2008.

Poster.

Client: RMX 200 (Remix Bicentenario)
Author: Christian Montenegro

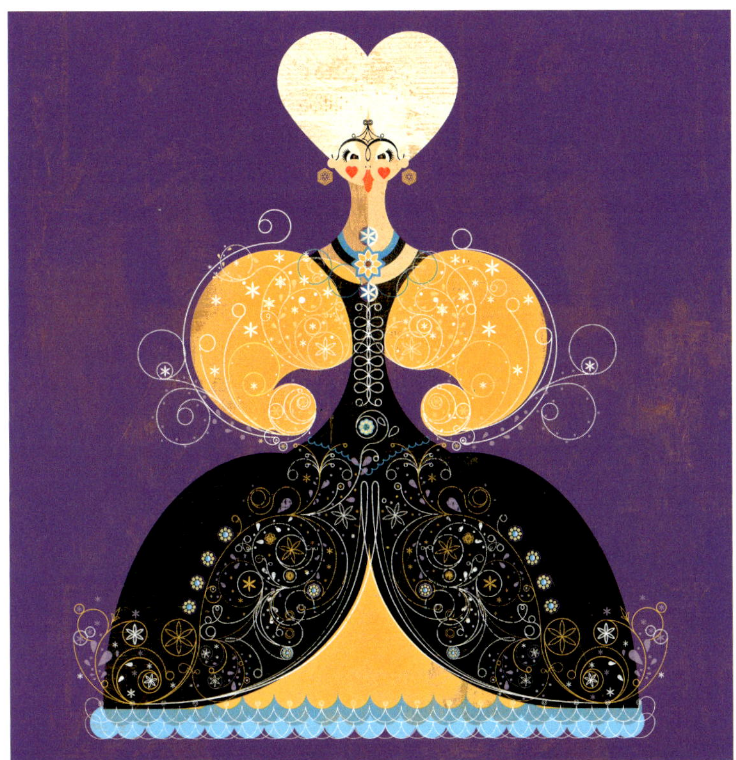

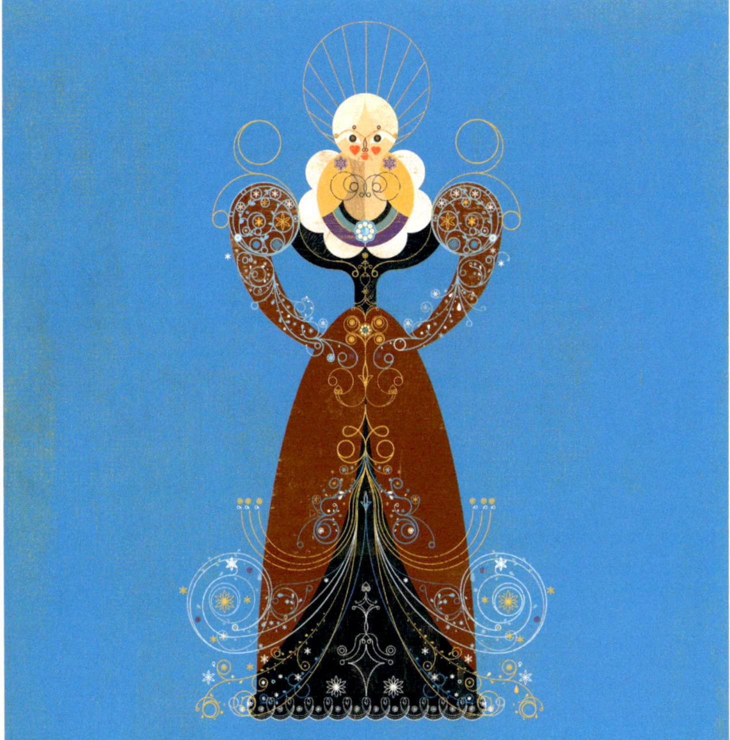

Zutana.
2007.

Mengana.
2007.

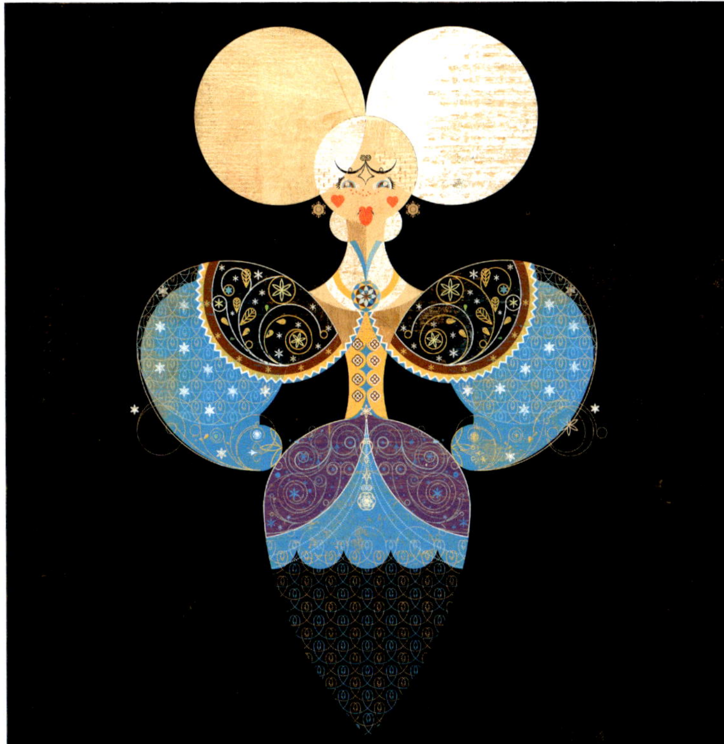

Fulana.
2007.

Children's book.

Client: Ediciones del Eclipse
Author: Christian Montenegro

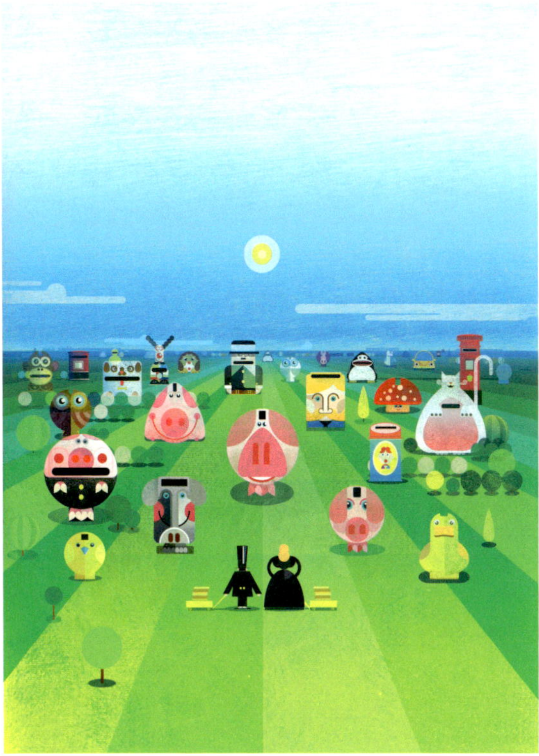

Untitled.
2008.

Magazine cover.

Client: *Morningstar Advisor* magazine
Author: Christian Montenegro

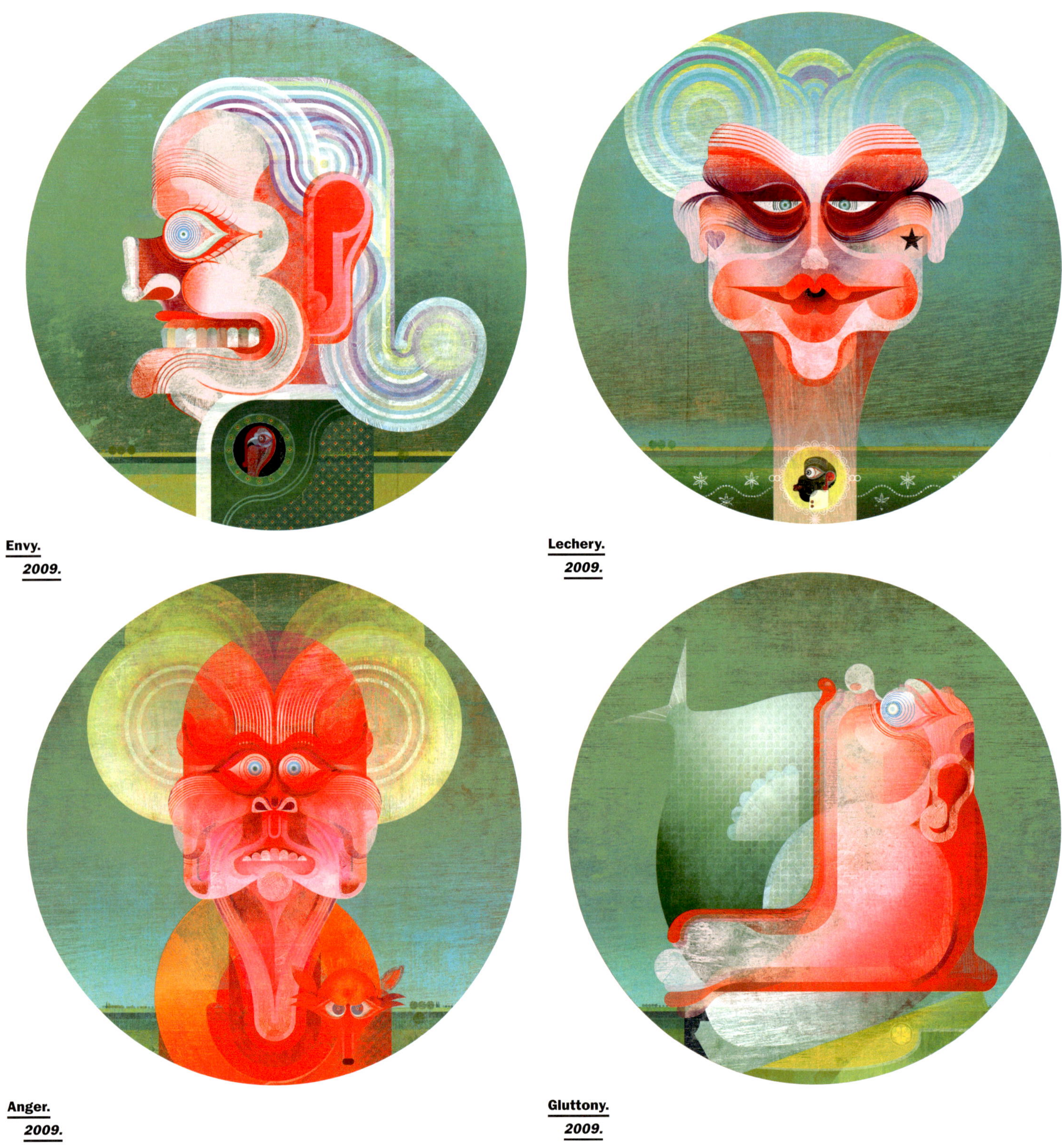

Envy.
2009.

Lechery.
2009.

Anger.
2009.

Gluttony.
2009.

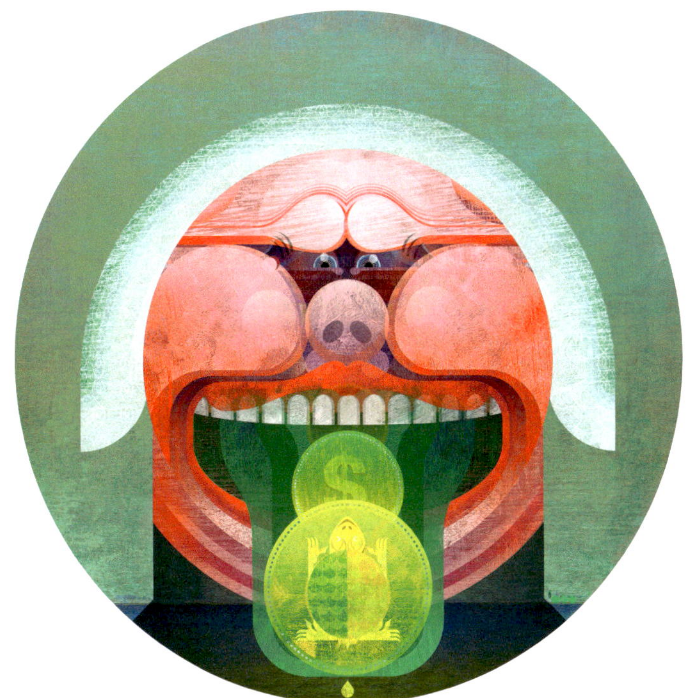

Avarice.
2009.

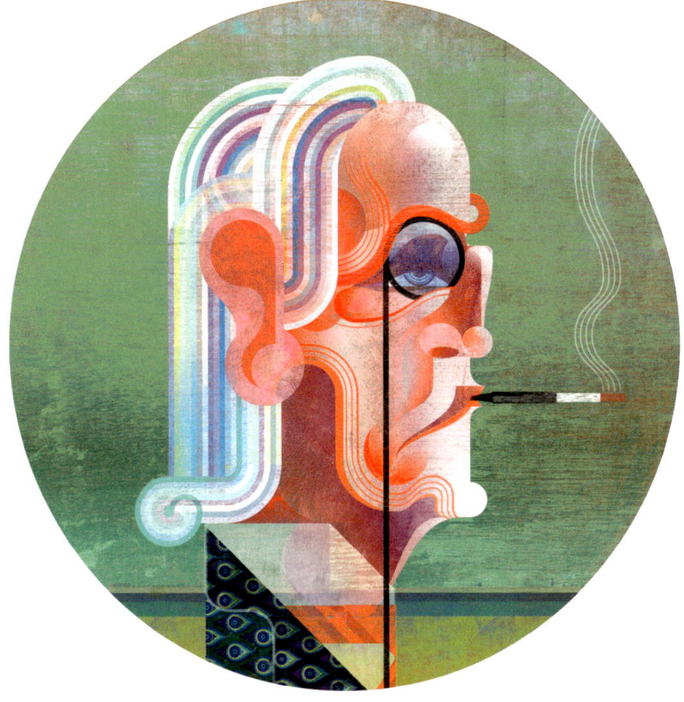

Pride.
2009.

Portraits from the Seven Deadly Sins series.

Author: Christian Montenegro

Sloth.
2009.

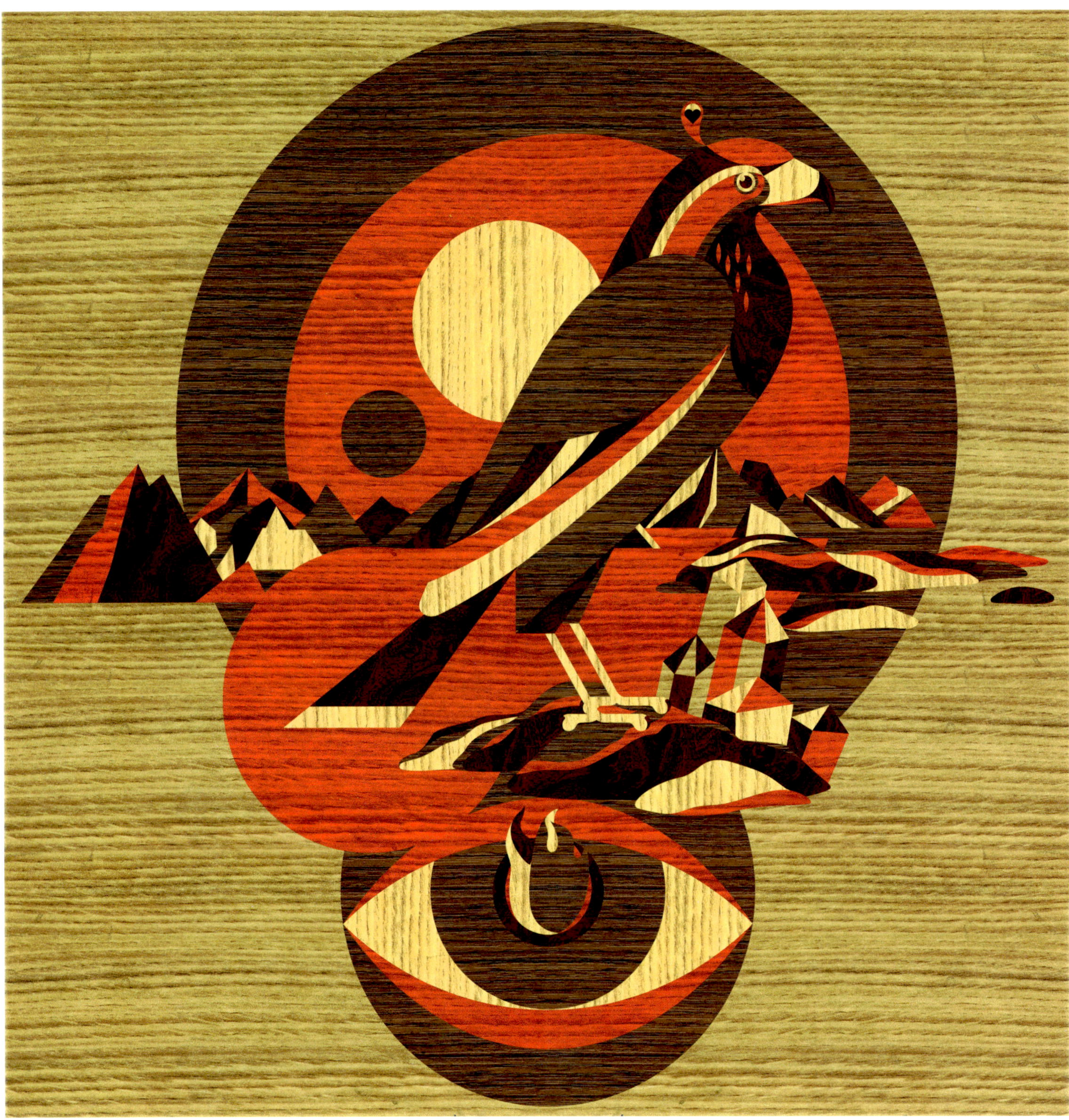

Merlin.
2009.

**The drawing represents encounter with a
magical falcon. It depicts a kind of bird from
the Mexican desert, called the Merlin.**

Client: Private collection
Author: VENA2

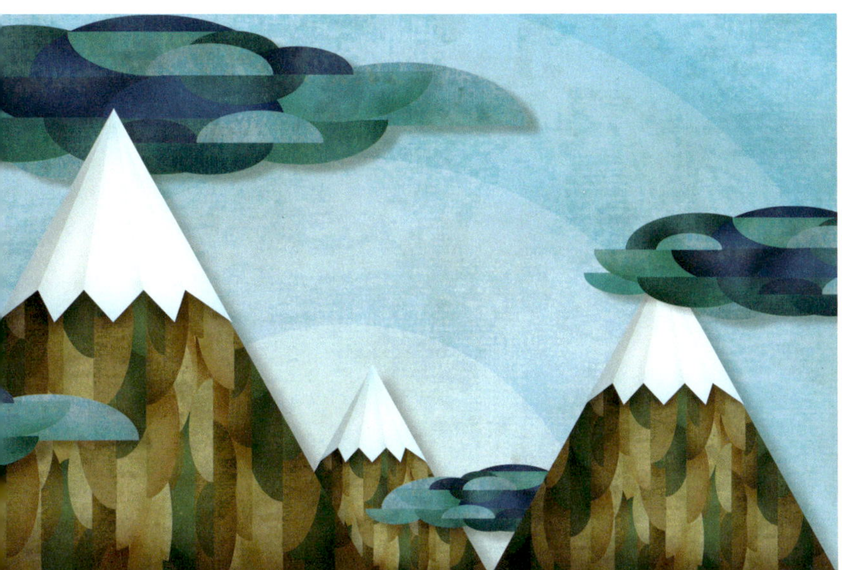

Mountains.

2008.

Illustration for a children's book where different myths from various cultures were adapted by several authors for children. This illustration was made for an Argentinean children's editorial.

Client: Editorial Puerto de Palos
Author: Nicolas Bolasini

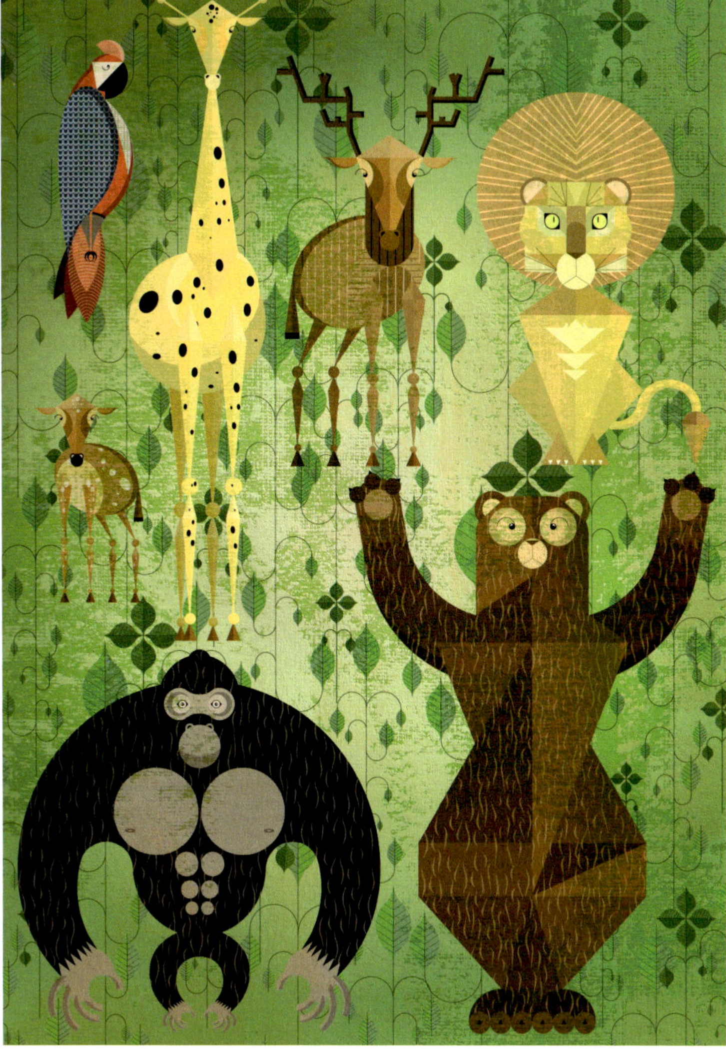

Welcome to the jungle.

2007.

Illustration for an Argentinean magazine.

Author: Nicolas Bolasini

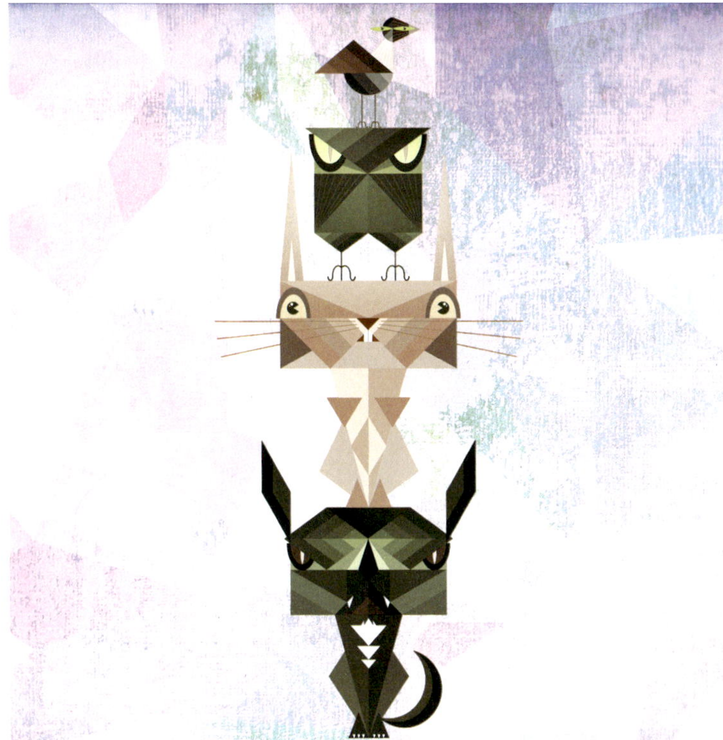

Totem.

2008.

Illustration created for a series of stickers.

Author: Nicolas Bolasini

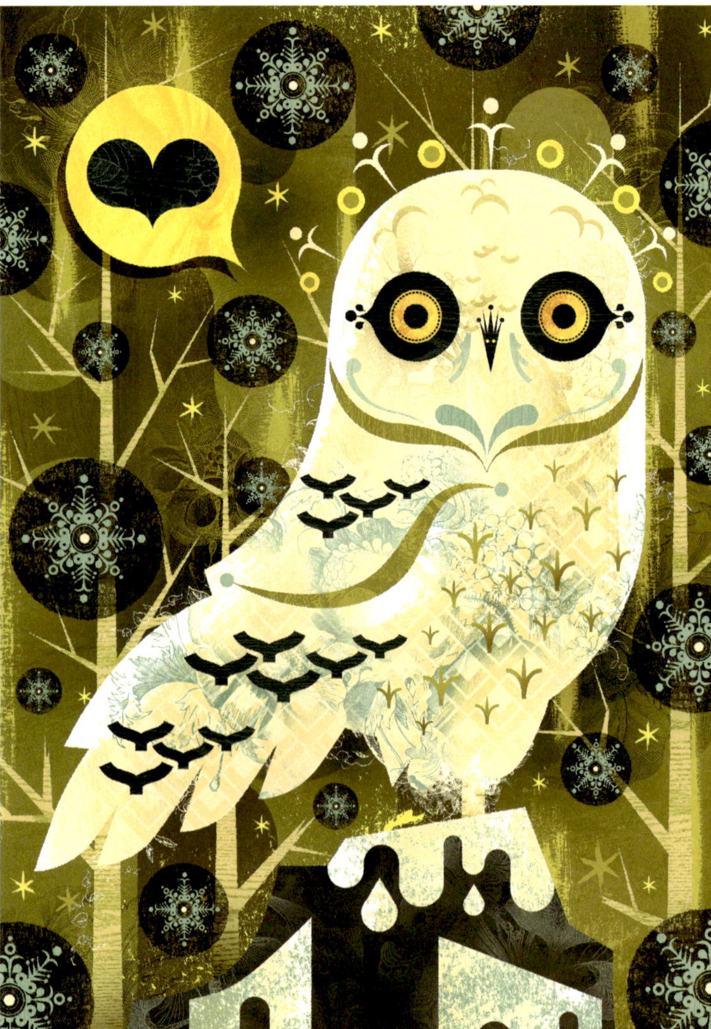

Snowy owl.

2009.

Limited-edition gicleé print.

Author: Alberto Cerriteño

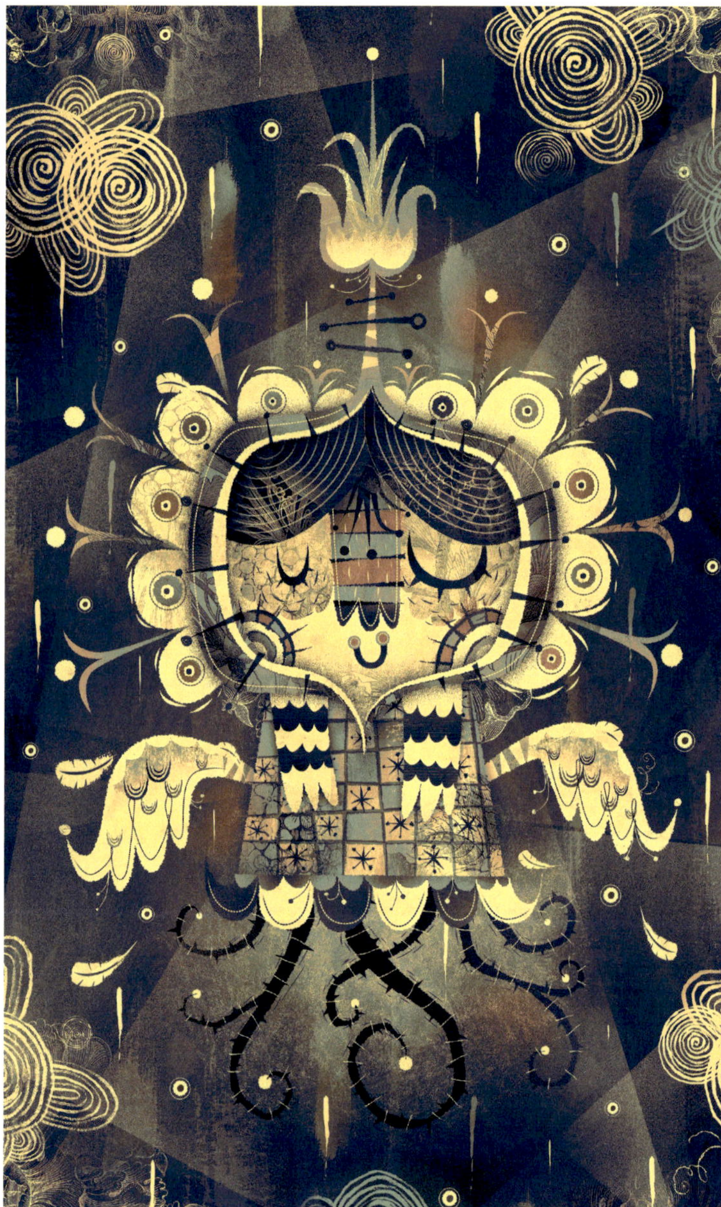

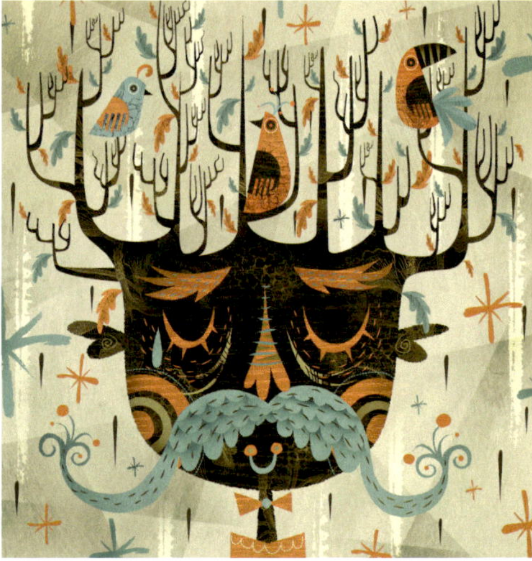

Recuerdos.

2009.

Digital illustration for the single "Recuerdo" by Mexican indie band Hello Seahorse.

Client: Hello Seahorse
Author: Alberto Cerriteño

Sora, the winter angel.

2008.

Limited-edition gicleé print.

Author: Alberto Cerriteño

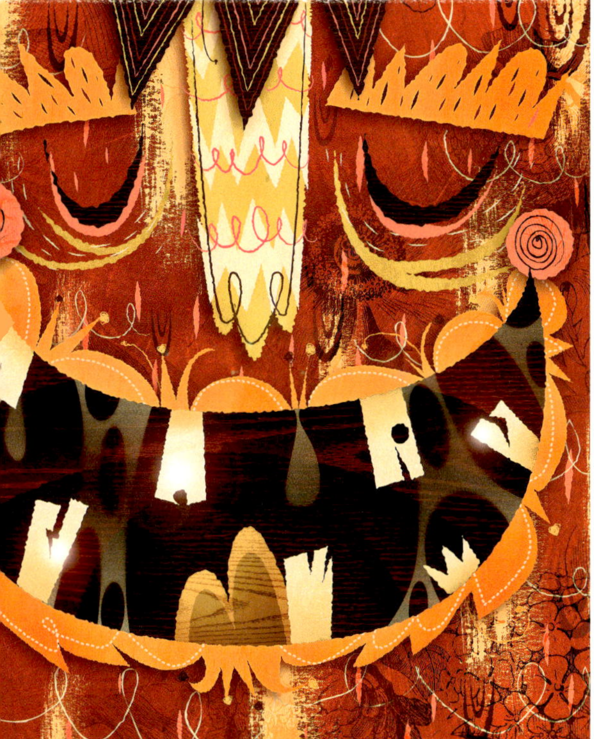

Natto.
_2009._

Digital print and paper cut.

Client: Rivet Gallery
Author: Alberto Cerriteño

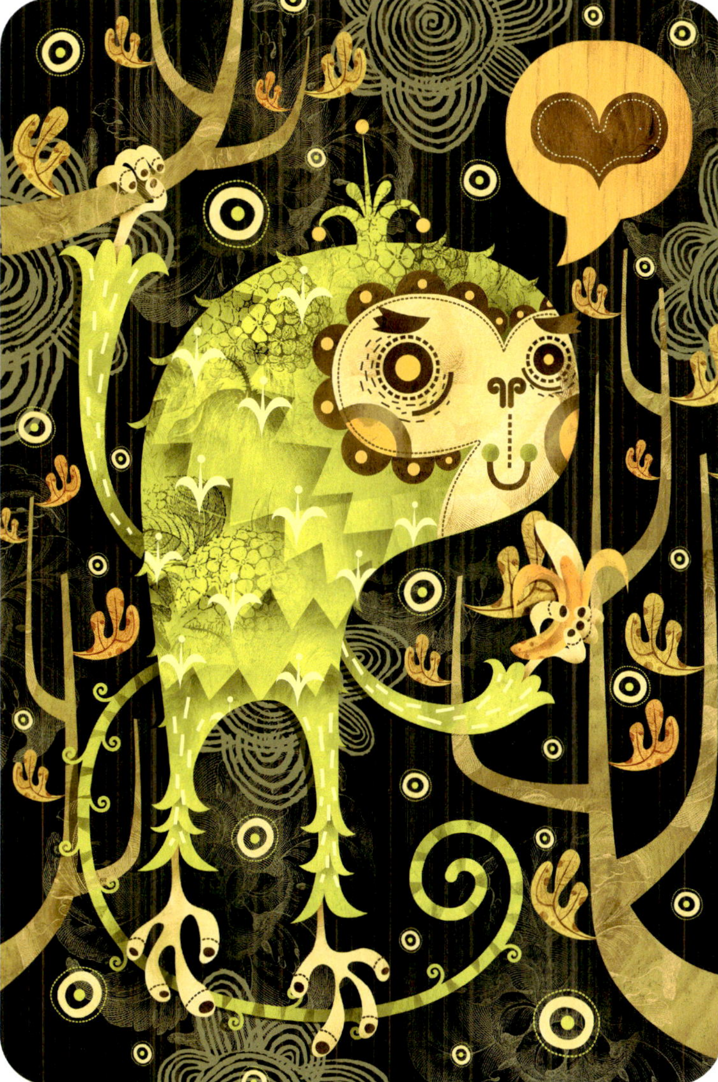

The enamored Mico.
_2008._

Digital illustration.

Author: Alberto Cerriteño

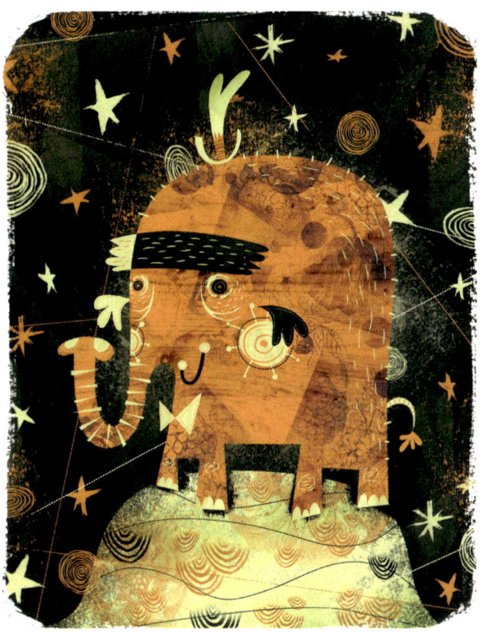

Twenty stars and one hat.
_2008._

Gicleé print on canvas.

Author: Alberto Cerriteño

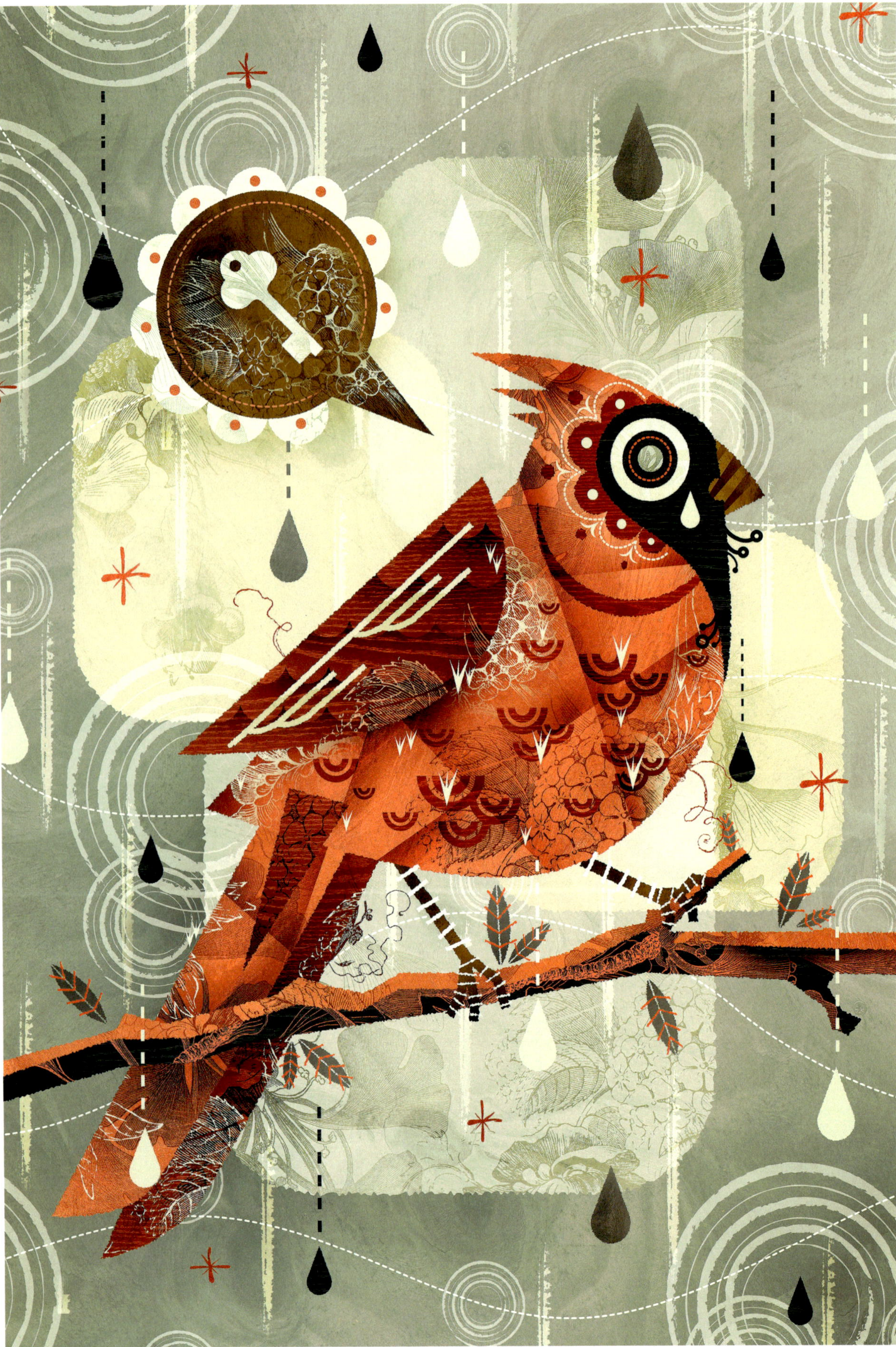

Yearning for freedom.
2009.

Digital illustration.

Author: Alberto Cerriteño

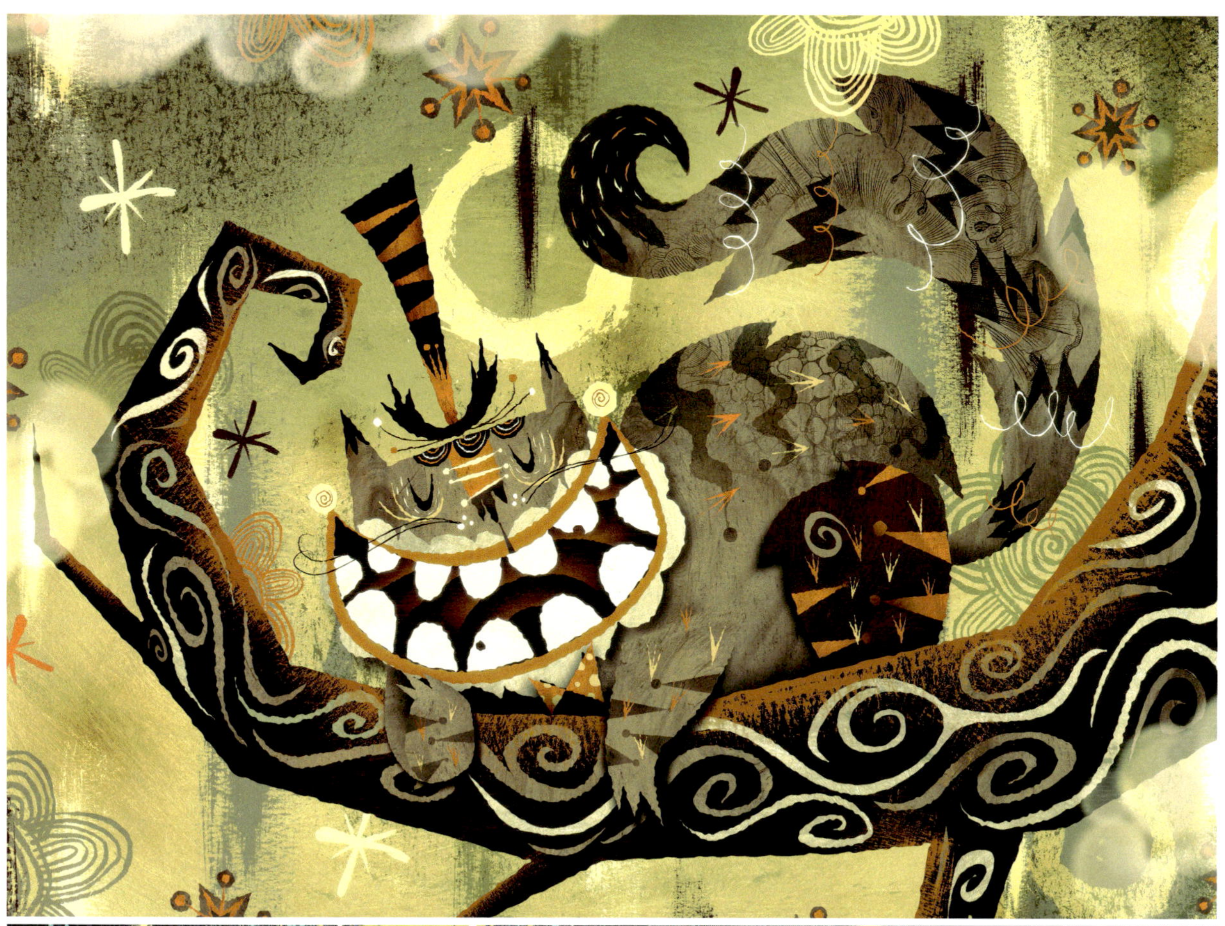

The charming smile.
2010.

Gicleé print on canvas for the art show "Curiouser & Curiouser." Inspired by *Alice in Wonderland*.

Client: Nucleus Gallery
Author: Alberto Cerriteño

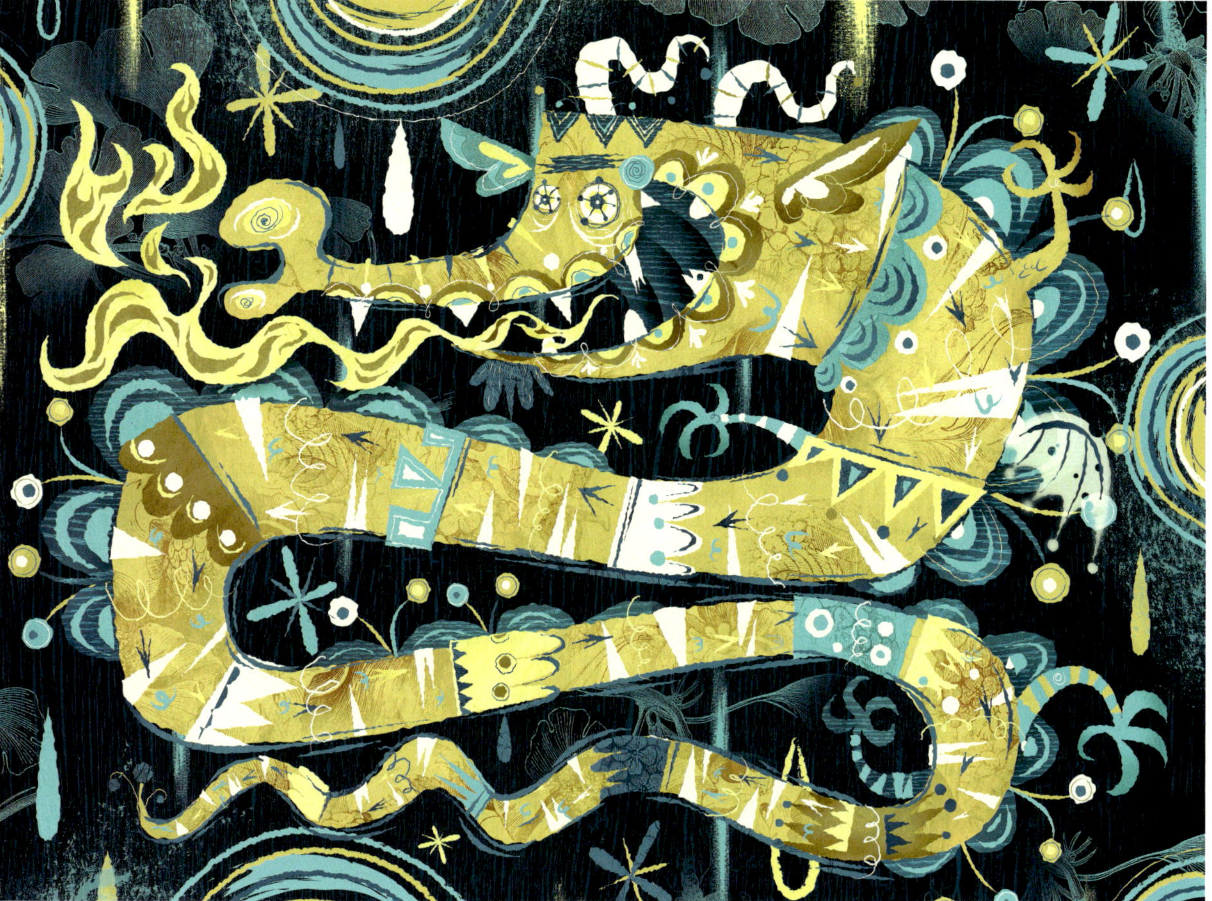

The power of in-between.
2009.

Limited-edition print.

Client: My Plastic Heart NY
Author: Alberto Cerriteño

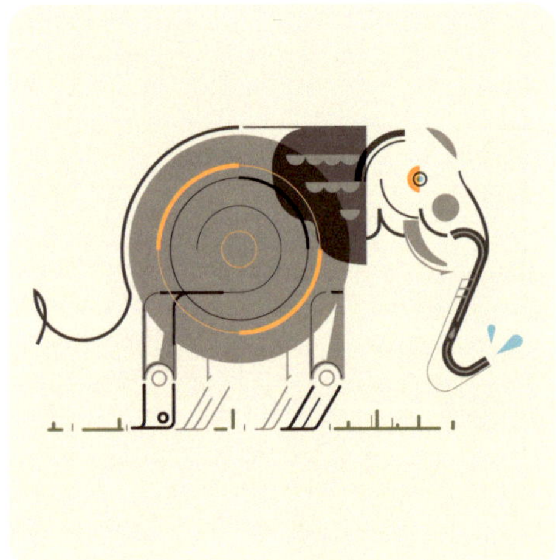

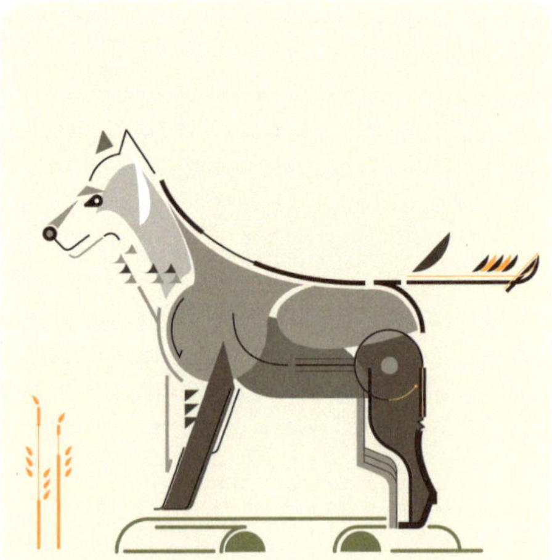

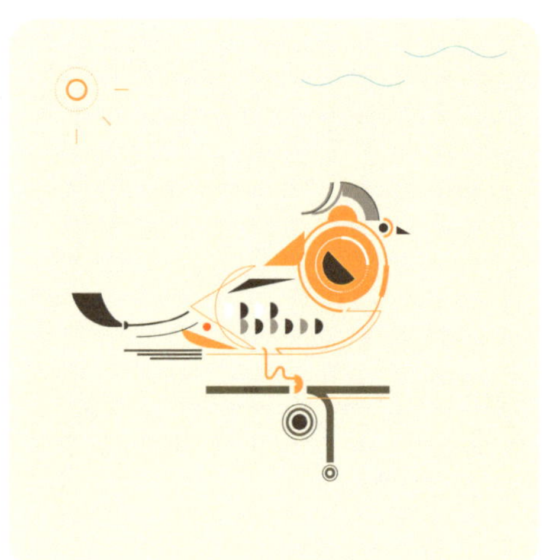

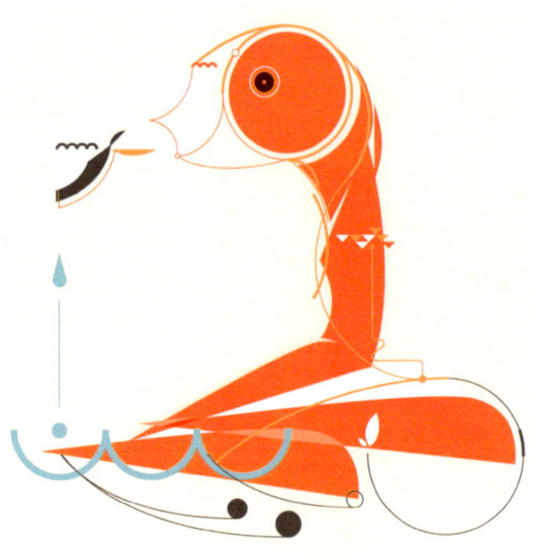

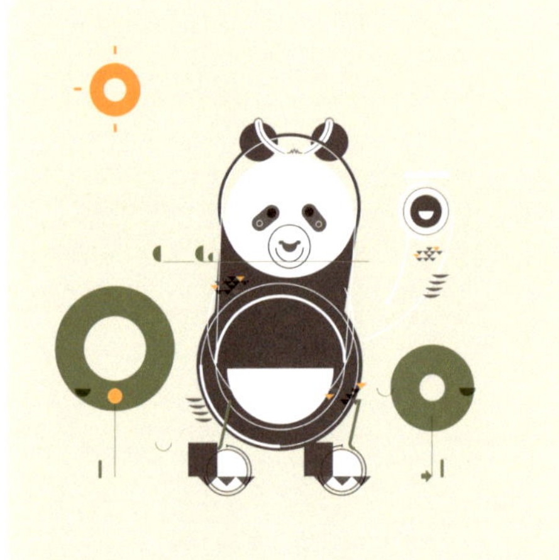

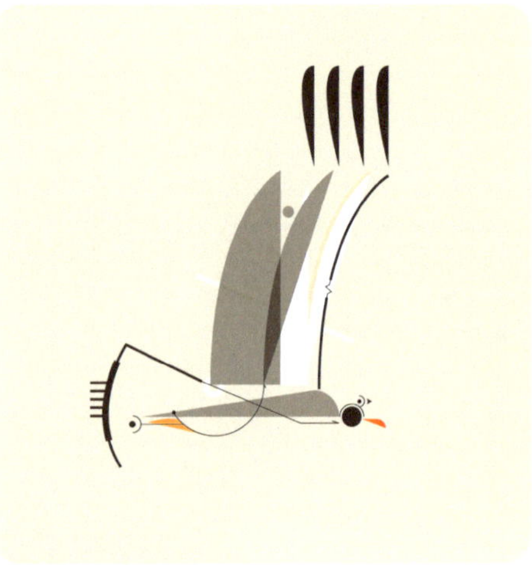

Animais.

2009.

**Illustrations about
animals on the verge
of extinction.**

Client: Super
Interessante
Author: Leandro
Castelao

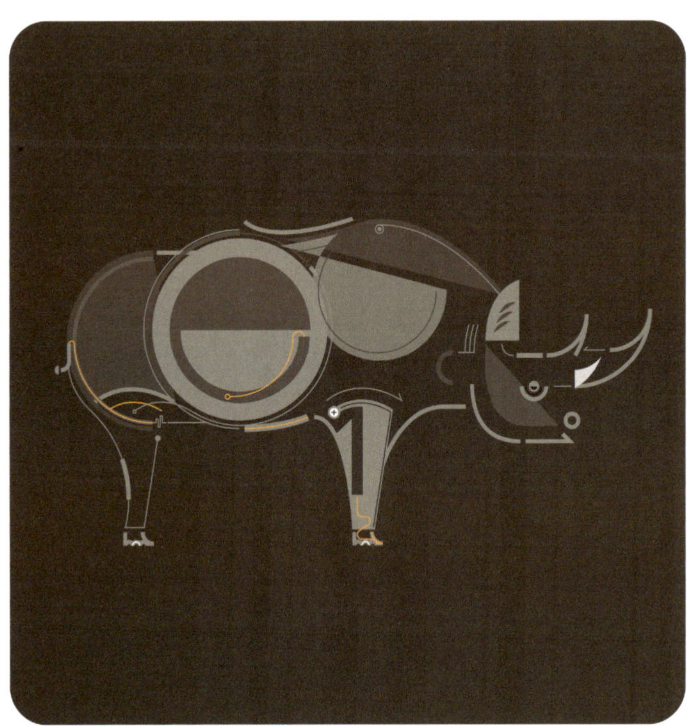

**Illustrations about animals on the
verge of extinction.**

Client: Super Interessante
Author: Leandro Castelao

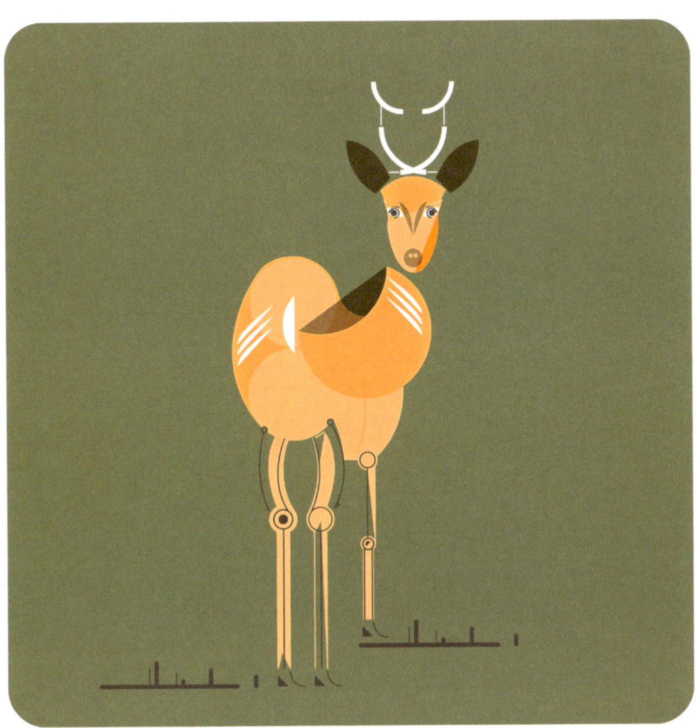

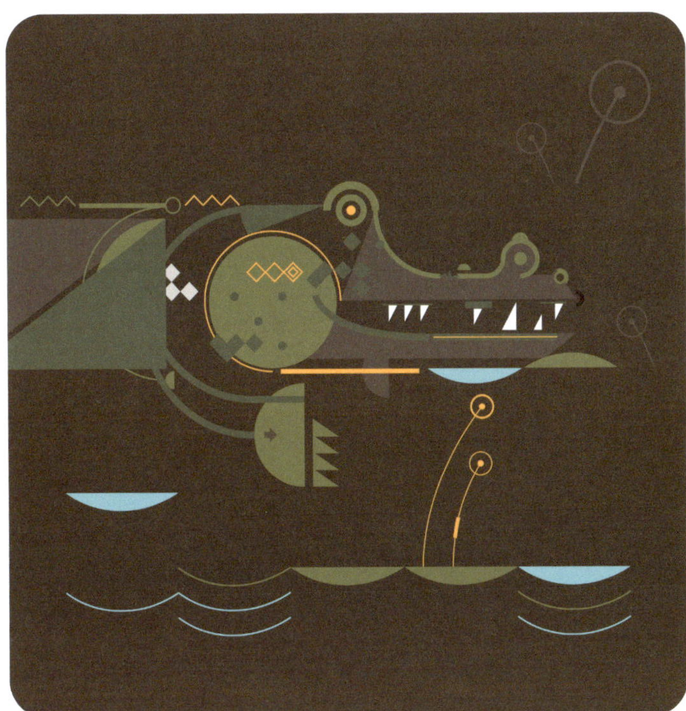

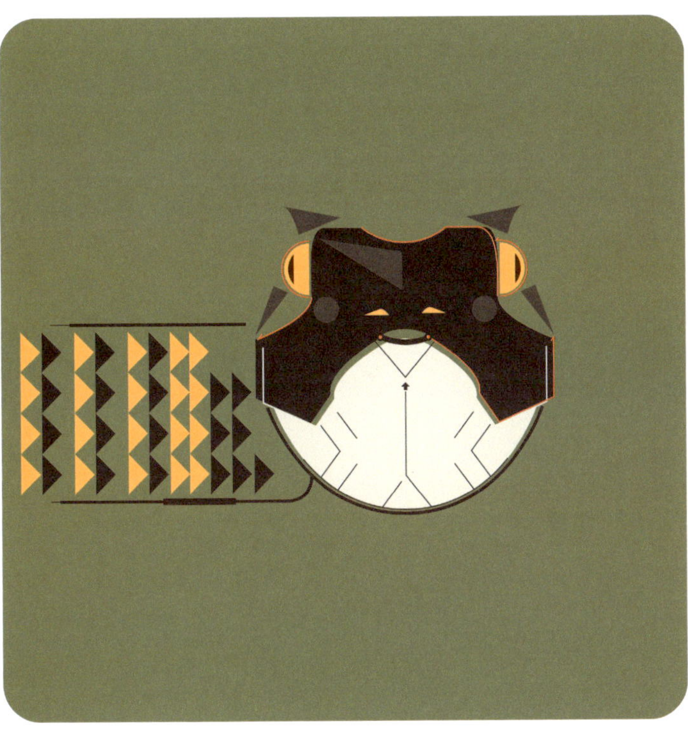

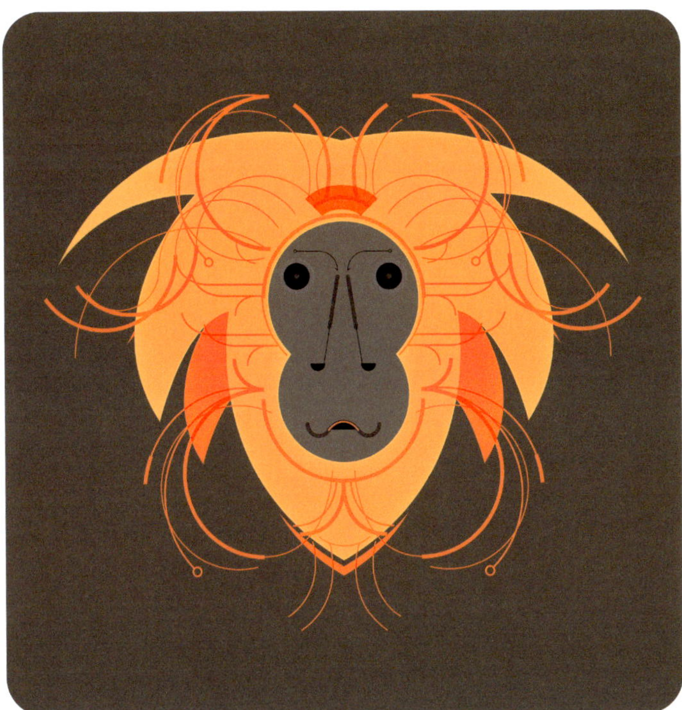

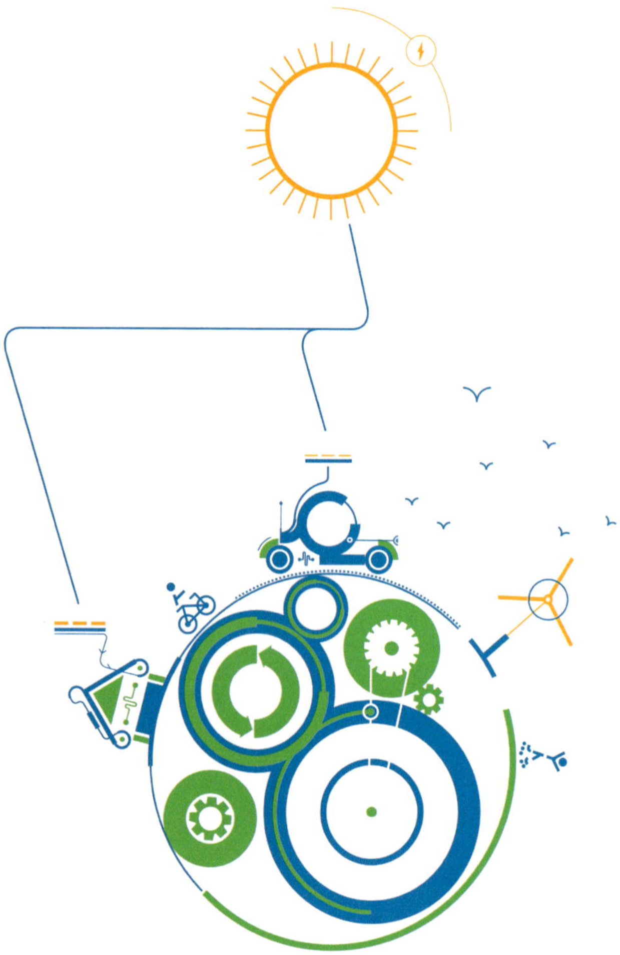

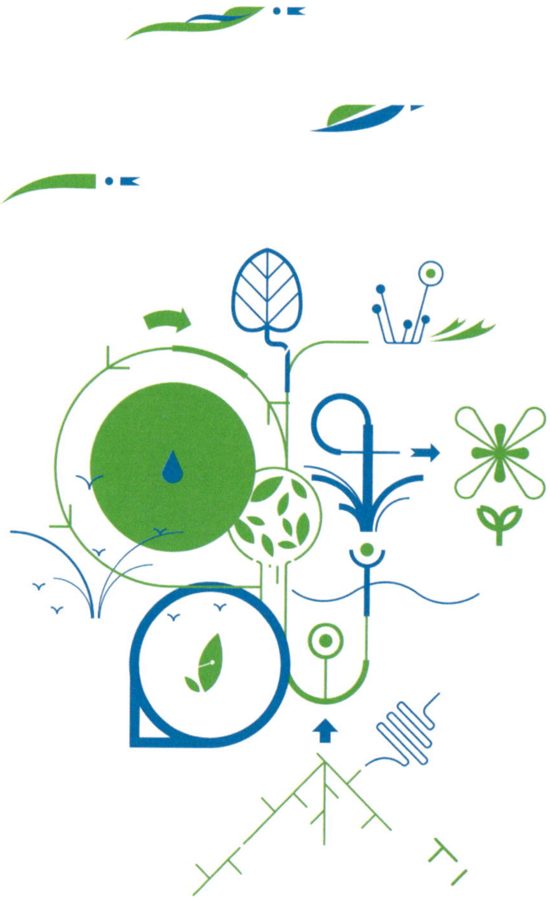

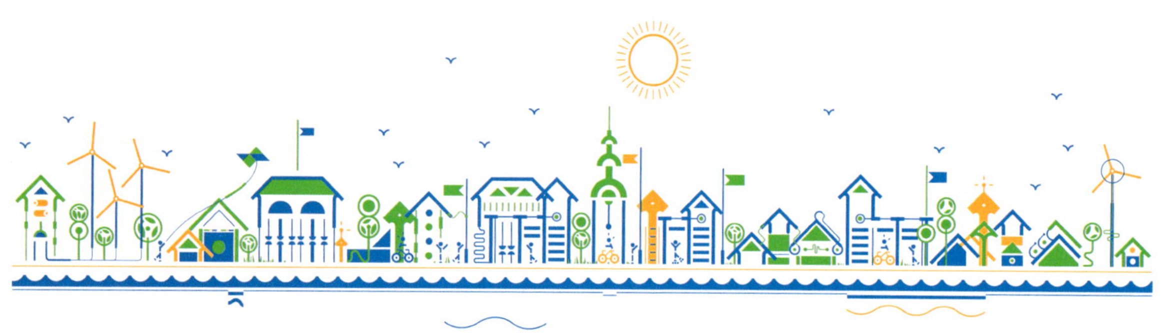

COP15 – *GOOD* magazine.
2009.

Illustrations for the *GOOD* Guide to COP15.

Client: *GOOD* magazine
Author: Leandro Castelao

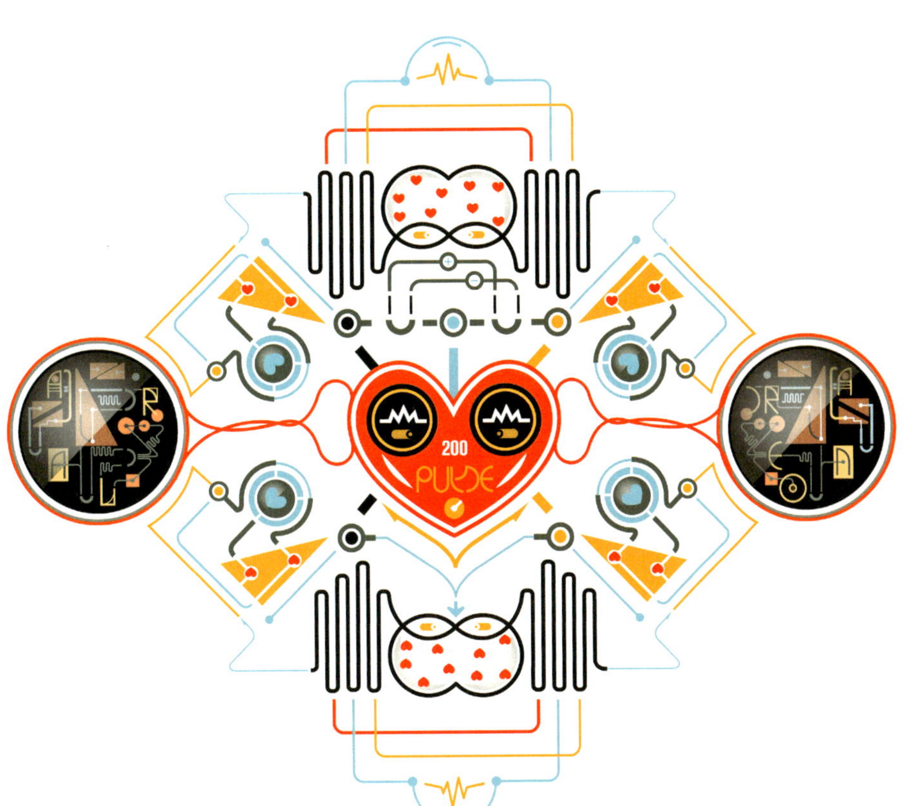

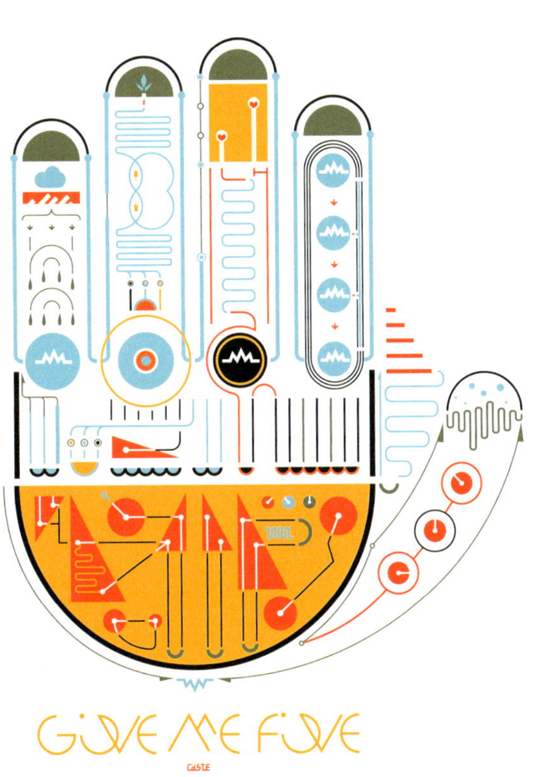

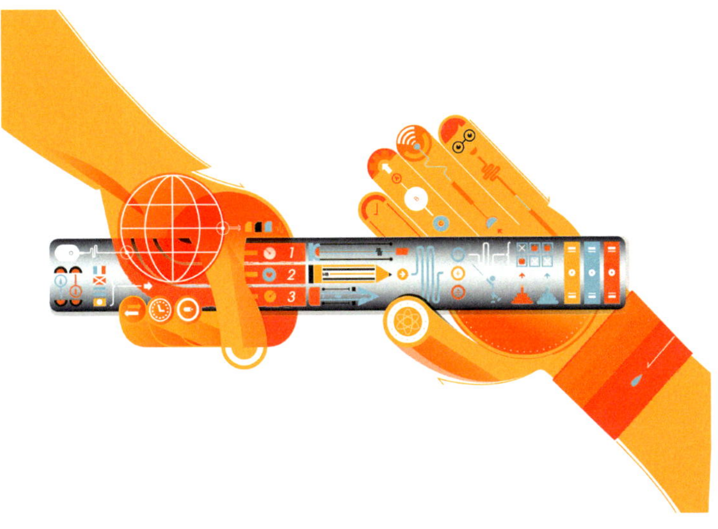

Love.

2008.

Self wedding cards.

Author: Leandro
Castelao

Baton.

2010.

**Illustration about
the international
education system
called Continuum.**

Client: IB World
Author: Leandro
Castelao
Credits: KOT - Haymarket
Network

GiveMeFive.

2008.

GiveMeFive is about different ways of saying hello.

Client: Magazine
Author: Leandro Castelao

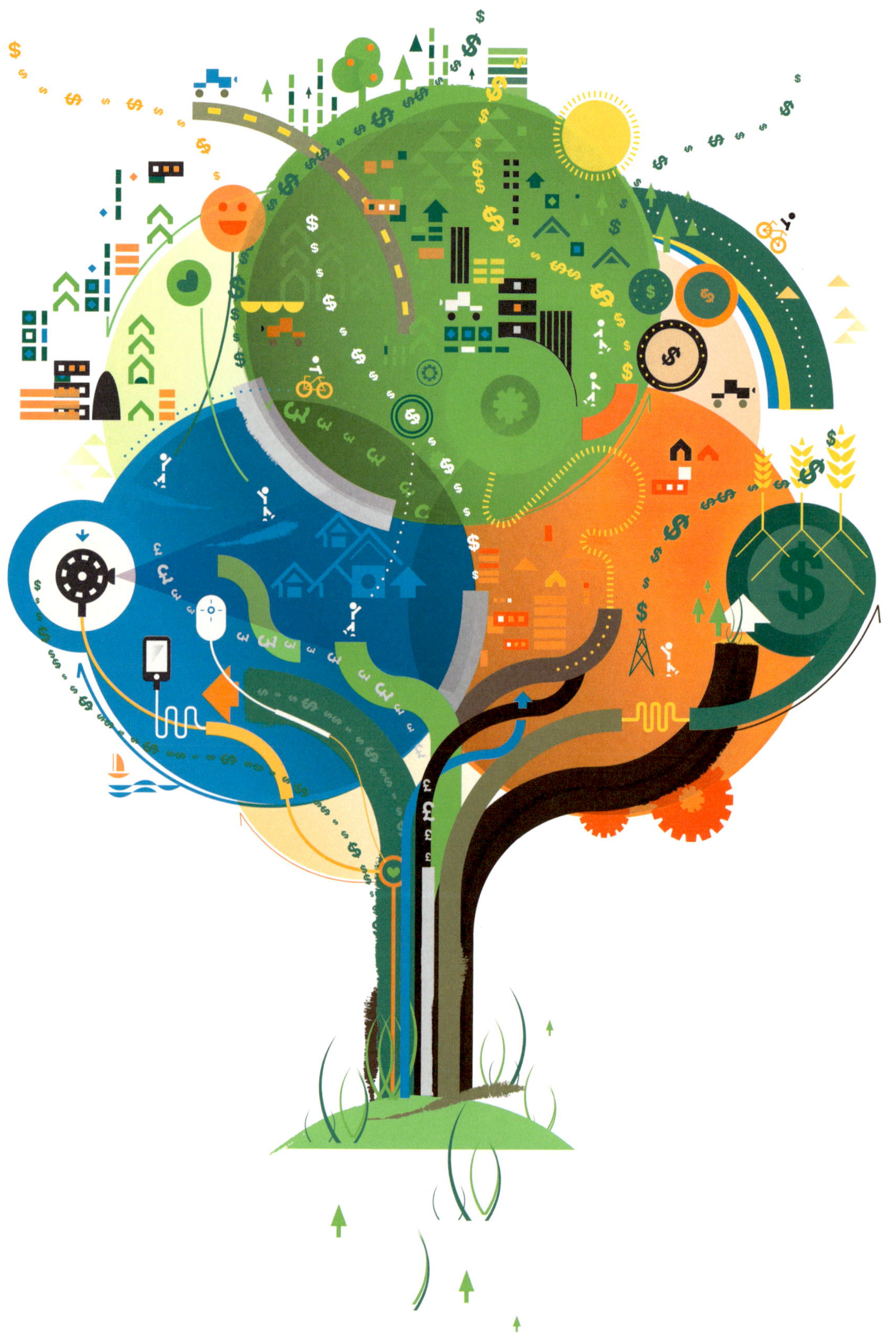

Tree.
2010.

**Cover for a magazine
about investments.**

Client: *Securities and
Investment Review*
magazine
Author: Leandro Castelao
Credits: Dutch Uncle
Agency

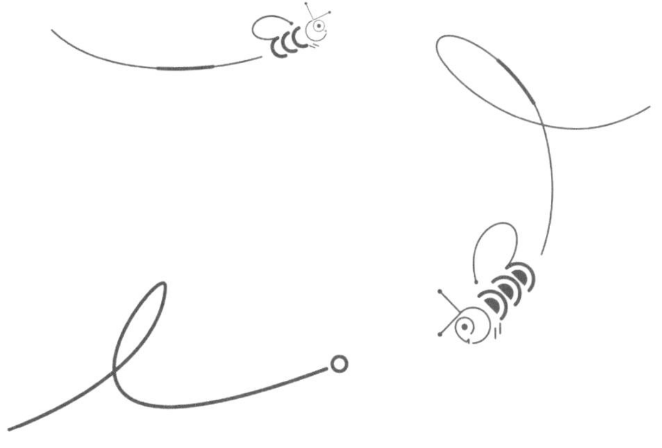

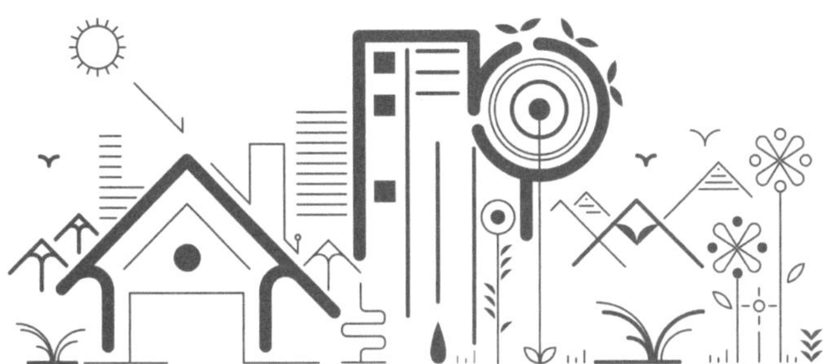

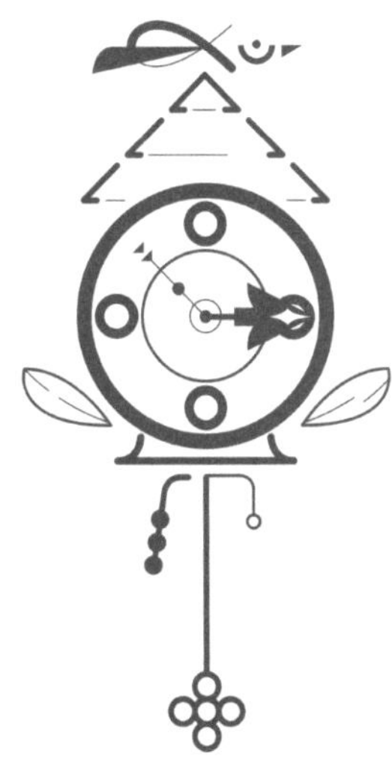

Clock — Kia brochure.
2009.

Time — Kia brochure.
2009.

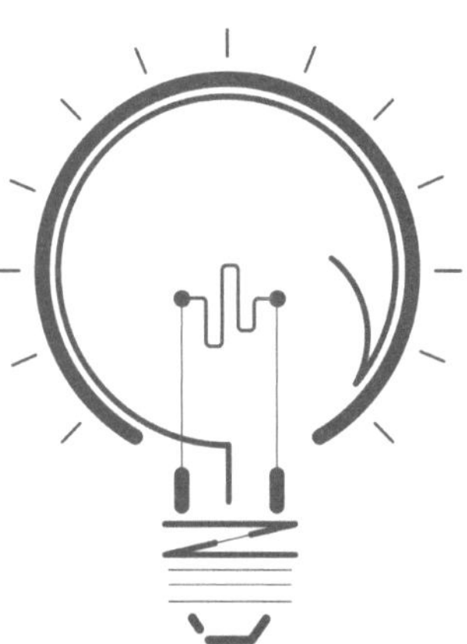

Bulb — Kia brochure.
2009.

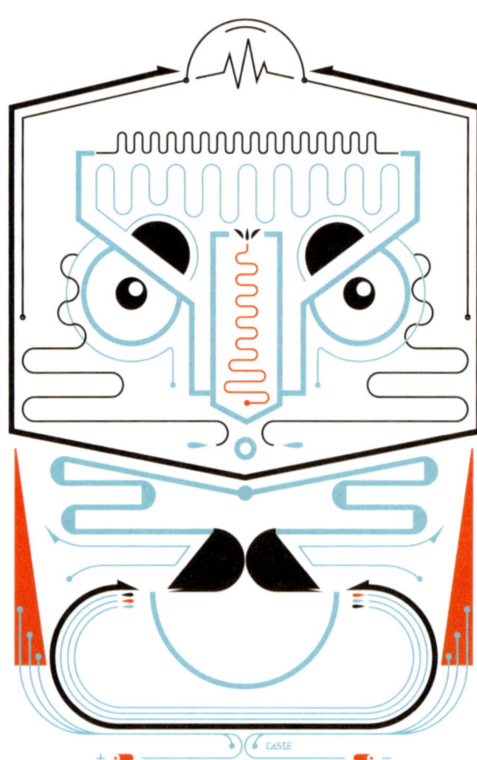
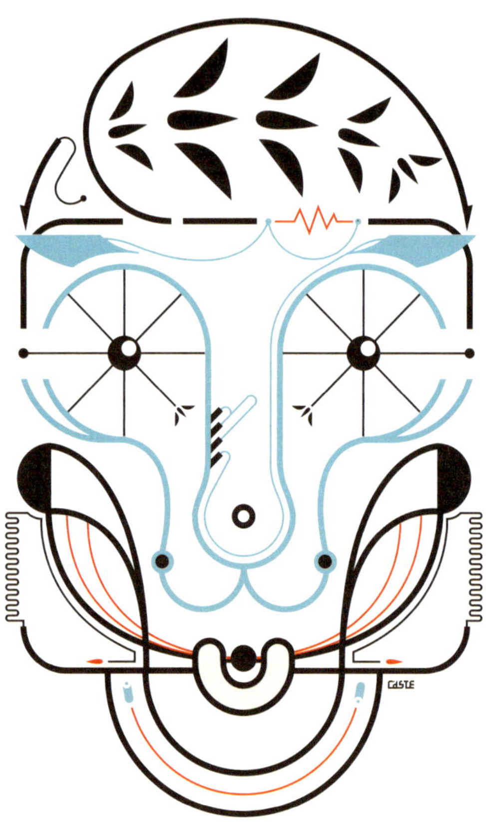

Robots.

2009.

Illustrations for T-shirts.

Client: Troppa
Author: Leandro Castelao

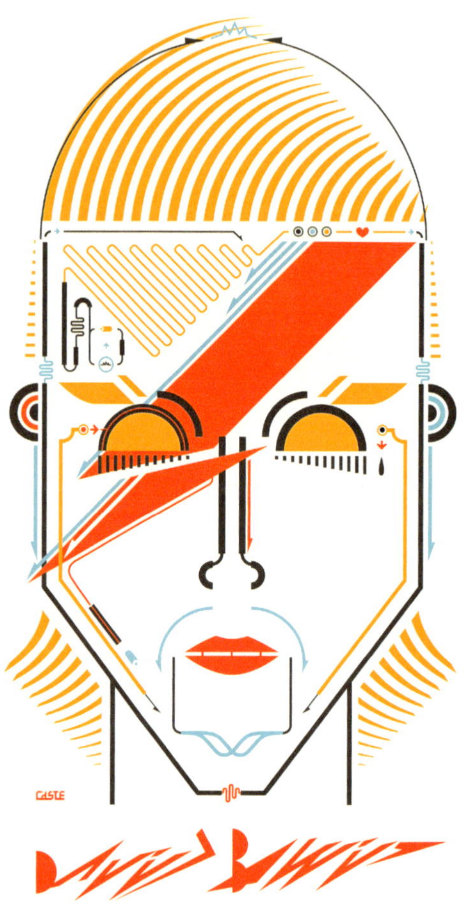

Bowie.

2008.

David Bowie's portrait for an article about the album "The Rise And Fall Of Ziggy Stardust".

Client: Magazine
Author: Leandro Castelao

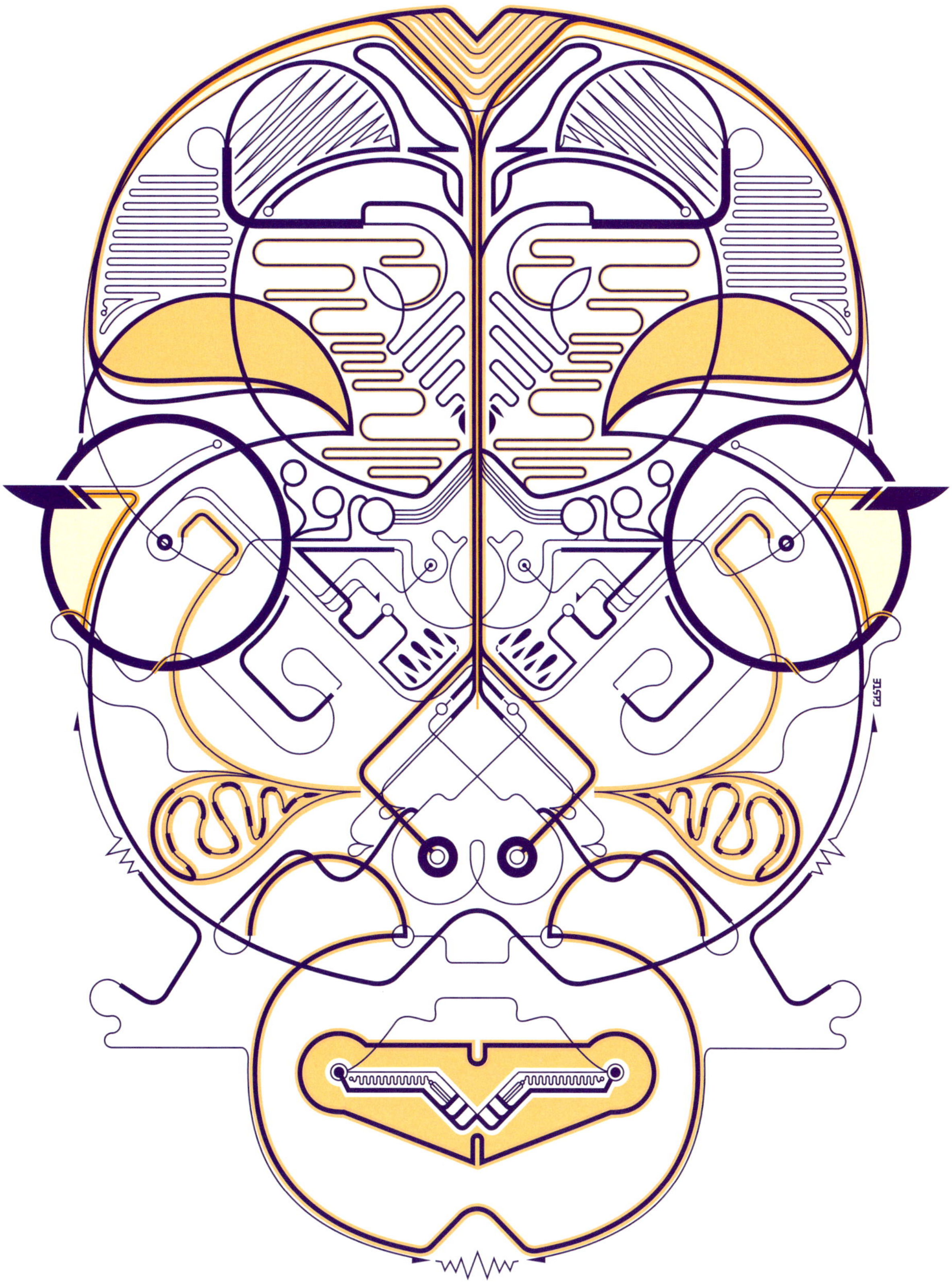

Futuro.
2009.

Illustration for the Italian magazine *Slash*, produced by Design-Associati.

Client: Design-Associati
Author: Leandro Castelao
Credits: *Slash* magazine
— Ariel Brandolini

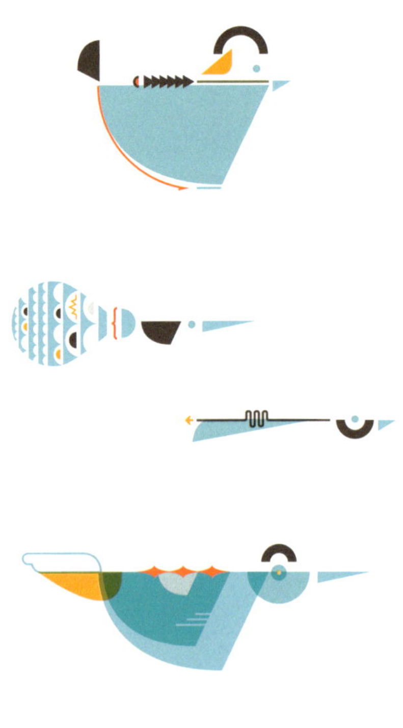

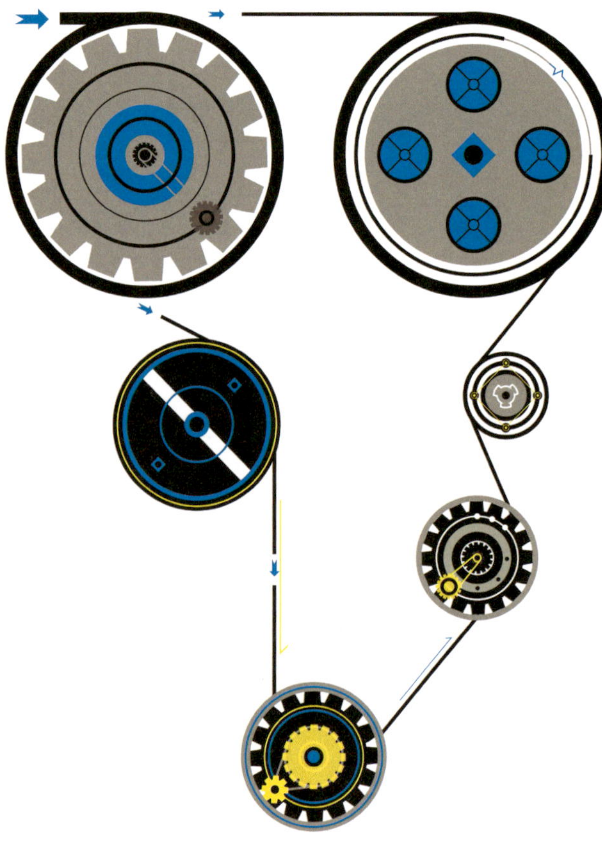

Birds.

2008.

Self-promotional silk-screen prints.

Author: Leandro Castelao

Wheels.

2009.

Series of wheels and elements for an article about special cars.

Client: *Popular Mechanics*
Author: Leandro Castelao

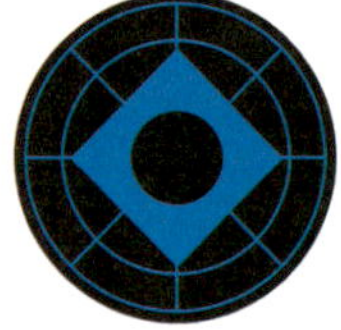

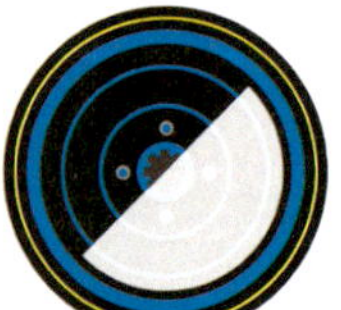

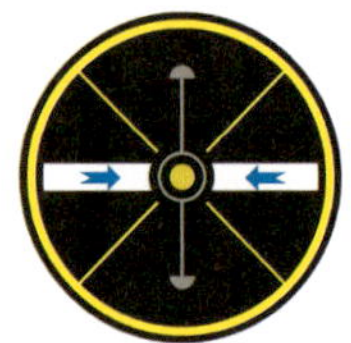

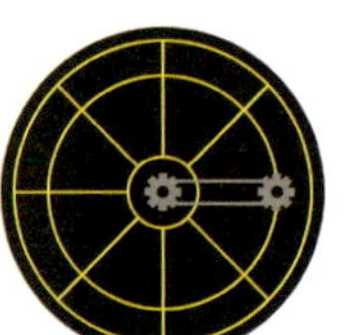

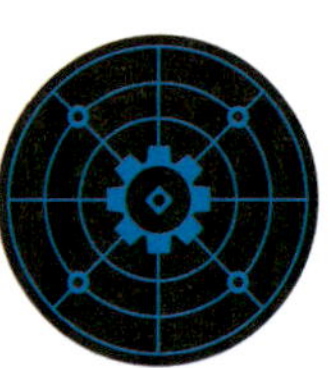

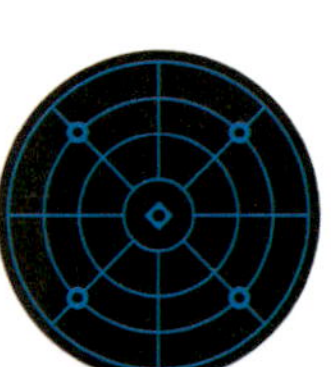

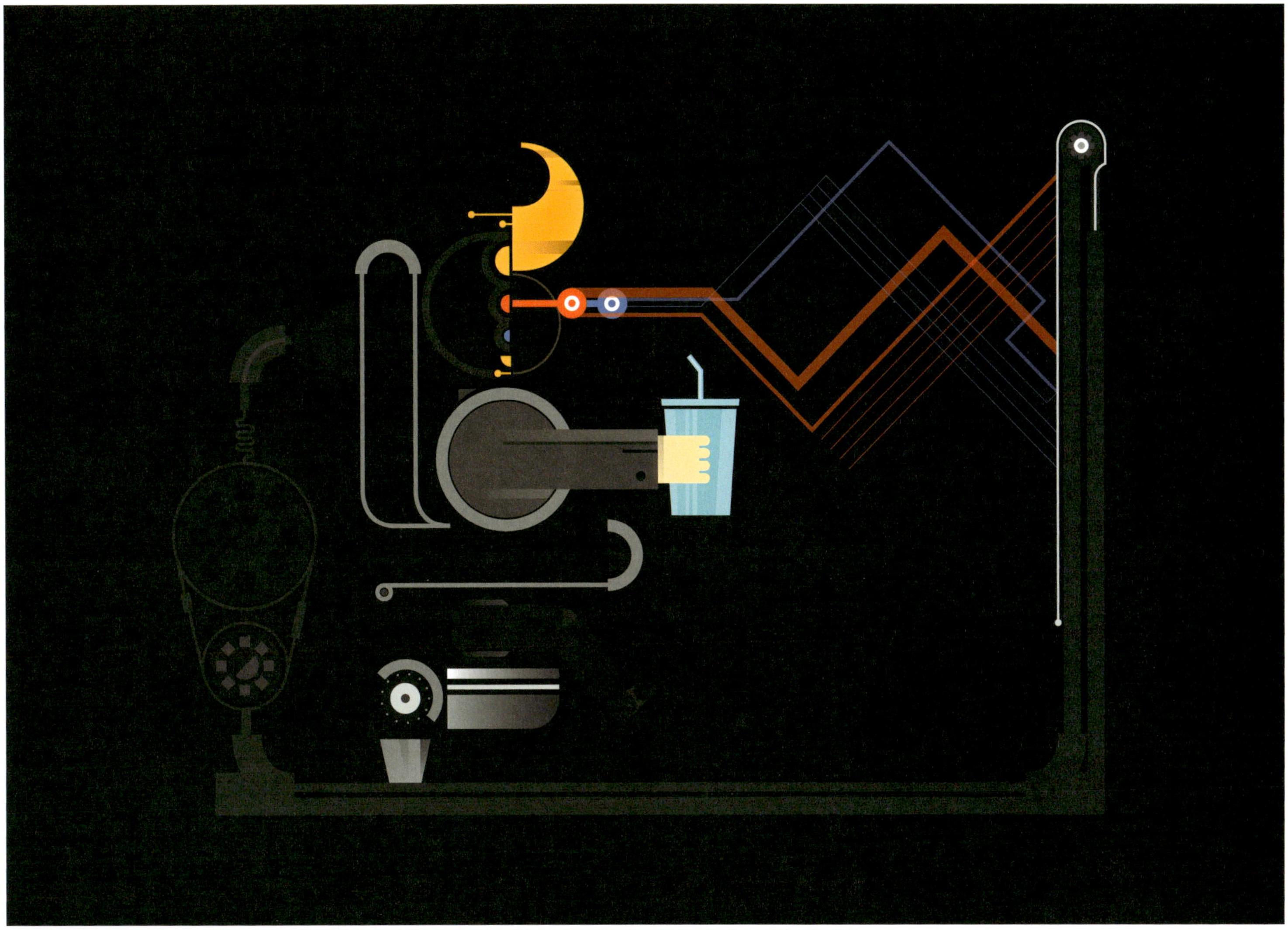

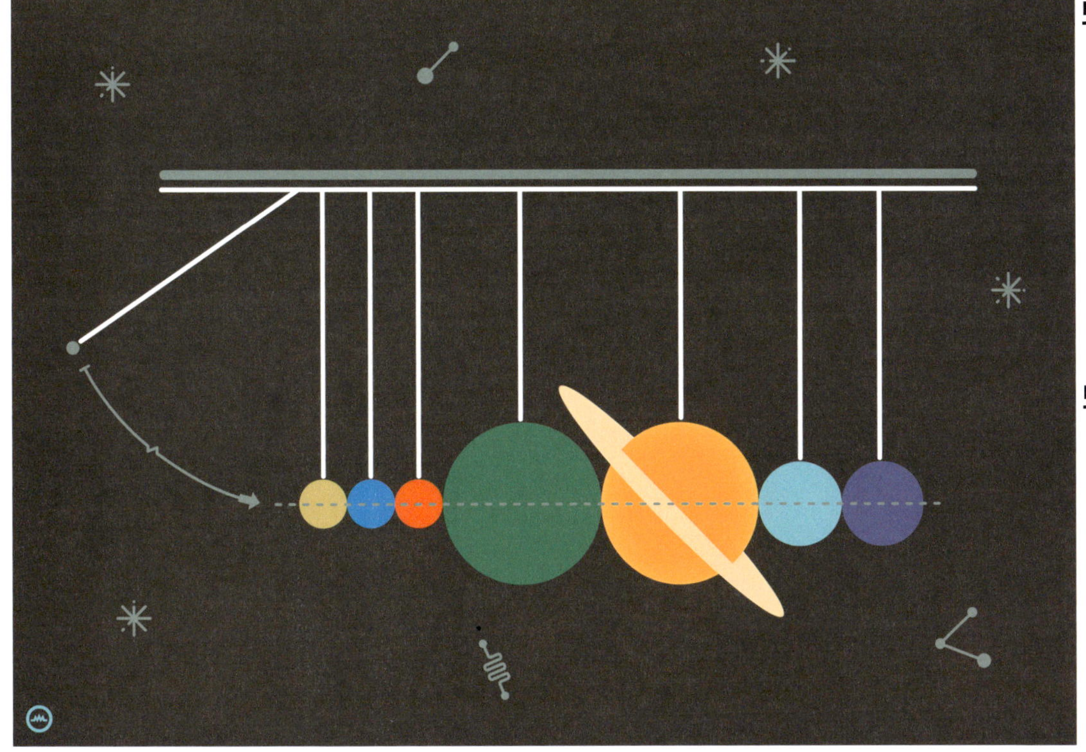

IMAX 3D.
2009.

Illustration for an article about the new IMAX 3D theater system.

Client: *Rob* magazine
Author: Leandro Castelao
Credits: Kot

Mercury.
2009.

Editorial illustration for the Sexy Science section of the U.K. newspaper *The Times*, written by Marcus du Sautoy.

Client: The Times, UK
Author: Leandro Castelao
Credits: Dutch Uncle Agency

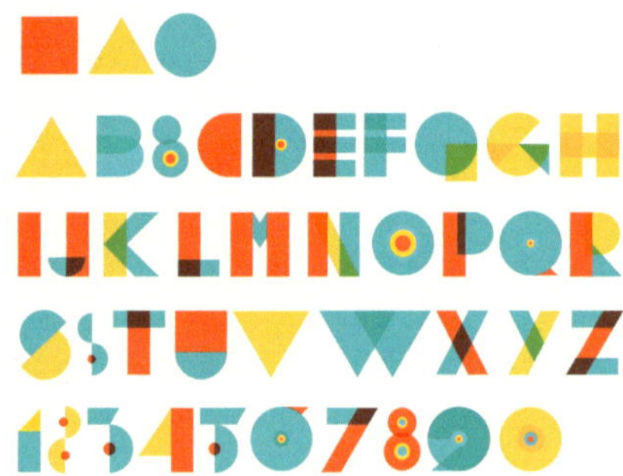

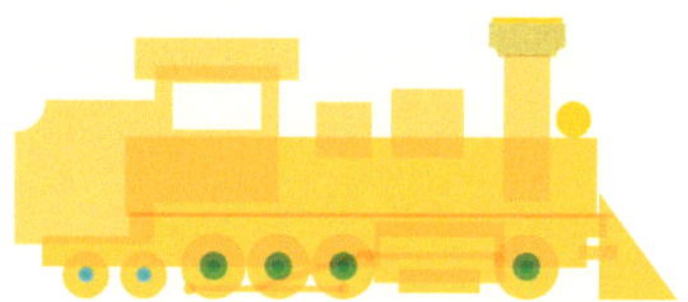

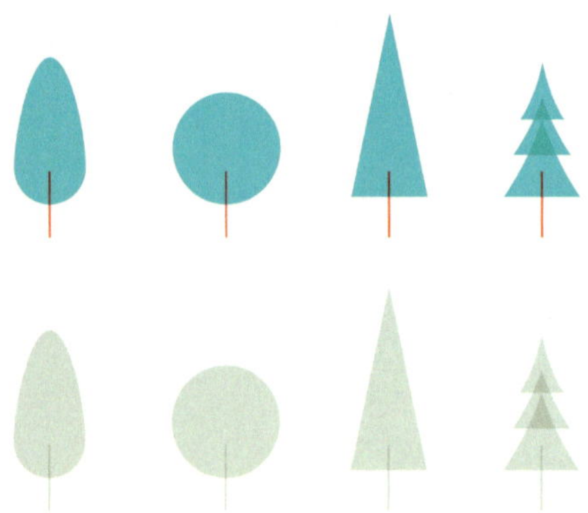

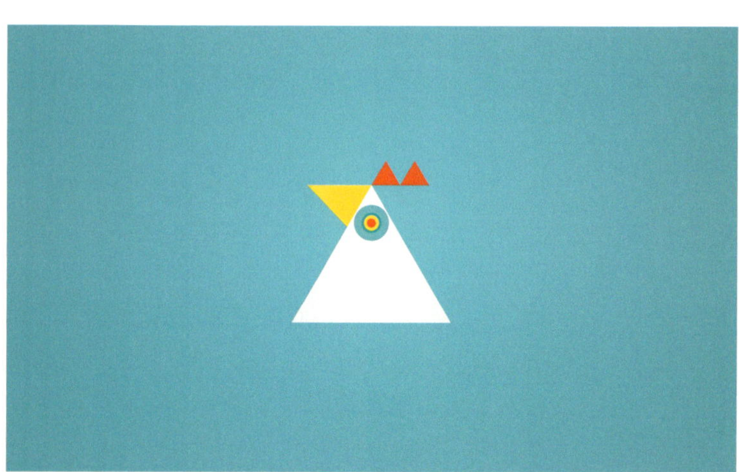

Some nice illustrations.
2009.

"Some nice illustrations" is a project that combines basic morphology and strong colors to construct a complex system in which typography and pictograms live harmoniously.

Author: DHNN (design has no name)

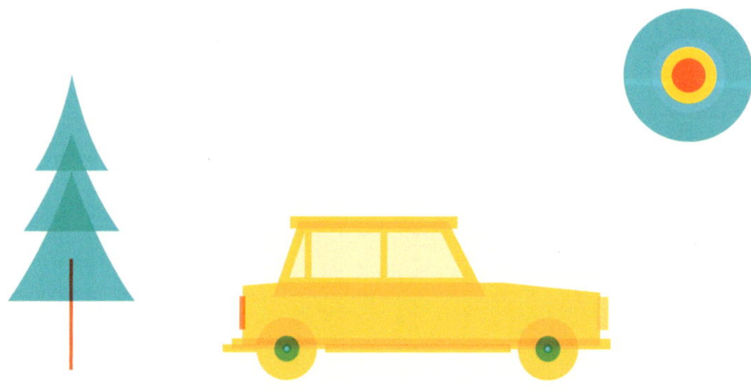

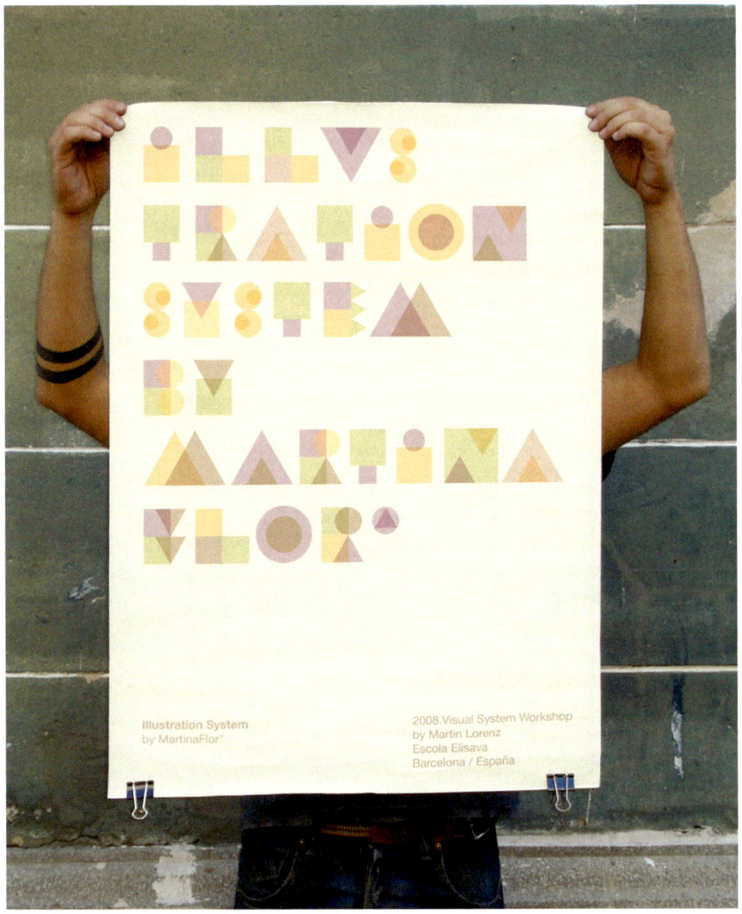

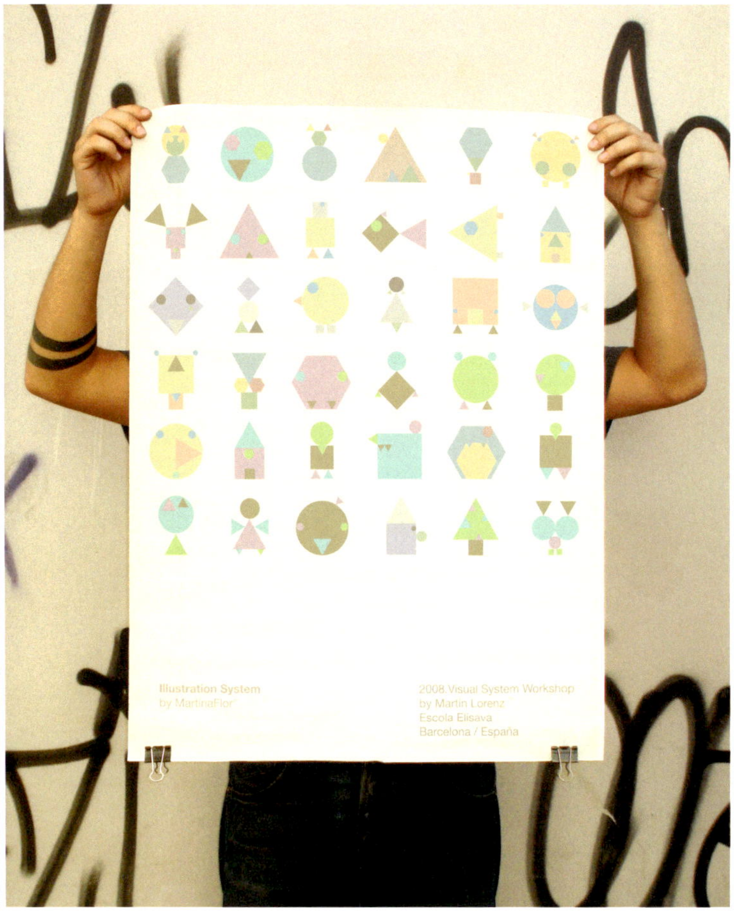

Illustration system.

2008.

**Illustration system based on four simple rules
to combine four geometric shapes: square,
circle, hexagon, and triangle.**

Client: Postgraduate in Communication Design,
Escola Elisava, Universitat Pompeu Fabra,
Barcelona, Spain
Author: Martina Flor

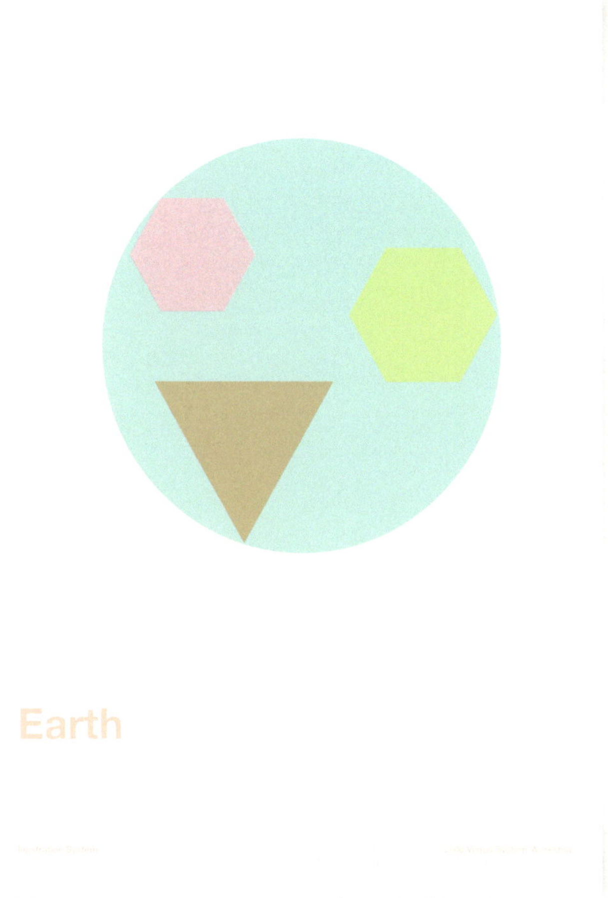

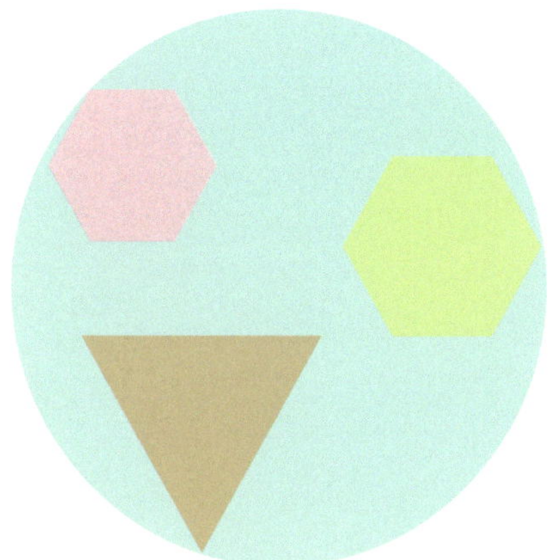

Earth

Entrevista Martín Allais

Diseñador gráfico venezolano, Martín ha estado impulsando durante ocho años el movimiento de diseño gráfico de su país; fundador de la revista artística venezolana Plátanoverde, ex-miembro y co-fundador del colectivo de visuales No-Domain. Su trabajo, creando gráficos en tiempo real y representándolos en vivo en actuaciones de música, ha sido presentado en prestigiosos festivales apoyando varios artistas por todo el mundo. Actualmente reside y trabaja en Barcelona, España, como free-lance director de arte, ilustrador con su proyecto personal www.togetheronemoretime.com y como director de animación en la productora Boolab www.boolab.org

¿Crees que existe el diseño/ilustración/arte Latino? ¿Algo que no se encuentre en ningún otro lugar?

Creo que es muy parecido y proviene de nuestro sistema colonial, un sistema que también se puede traducir al tema del diseño. Revisamos Europa y a los Estados Unidos constantemente, por supuesto agregándole "el toque local". Eso visto desde un ángulo bastante superficial. Yendo un poco más adentro, creo que el diseño latino proviene del cómo nos apropiamos de los códigos, una flexibilidad nacida de un caos que no para, que se mantiene vivo a base de remezclas de lo céntrico desde la periferia. Un diseño muchas veces muy improvisado y no lineal. Algo que la globalización le ha dado al mundo entero, nosotros siempre lo hemos tenido desde nuestra realidad local.

¿Qué es ese algo? ¿Es un estilo, un método de trabajo, un enfoque, una manera de pensar?

Por mi experiencia particular, el método y la manera de acercarse a las cosas. Tengo un amigo diseñador suizo que un día vino a casa a enseñarme unos bocetos para un póster. Eran 4 archivos distintos respectivamente para logo, ilustración, mancha tipográfica y rejilla. Luego hacía modulaciones de las piezas generadas de manera separada y ordenada, como una especie de lego. Mientras yo veía pensaba en los archivos amorfos que construyo cortando y pegando de otros archivos para hacer unas bolas gigantes llenas de piezas que voy transformando. Es como si todo mi disco duro fuera el mismo archivo. Cuando vi eso por primera vez entendí muchas cosas de mi diseño y de sus resultados, pero también de lo que era y de dónde venía.

¿Qué es lo que define el diseño/ilustración/arte de tu país de origen?

No creo que pueda contestar esa preguntar, quizá los que están lejos lo ven mejor y pueden decir eso. Cuando la gente ve mi diseño a veces me dice que ve un vivo en Barcelona, o que soy latino por mi uso del color y la forma. Yo soy incapaz de verlo, siempre tengo curiosidad por saber a qué me parezco. Por otro lado la cultura venezolana es algo muy difuso, aparte de los típicos cliches folclóricos y pop y Chávez, por supuesto, que nos dio un espacio

en los medios, que son hechos muy puntuales. Aunque nuestros problemas de identidad han sido eternos y constantes, no creo que sea malo; precisamente esa ausencia de lo propio nos ha hecho apropiarnos de la vanguardia y de ser frescos a lo largo de nuestra corta historia. Por ejemplo, en Venezuela existe una gran tradición de diseño gráfico, en los años 60 el trabajo de Nedo, Gerd Leufert, Álvaro Sotillo y también el de Soto y Cruz Díez en arte cinético y Villanueva en arquitectura. Todos eran —y algunos son aún—, personas que estaban conectadas con lo que estaba pasando en el mundo y lo traducían en un lenguaje muy propio. Estas personas hicieron un trabajo, que se ha ido desarrollando, y me hace sentir bien ser parte de eso, tratar de mantenerlo vivo. Creo que es super importante entender la película, comprender una historia, y adquirir su energía.

¿Qué piensas sobre tus países vecinos?

A mis vecinos los quiero, y a la gente de mi país también; ahora no vivo en él desde hace algún tiempo pero me encanta. Aparte, cada país de Latinoamérica tiene su particularidad, cada uno tiene un ingrediente de la receta Latina.

¿Cómo te posicionas en el mapa de los moviemientos culturales?

¡*Wow*, esa es una profunda!…Creo que nosotros —y hablo en plural porque en el fondo es como veo a nuestra generación—, representamos una generación global. Creo que la frontera entre países y culturas es muy difusa y casi inexistente para nosotros. Entre chat y google, más la revolución digital, hemos crecido en un espacio virtual que nos permite ver lo más ventajoso de cada cultura y espacio e incluirlo en nuestro diseño. Creo que culturalmente hablando es una posición muy privilegiada. Ya no es tanto de países, sino de personas. Es como una individualidad a partir de la globalidad. Para nosotros ya no es tanto de derechas o izquierdas, como para generaciones anteriores, sinó del ser humano global y sus cualidades. Como un pensamiento más ecológico en el sentido amplio de la palabra. Si me tengo que poner en un lugar, me gustaría que fuera en el que la tarea sea unificar y no separar con títulos.

¿Tu posición geográfica influencia la cultural? ¿De qué manera?

Creo que sí, que tiene mucho que ver. Cualquiera que sea el lugar donde vives, influencia tus creaciones directa o indirectamente, y digo indirectamente, porque gran parte de ese input constante es algo que ni siquiera vemos. Es algo como la suma de tu cotidianidad de alguna manera se refleja en tus ideas y actos. Luego está la capa de internet y el resto del mundo que se combina con esta capa para completar el espectro de influencias.

Nos damos cuenta de que en la última década la diversidad de estilos ha aumentado y han surgido multitud de nuevos artistas y diseñadores. ¿Cuál es tu opinión personal de la evolución ocurrida en tu país de origen?

Lo que ocurrió en estos últimos años es que lo que se estaba haciendo en Venezuela en ese momento ha llamado mucho la atención, algo que siempre había estado eclipsado por las potencias de México, Brasil y Argentina, es decir, ahora no sólo son ellos sino que también hay un puesto para

nosotros. Esto fue un gran impulso y para muchos de nosotros fue el comienzo de una proyección más internacional de nuestro trabajo. También muchas publicaciones nos llamaron para publicar con ellos. Pero lo más interesante, en mi opinión, fue que generaciones anteriores de diseñadores venezolanos comenzaron a tomarnos en serio y reconocer nuestro trabajo y condición de colectivo.

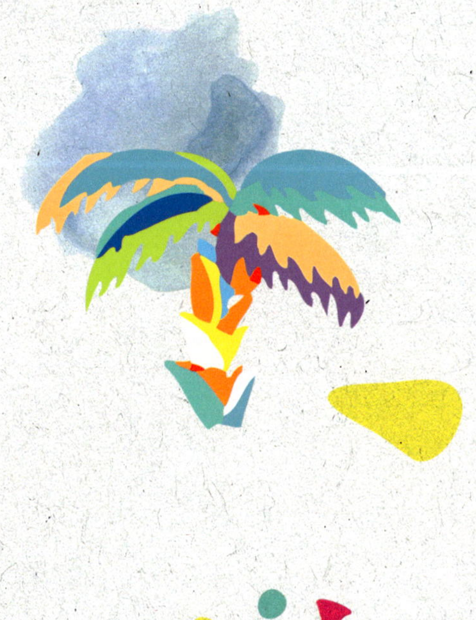

Venezuelan graphic designer Martín Allais spent about 8 years pushing forward the graphic design movement in Venezuela. He is founder of Venezuelan art magazine *Plátanoverde*, and former member and co-founder of the visuals collective No-Domain. His work, performing live and creating graphics in real time for music shows, has been presented in prestigious festivals all over the world supporting various music artists. He currently lives and works in Barcelona, Spain as a freelance art director, and illustrator with his personal project www.togetheronemore-time.com, and as animation director for the Spanish production company Boolab: www.boolab.org.

Is there a typical style of Latin design/illustration/art? Something that you do not find anywhere else?

I believe that there are many similarities and they derive from our Colonial system, a system that can also be translated and adapted to the subject of design.

We constantly check out Europe and the USA, adding to them—for sure—the "local touch." This is how it looks like from a quite superficial point of view. Going a little further inside, I think that "Latino" design comes from the way we appropriate the codes; a flexibility born of an unstoppable chaos that keeps itself alive due to "remixes" from the central to the periphery.

A design, many times very improvised and not lineal at all. A thing that globalization has given to the entire world, we have always had it from our own "locality."

What is this something? Is it a style, a working method, an approach, a way of thinking?

From my personal experience, it is the method and the way to approach things. I have a Swiss friend who is a designer, and one day he came by my house to show me some sketches for a poster. There were four different files regarding a logo, an illustration, a typography, and a grid. So he later started doing modulations on the pieces in a very separate and organized way, like some kind of Lego. While I was watching him, I thought of the amorphous files that I construct, cutting and pasting from other files in order to create some gigantic balls full of pieces that I go on transforming. It is as if my whole hard disc were the same file. When I saw this for the first time, I realized many things about my own design and its results, but also what it really was and where it came from.

What defines the design/illustration/art from your home country?

I do not think I can answer this question; maybe you can answer it better because you see the work from a distance. When people see my design they can sometimes tell that I live in Barcelona or that I

am "Latino" due to the use of color and form. I am unable to see that; I am always curious to know what I look like. Apart from that, Venezuelan culture is something very diffuse, besides the typical folk and pop clichés and Chavez that definitely gave us some space in the media; facts that are very specific.

Then, our issues of identity have been constant and eternal; I do not think of it as a bad thing though. It has been precisely this lack of something of our own that has made us adopt the avant-garde and be fresh during our short history. For example in Venezuela exists a great tradition in graphic design; in the 60's the works of Nedo, Gerd Leufert, later the work of Alvaro Sotillo, Soto and Cruz-Diez in the cinematic art, Villanuena in architecture. All of them were—and some of them still are—people connected to what was happening in the world and they were translating it into their very own language. These people did something that went on developing and it makes me feel good to be a part of it and to be keeping it alive. I think it is very important to understand the "movie," tp understand the story and to obtain its energy.

What do you think about your neighboring countries?

I love my neighbors and the people of my country too and although I have not lived there for some time now, it fascinates me. Besides, every country of Latin America has its own particularity, each one carries an ingredient of the Latin American recipe.

How do you position yourself in the map of cultural movements?

Wow, this is a deep one! I think that we (and I am talking in plural because deep inside this is how I see our generation), represent a global generation. I believe that the borders between countries and cultures is very diffused and almost non-existent for us. Amongst virtual chat and Google, plus the digital revolution, we have grown up in a virtual space that allows us to see the benefits of every culture and place and to include it in our design. Culturally speaking I think it is a very privileged position. It is no longer a matter of countries but a matter of people. It is like an individuality from globality. For us it is not so much about right and left anymore, as in older generations, but of the global human being and its qualities. Like a more ecological way of thinking, in its broader sense. If I have to put myself in a place, I would like this to be where the task is to unify and not to separate with titles.

Does your geographic position influence your cultural position? If so, how?

Of course it does and I think it influences a lot. Regardless of where you live, it influences directly or indirectly your creations and I use "indirectly" because a great part of this constant input is something that we do not even see. It is like a sum of your everyday life that in some way is reflected in your ideas and actions. Then you have the internet and the rest of the world that gets merged in that same layer in order to complete the spectrum of influences.

We recognized that for the last decade the diversity of styles increased and many new artists and designers emerged. What is your personal view on the evolution in design/illustration/art your home country went through?

What happened these last few years is that more attention was drawn to the works being produced in Venezuela that were always obscured by the powers of México, Brazil, and Argentina. That is to say, there were not just them but a place for us too was now available. Thus it has been a great momentum and for many of us it marked the beginning of an international projection of our work. But to my opinion the most interesting fact was that the older generations of Venezuelan designers started to take us seriously and to acknowledge our work and condition as a collective.

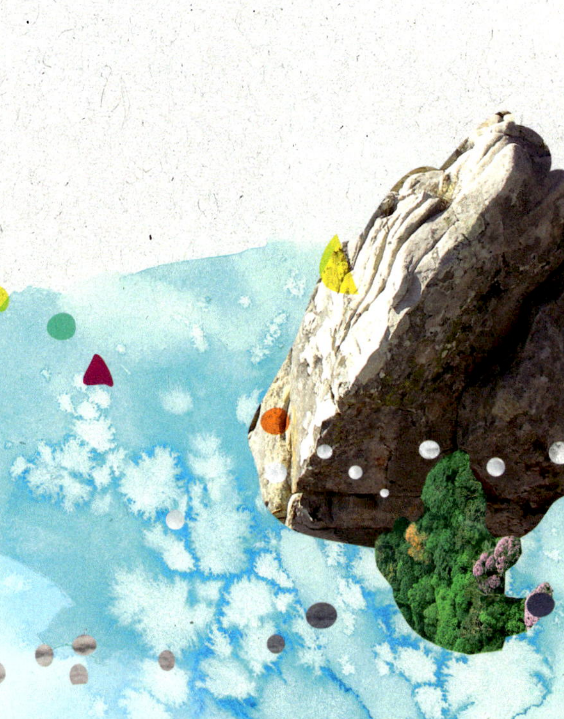

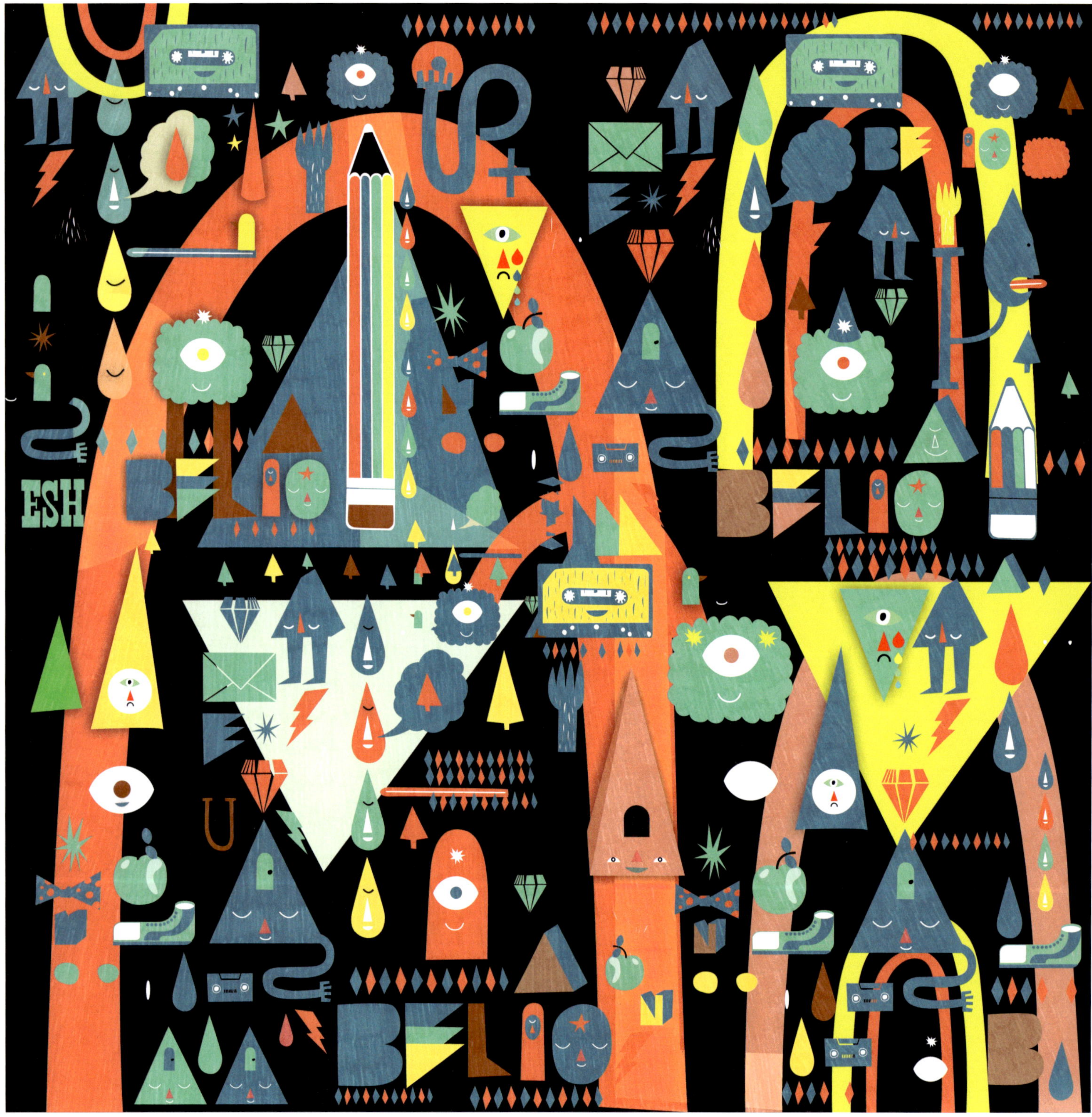

Belio magazine anniversary edition.
2009.

Illustration for the 10th anniversary edition of the *Belio* magazine.

Client: *Belio* magazine
Studio: Juntos otra vez
Author: Martín Allais

Cosmic music.
2009.

Studio: Juntos otra vez
Author: Martín Allais

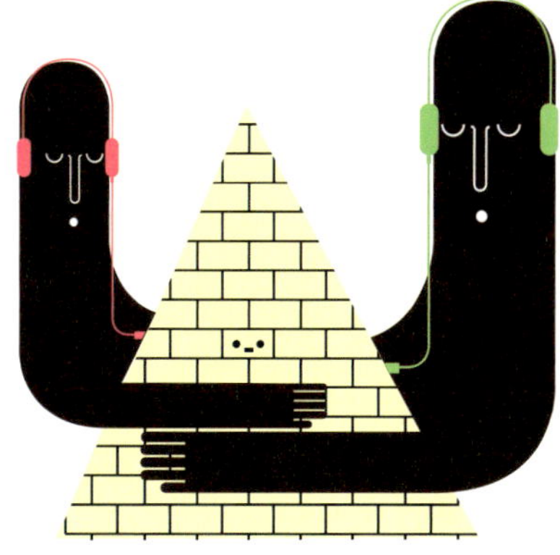

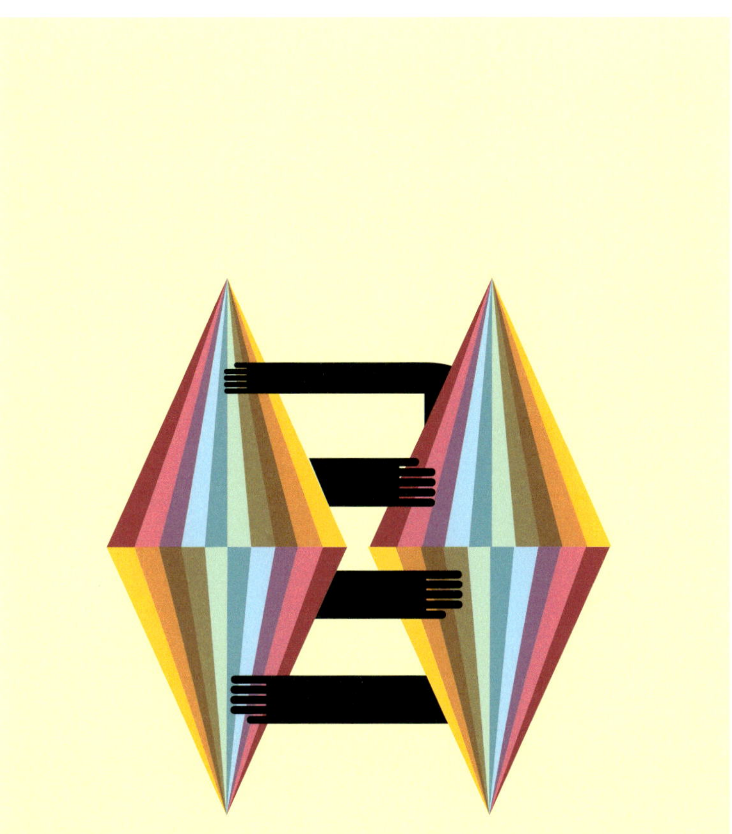

Forever friends.
2009.

Illustration for my last
solo exhibition "Juntos
otra vez."

Studio: Juntos otra vez
Author: Martín Allais

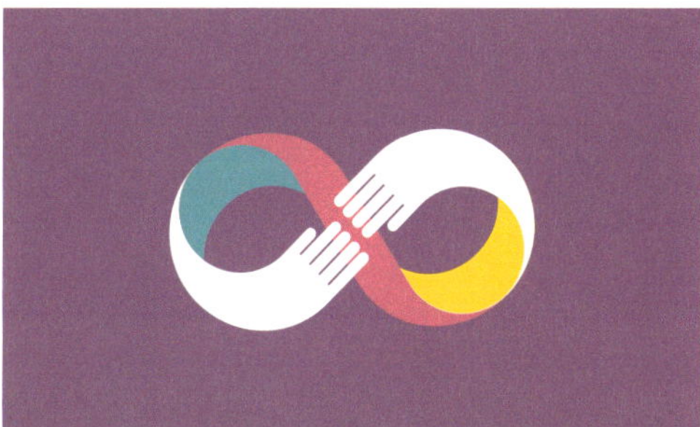

Cosmic hug.
2009.

Series of graphics for
my last exhibition,
"Together one more
time".

Studio: Juntos otra vez
Author: Martín Allais

The key of the
consiousness.
2009.

Illustration for my solo
exhibition "La ecuación
gráfica del ser."

Studio: Juntos otra vez
Author: Martín Allais

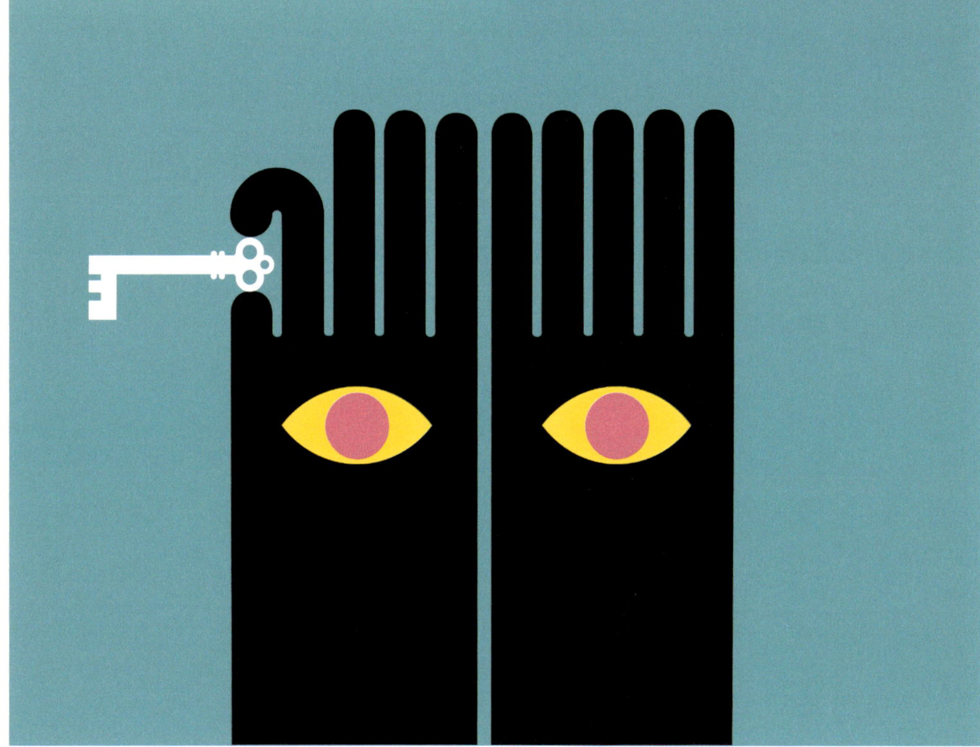

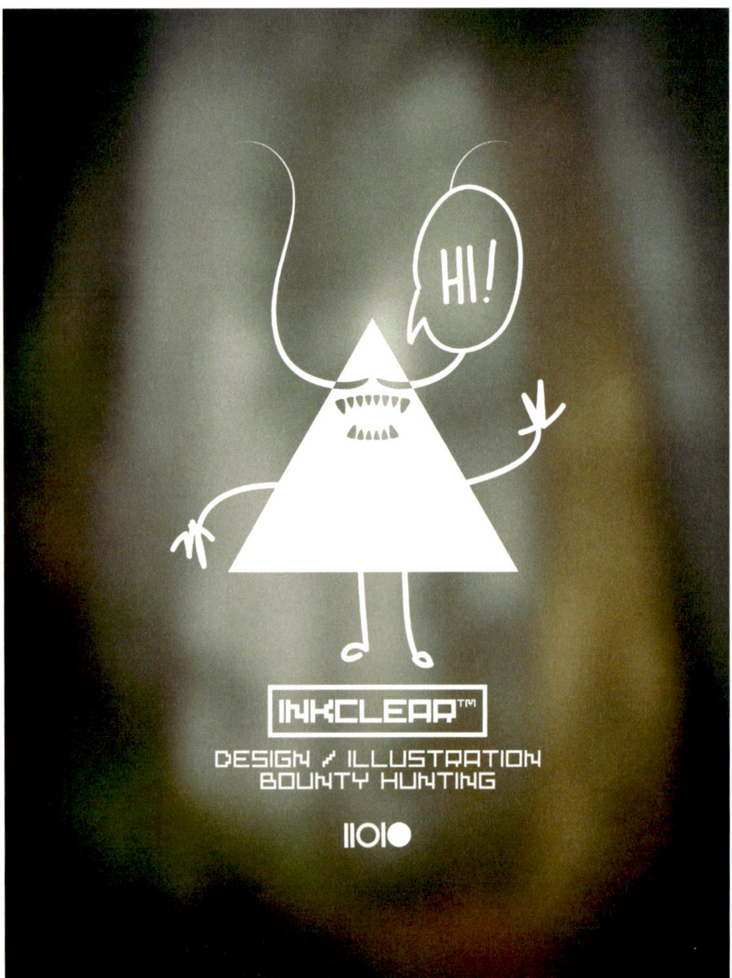

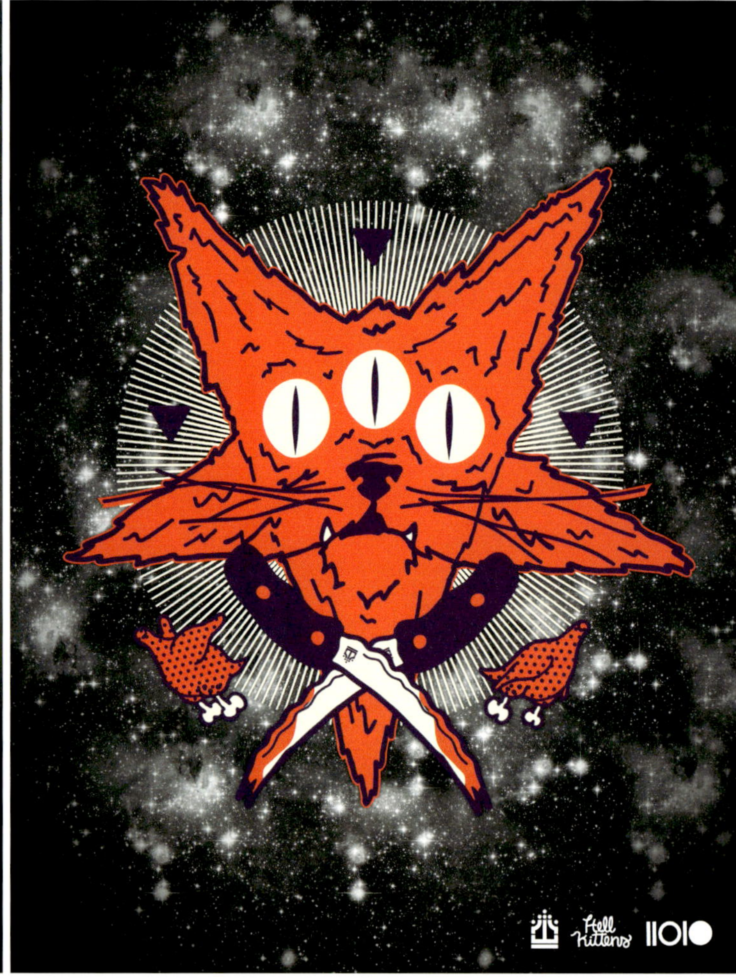

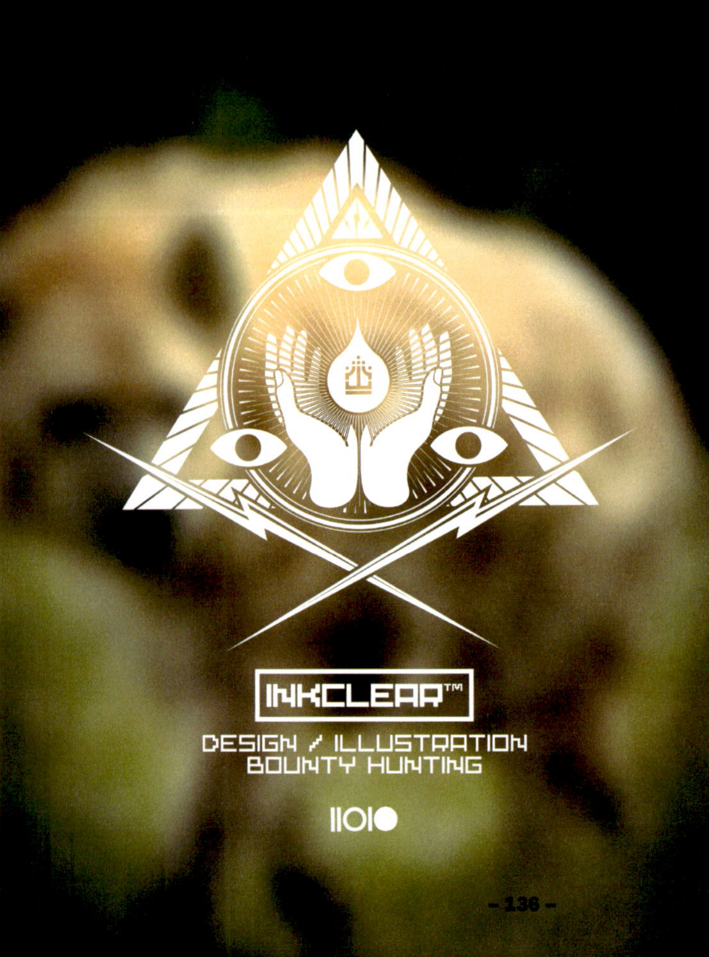

Inkclear IDs — 01.
2010.

Series of three IDs, originally made to be part of my reel or any animated piece made by me; they are sort of an intro and outro.

Author: Inkclear/Inkcore

Please to meet you.
2010.

"I'm a cat of wealth and taste." This image is part of the series "Hell Kittens," inspired by the scary expressions that even the cutest cats can achieve without any effort. This was made just for fun.

Author: Inkclear/Inkcore
Credits: My two lovely cats

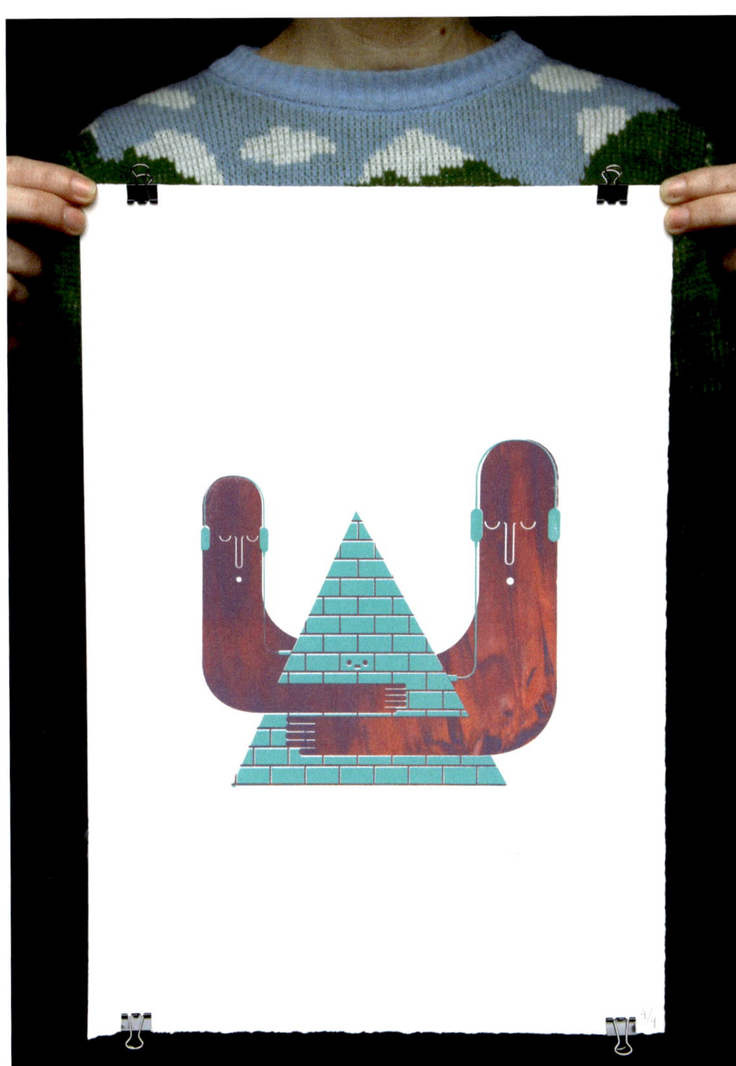

Cosmic music.

2009.

Series of prints made for the "Juntos otra vez"
solo exhibition @ Dudua Gallery.

Client: Dudua Gallery
Studio: Juntos otra vez
Author: Martín Allais

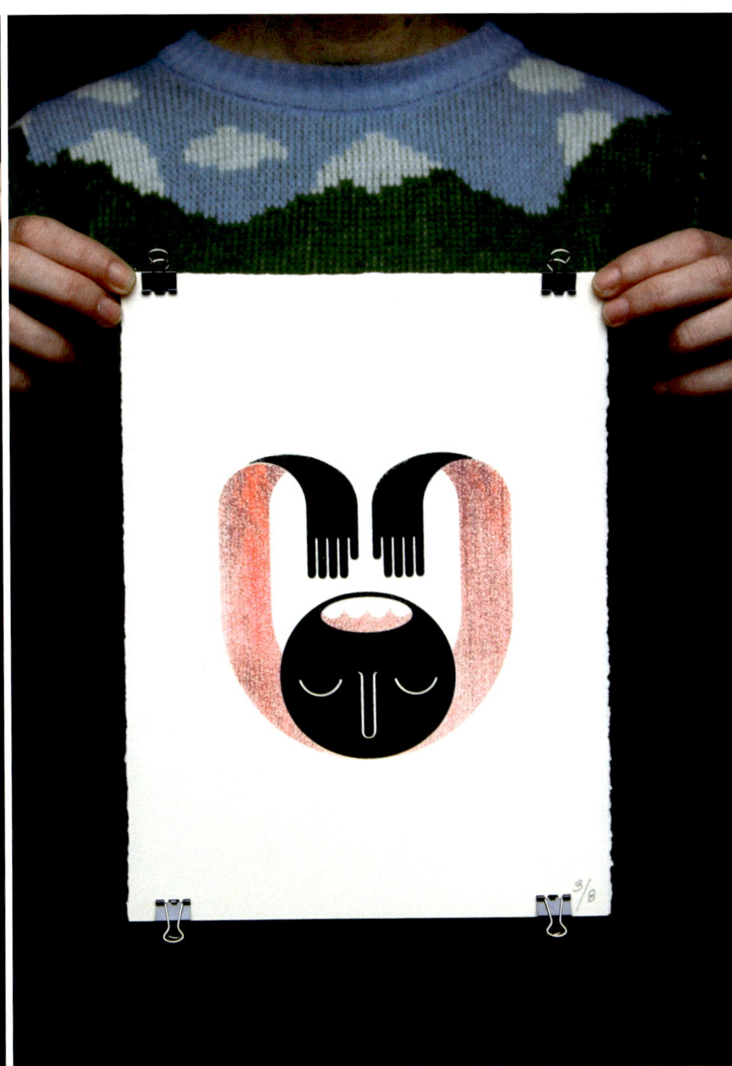

A man about to swim into himself.

2009.

Client: Dudua Gallery
Studio: Juntos otra vez
Author: Martín Allais

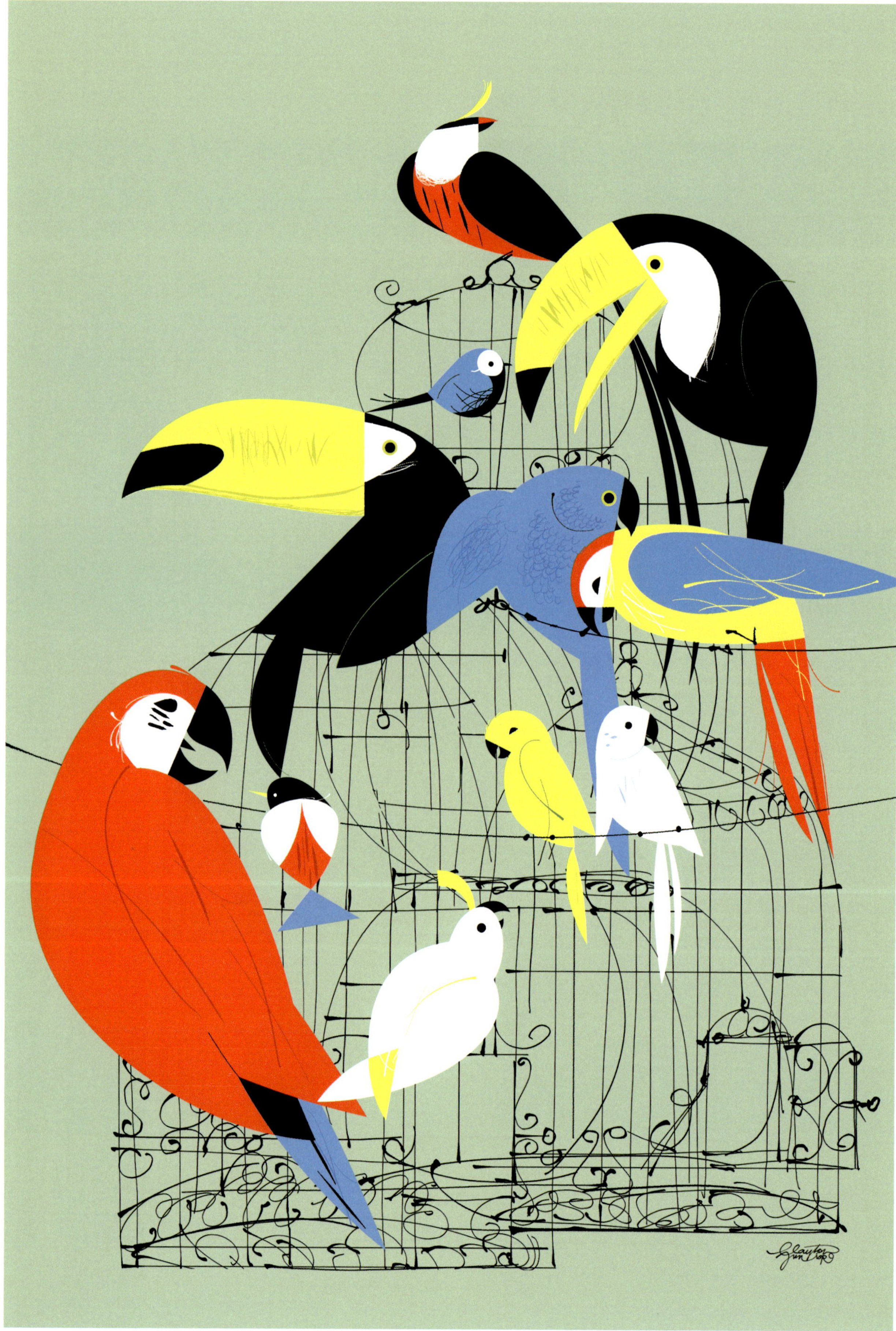

After having drawn Brazilian birds for the "Pure Bossa" collection for the Verve label, I realized I had missed out some of my favorites (the parrot, the ararinha azul) and decided to make this composition. Although some birds are invented, the araras and periquitos are quite accurate. Their colors are even more bright in the flesh, and it's the most amazing thing spotting one of them in a forest. Unfortunately it is more likely that you will see them in a zoo, and that's why I drew them outside the birdcage—at least how it should be.

Author: Clayton Junior

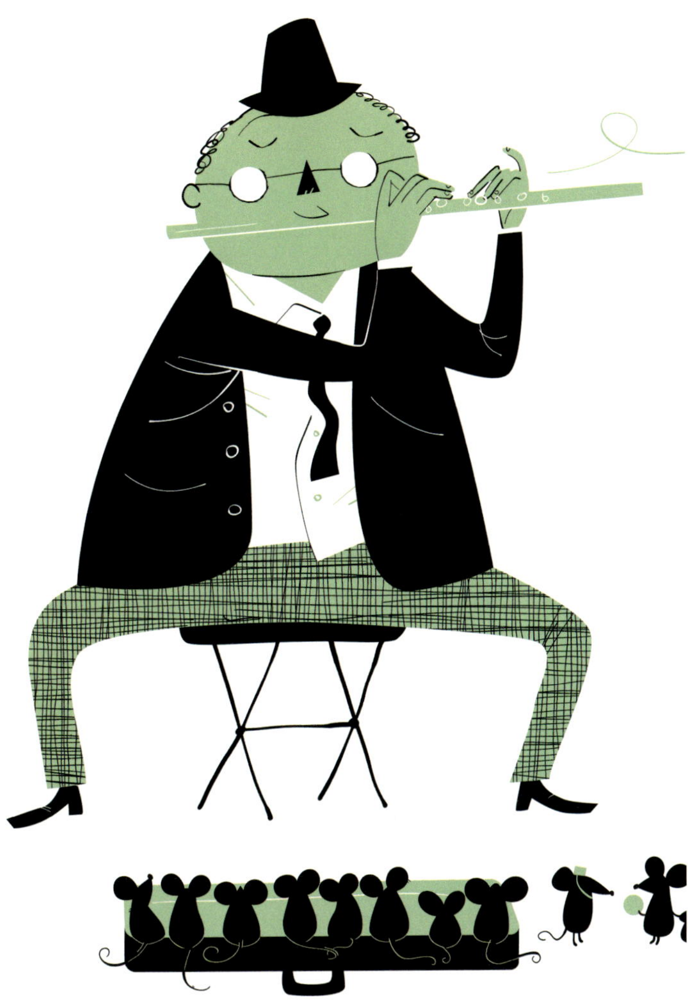

O flautista de Hammersmith.

_2009._

The flute player is somebody who always seemed to me to be enjoying himself. And there is something magical about the sound of these wind instruments, the flute, the clarinet, and the bassoon. That's why the guy from Hamelin was so good at luring the rats away from the city. Here the mice are delighted with the sound too, but they will come back to the underground station after the gig is over.

Author: Clayton Junior

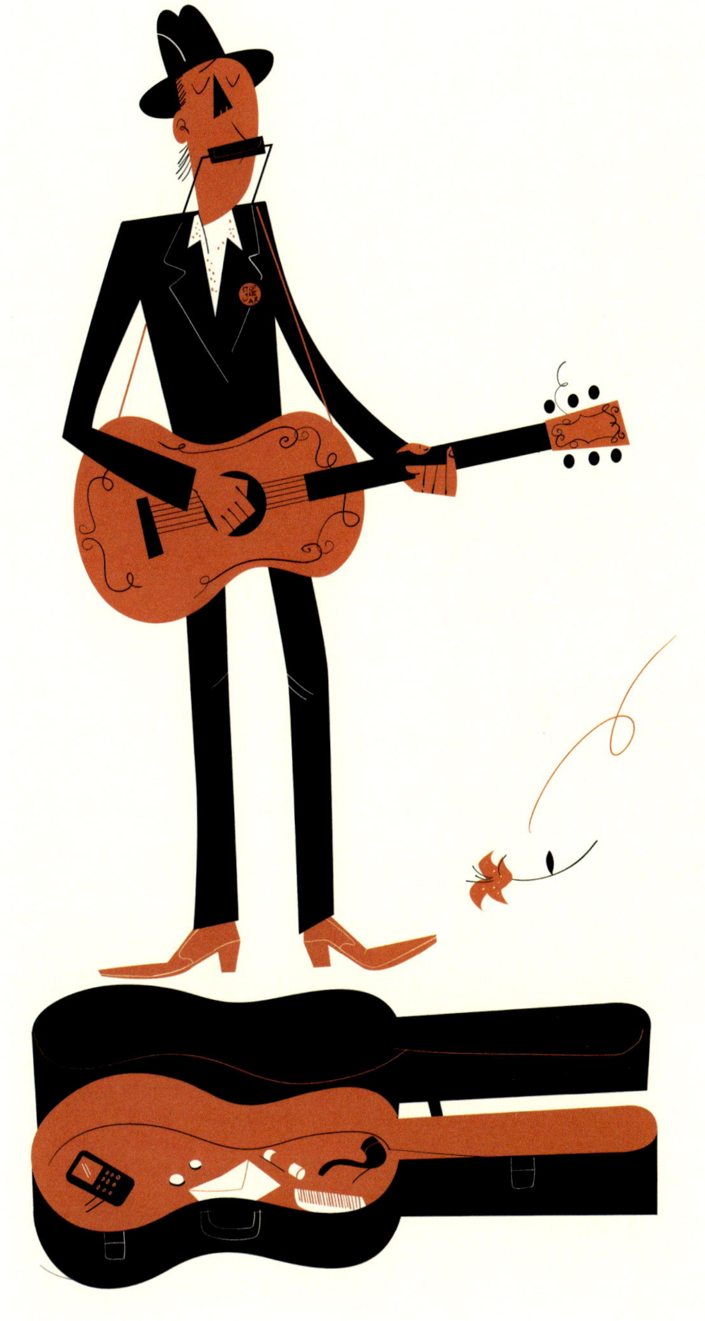

Busker.

_2009._

This guitar player is inspired by the old folk-rocker type who sings tales about childhood, past lovers, and learning from experience. He would probably know many Johnny Cash songs by heart. The busker figure for me is a great metaphor of the freelance artist—playing for money, but also playing for fun. And sometimes playing for anything else good the world can offer.

Author: Clayton Junior

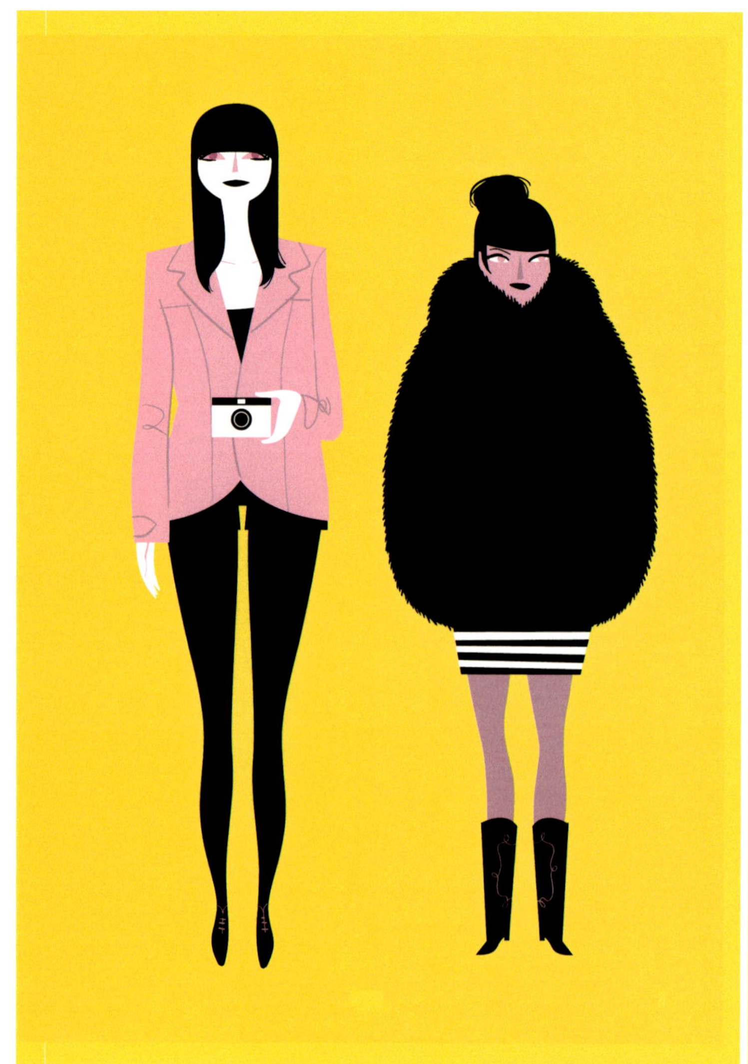

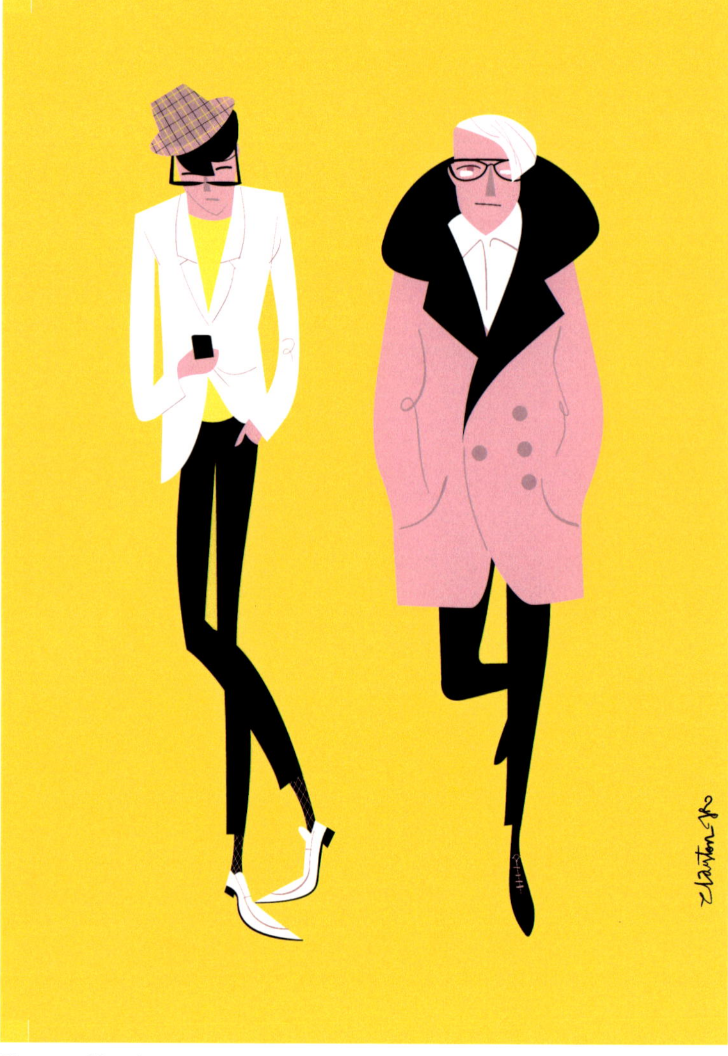

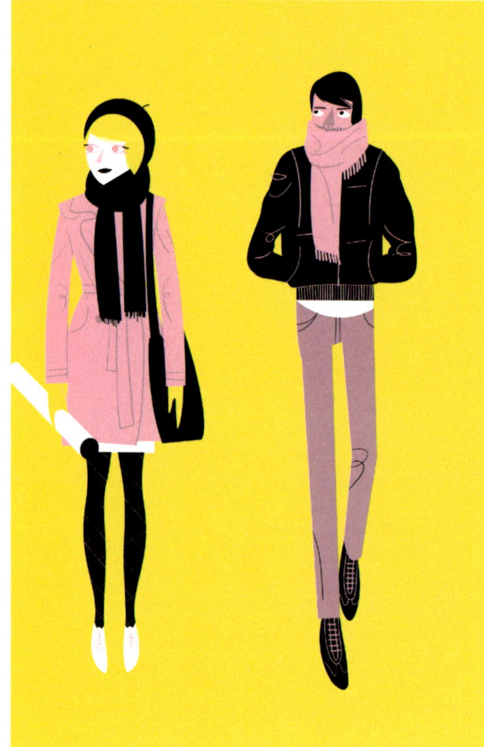

Figures of London.
2009.

Spotting the youngsters on the streets of London is a fun sport for anyone who likes to draw people. There are loads of nice silhouettes and graphic haircuts going on at the moment. I then tried to capture this visual zeitgeist using one of my favorite color combinations. The last guy in a black jacket is a self-portrait, hiding the notebook in his pocket.

Author: Clayton Junior

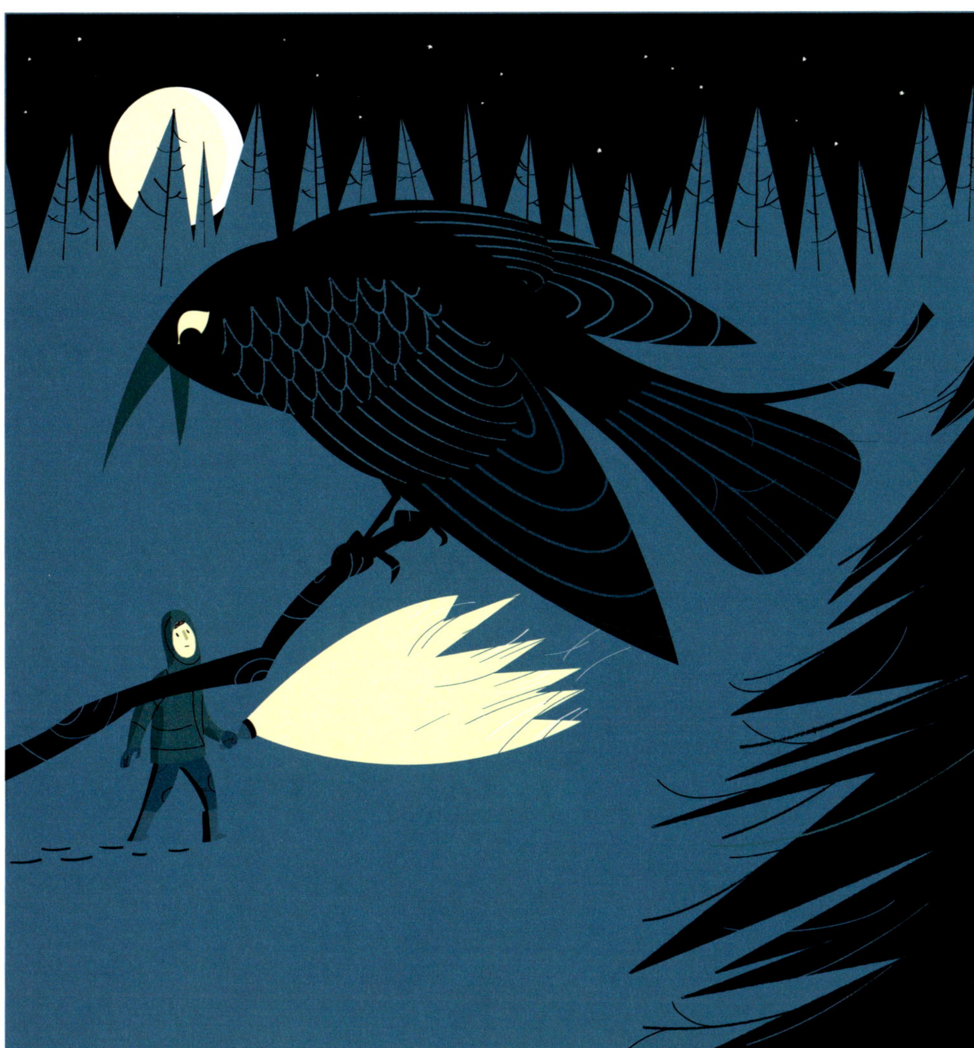

When making up these stories in my head, inspired by other things I've read and seen, there are always some strong images that come to mind and ask me to be drawn. This is about a crow guiding a lost boy in the forest. Crows sometimes have a human-like voice and are supposedly quite clever animals. No wonder they have inspired so many stories and appear in many myths and legends.

Author: Clayton Junior

The fifties.
The nineties.
2009.

The idea was to depict home interiors of three decades of design 50s, 60s and 90s—and all the objects surrounding them needed to be real design objects. It was fun to research and my girlfriend helped me out, as there are so many creations in this universe. I found out that often the decade of origin of these objects is mistaken, so we had to be sure to use reliable sources. It was quite nice to put the Campana brothers' wire chair on the nineties image.

Client: Furniture File
Author: Clayton Junior

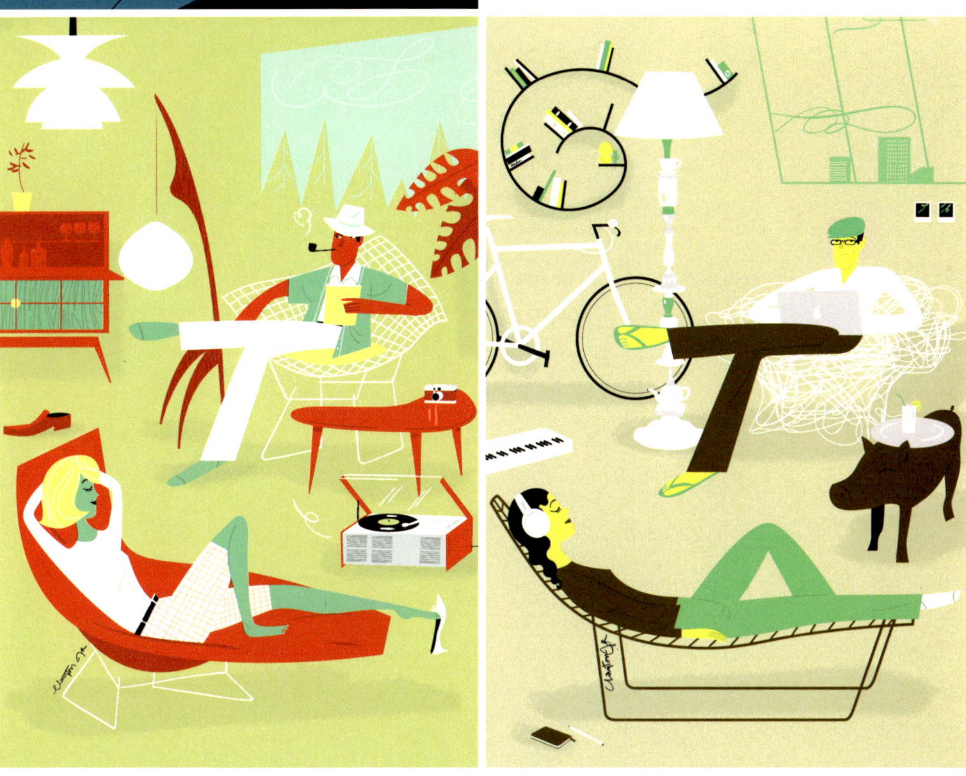

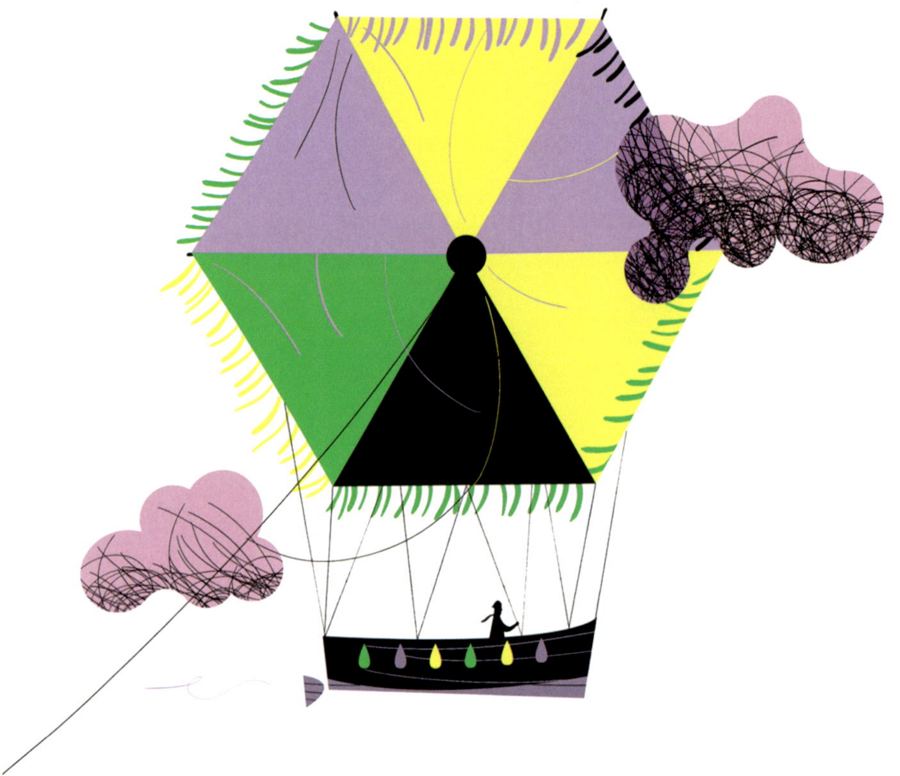

Teatro Oficina.
2009.

This kite-shaped balloon illustrated an article about the 50 years of Teatro Oficina, the ground-braking theater group from São Paulo, written by their restless leader José Celso Martinez. As the group' history is so extensive, I decided to depict the story as this imaginary ship, floating through dark clouds and above the obstacles the group faced on its way.

Client: *Folha de São Paulo* weekend magazine
Author: Clayton Junior

Medos urbanos 01.
2009.

This image illustrated an article about contemporary urban fears. Fear of the outside world, fear of not having time to do everything you would like to, etc. Like many big cities, São Paulo inspires many justified fears but also has some paranoia going on that blocks many people from enjoying it more.

Client: *Folha de São Paulo* weekend magazine
Author: Clayton Junior

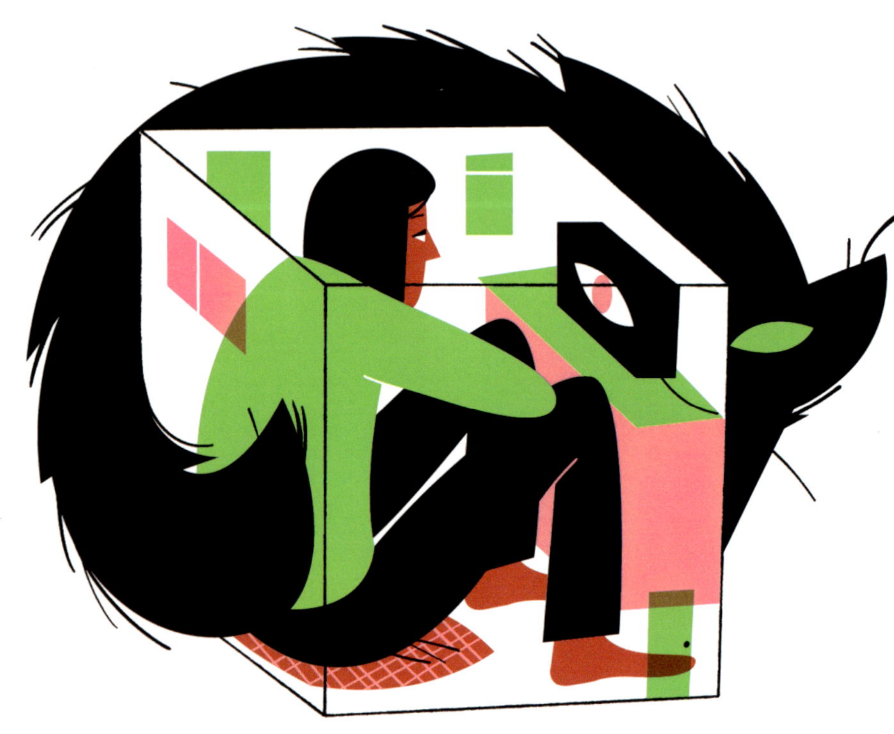

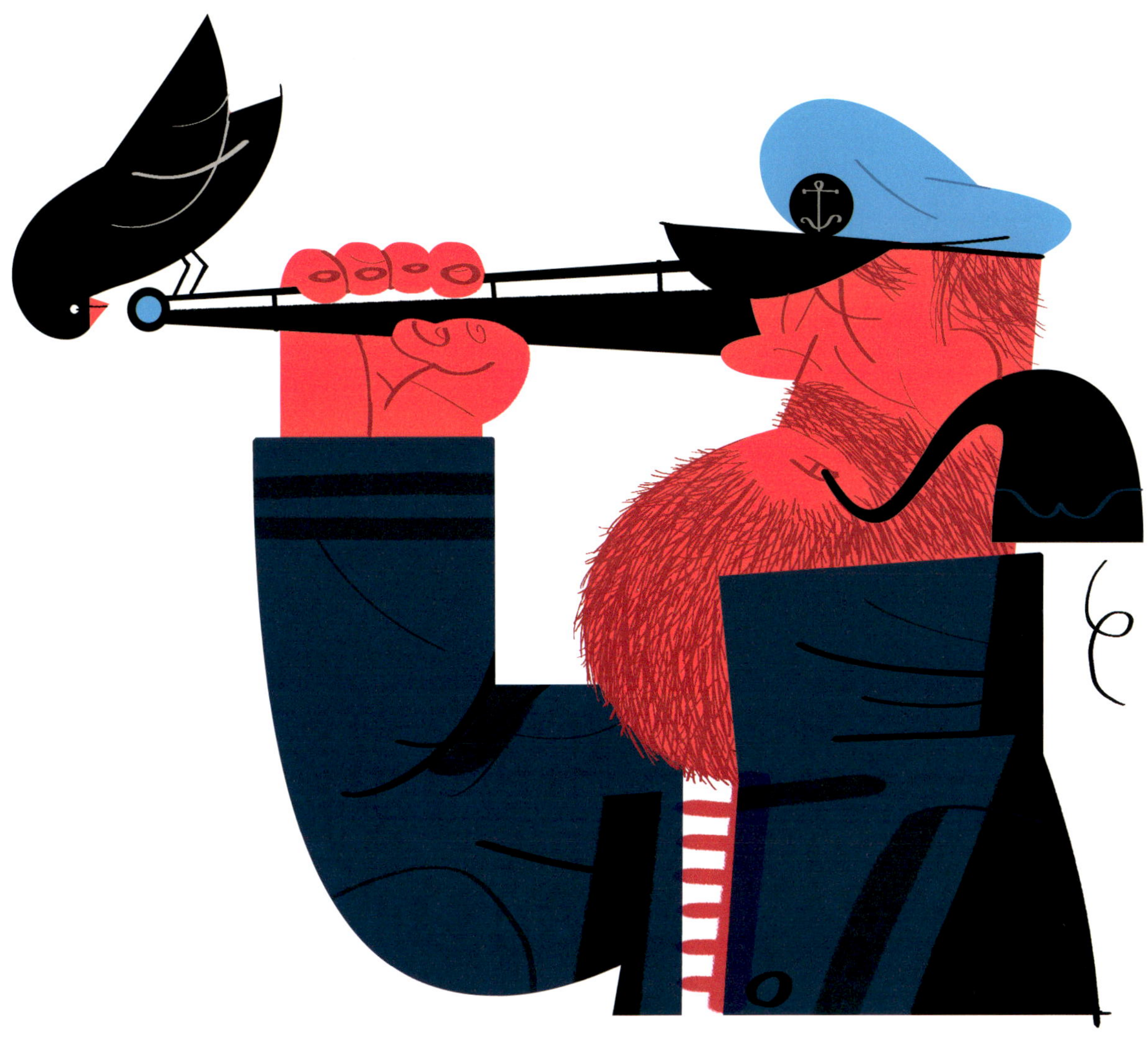

The captain.
2009.

**From pirates to Jacques Cousteau, there is something amazing about
stories happening in a self-contained world in the middle of the ocean.
This captain is a character of a story I have been sketching. He is guided
more by gut feeling than instruments, and cruises the sea along with his
crew of misfits and helping animals.**

Author: Clayton Junior

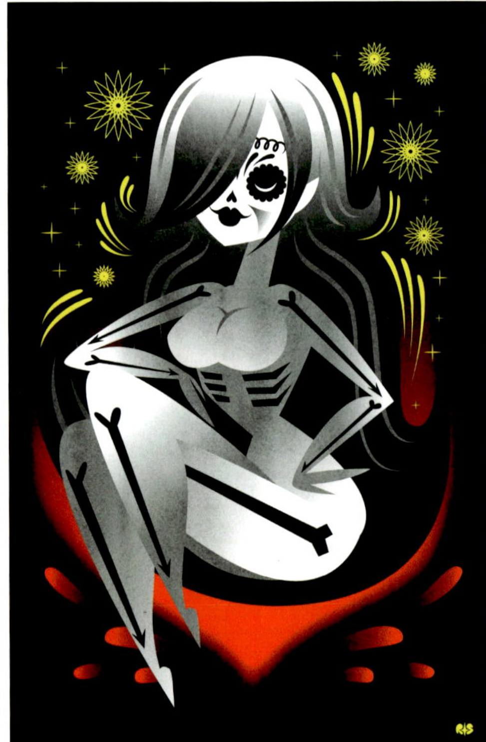

La Muertita.
2009.

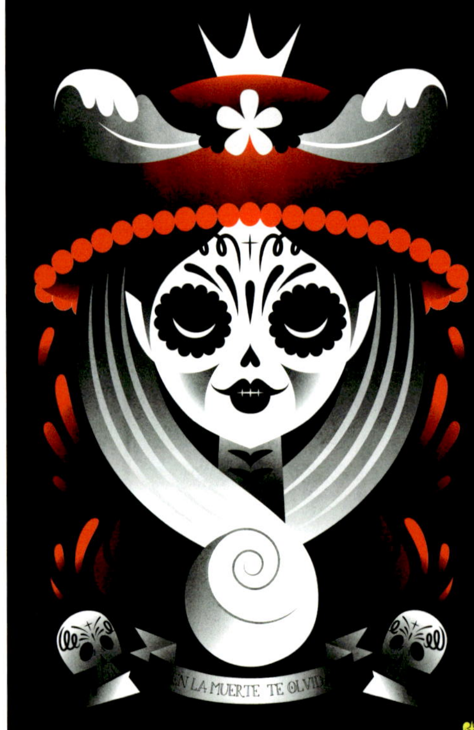

La Catrina.
2009.

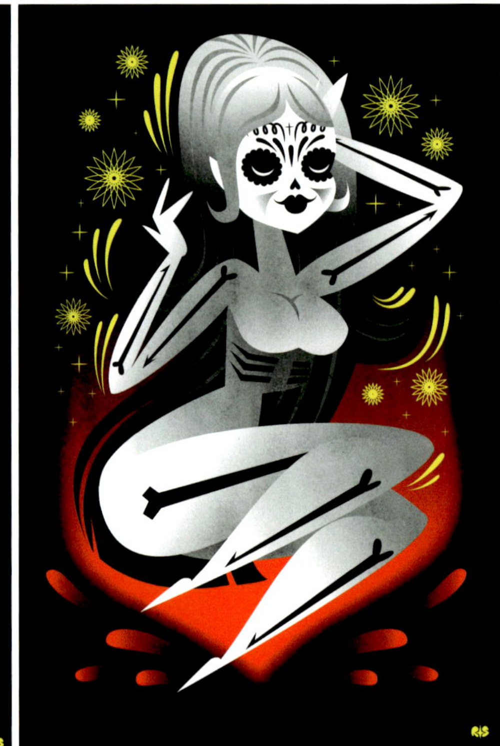

La Muertita.
2009.

**Personal illustration
work to celebrate "El
día de los muertos."**

Author: Robotsoda

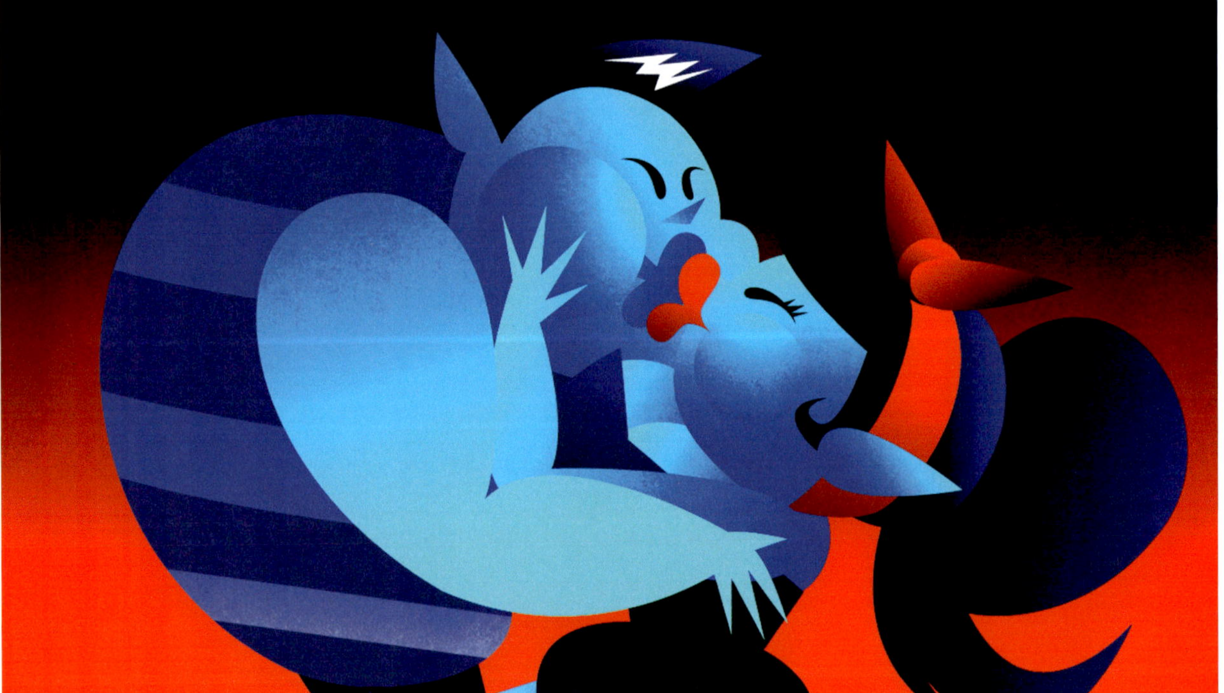

Psycho Zero '65.
2009.

**Title sequence for rockabilly vampire flick *Psycho Zero '65*.
Student project at Vancouver Film School.**

Client: Vancouver Film School
Author: Robotsoda

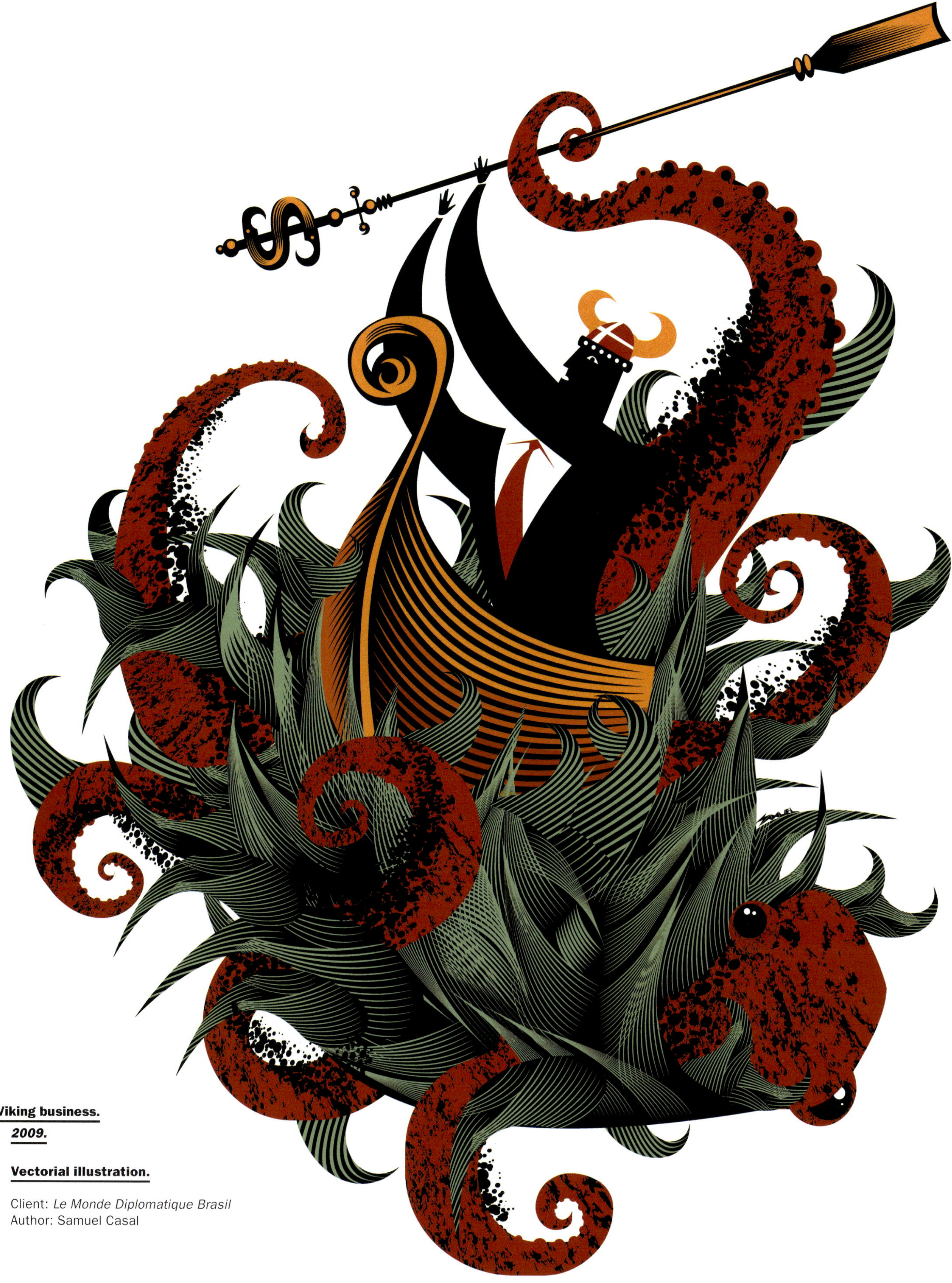

Viking business.

2009.

Vectorial illustration.

Client: *Le Monde Diplomatique Brasil*
Author: Samuel Casal

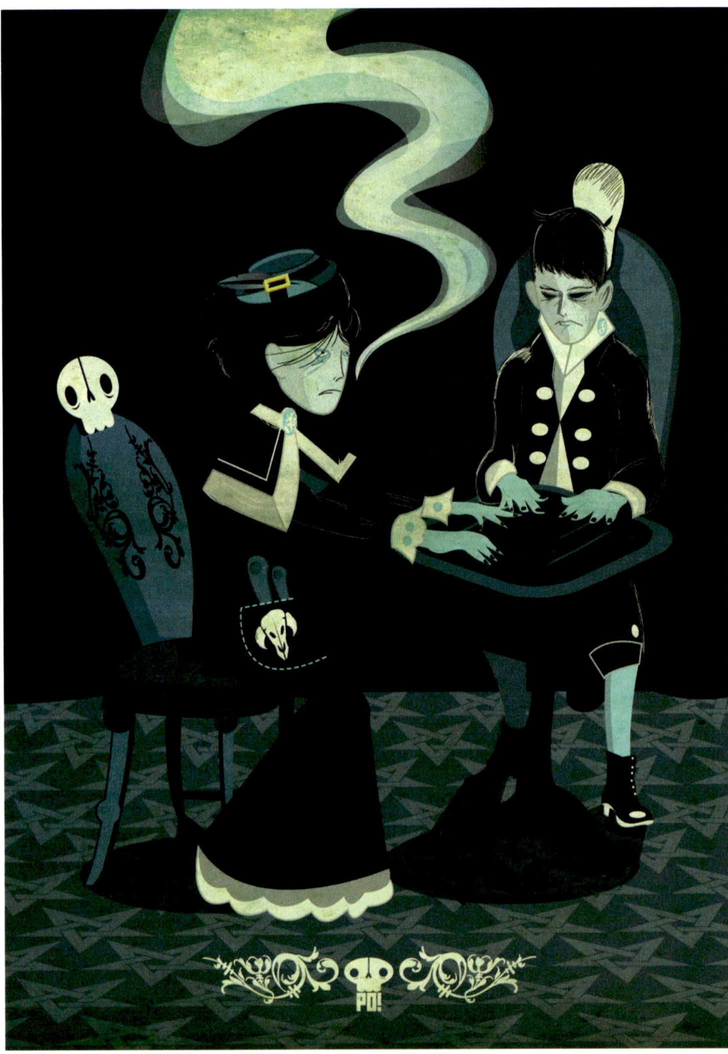

HansHell and GreatHell mediums.

2009.

Illustration for the "Ectoplasma" show at Diente de Oro.

Client: El Diente de Oro
Author: PO! (aka Patricio Oliver)

Cursed twins.

2009.

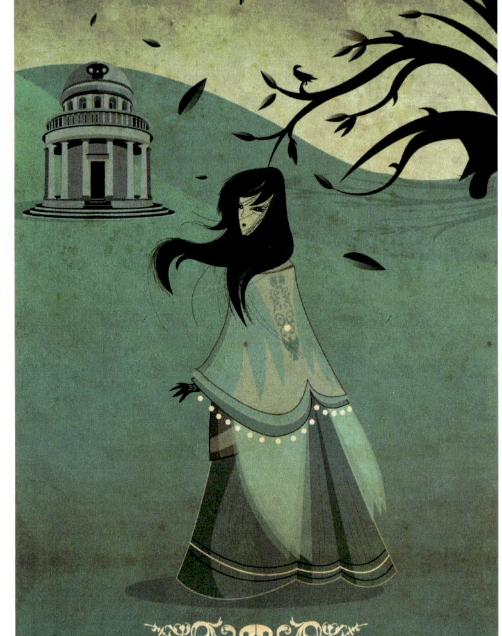

Fay obscure path.
2009.

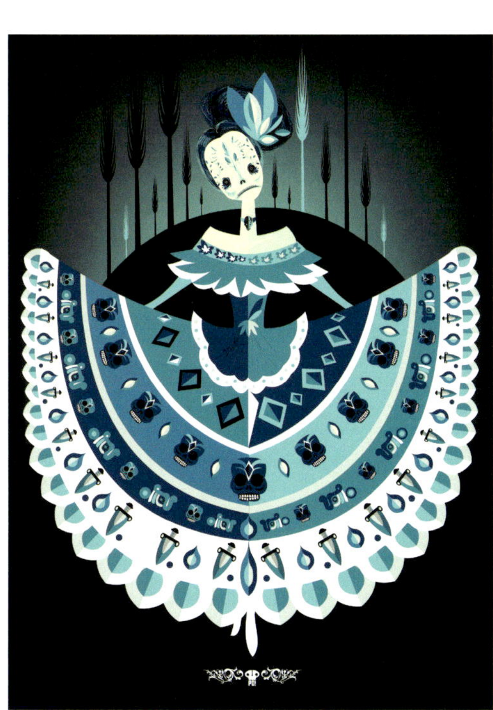

Catalepsia from the Tenebrae.

2009.

Client: Loca Chihuahua Mexican restaurant
Author: PO! (aka Patricio Oliver)

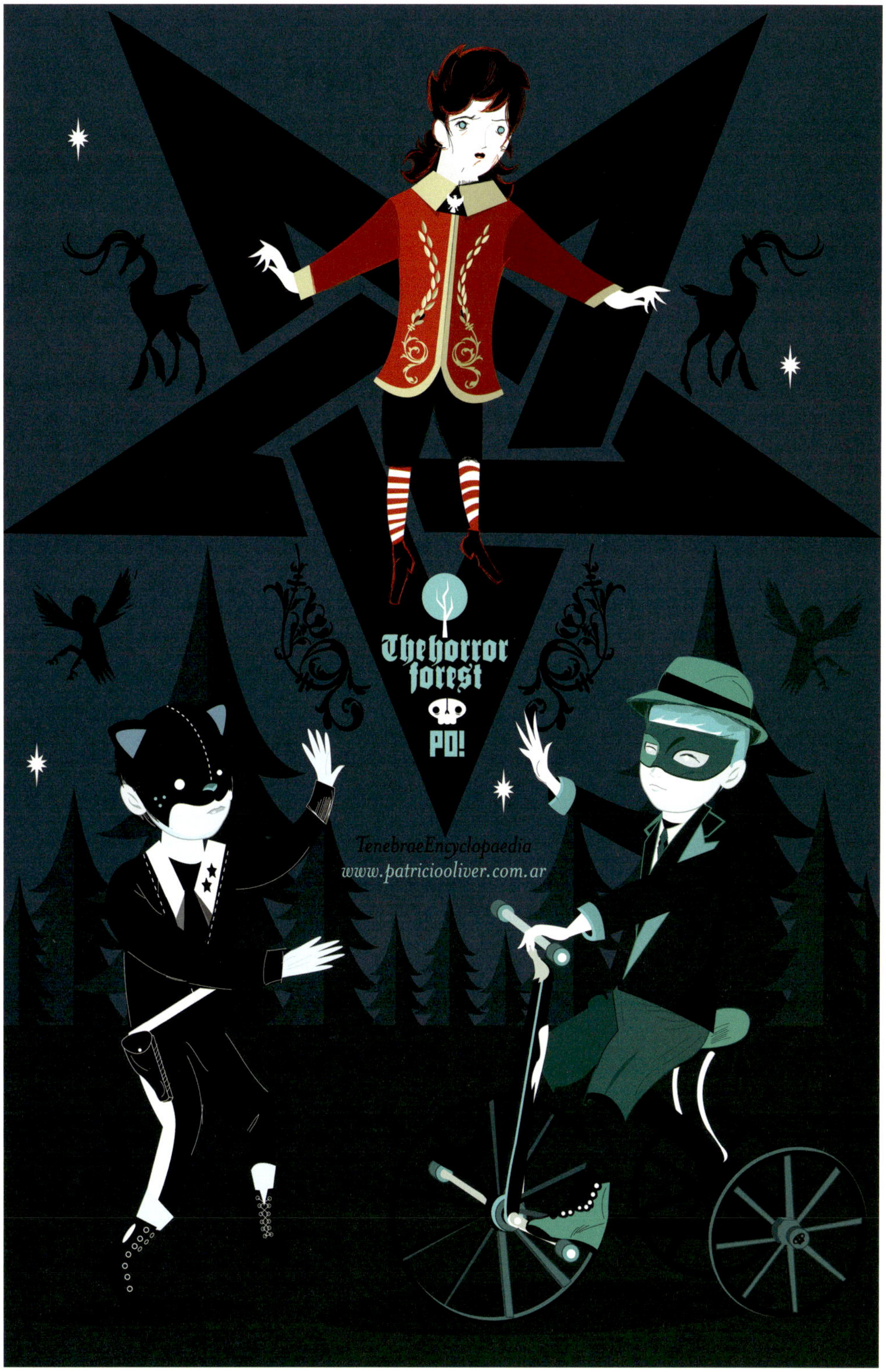

The horror forest maleficarum.

2009.

10x15cm, matte coated cardstock, rounded corners. Self-promotional postcard.

Author: PO! (aka Patricio Oliver)

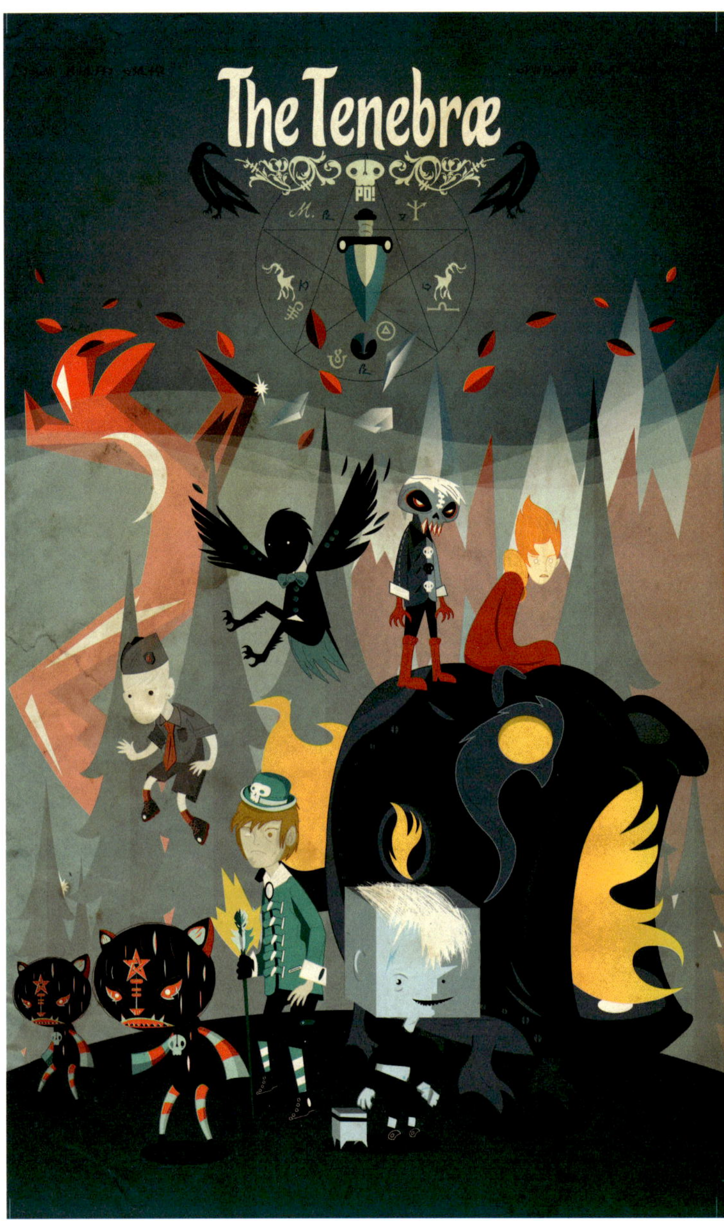

The Tenebrae.

2010.

A3 poster printed in full color on high quality 100# stock—limited to 50 prints with 50% of profits going to Invisible Children.

Client: www.thepostercauseproject.com
Author: PO! (aka Patricio Oliver)
Credits: Font: Pinguino by Ale Paul

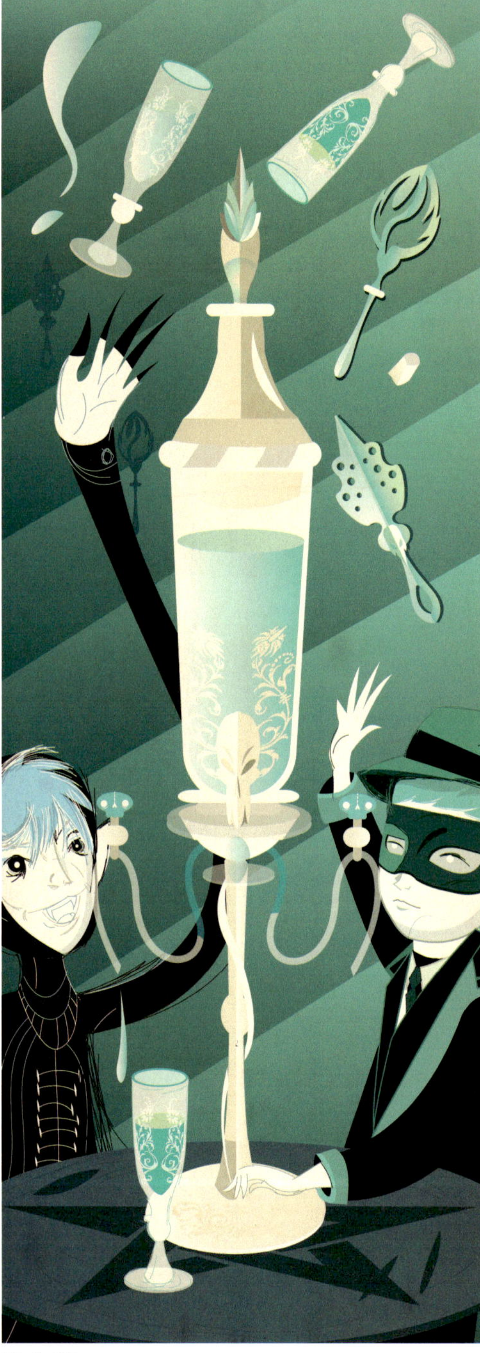

Absinthia.

2009.

Illustration for *Göoo* magazine #8: "Pleasure."

Client: *Göoo* magazine
Author: PO! (aka Patricio Oliver)
Credits: www.revistagooo.com.ar

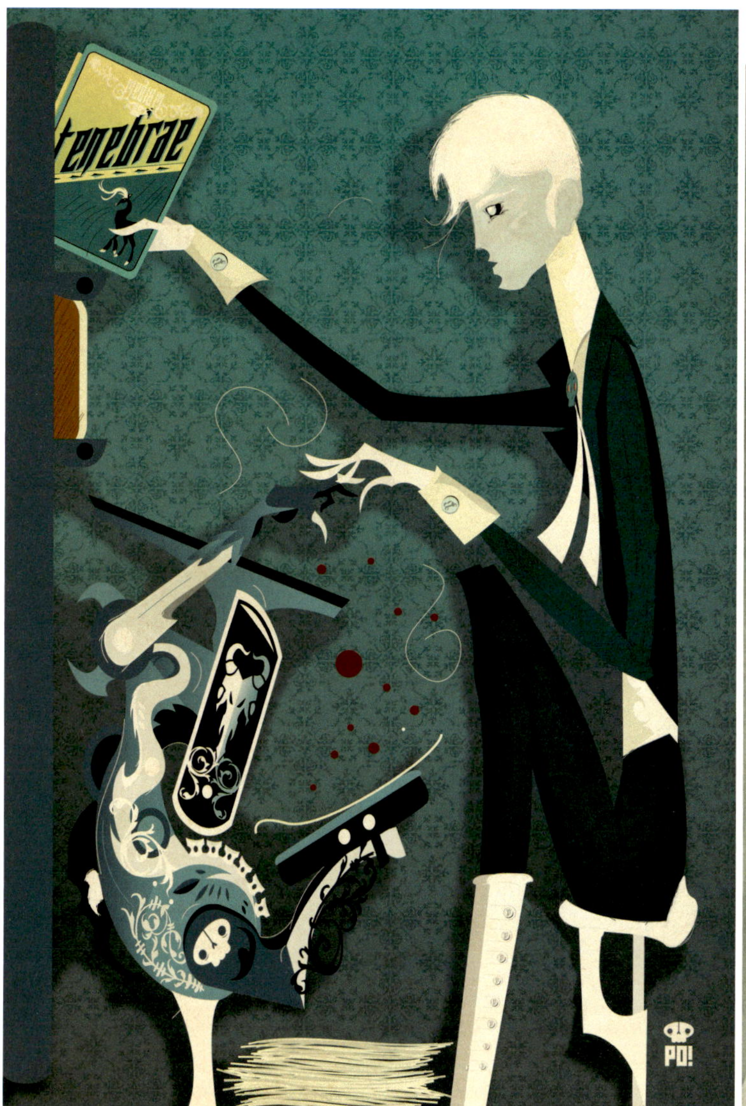

Cinis the archivist.

2009.

25th anniversary folded cards for LatinGráfica printing house. cmYK + Pantone 606 + Pantone Metallic 8402 Ledesma Vision Paper 90gr.

Client: LatinGráfica
Author: PO! (aka Patricio Oliver)
Designed by Pump Diseño, Font: Paz by Sudtipos

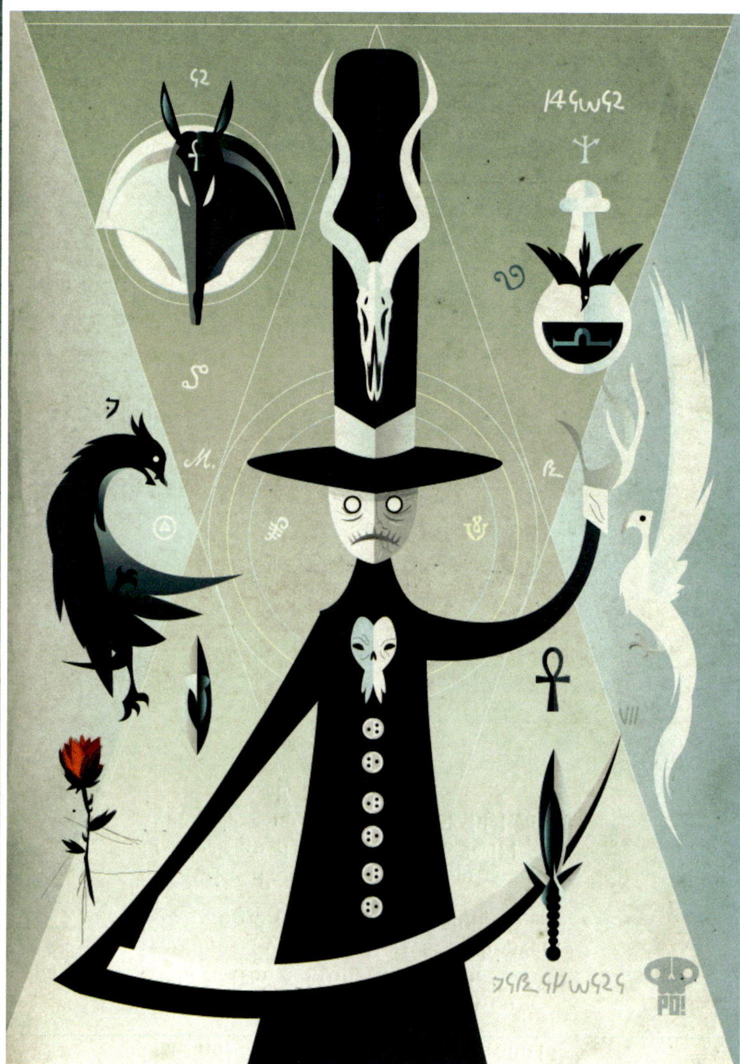

Super Punch death tarot card.

2010.

Three-year anniversary tarot card for Super Punch.

Client: www.superpunch.blogspot.com
Author: PO! (aka Patricio Oliver)

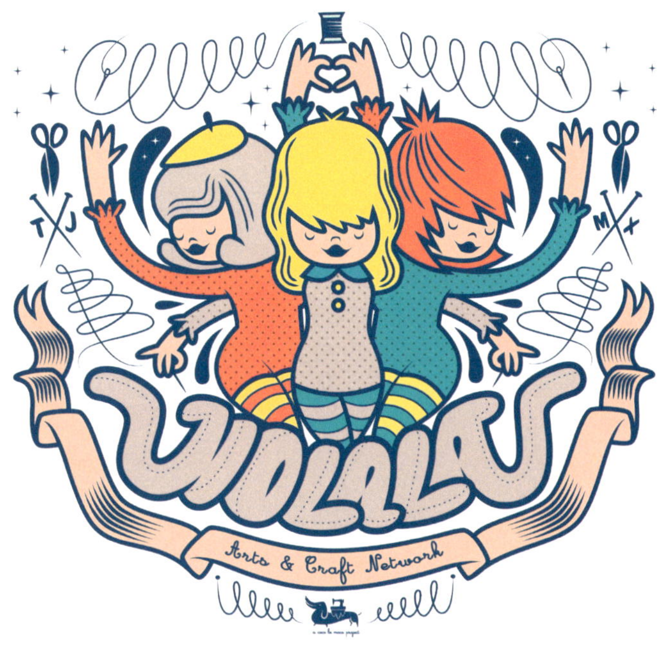

Hola-la.

2009.

Collaboration with craft network hola-la.blogspot.com.

Client: Holala
Author: Robotsoda

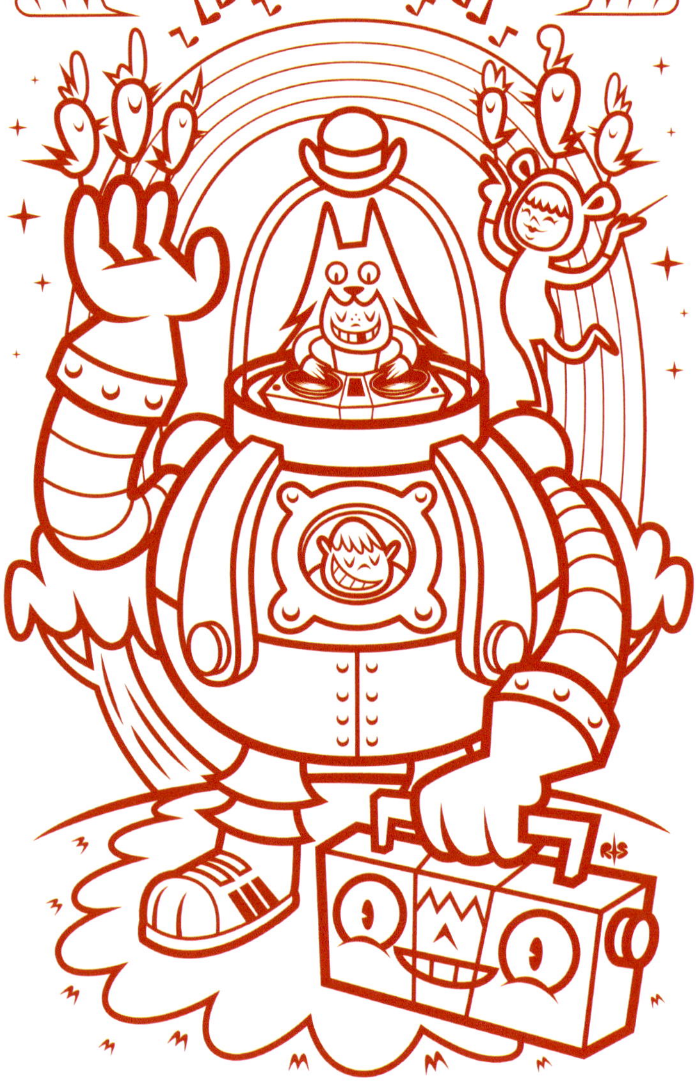

Lost Boys.

2009.

**Collaboration for Rainbow Birds Project. The idea of reuniting visual
artists to collaborate and produce a collective coloring book, illustrated
by artists from around the world in order to raise funds for charity
institutions and orphanages of the city of Tijuana, México.**

Client: Rainbow Birds Project
Author: Robotsoda

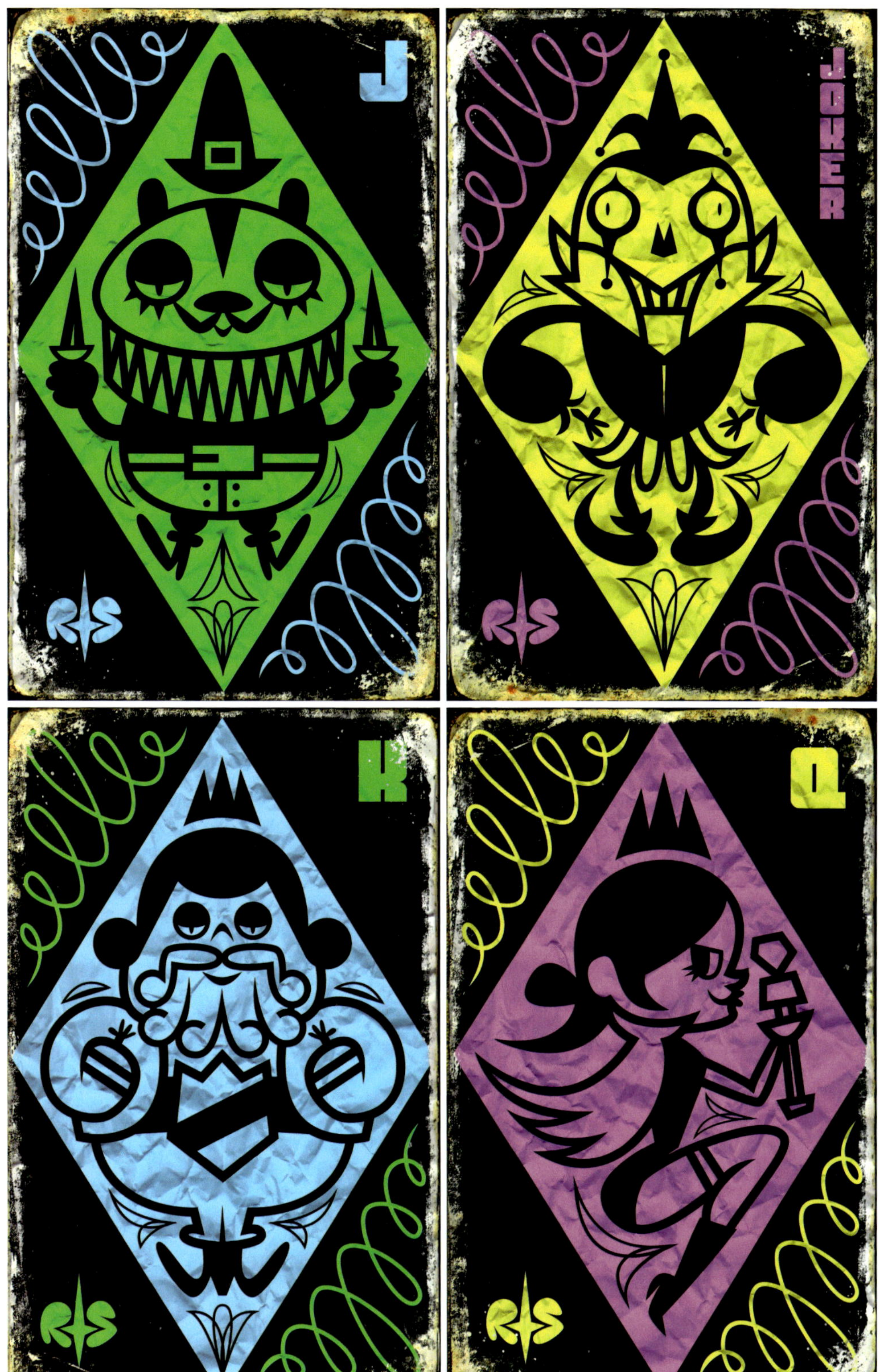

RS deck.
2009.

Contribution to *Apócrifa* art magazine.

Client: *Apócrifa* art magazine
Author: Robotsoda

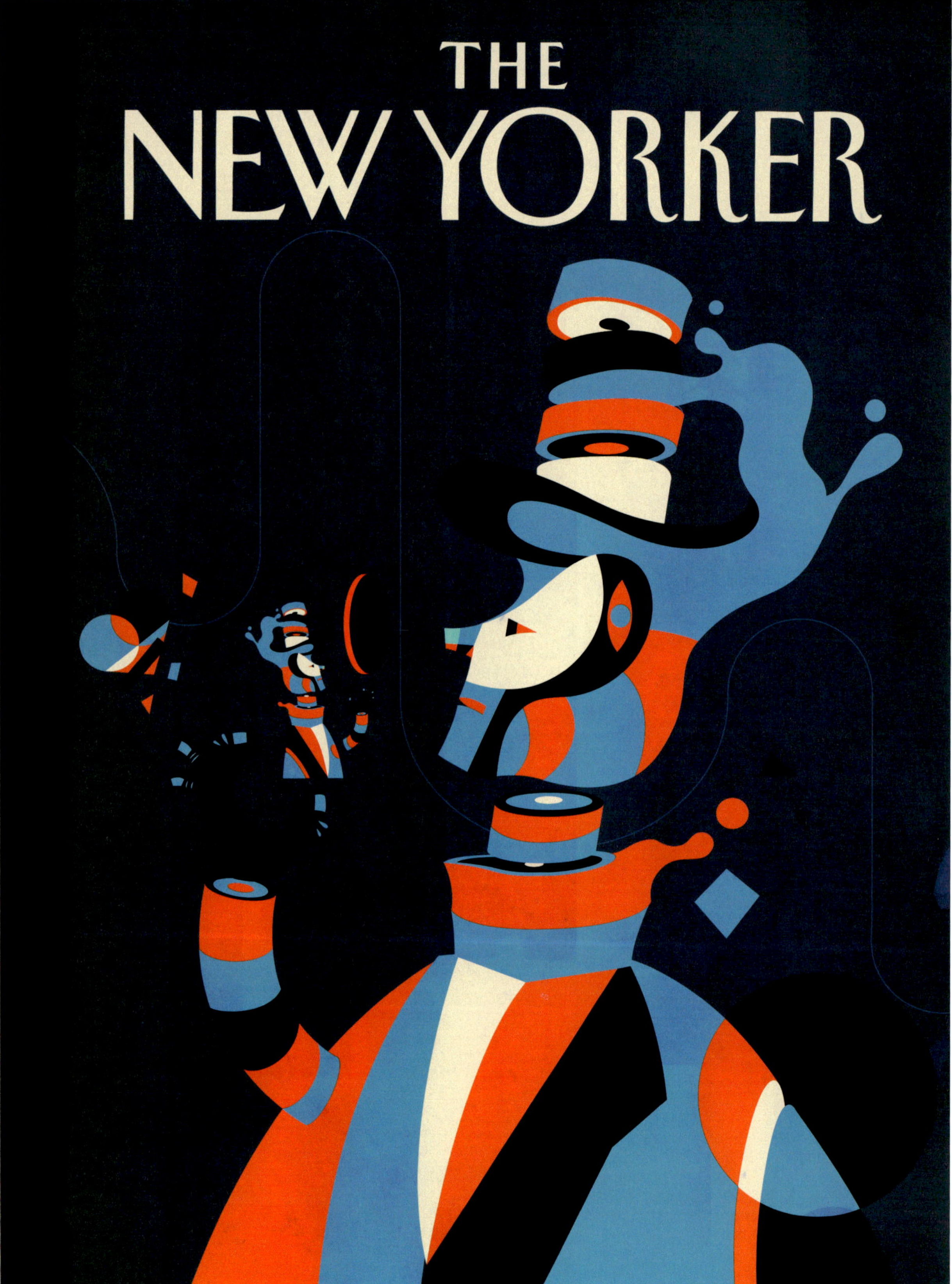

Eustace Tilley Contest 2008.

2008.

My own take on *The New Yorker*'s magazine mascot, Eustace Tilley, for the Eustace Tilley Contest held in 2009.

Client: Eustace Tilley Contest
Author: Juan Molinet
(aka Rey Misterio)

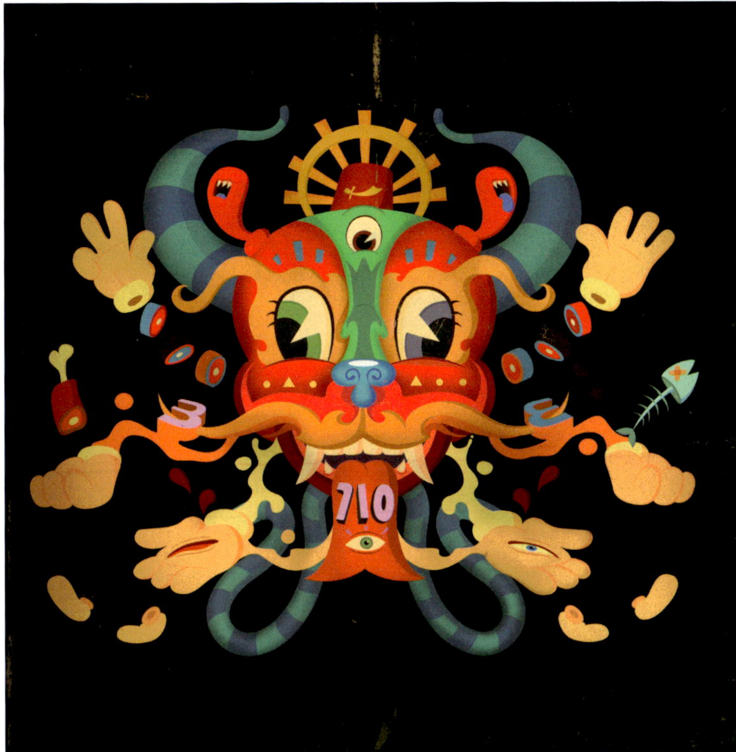

Belio God.

2009.

An illustration made for *Belio* magazine for its 10th anniversary edition. The magazine logo is hidden in the illustration.

Client: *Belio* magazine
Author: Juan Molinet (aka Rey Misterio)

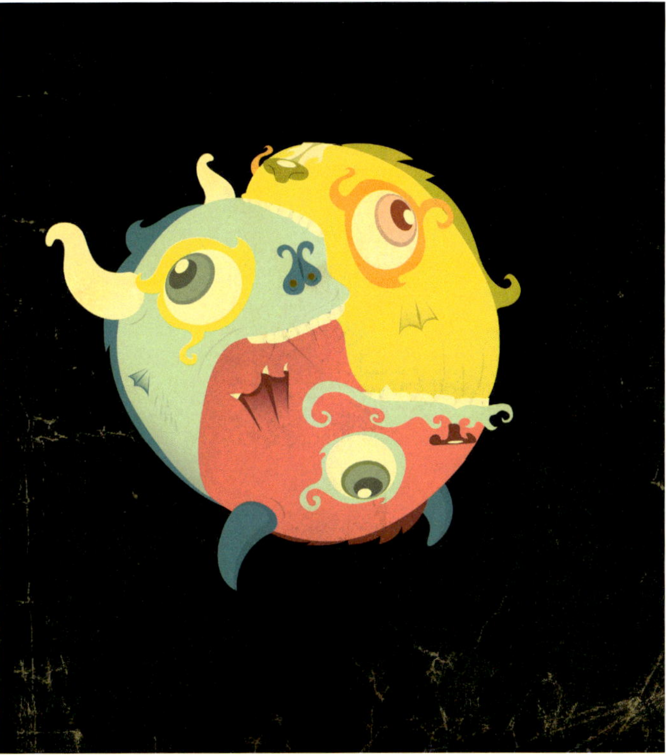

The circle of self-destruction.

2009.

An illustration intended for T-shirts, depicting a strange circle of auto-cannibalism.

Author: Juan Molinet (aka Rey Misterio)

The Candynaut.

2009.

A personal illustration with a candy-headed astronaut. Hand-drawn, vectorized, and texturized using photo-retouching software.

Author: Juan Molinet (aka Rey Misterio)

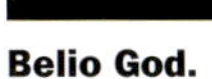

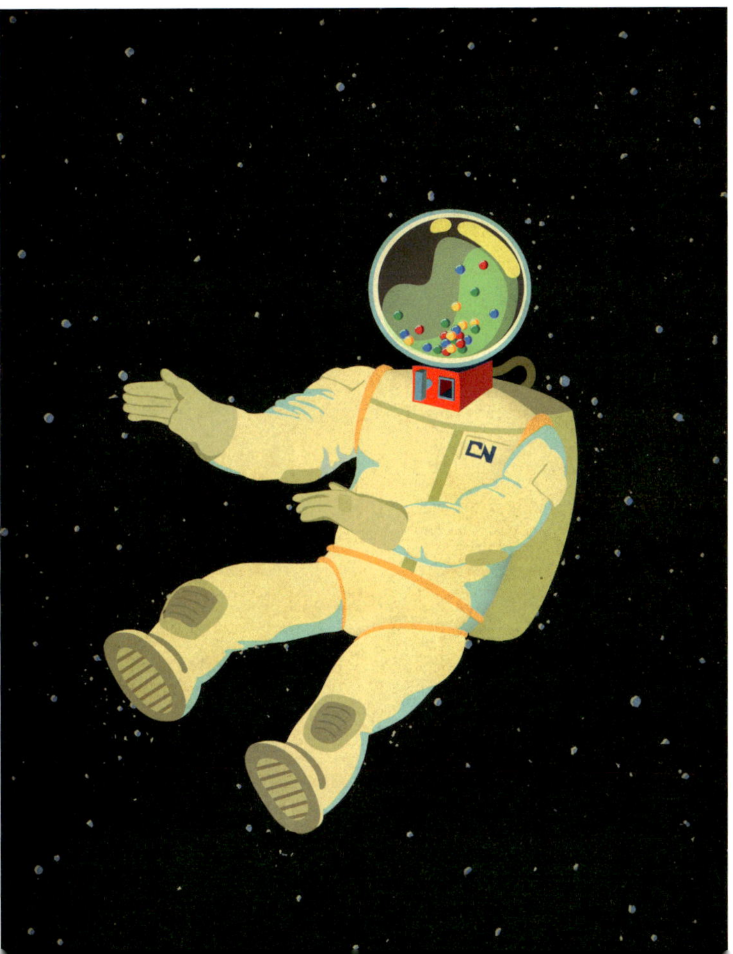

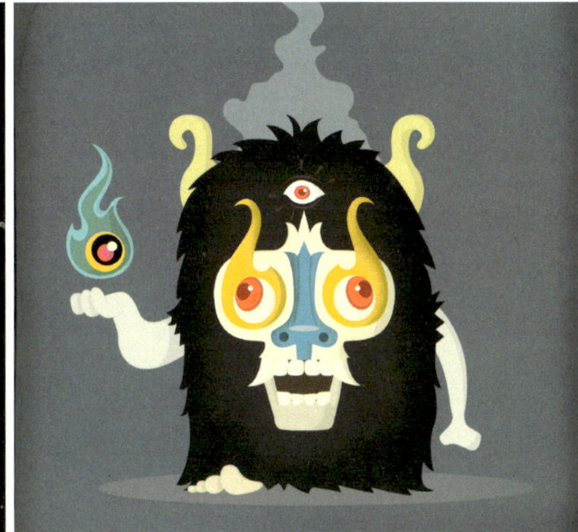

The substitute death demi-God.

2008.

A character based on Malayan and East Asian mythologic creatures, symbolizing death.

Author: Juan Molinet (aka Rey Misterio)

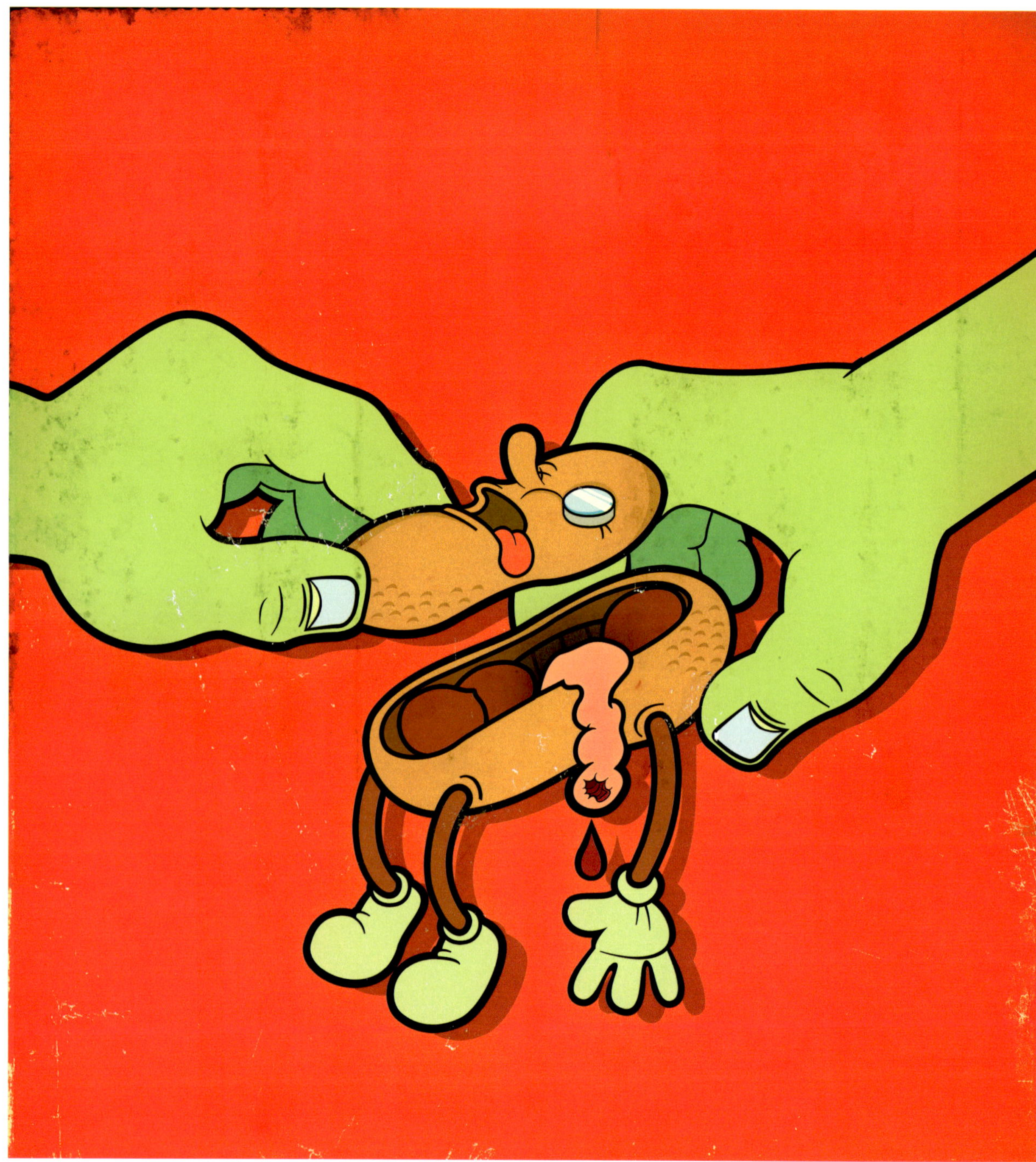

The ominous death of Mr. Peanut.
2009.

The depiction of the tragic final moments of Mr. Peanut. Hand-drawn, vectorized, and texturized using photo-retouching software.

Author: Juan Molinet (aka Rey Misterio)

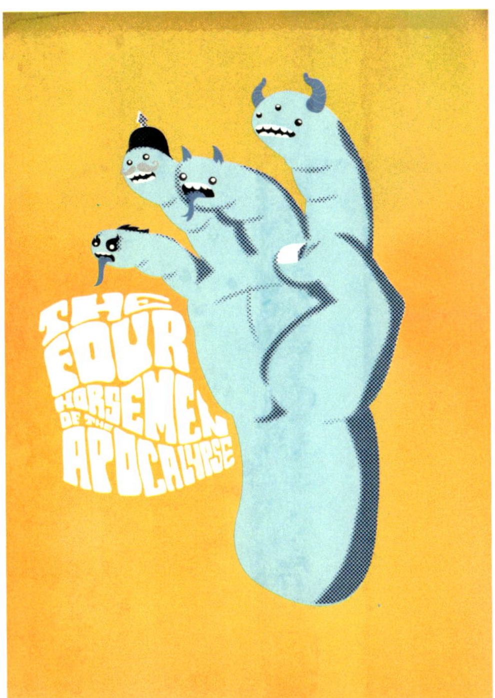

The four horsemen of the Apocalypse.
2008.

A personal representation of a religious theme, with a twist of humor.

Author: Juan Molinet (aka Rey Misterio)

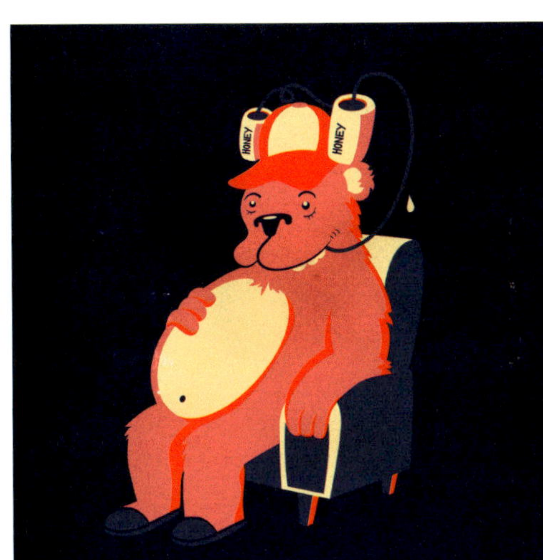

Honey bear.
2008.

A funny illustration made for a Flickr group called "Bears in ill-fitting hats." Hand-drawn, vectorized, and texturized using photo-retouching software.

Author: Juan Molinet (aka Rey Misterio)

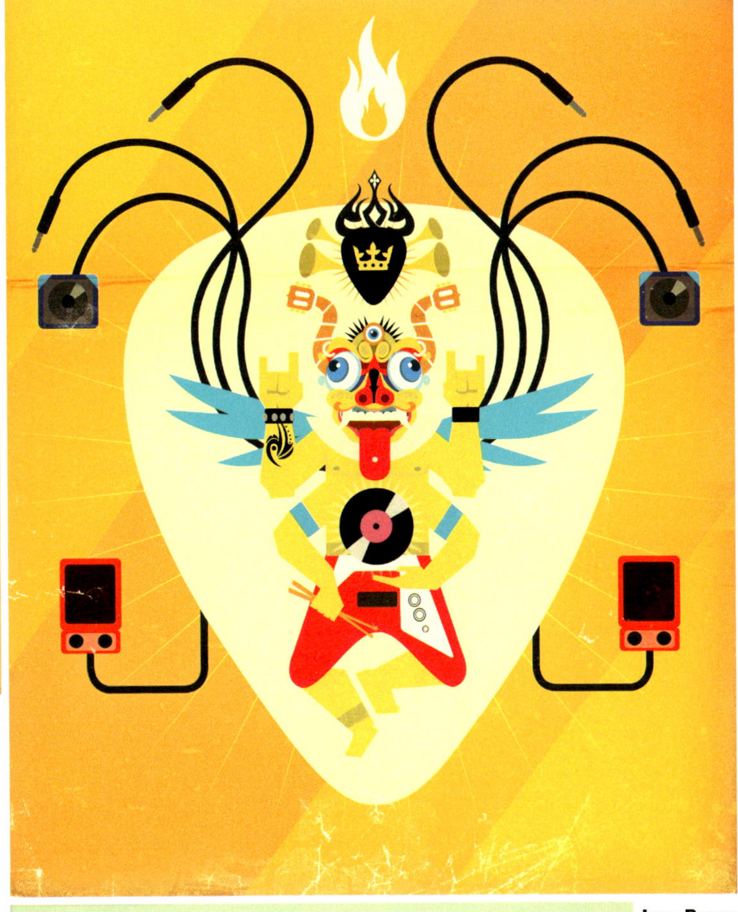

God of sound.
2008.

A personal illustration showing my love for music and how it rules my life, as if it was a religious cult or belief.

Author: Juan Molinet (aka Rey Misterio)

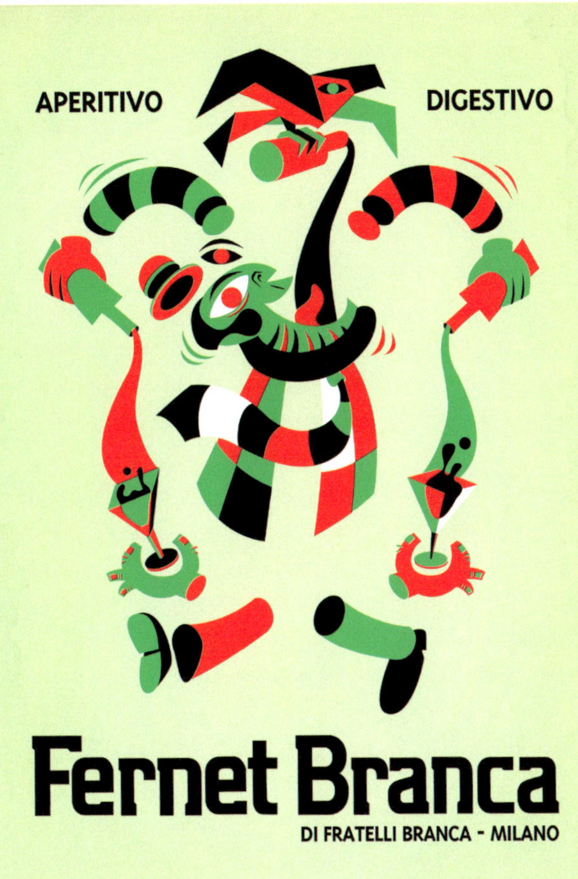

Jazz Branca.
2008.

An illustration as a homage to the great Jim Flora, for the contest Arte Único from Fernet Branca.

Client: Concurso Arte Único Fernet Branca
Author: Juan Molinet (aka Rey Misterio)

Shower tea party.

2008.

A shower tea as I imagine. Hand-drawn, vectorized, and texturized using photo-retouching software.

Author: Juan Molinet (aka Rey Misterio)

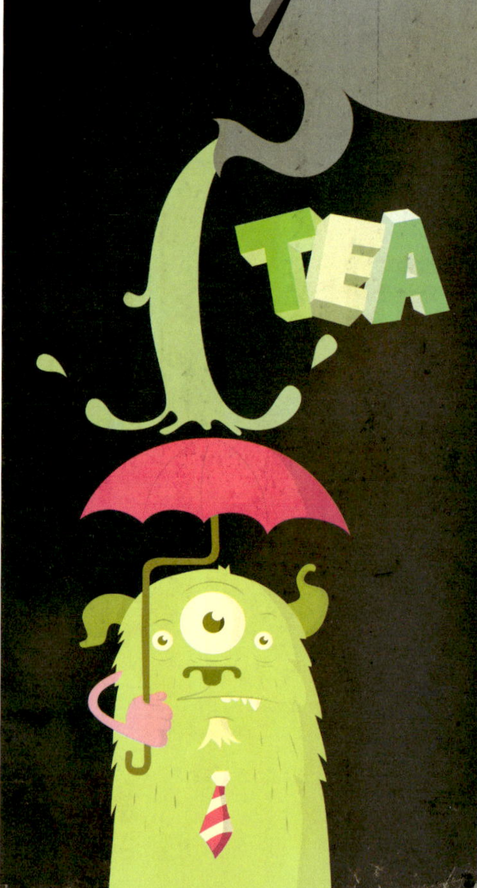

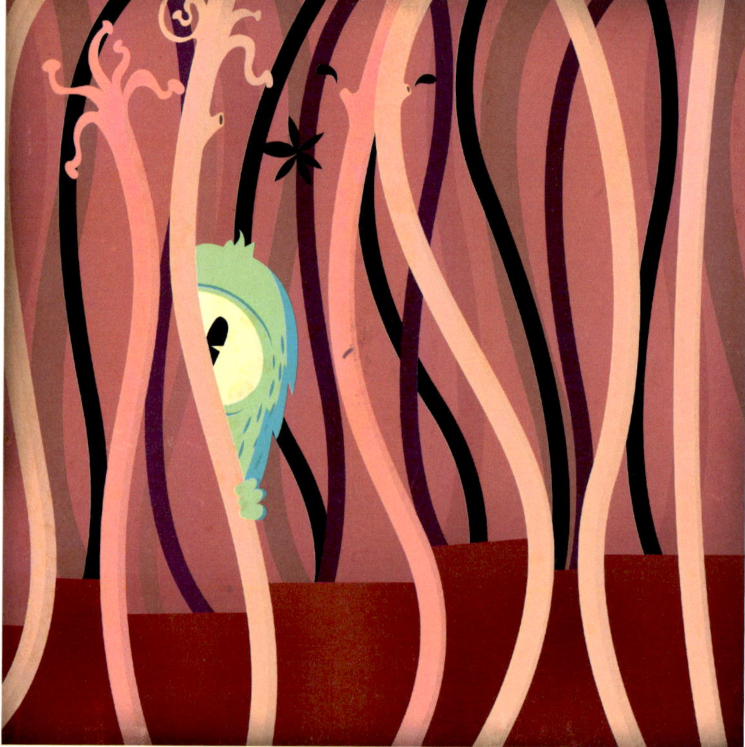

Hidden monster, crouching tiger.

2009.

A personal illustration depicting a hidden monster in the woods, representing the hidden monster we all have inside. Hand-drawn, vectorized, and texturized using photo-retouching software.

Author: Juan Molinet (aka Rey Misterio)

The Ogoh-Ogoh demi-God of cartoon movies.

2007.

A personal illustration with a sort of Mickey Mouse deity, but in a kind of evil, wicked way.

Author: Juan Molinet (aka Rey Misterio)

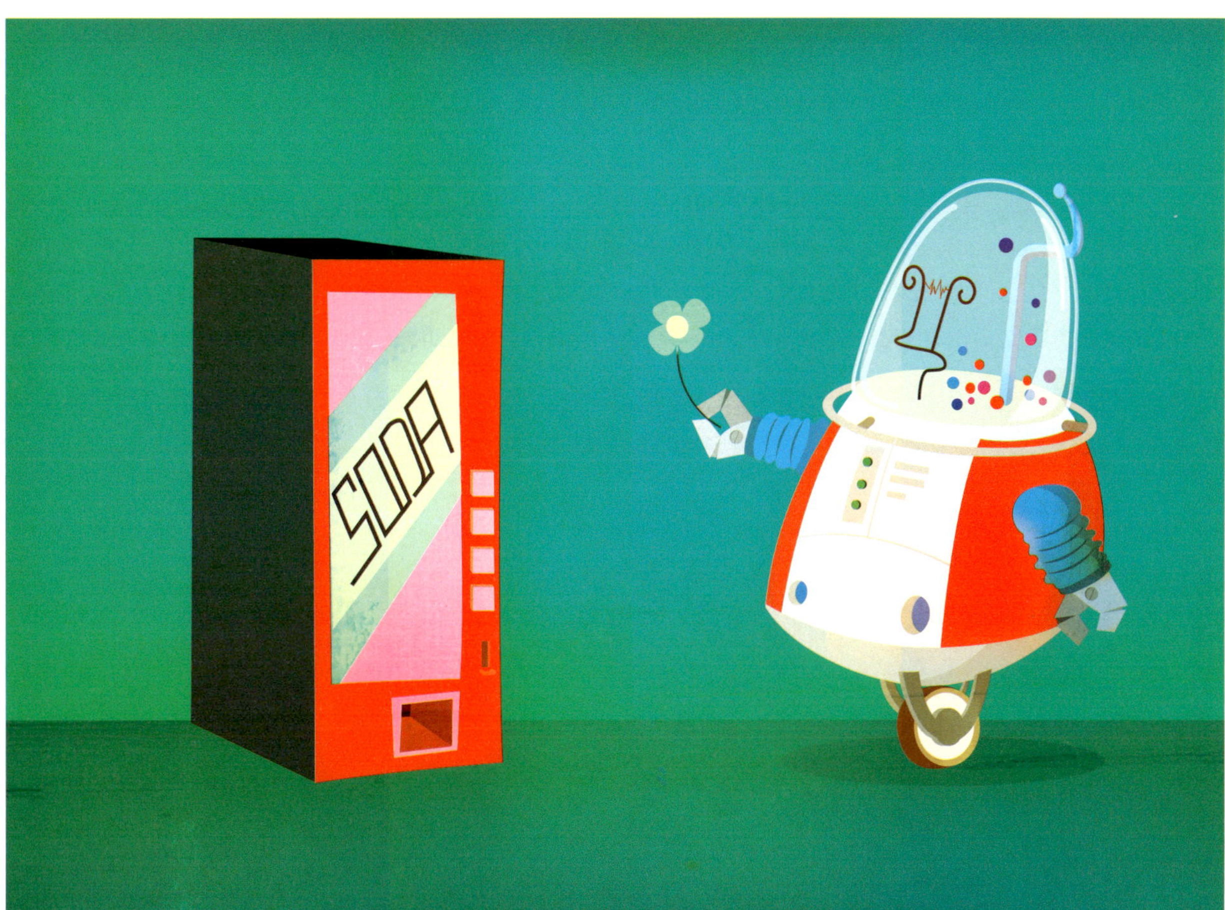

Tin love.
2007.

Author: Juan Molinet
(aka Rey Misterio)

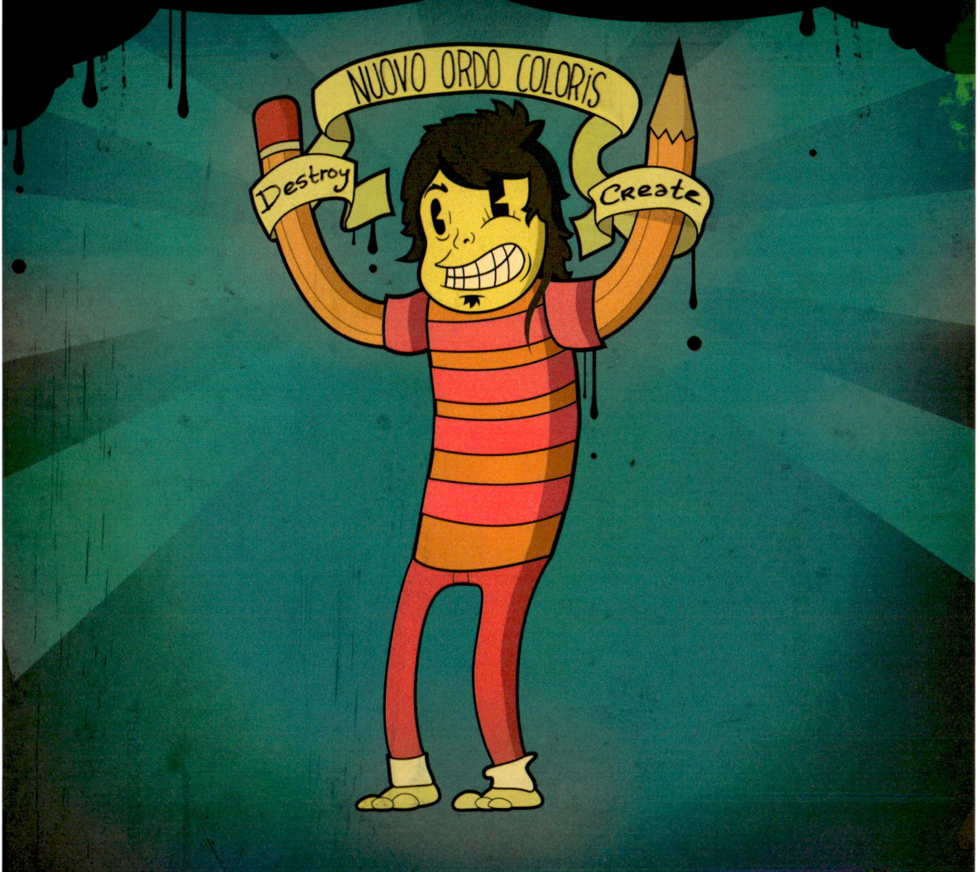

My left self.
2008.

An illustration for the Lefthandside website, about lefty designers, such as myself, symbolizing the creation with my left hand and chaos with my right hand.

Client: Lefthandsite
Author: Juan Molinet (aka Rey Misterio)

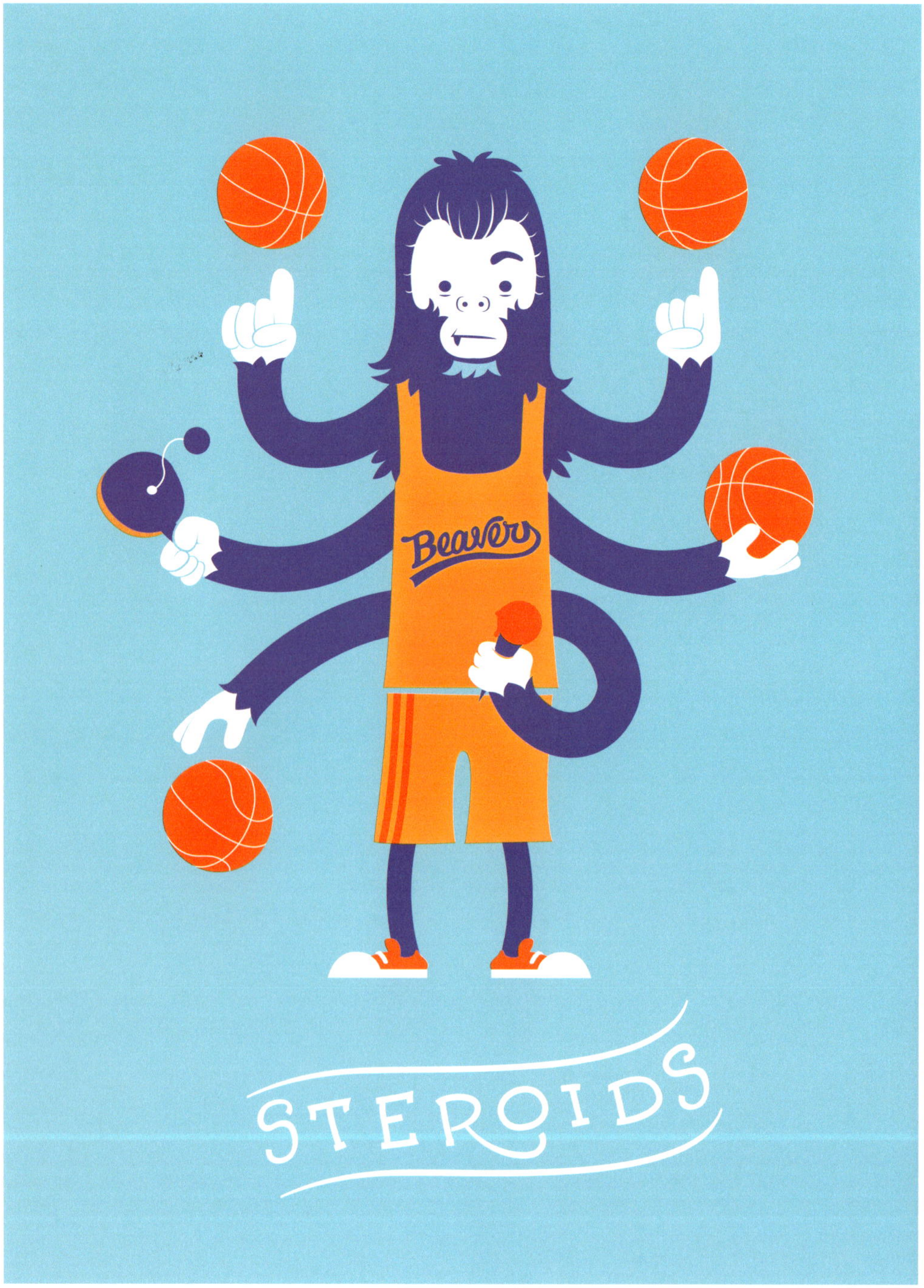

Steroids.

2009.

An illustration intended for T-shirts, based on the motion picture *Teen Wolf*, with an ironic touch.

Author: Juan Molinet (aka Rey Misterio)

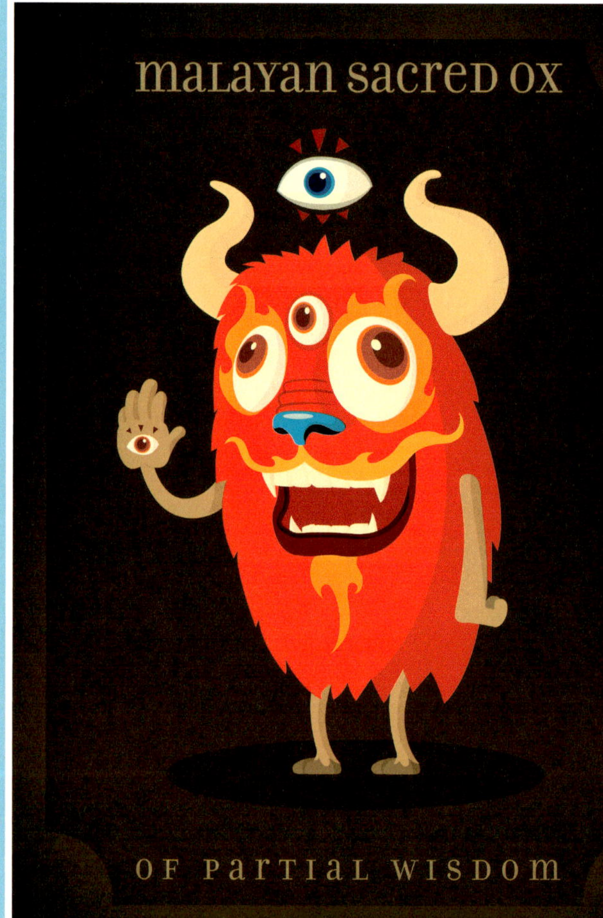

Malayan sacred ox of partial wisdom.

2007.

A character made for character-driven cards called Wachi Fichuz. It is a kind and ancient ox, worshiped for his wisdom.

Client: Wachi Fichuz
Author: Juan Molinet (aka Rey Misterio)

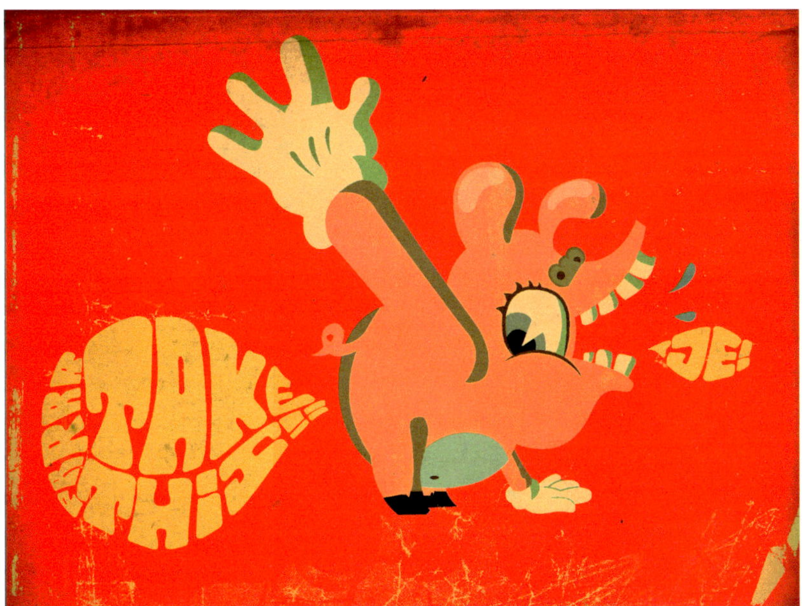

Take this!

_2007._

Old-fashioned character with a scatologic way of communication.

Author: Juan Molinet (aka Rey Misterio)

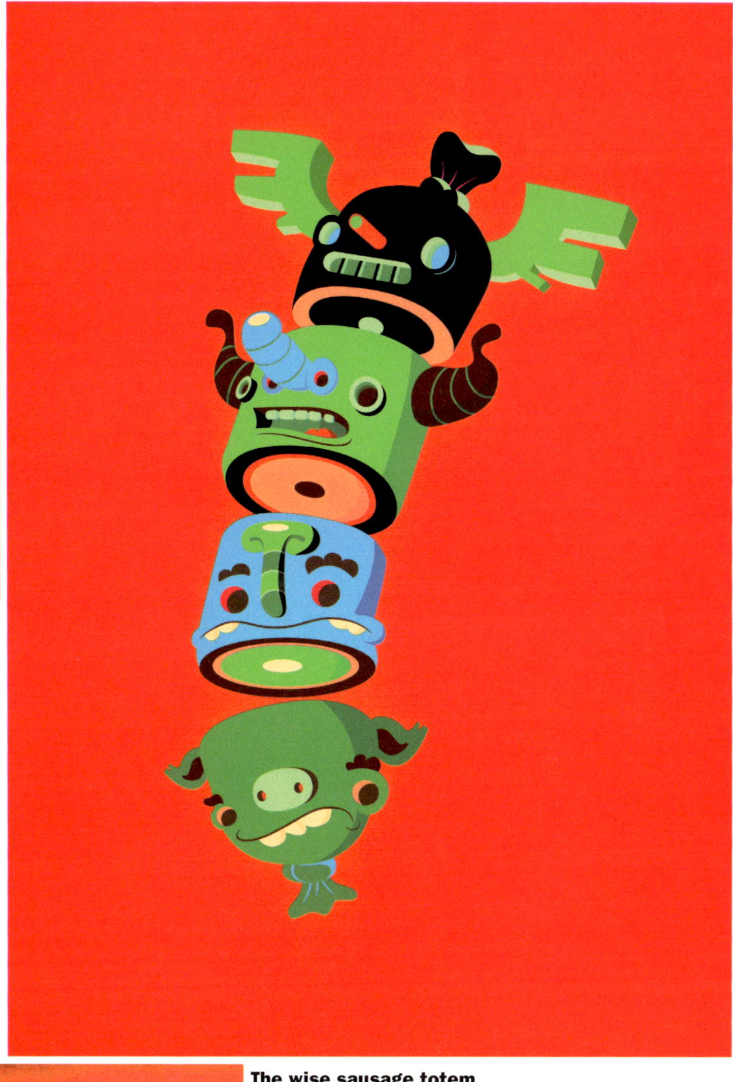

The wise sausage totem.

_2009._

**A sausage totem, and a very wise one.
A homage to one of the things I love the
most: food!**

Author: Juan Molinet (aka Rey Misterio)

Mandrilo goes to town.

_2009._

**One of the many characters I draw just for
the fun of it. I have always loved baboons and
motorcycles, specialy old ones.**

Author: Juan Molinet (aka Rey Misterio)

Dead.
2009.

In this composition I tried to create a universe where the characters I was drawing could co-exist. My idea was to generate a small world of landscapes, characters, and situations.

Author: Mshrobot
(aka Diego Agasso)

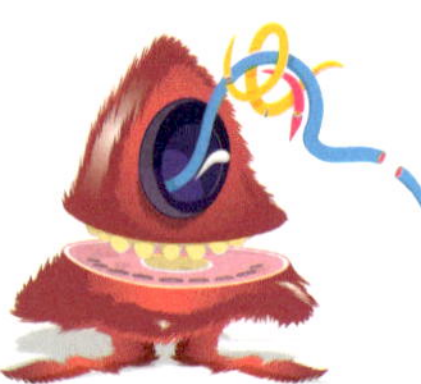

Phobia.
2009.

Work created for the "Phobia Research" exhibition in Kaunas, Lithuania, June 2009. The brief was to illustrate characters that suffer from aphobia, or to personify a phobia. I illustrated Helminthophobia: fear of being infested with worms.

Client: Moytoy
Community
Author: Mshrobot
(aka Diego Agasso)

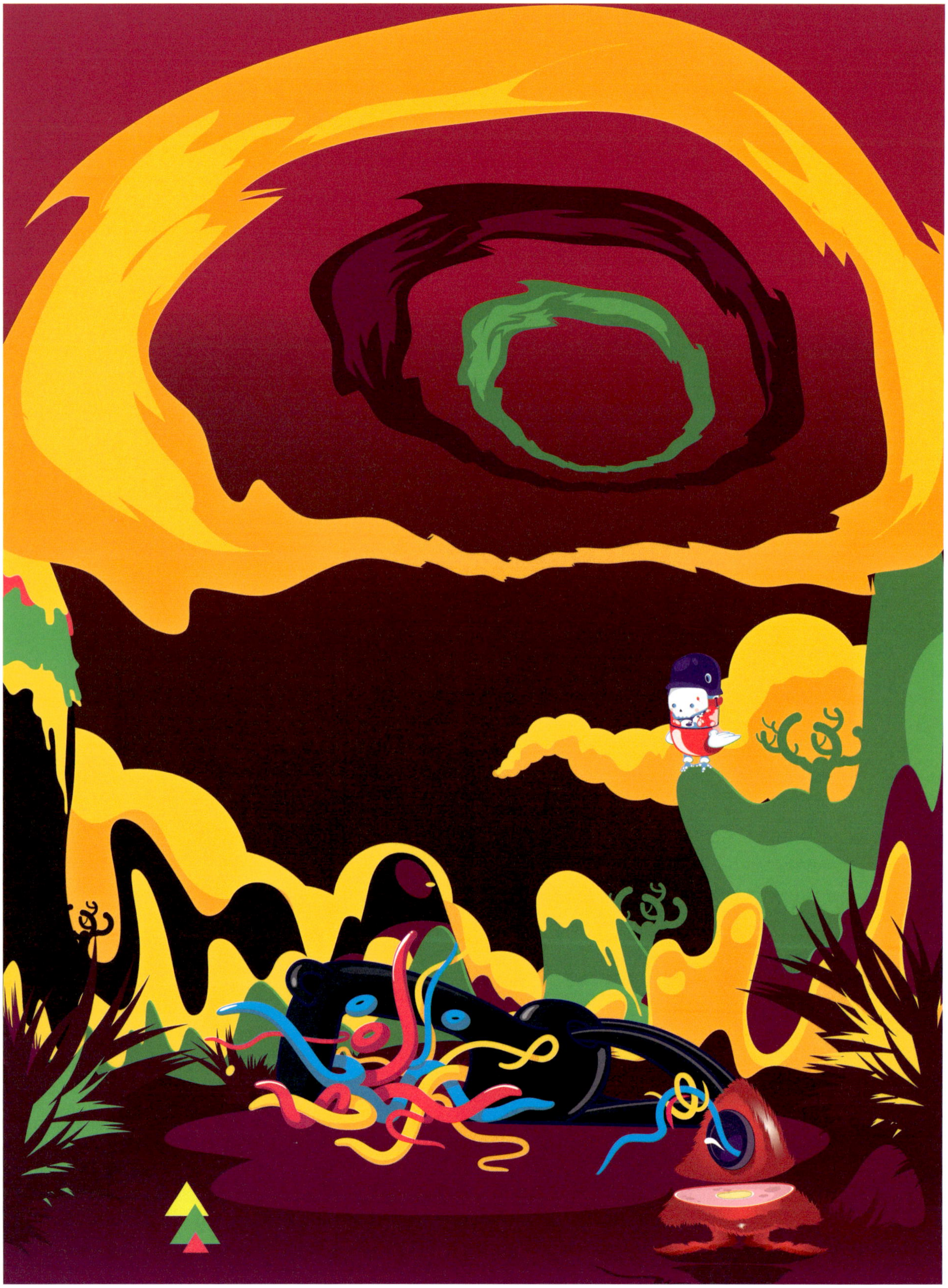

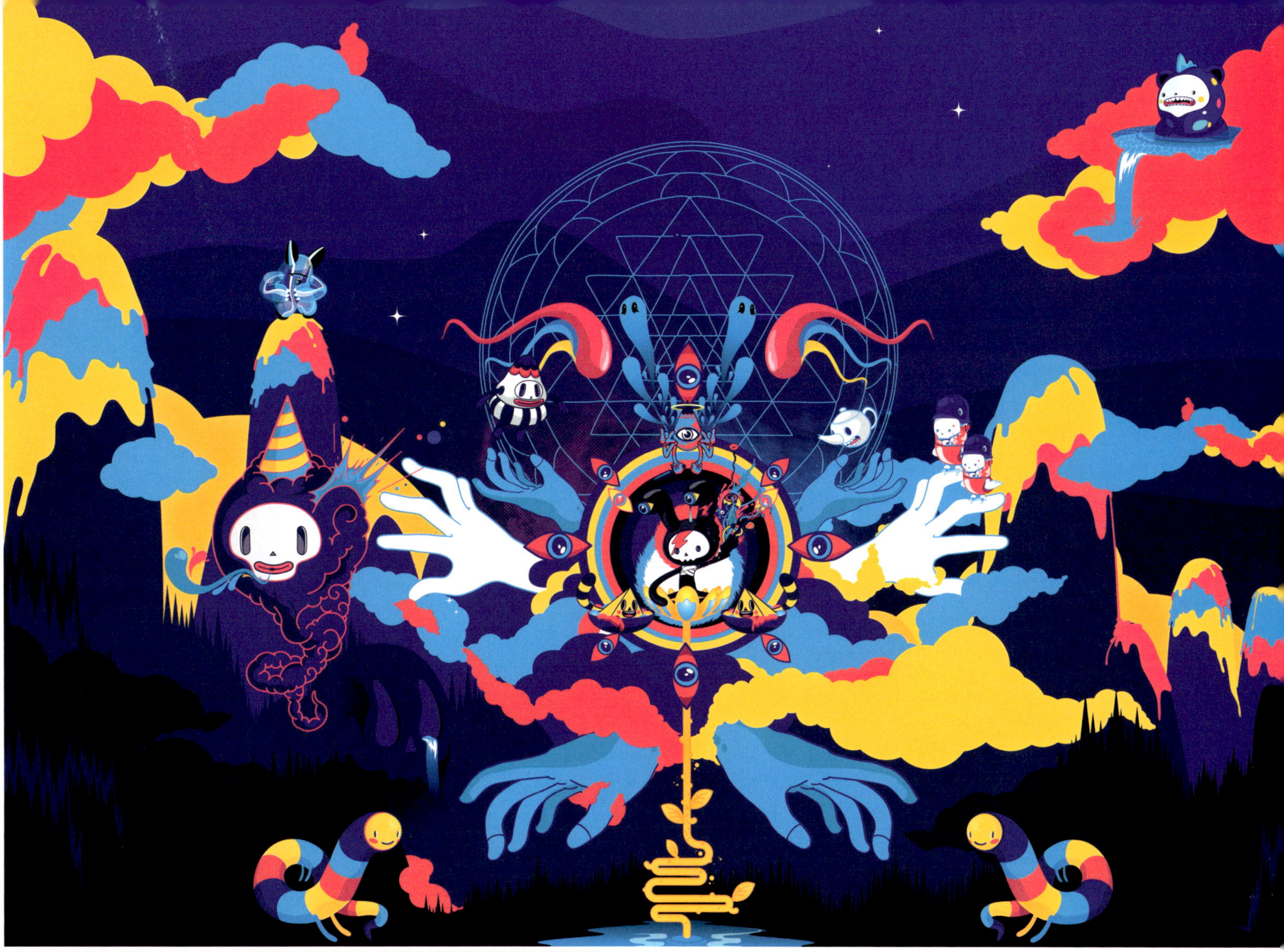

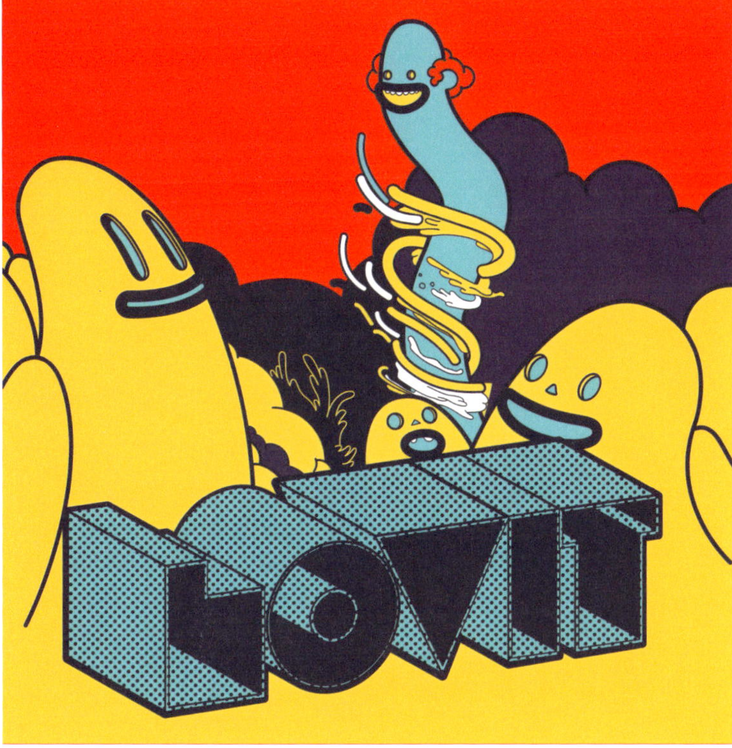

Génesis.
2009.

This illustration—as well as *Dead*—is another investigation inside my imagination of a new perspective in the universe of Mshrobot.

Author: Mshrobot (aka Diego Agasso)

Lovit.
2008.

The Chilean design shop Lovit Store invited me to participate in their book of South American design, with the requirement to include their name in the work.
The illustration was selected and the book was published in November 2008.

Client: Lovit Store
Author: Mshrobot (aka Diego Agasso)

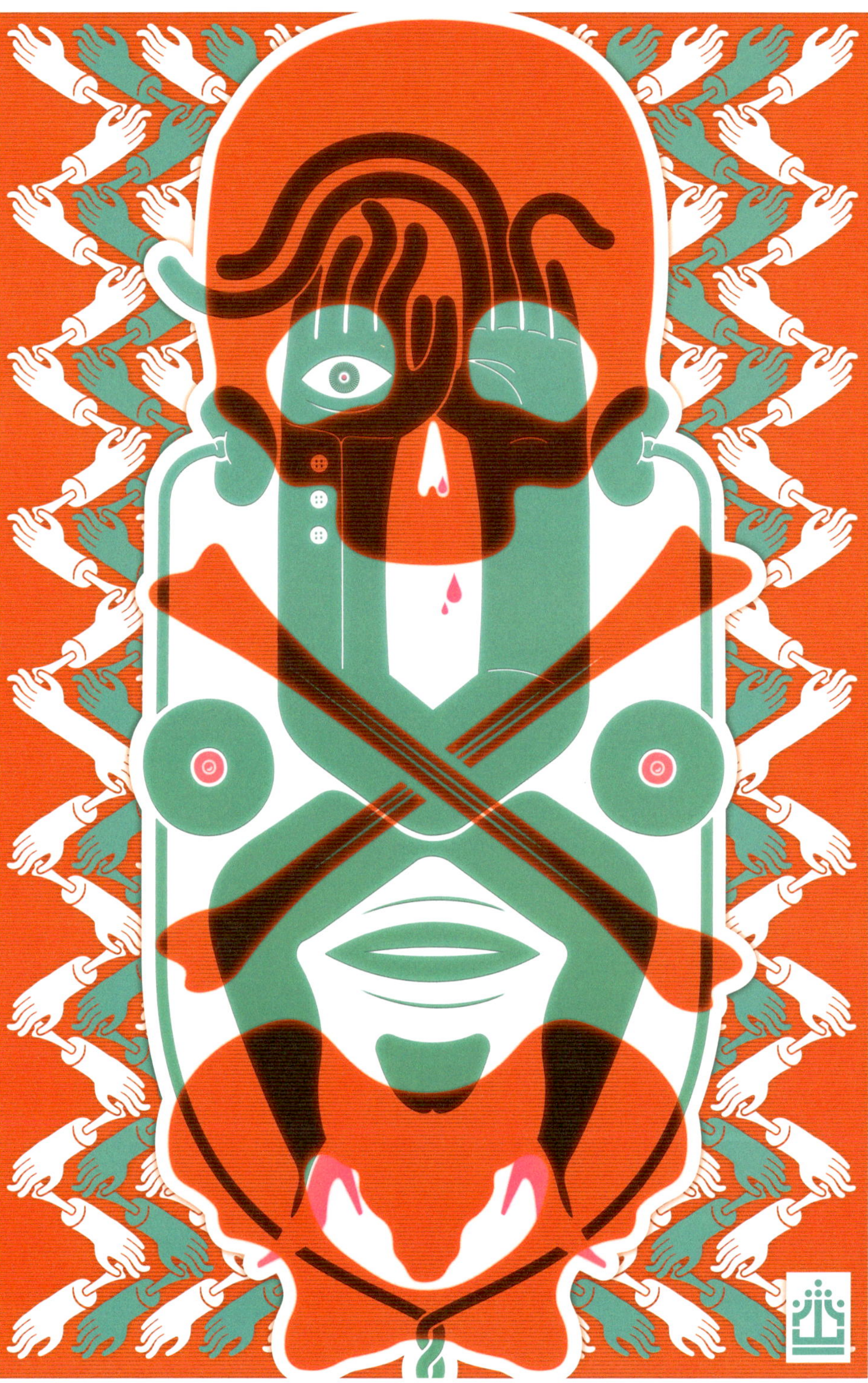

The body.
2009.

Illustration made for a graphic versus for *Plátanoverde* magazine. The subject was "the body."

Client: *Plátanoverde* magazine
Author: Inkclear/Inkcore

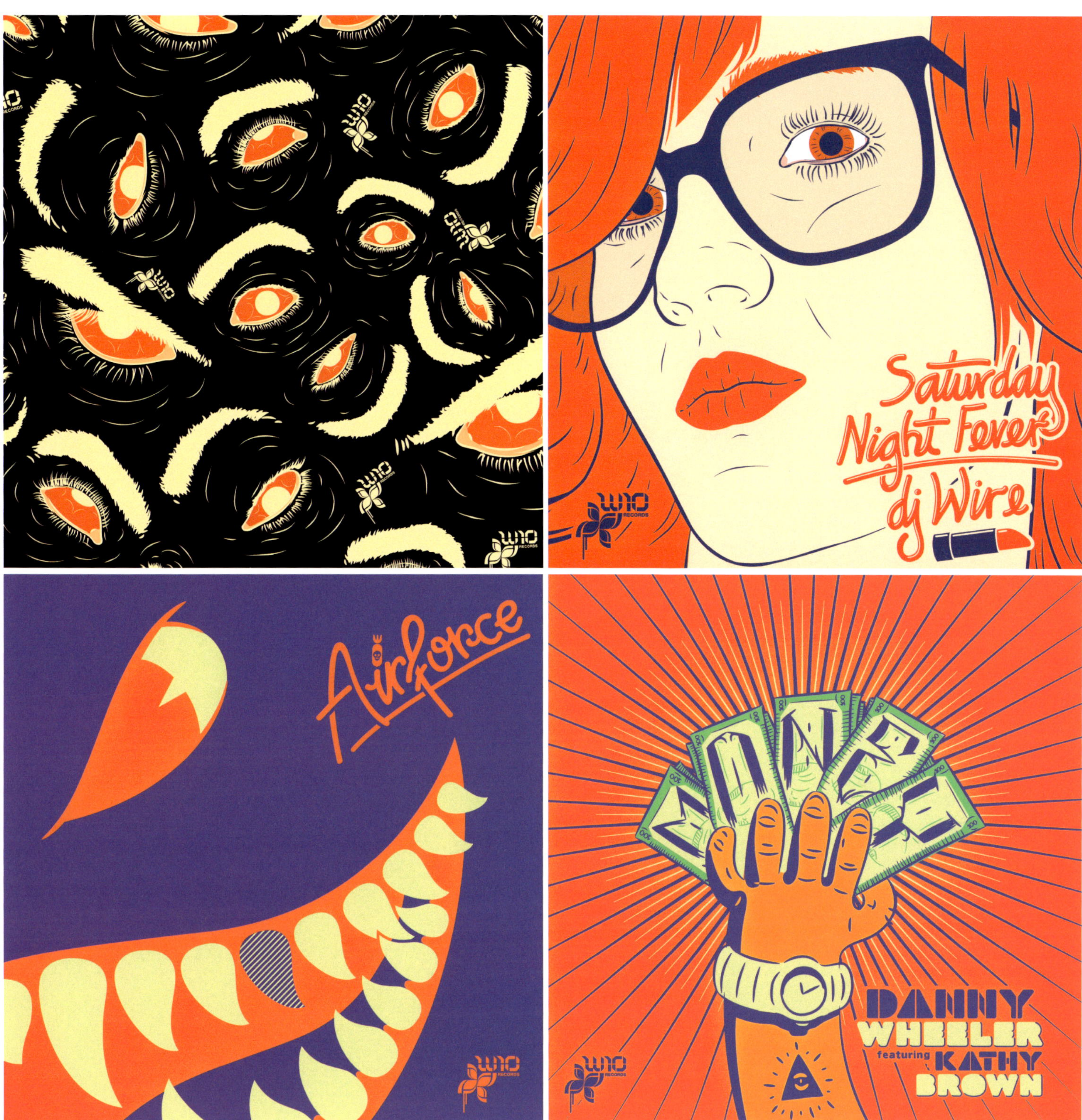

W10 007.

_2009._

Sleeve for the 007 release of W10 Records, London, UK, featuring Danny Wheeler and Kathy Brown.

Client: W10 Records
Author: Inkclear/Inkcore

Tribute to Mickey Mouse.
2009.

This illustration was the result of a case study on the beginnings of animation for a conference I gave about character design in Mendoza, Argentina, 2009.

Author: Mshrobot
(aka Diego Agasso)

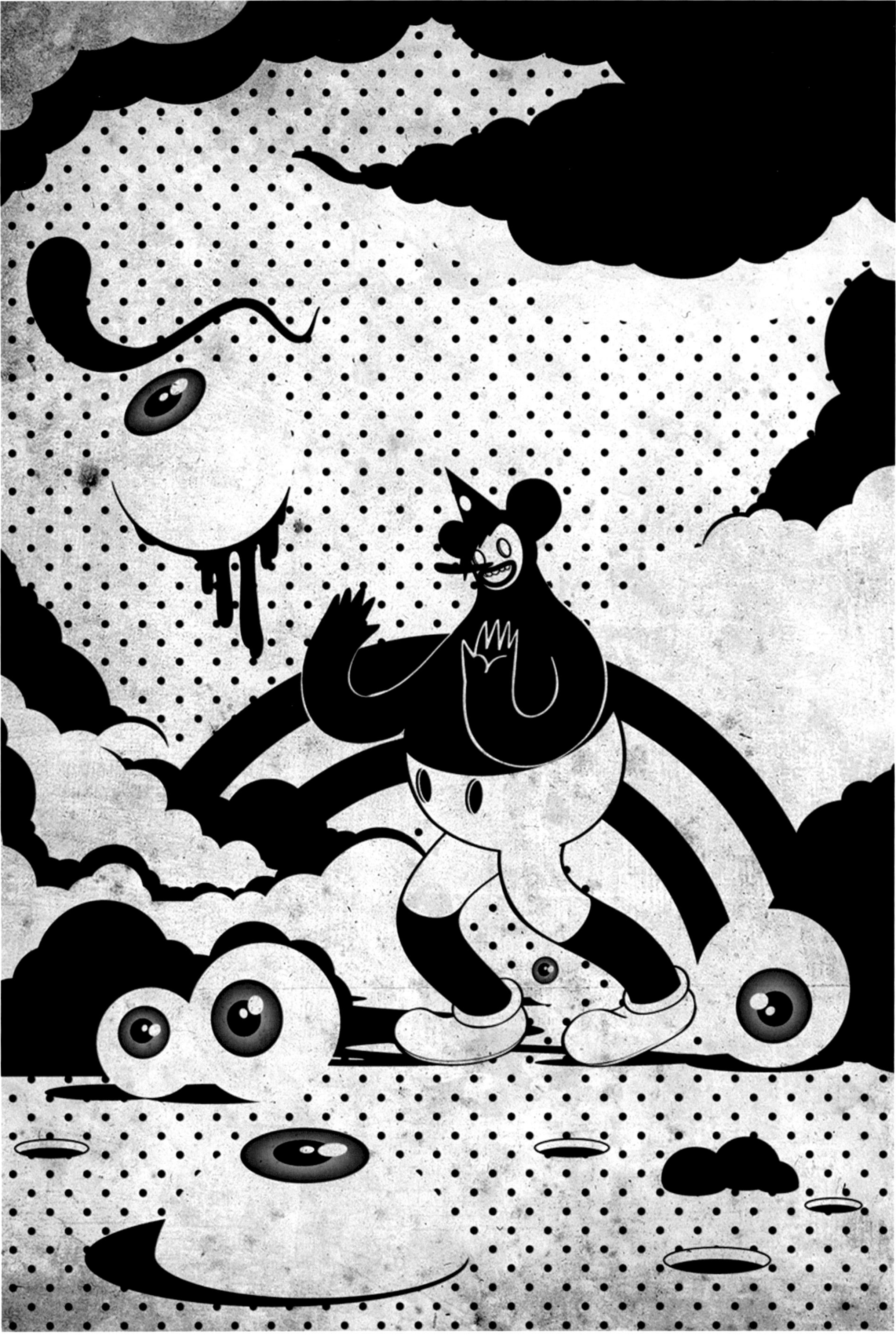

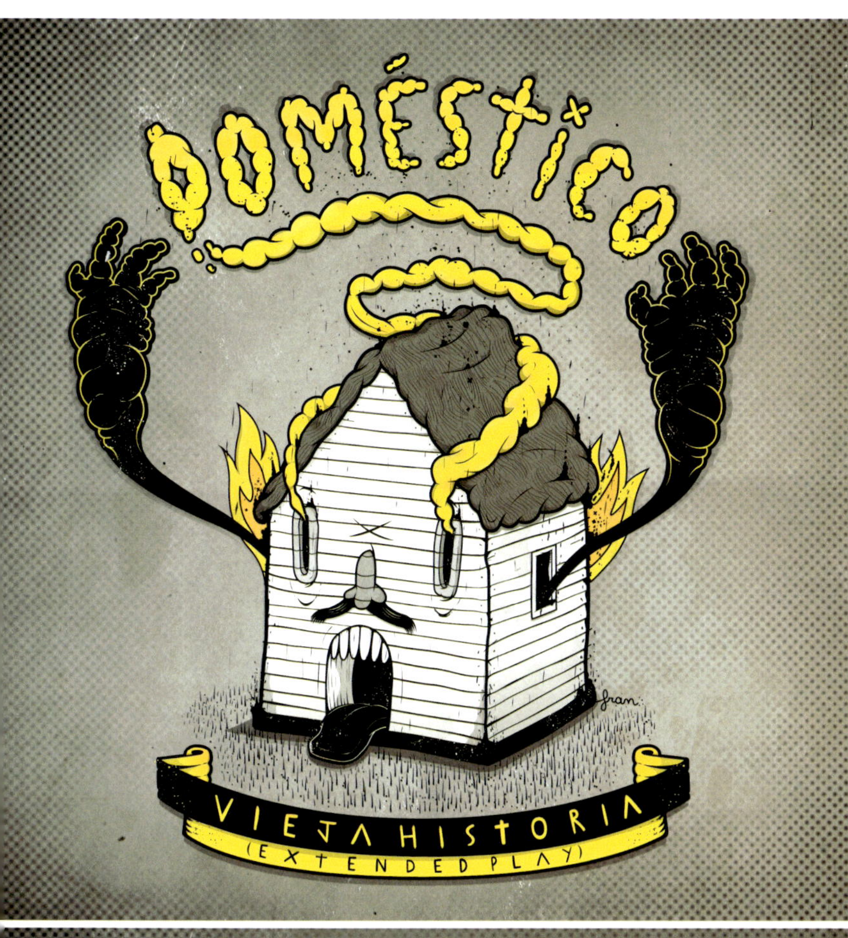

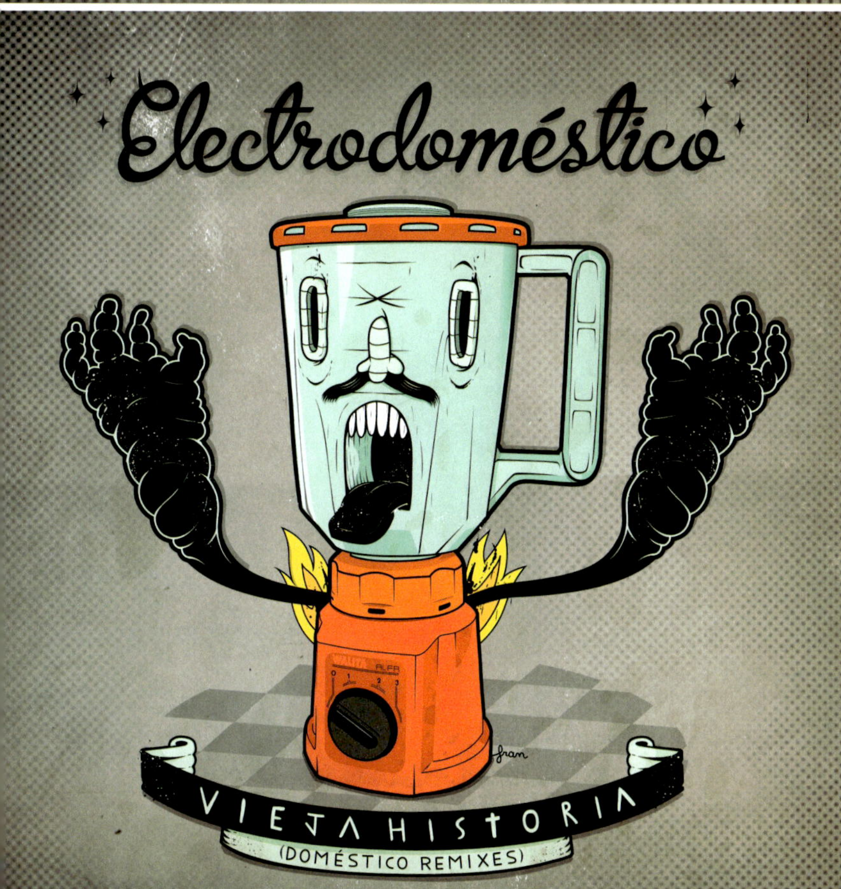

Doméstico.

2009.

CD cover of *Doméstico*, the second album of the rock band Vieja Historia.

Client: Vieja Historia
Author: Fran!
Credits: www.
viejahistoria.com

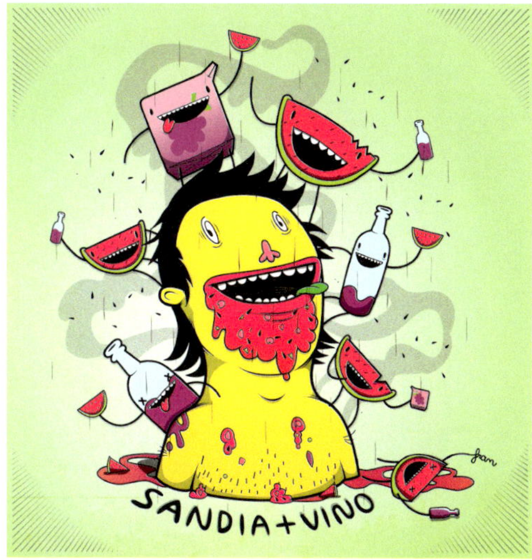

Watermelon + Wine.

2008.

Contribution to *Atypica* magazine from Rosario, Argentina, in their edition about myths.

Client: *Atypica* magazine
Author: Fran!
Credits: www.atypica.com.ar

Electrodoméstico.

2009.

CD cover of *Electrodoméstico*, the album of remixes of *Doméstico* by the rock band Vieja Historia.

Client: Vieja Historia
Author: Fran!
Credits: www.viejahistoria.com

Recording a mushroom's life.

2009.

**Personal work made for a group exhibition at
Source, Shanghai. It has also been available
as a T-shirt design at Mysoti.com and at Sony
SP3 Home.**

Author: Gaston Caba

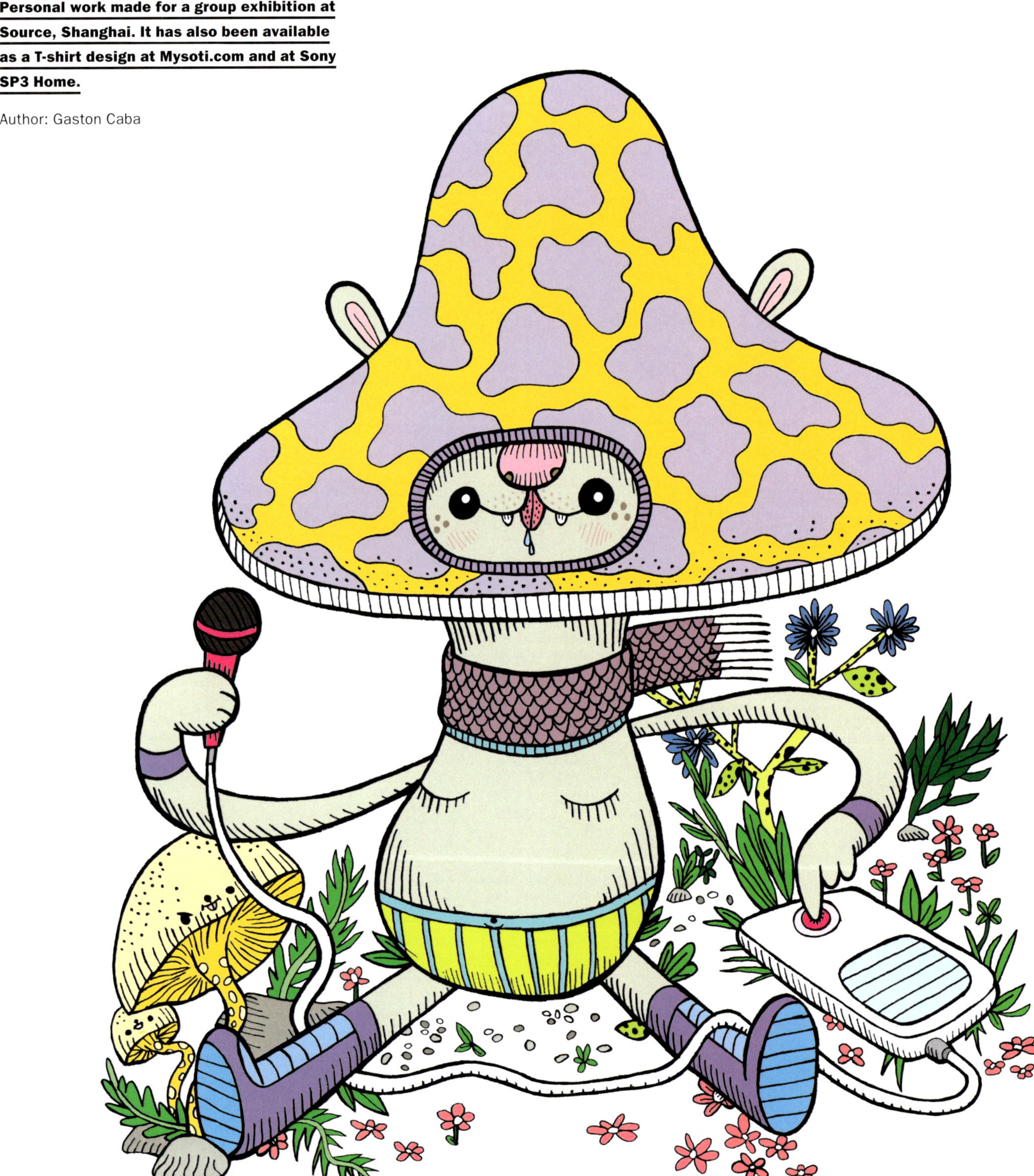

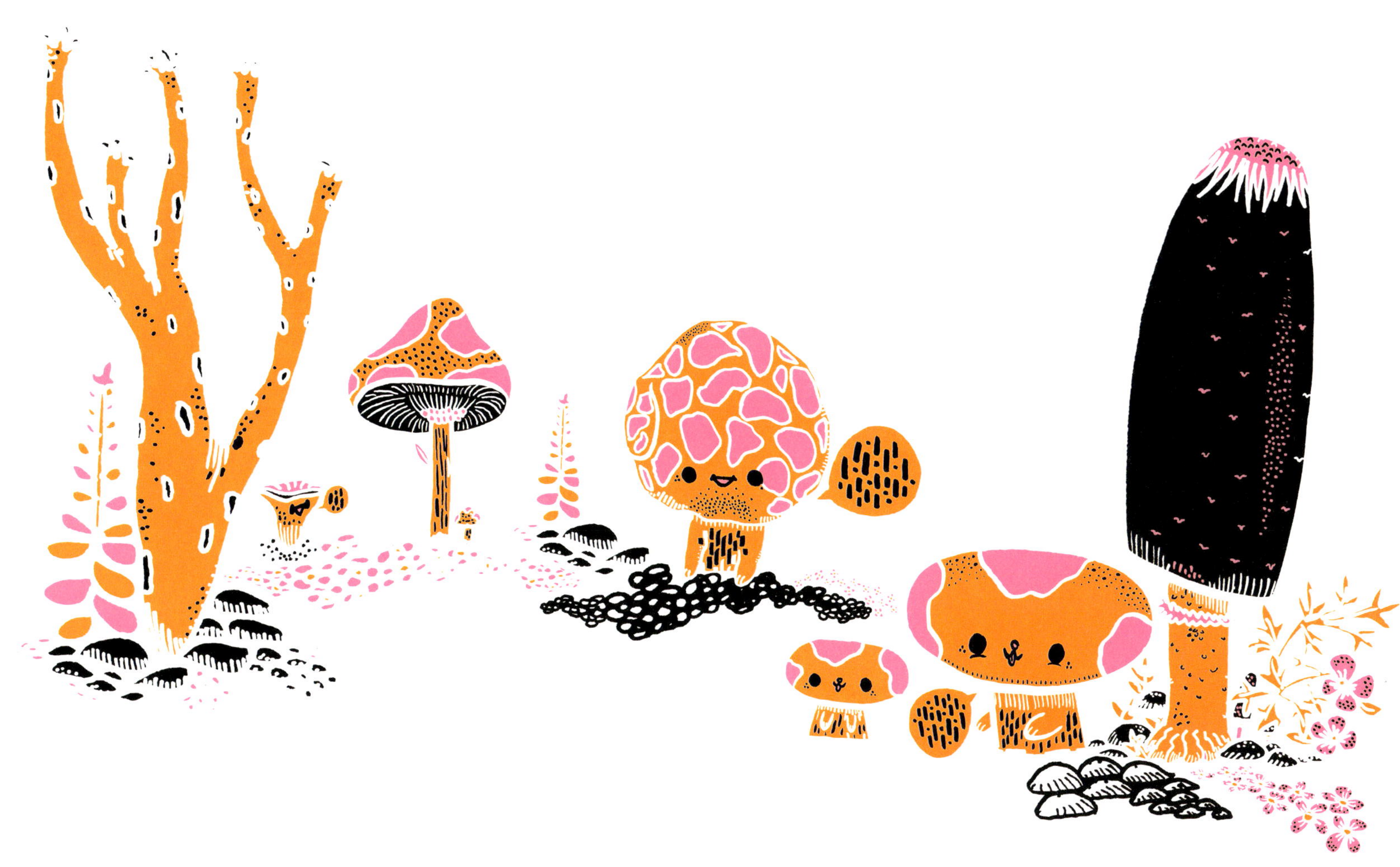

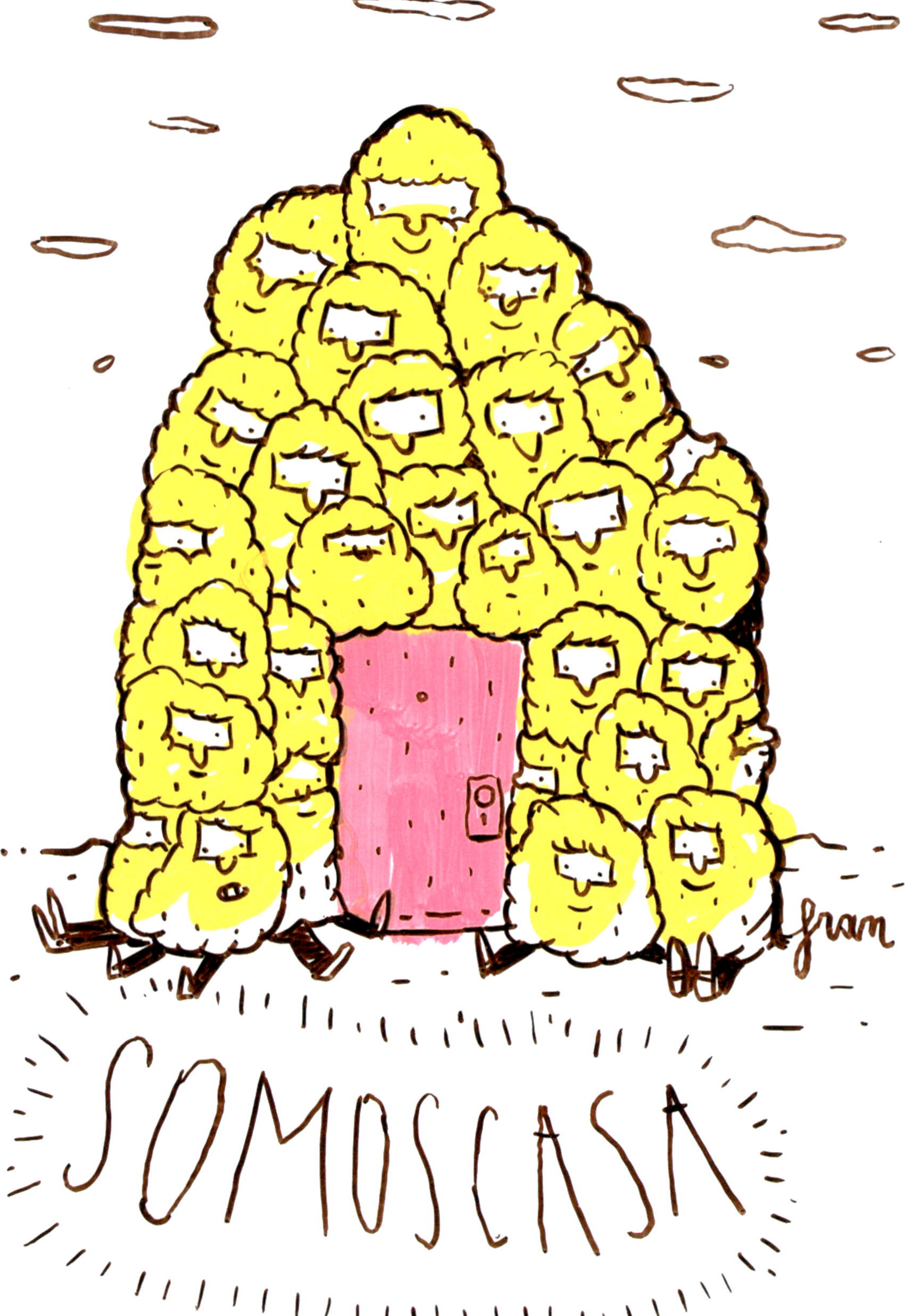

We are home.
2009.

**Coated paper and markers.
Triptych/variable dimensions/
Gallery "Provincia," Argentina.**

Author: Fran!

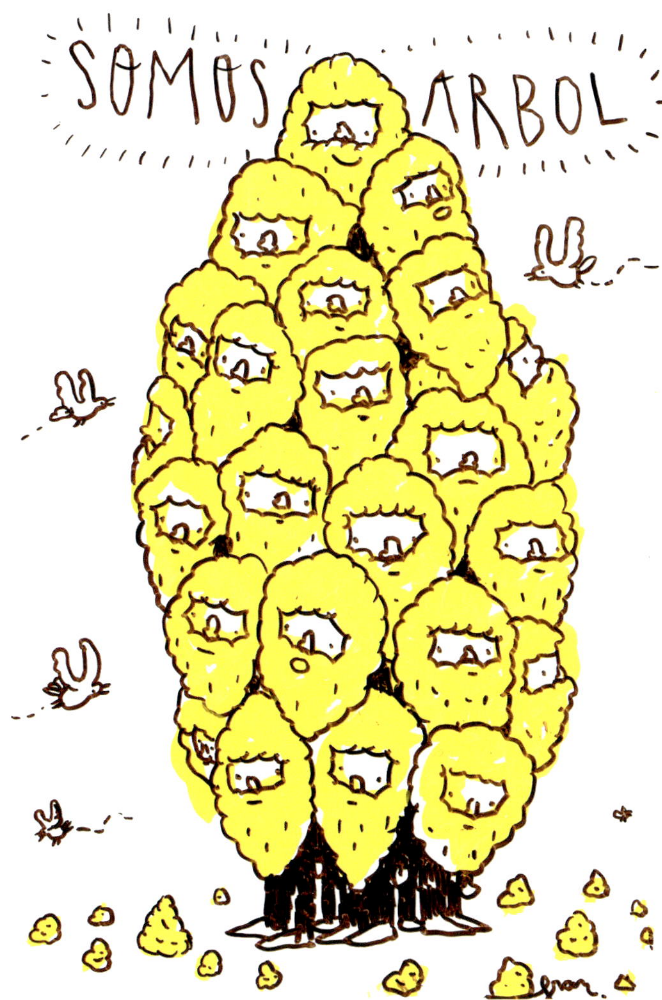

We are tree.

2009.

Coated paper and markers.

Author: Fran!

We are mountains.

2009.

Coated paper and markers.

Author: Fran!

Friends.

2009.

**Coated paper and markers. Eight pieces/
variable dimensions/Marte Up Market
Gallery, Uruguay.**

Author: Fran!
Credits: http://marteupmarket.blogspot.com

Friends.

2009.

**"We used to make songs and draw the
music." Coated paper and markers.**

Author: Fran!

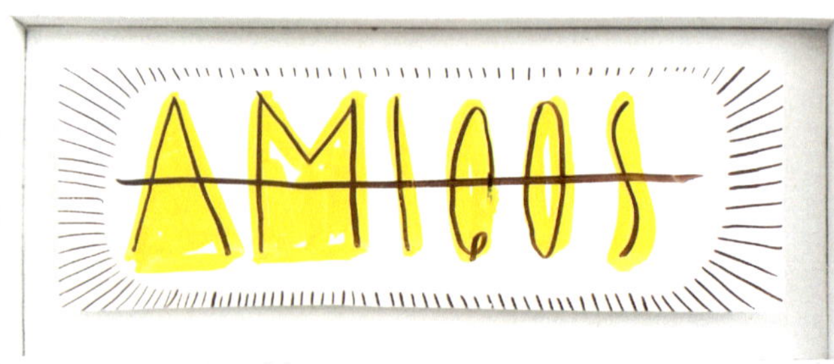

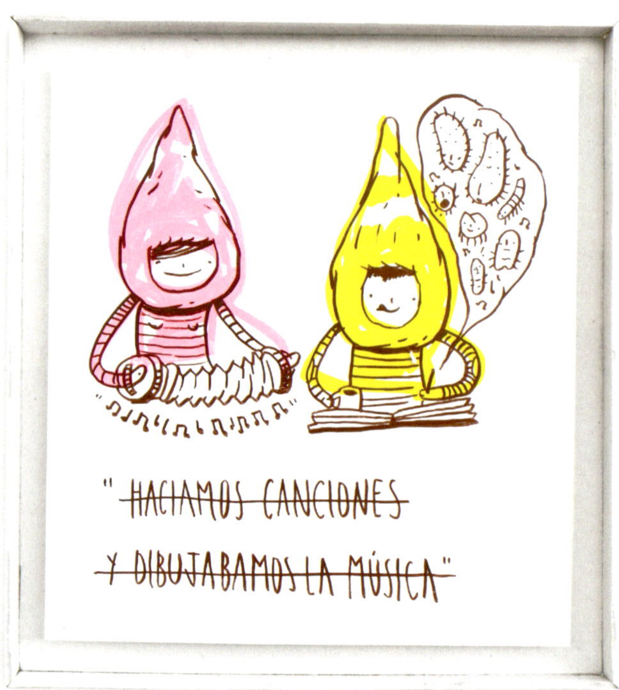

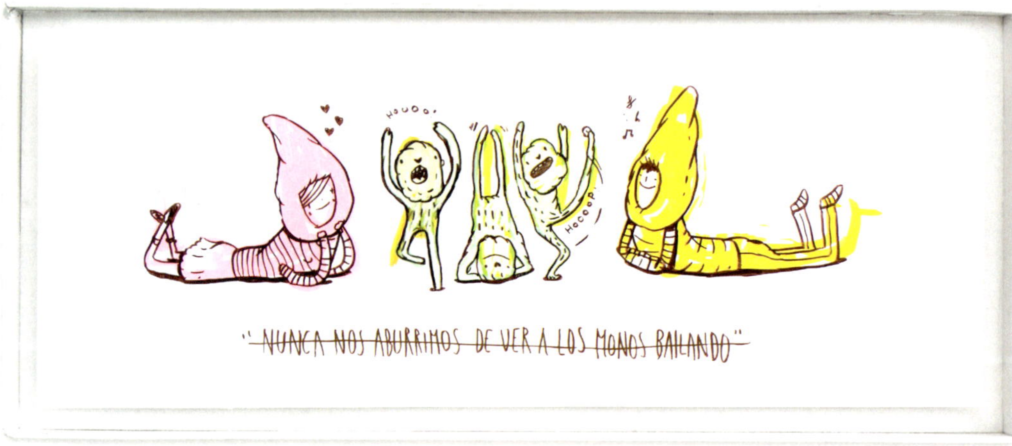

Friends.

2009.

"We never get bored watching the dancing monkeys."

Author: Fran!

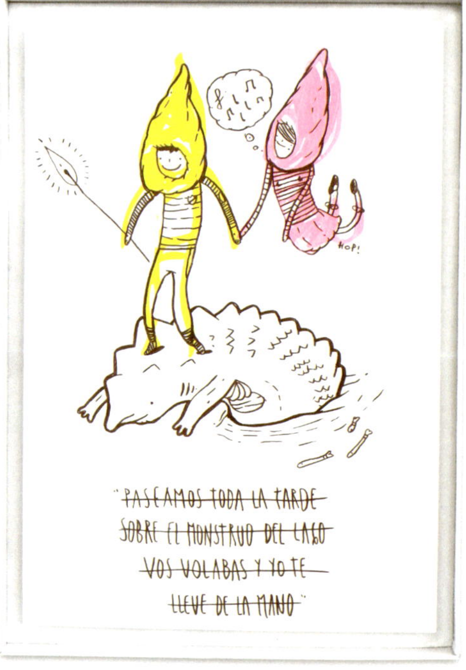

Friends.

2009.

**"We spent the afternoon riding the
monster of the lake. I took your hand
while you where flying."**

Author: Fran!

Friends.

2009.

"We used to talk about fear and castles."

Author: Fran!

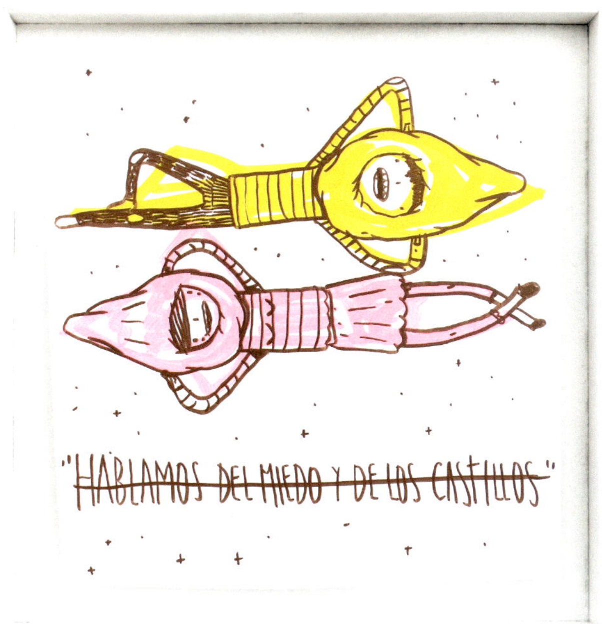

"HABLAMOS DEL MIEDO Y DE LOS CASTILLOS"

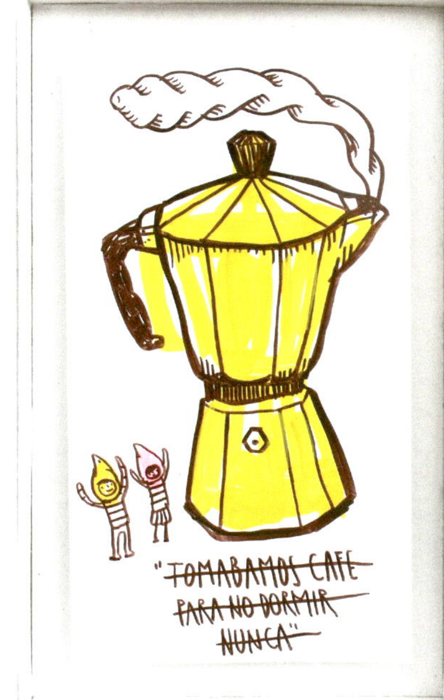

"TOMABAMOS CAFE PARA NO DORMIR NUNCA"

Friends.

2009.

"We drink coffee to
be awake forever."

Author: Fran!

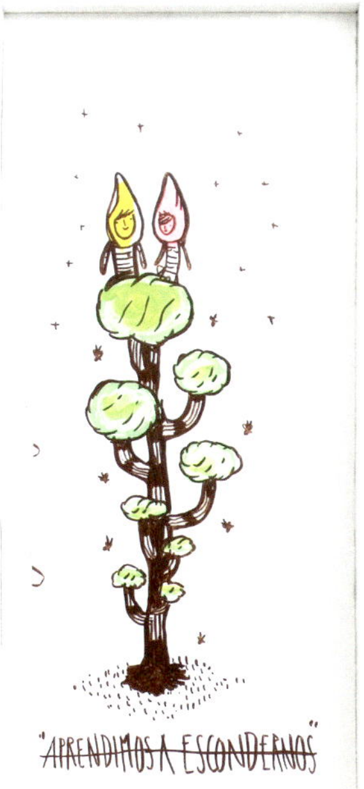

"APRENDIMOS A ESCONDERNOS"

Friends.

2009.

"We learned to stay hidden."

Author: Fran!

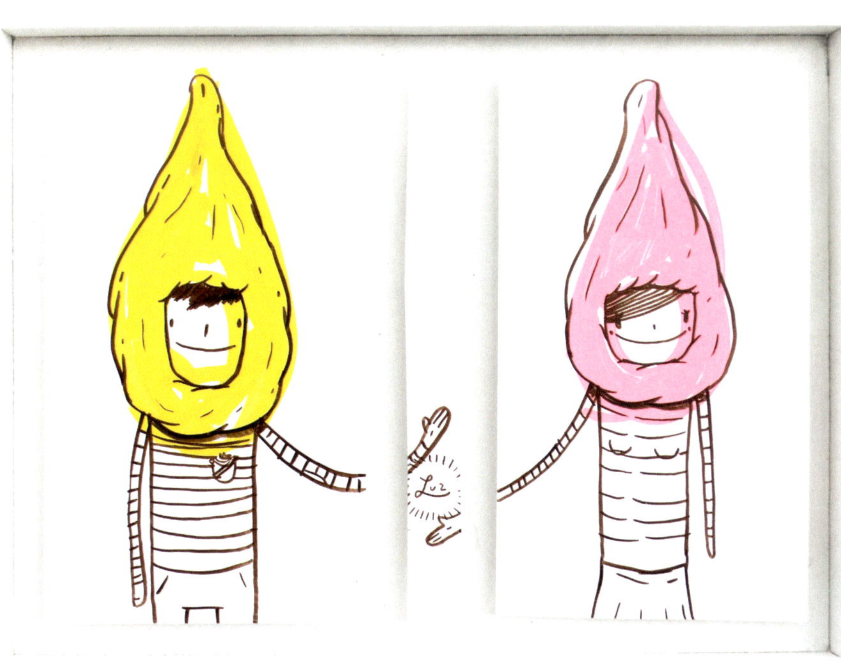

Luz

Friends.

2009.

"Light."

Author: Fran!

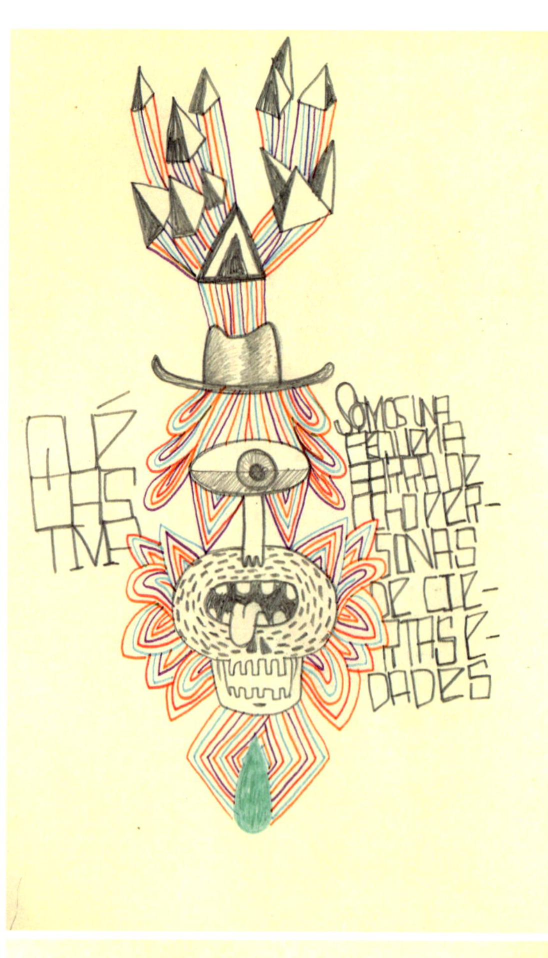

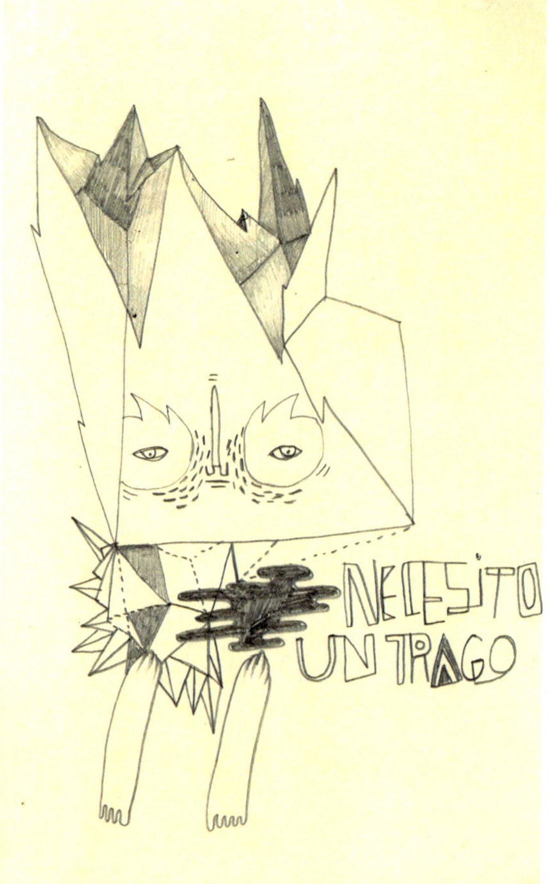

I need a drink.
2009.

From a series of drawings in which I vented my frustration with certain demons that tormented me in my previous job: lack of time, low levels of energy, impotence.

Author: André Gribble

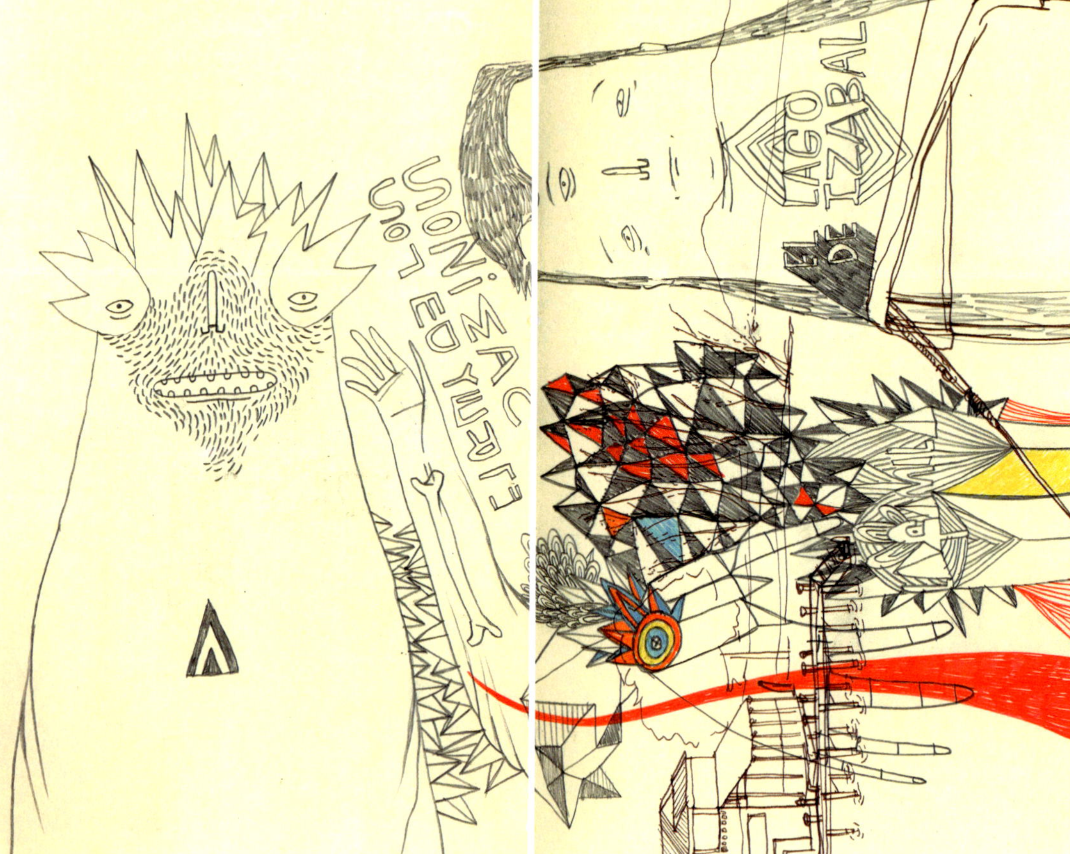

The king of the road.
2009.

"The king of the road" is one of many catch phrases that can be seen adorning buses and trucks in my country. Nobody needs kings, but everybody wants to be one.

Author: André Gribble

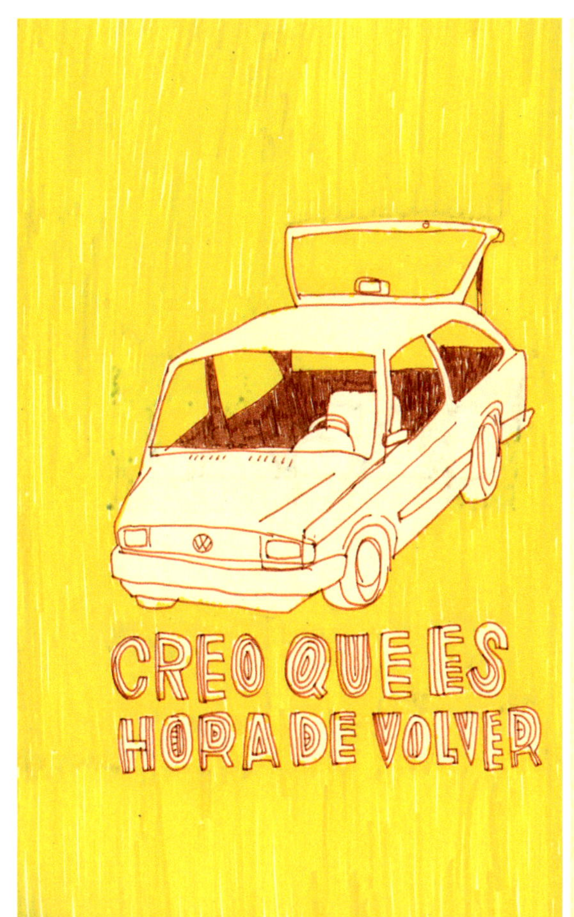

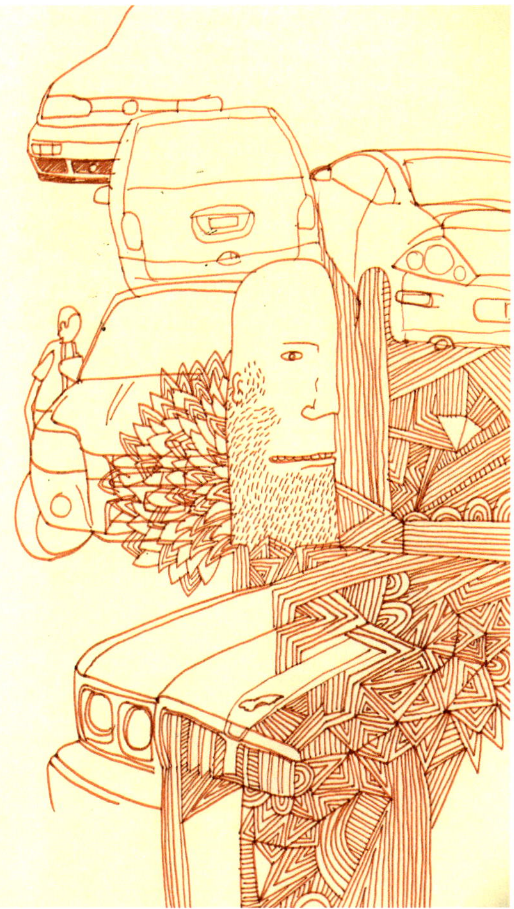

Time to go back.
2009.

To me, the essence of drawing consists in letting the lines flow without preconceptions, with no care for the end result. The type of doodle one often draws on a notepad while speaking on the telephone. I believe it is important to go back to that kind of process without process.

Author: André Gribble

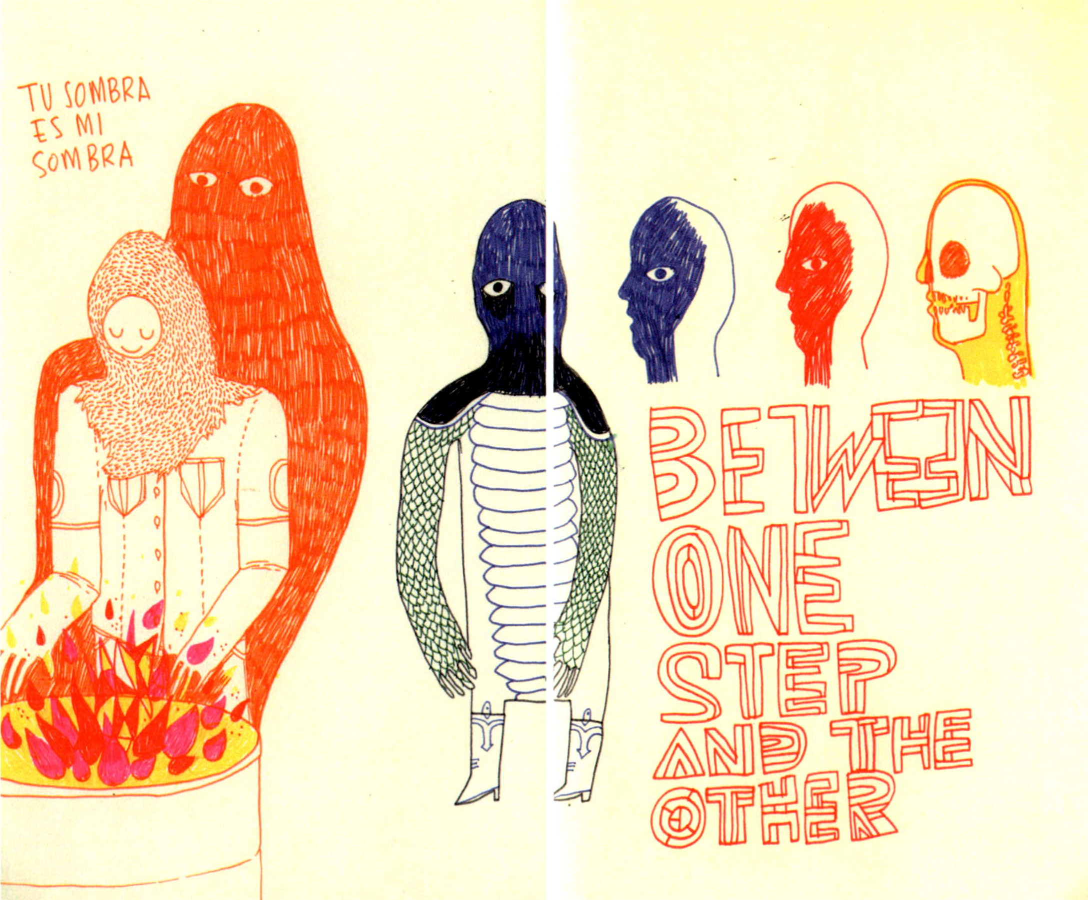

Your shadow is my shadow.
2009.

We all live under the shadow of someone else, and we all cast our shadow upon others.

Author: André Gribble

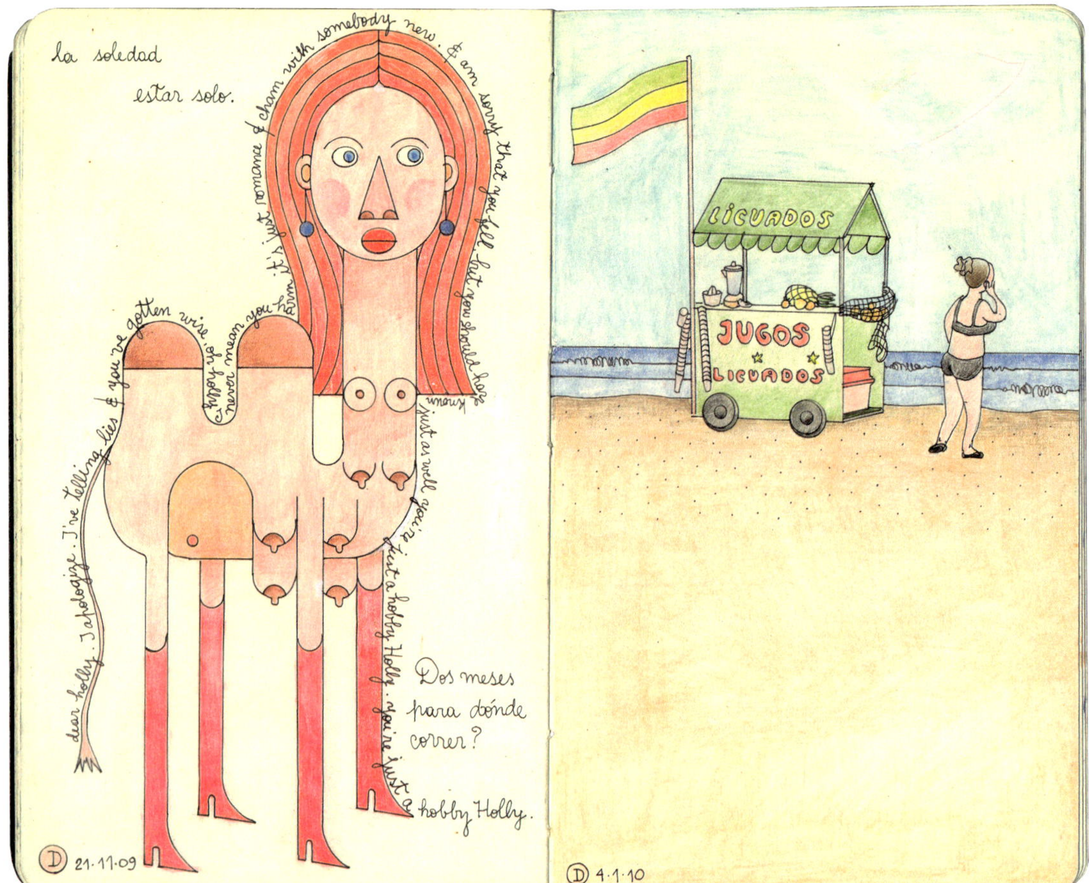

Sad songs.

_2009._

Drawing using fountain pen and colored pencils in my sketchbook.

Author: Delius
Handwriting: Fragment of the song "Holly Hobby" by the band Casiotone for the Painfully Alone

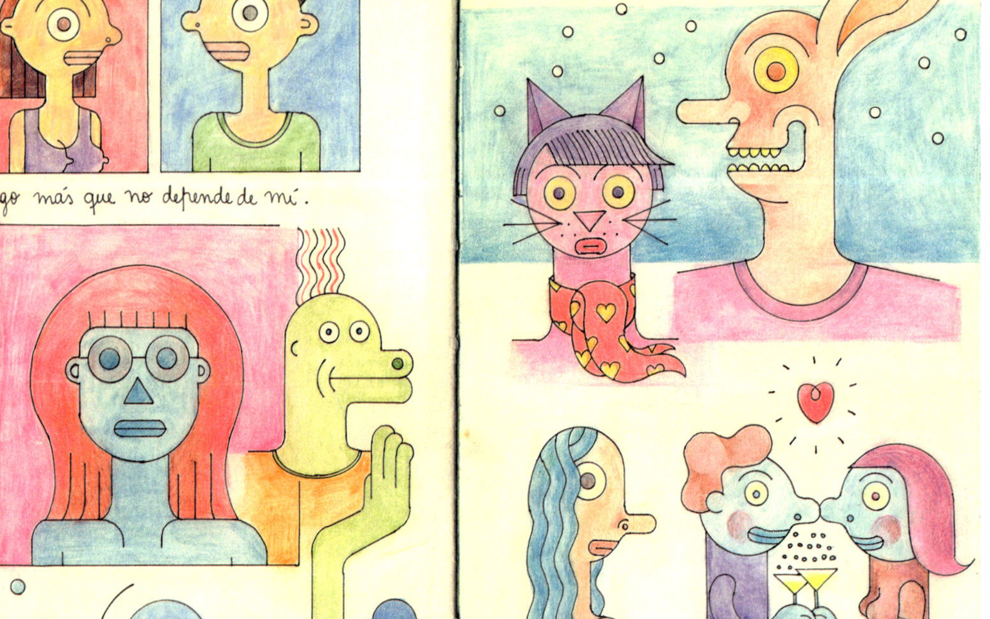

Portraits and Rosal.

_2009._

Drawing using fountain pen and colored pencils in my sketchbook.

Author: Delius
Handwriting: Fragments of songs by the band Rosal

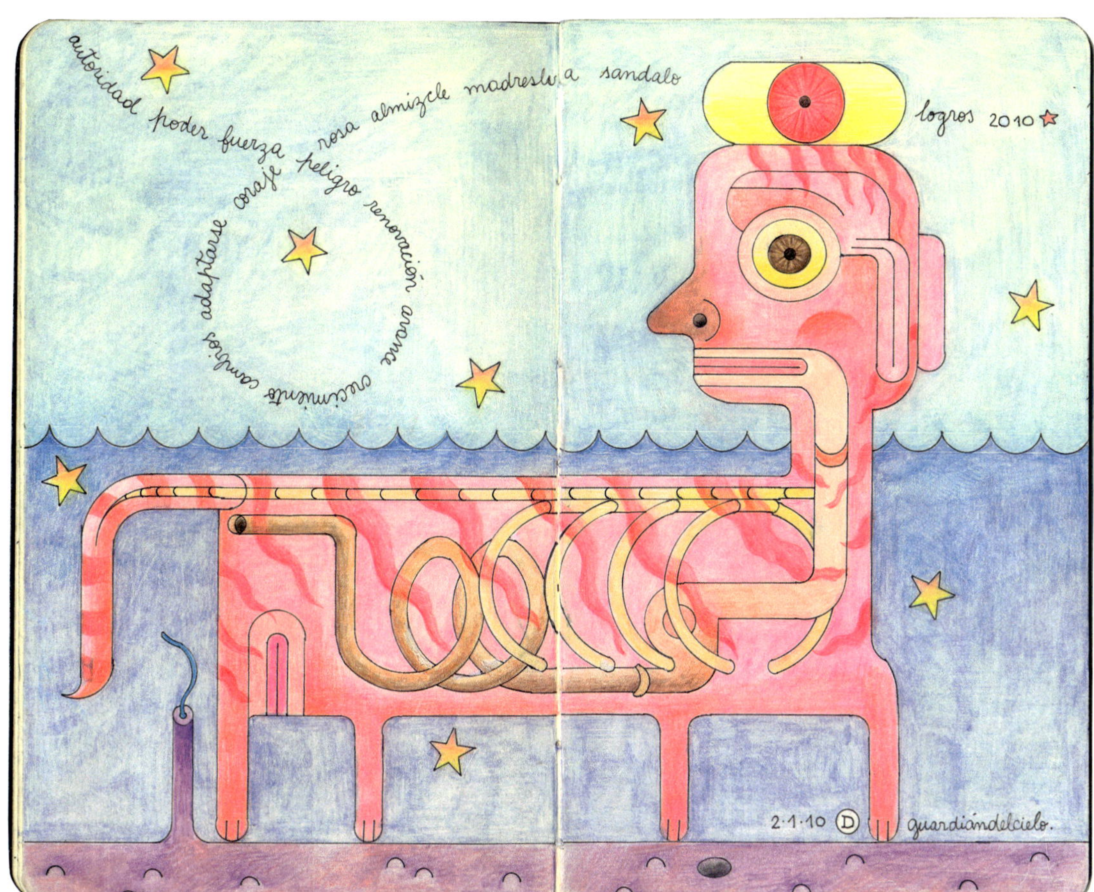

Year of the tiger.
2010.

Drawing using fountain pen and colored pencils in my sketchbook.

Author: Delius

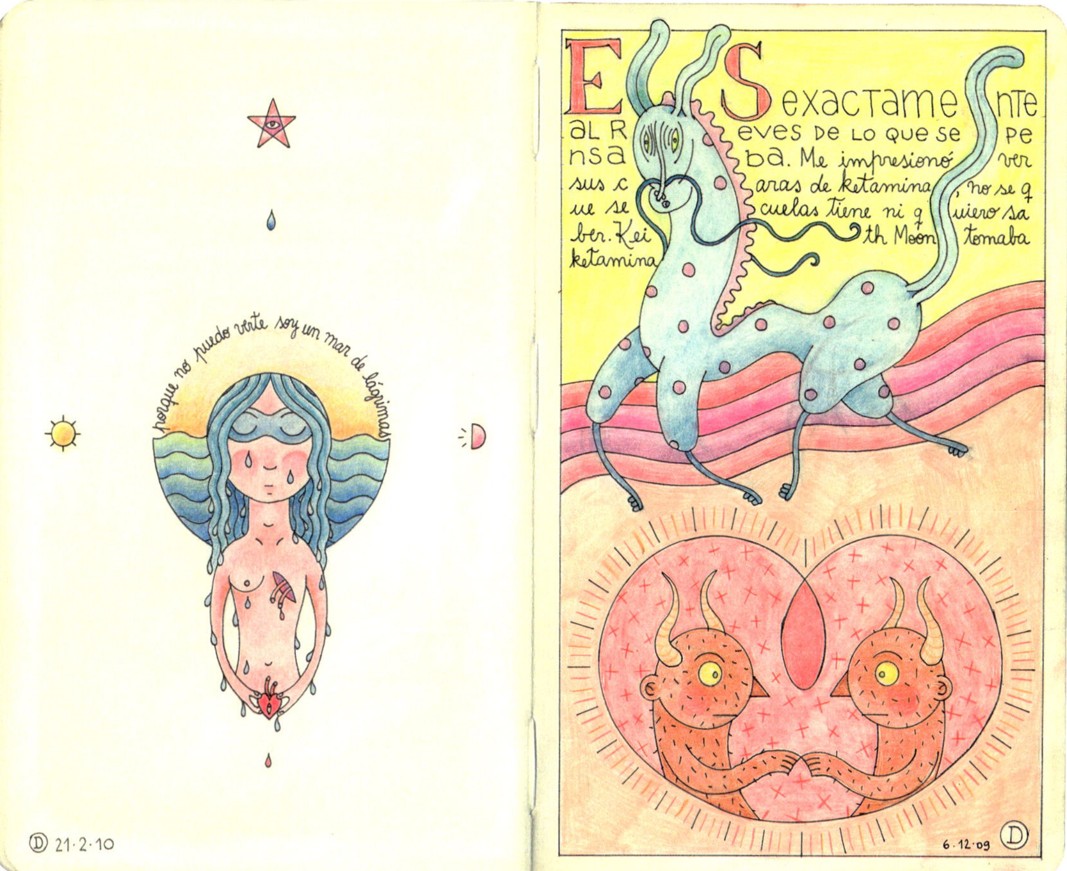

Blindness (left), Blue horse (right).
Blindness *2010*, Blue horse *2009*.

Drawing using fountain pen and colored pencils in my sketchbook.

Author: Delius

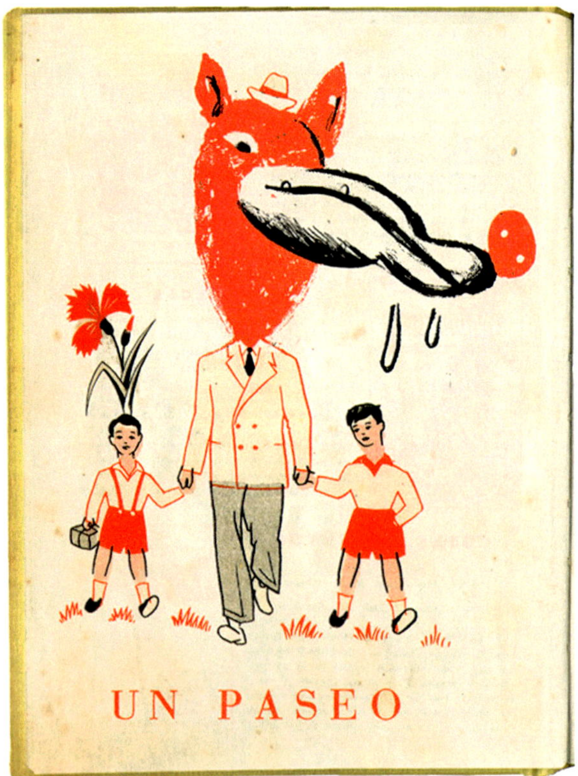
UN PASEO

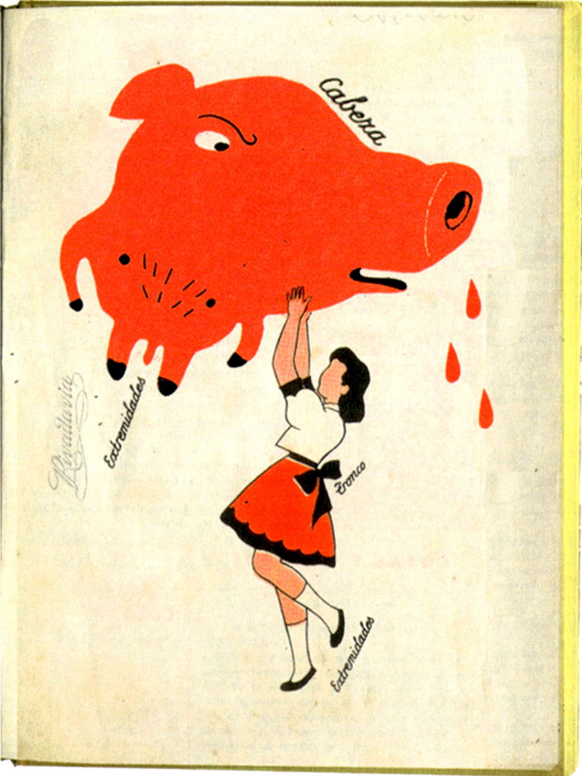
Cabeza
Extremidades
Tronco
Extremidades

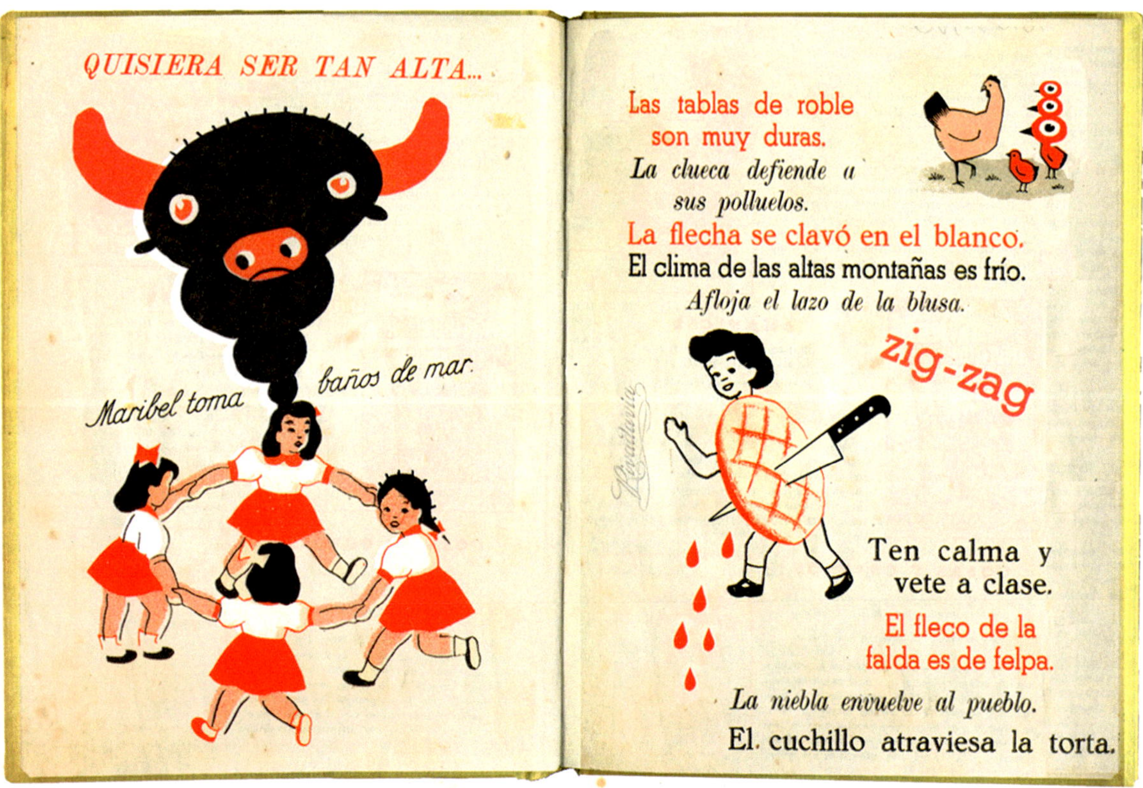
QUISIERA SER TAN ALTA...
Maribel toma   baños de mar.
Las tablas de roble son muy duras.
La clueca defiende a sus polluelos.
La flecha se clavó en el blanco.
El clima de las altas montañas es frío.
Afloja el lazo de la blusa.
zig-zag
Ten calma y vete a clase.
El fleco de la falda es de felpa.
La niebla envuelve al pueblo.
El cuchillo atraviesa la torta.

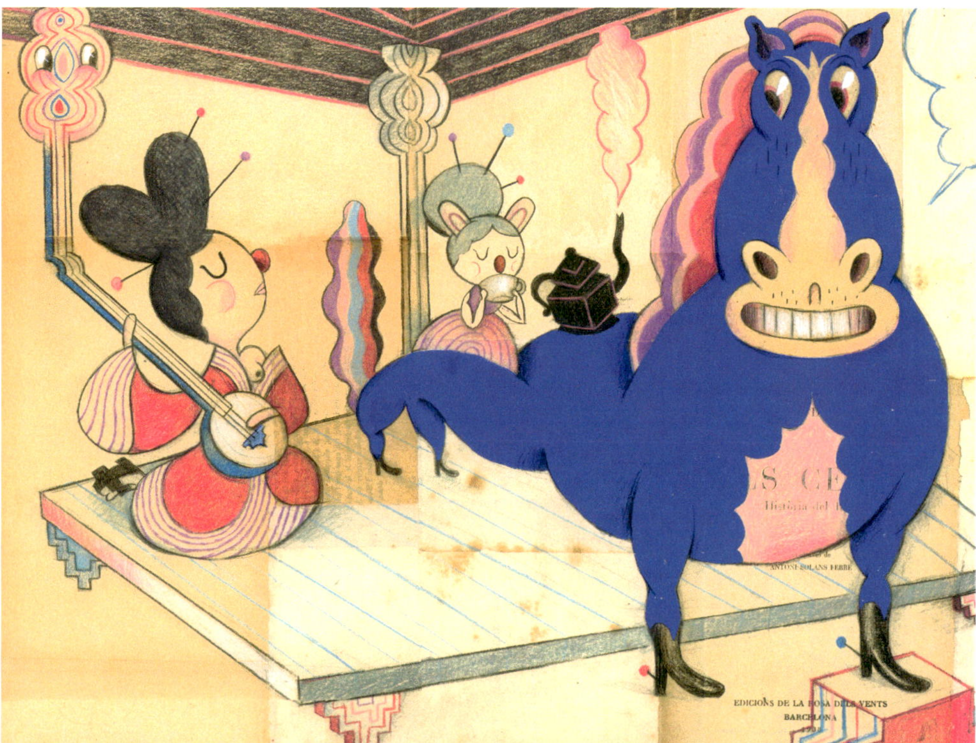

Horse and geisha.
2009.

Project for a series about geishas, for the itinerary exhibition called "La Mostra." Mixed technique using water-based wax paint and colored pencils on old paper.

Client: La Mostra
Author: Maxiluchini

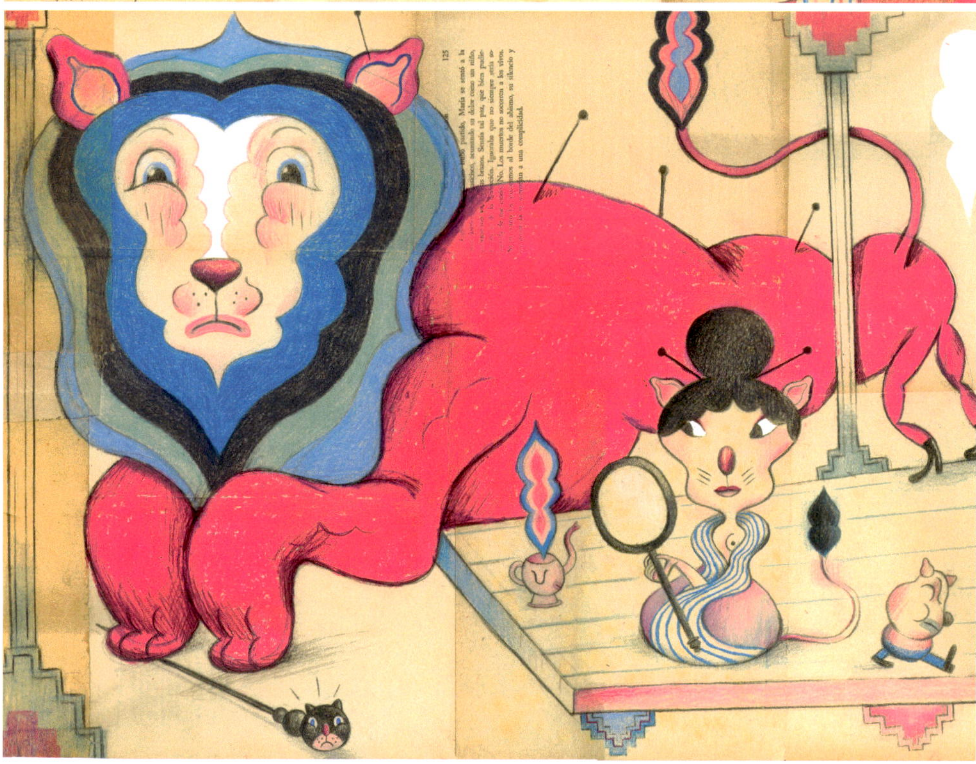

Lee-on.
2008.

Project for a series about geishas, for the itinerary exhibition called "La Mostra." Mixed technique using water-based wax paint and colored pencils on old paper.

Client: La Mostra
Author: Maxiluchini

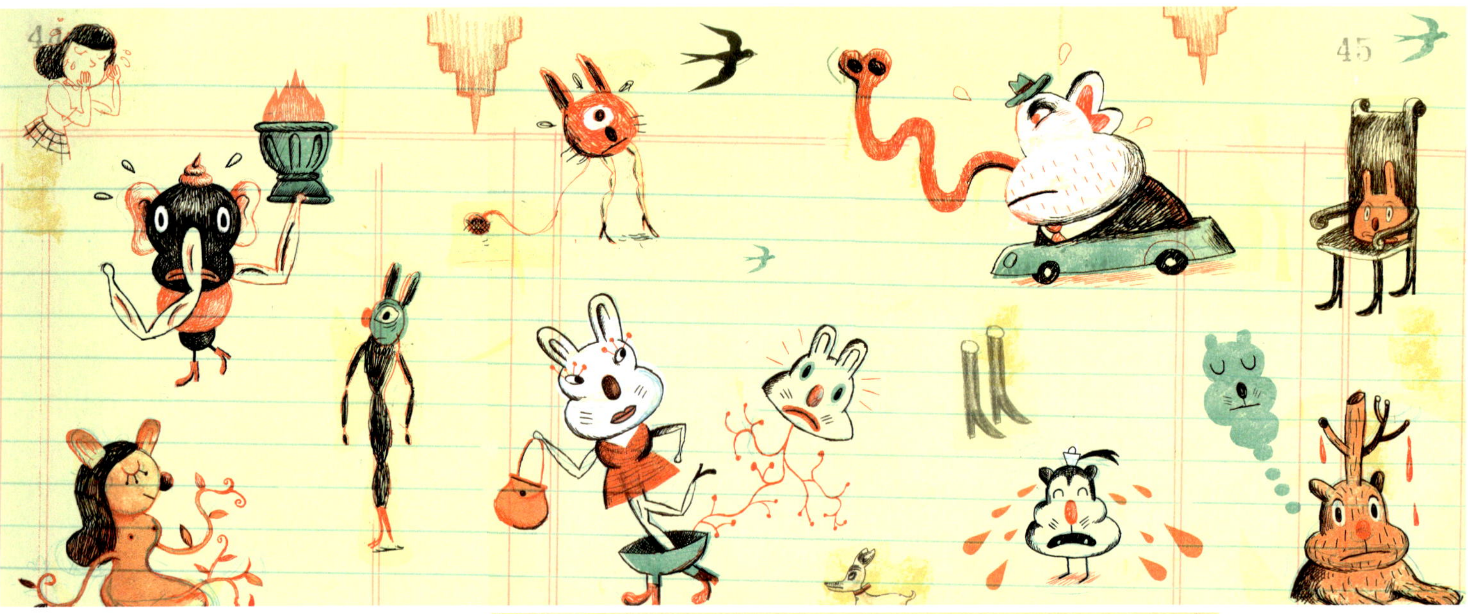

Mural.

_2007._

Mural for the Casa de España en México, DF.

Client: Casa de España en México
Author: Maxiluchini

Palabras obsenas.

_2007._

Author: Maxiluchini

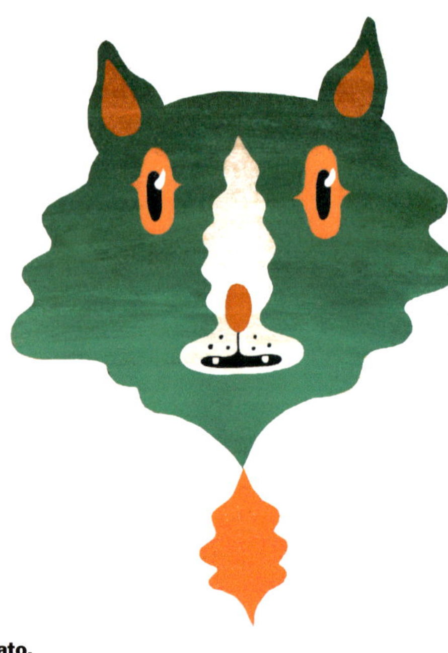

Gato.

_2009._

Design for T-shirts.

Client: Casa L'inc
Author: Maxiluchini

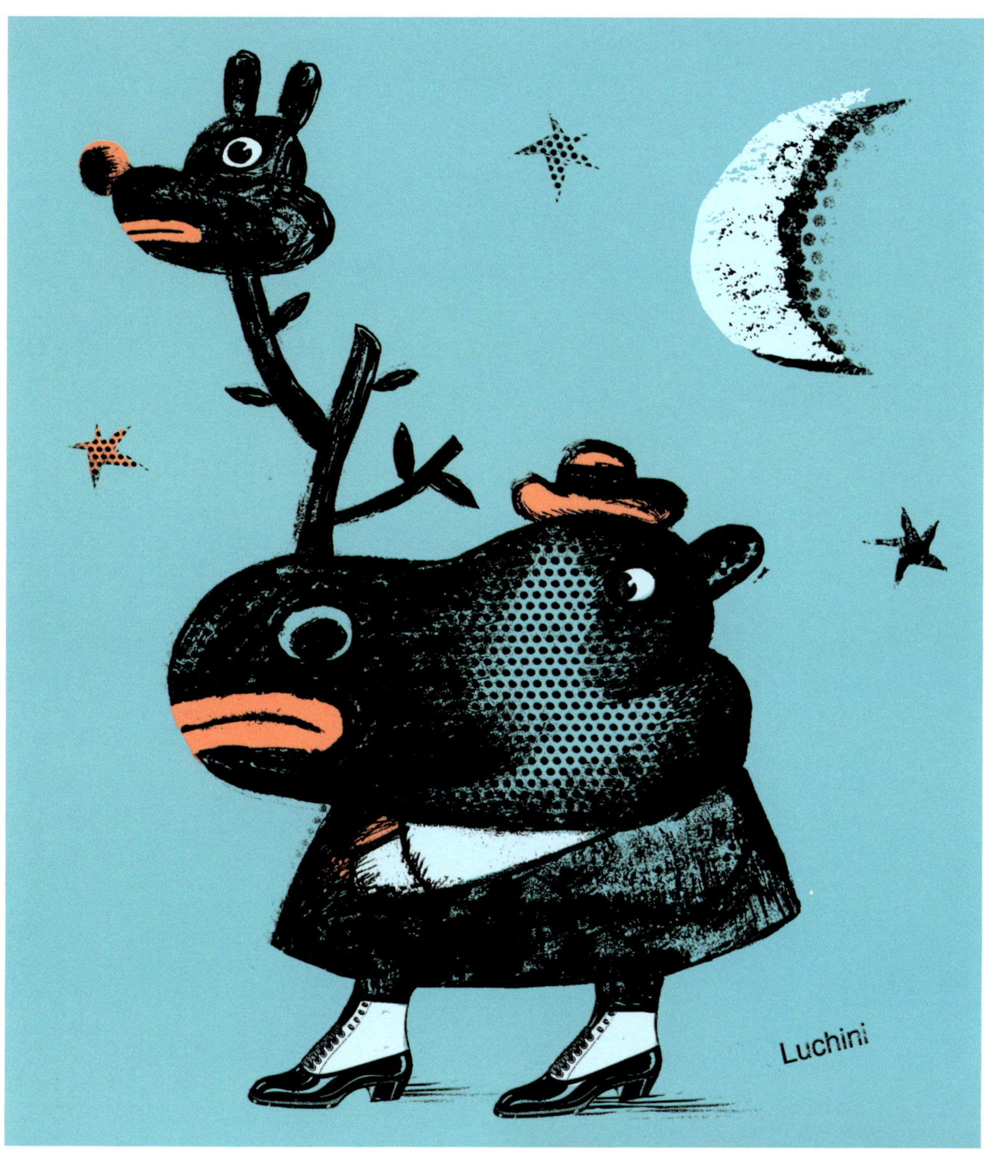

Rhino.

2007.

Poster for the exhibition of my work in Aix-en-Provence, France. Black ink and color in photo-retouching software.

Client: Ecole Intuit.Lab
Author: Maxiluchini

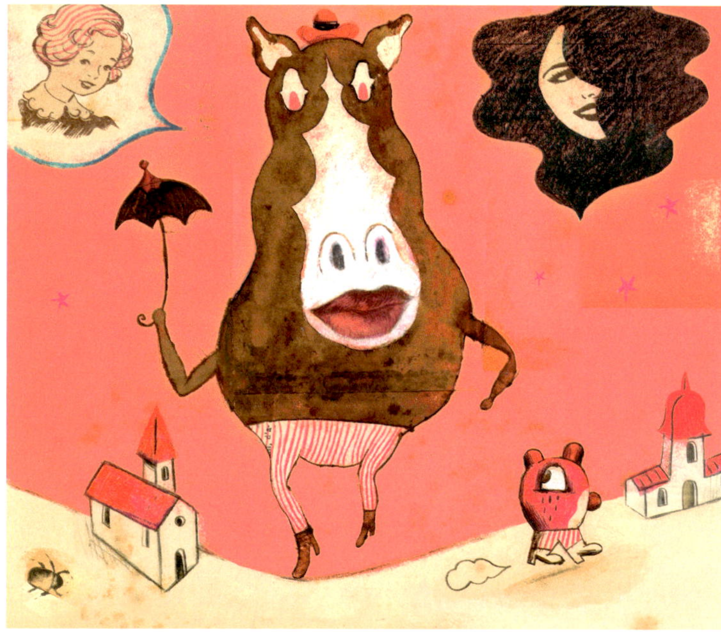

Horse 2.

2008.

Cover for *Clij*, a children's literature magazine. Mixed technique using ink, nib, and collage on old paper.

Client: *Clij* magazine
Author: Maxiluchini

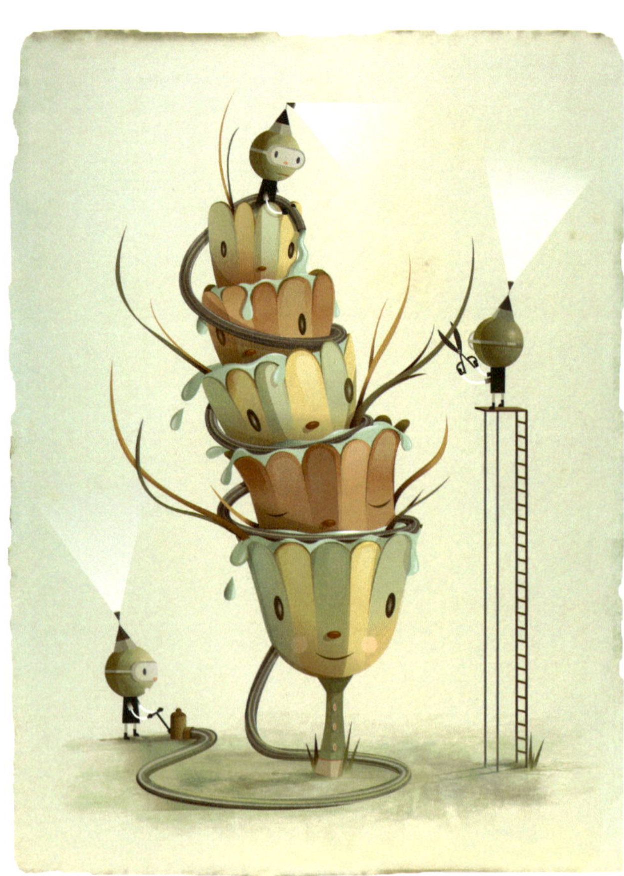

_2008._

Client: _Planadviser_ magazine, New York
Author: Cristian Turdera

_2008._

Client: _Planadviser_ magazine,
New York
Author: Cristian Turdera

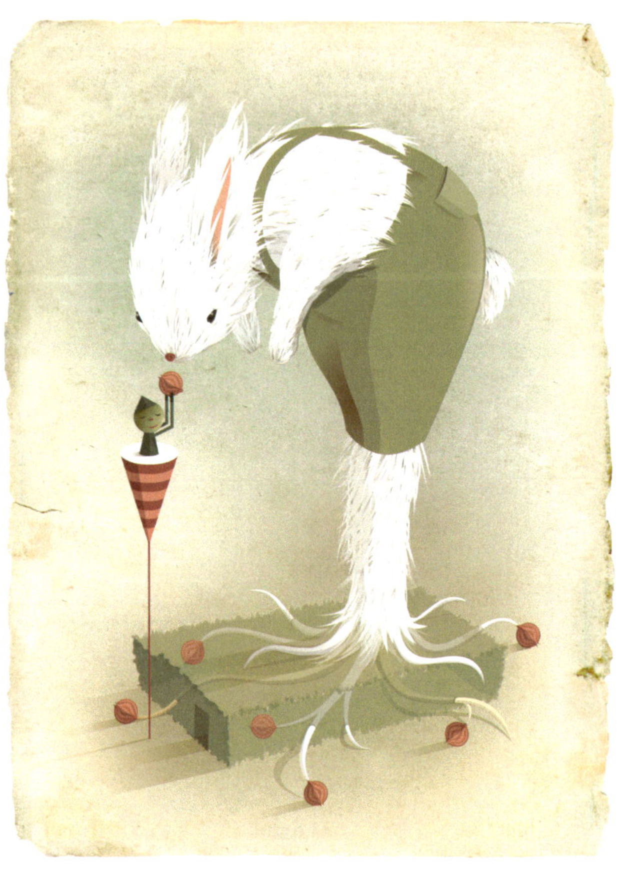

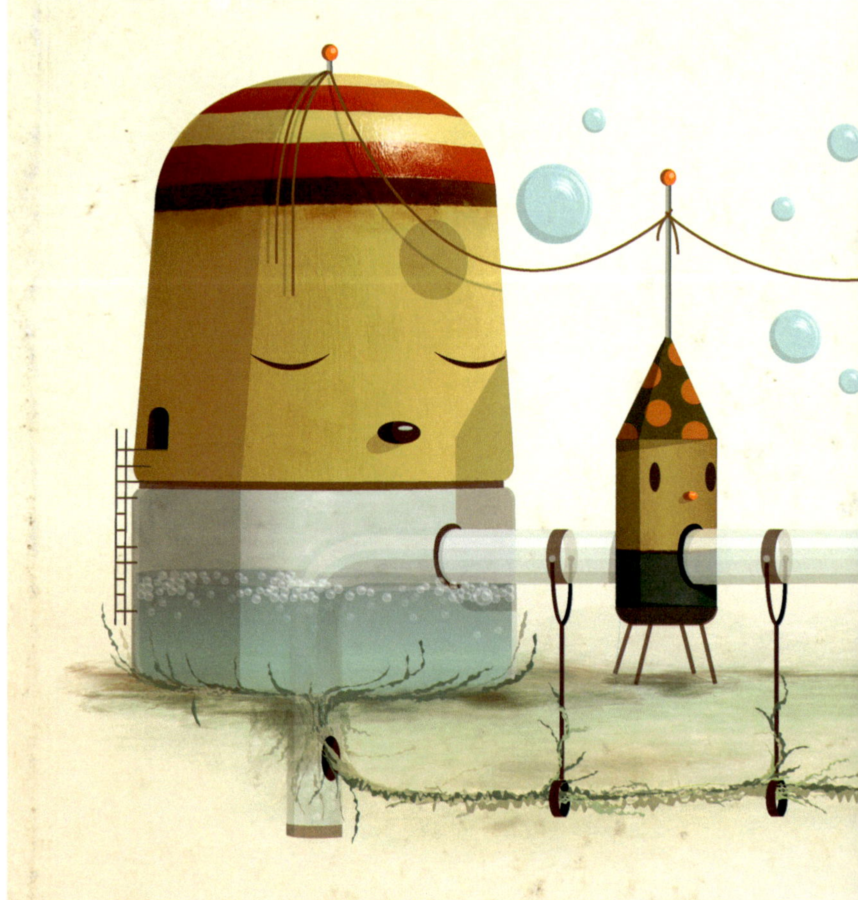

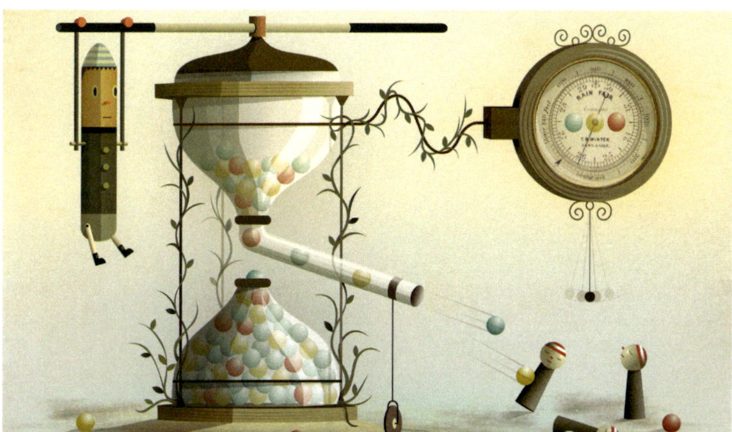

2009.

Client: *Planadviser* magazine, New York
Author: Cristian Turdera

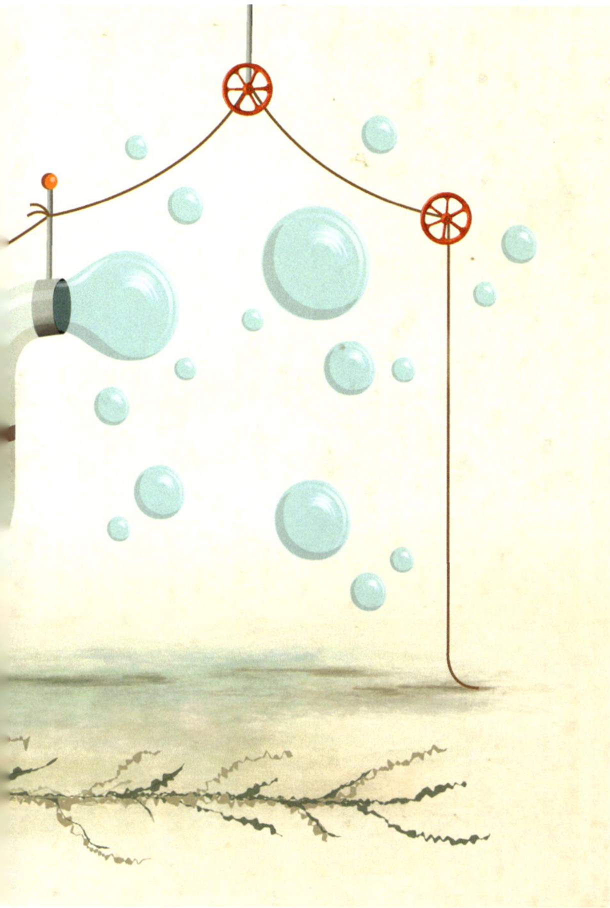

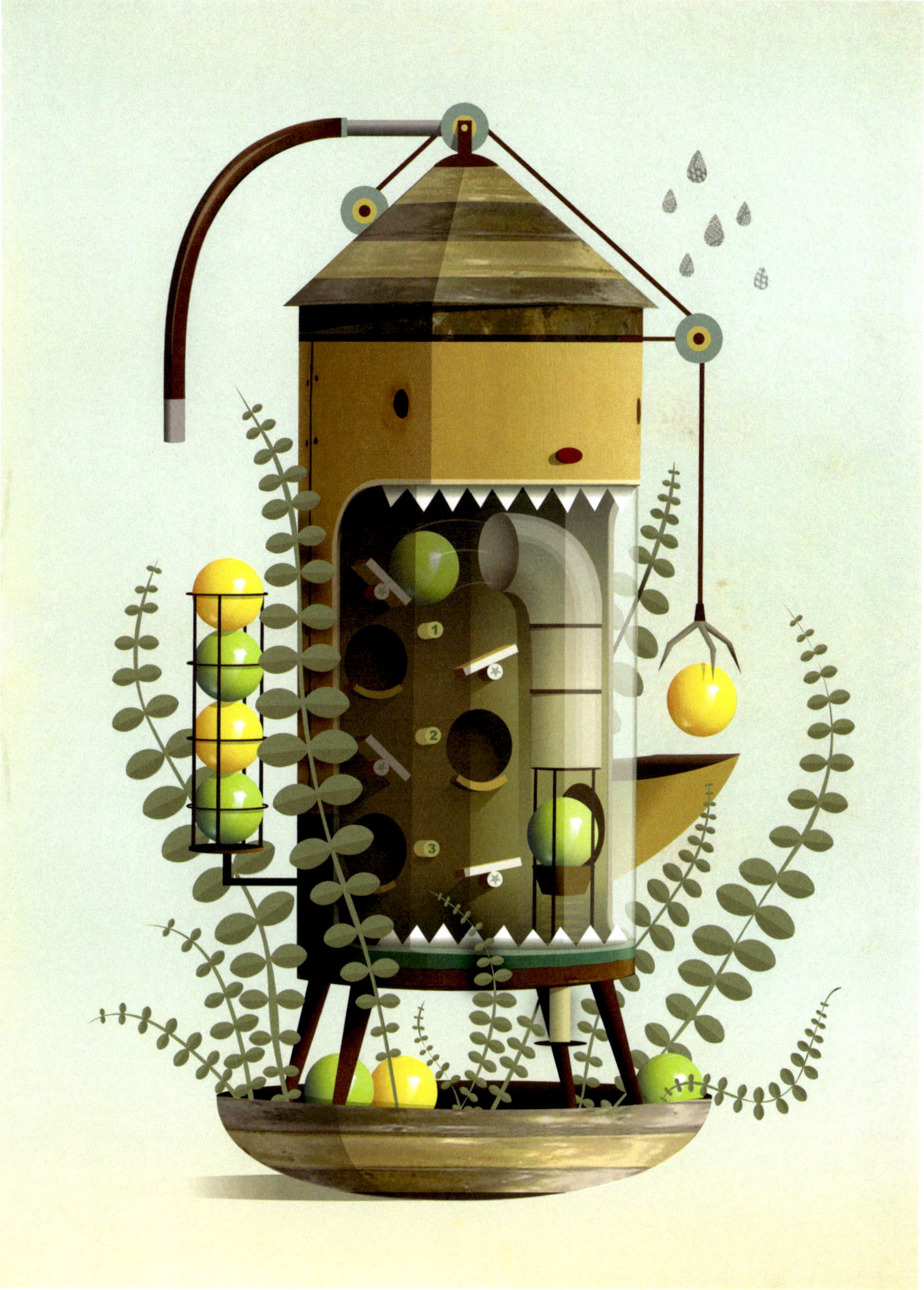

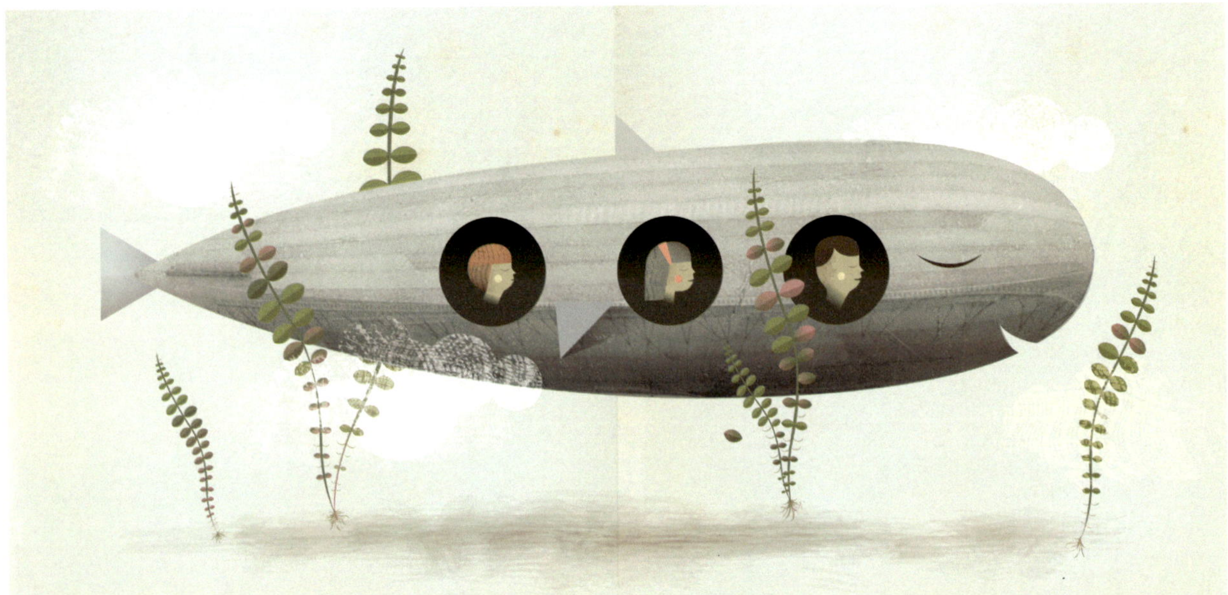

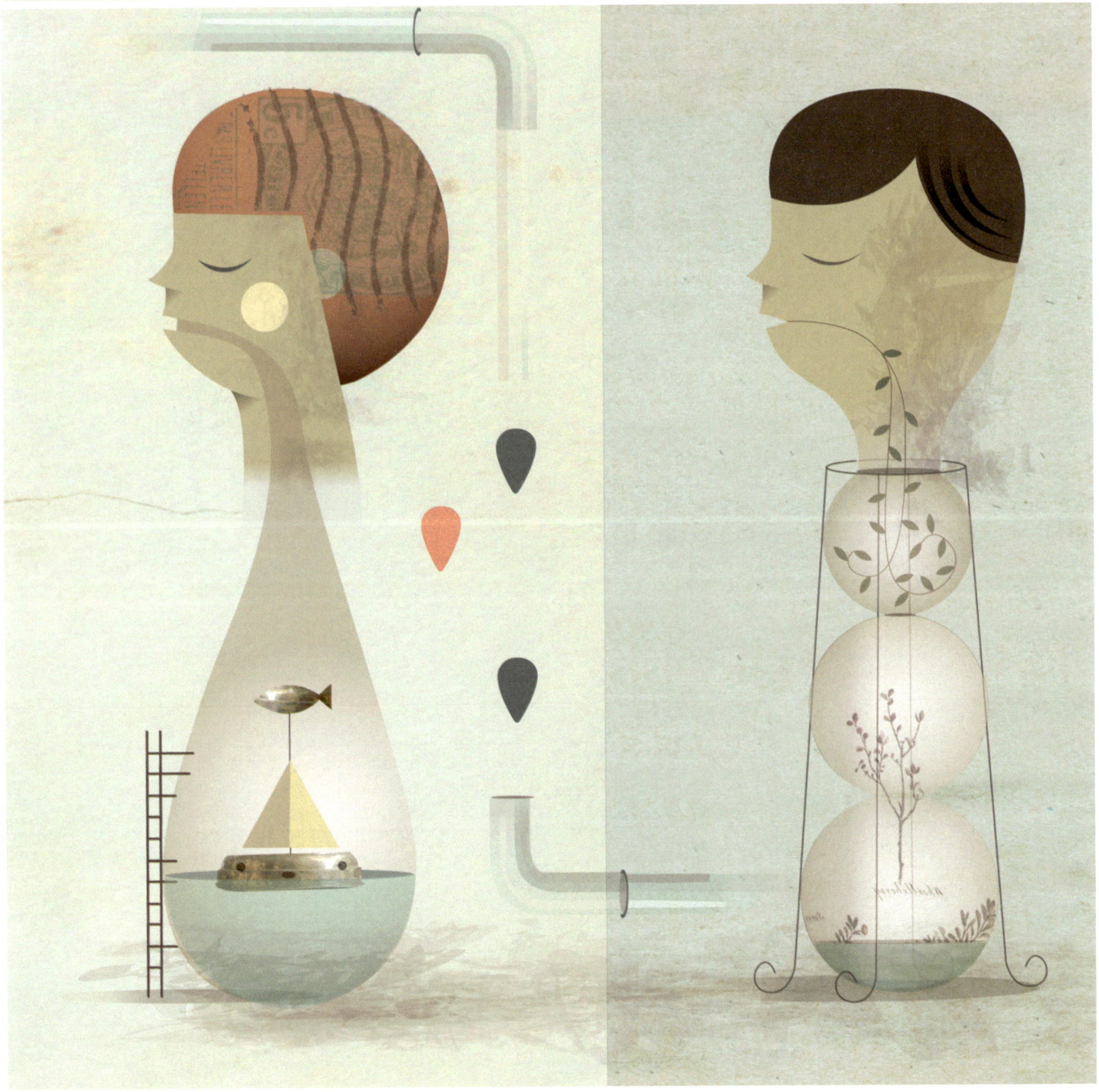

2010.

Image from the book
The Dreams of the Water. **Text by María del Carmen Colombo.**

Client: Pequeño Editor
Author: Cristian Turdera
Credits: © Pequeño
Editor, Buenos Aires,
2010

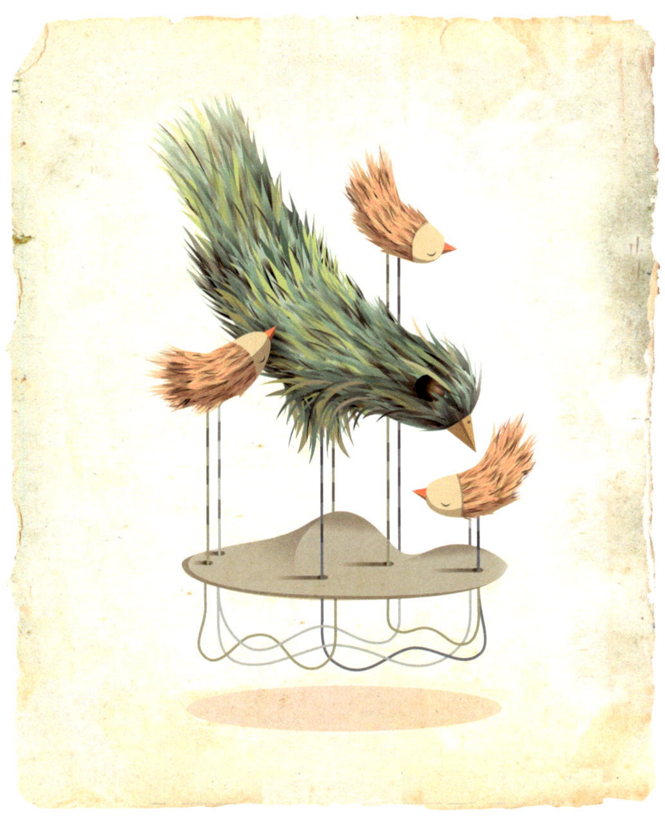

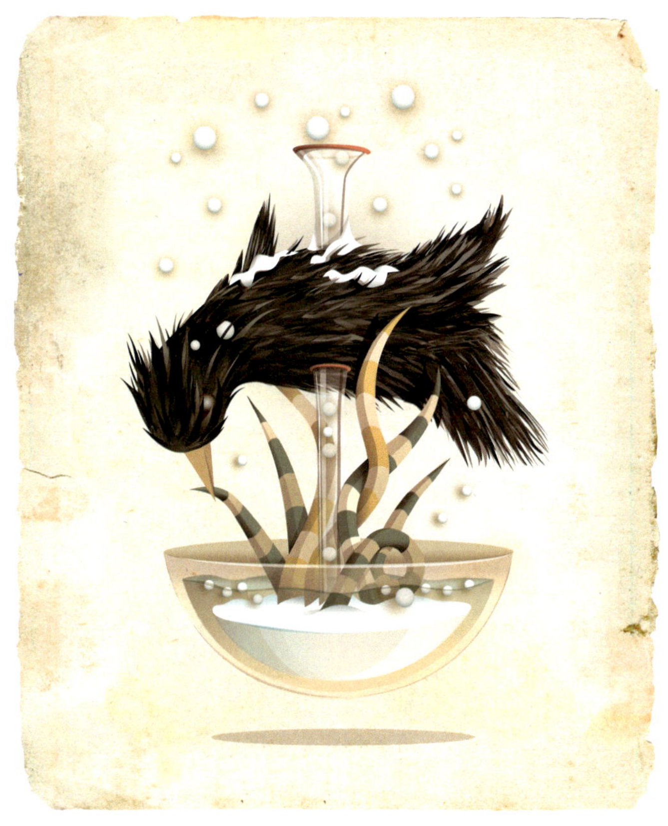

Happy together.
2008.

Cover for a notebook.

Client: Monoblock, industry of imagineering
Author: Cristian Turdera

2008.

**Image for the
exhibition
"Le immagini
della fantasía,"
Sármede,
26th edition, Italy.**

Client: Piñatarama
exposition
Client: Sarmede
exhibition

2008.

Client: *Planadviser* magazine,
New York
Author: Cristian Turdera

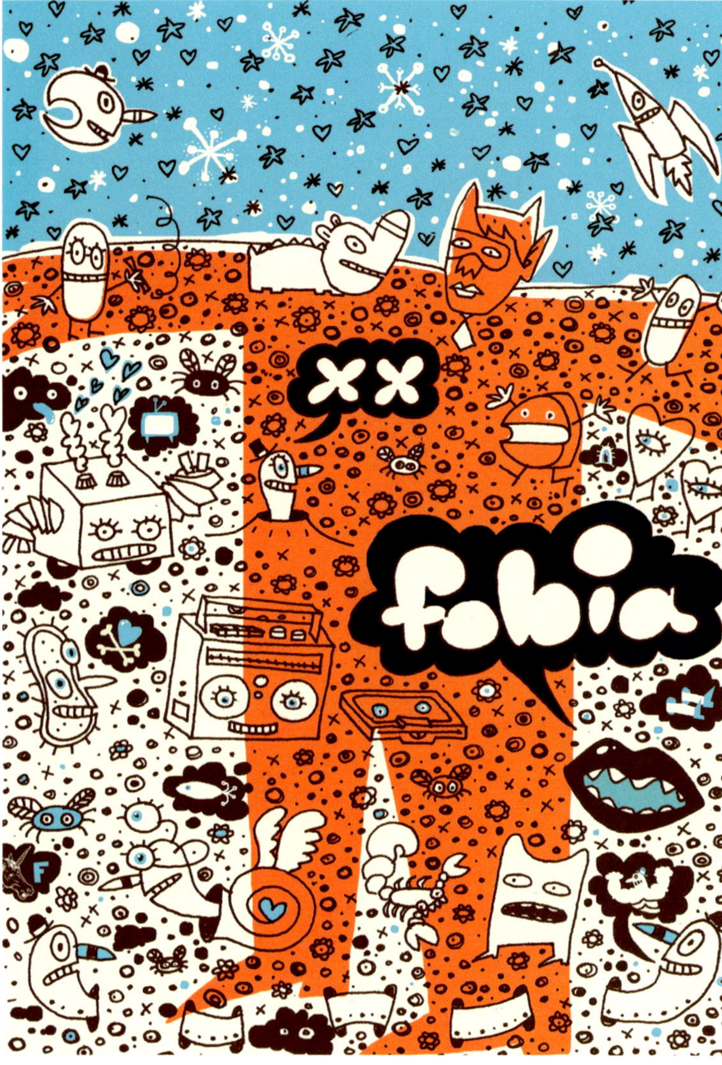

Fobia XX.
2008.

**Poster, CD and DVD cover, and packaging design to commemorate the
20th birthday of one of México's best-known rock 'n' roll bands.**

Client: Sony BMG Music
Studio: Hula Hula
Author: Cha!
Photography: Ricardo Trabulsi

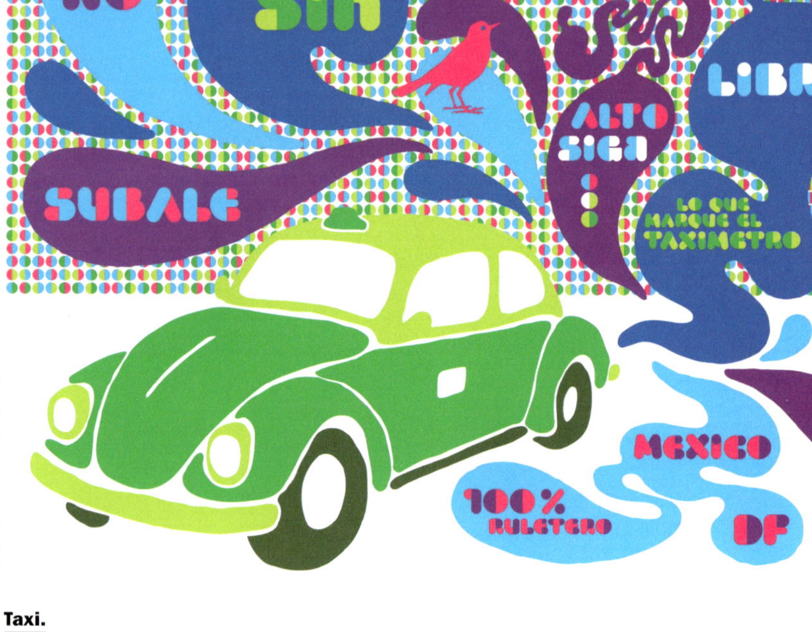

Taxi.
2007.

Illustration for an article about iconic things in our city.

Client: *Design México* magazine
Studio: Hula Hula
Author: Quique Ollervides

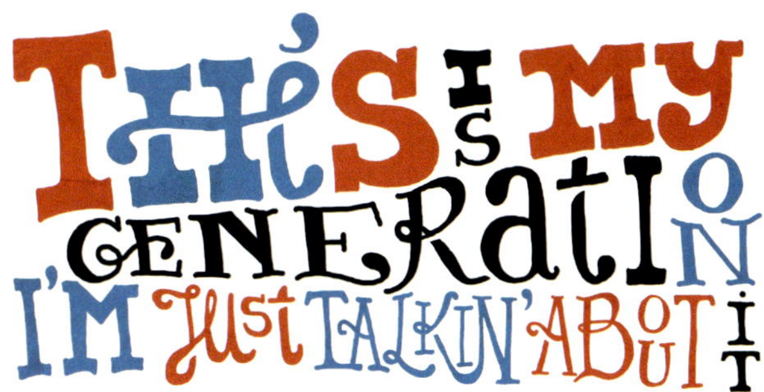

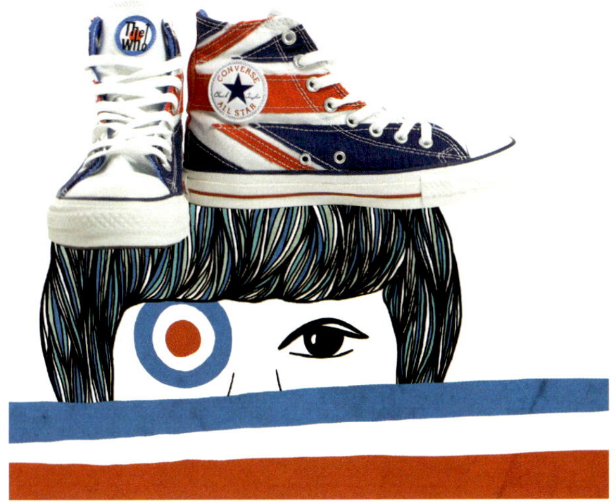

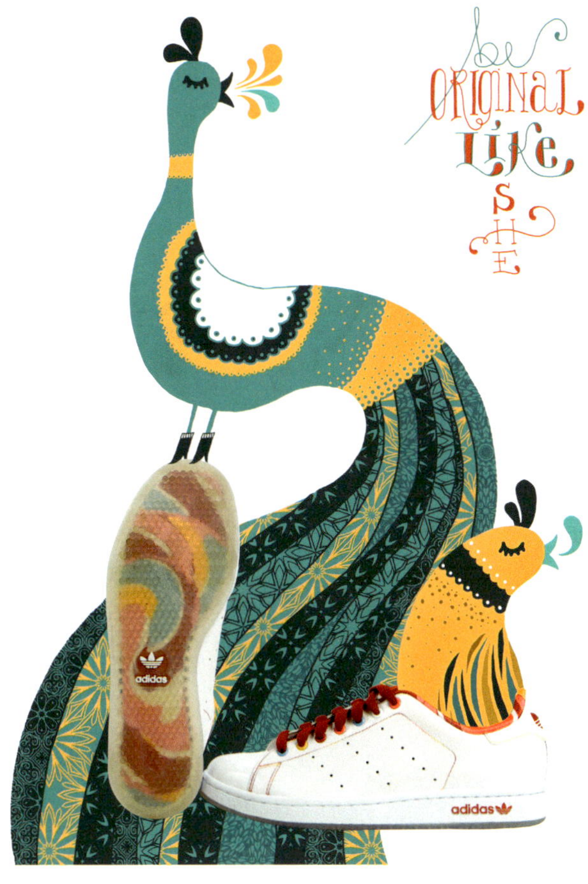

The Who.

2010.

Illustration made for *Go Palermo* magazine promoting several brand shoes.

Client: *Go Palermo* magazine
Author: Laura Varsky

Be original.

2010.

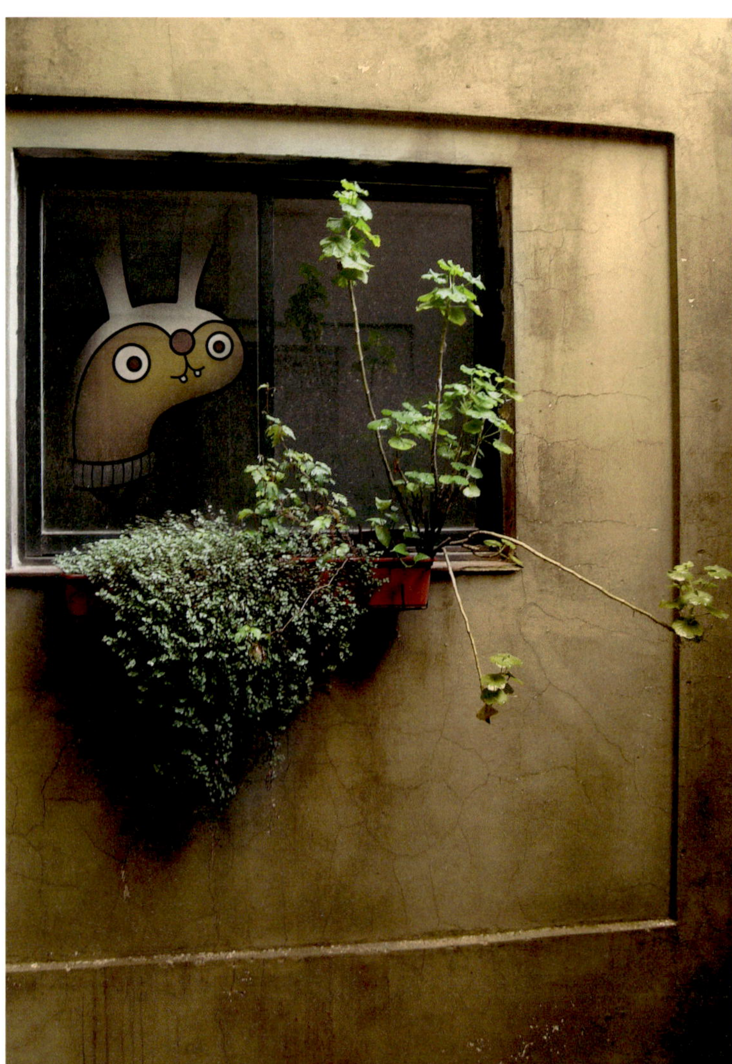

At the window.
2007.

Personal work. Digital photomontage with one of my character designs. What is the rabbit looking at?

Author: Gaston Caba

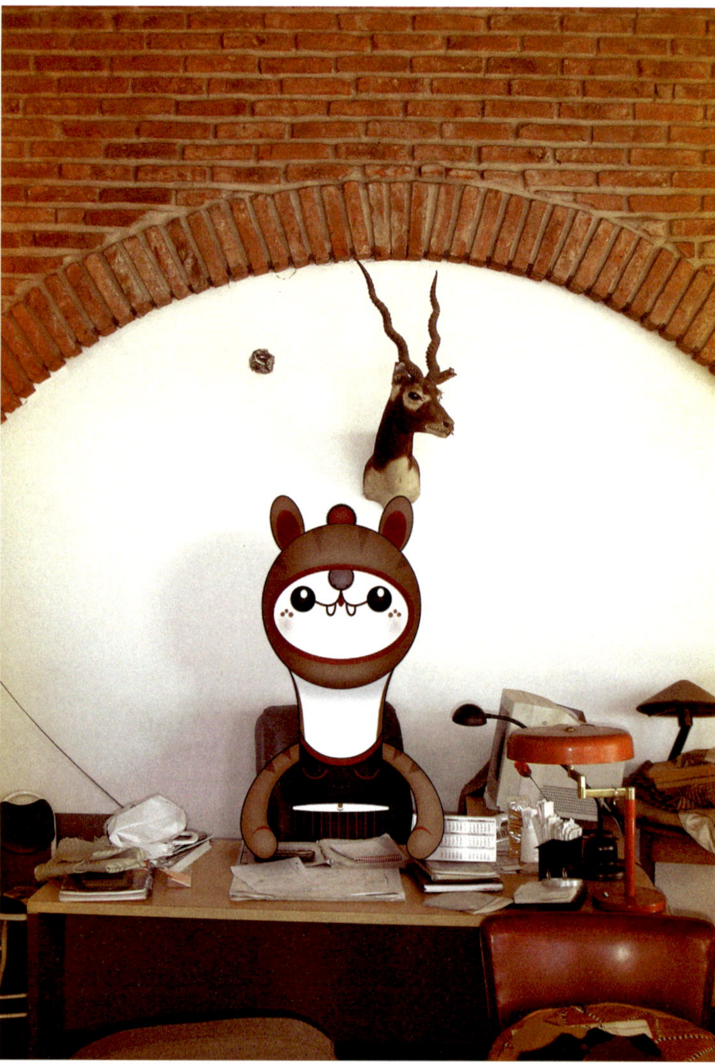

Brown office.
2007.

Personal work sent by e-mail as promotion. Digital photomontage with one of my character designs.

Author: Gaston Caba

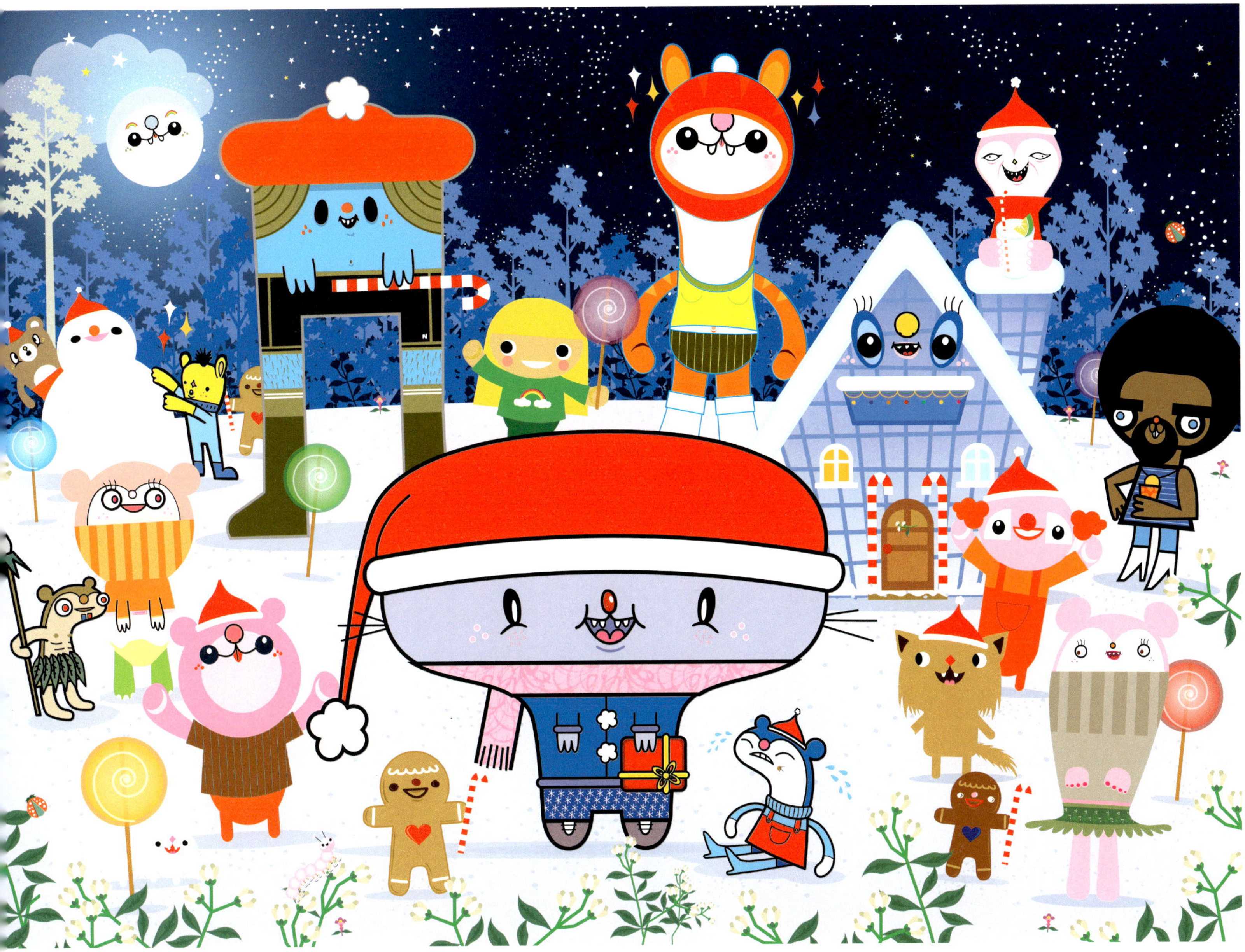

Joy to my world.

2008.

Scene and character design for shopping decoration at Christmas time. Tuen Mun Trend Plaza, Hong Kong.

Client: Tuen Mun Trend Plaza
Author: Gaston Caba

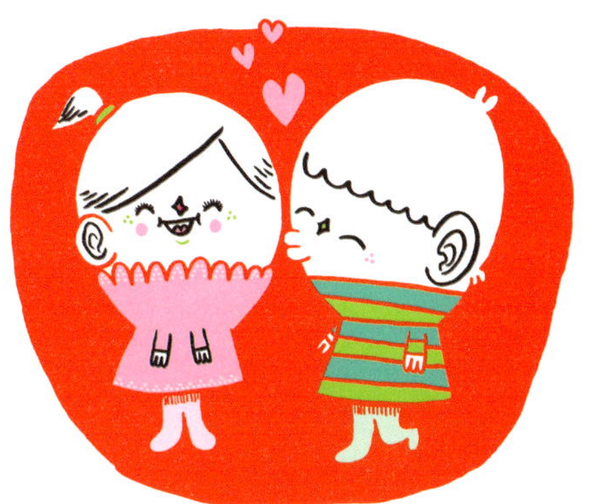

Little kiss.

2008.

**Personal work made for my exhibition at Tuen Mun Trend Plaza
shopping mall, Hong Kong. It has also been available as a T-shirt design
at Mysoti.com and at Sony SP3 Home.**

Author: Gaston Caba

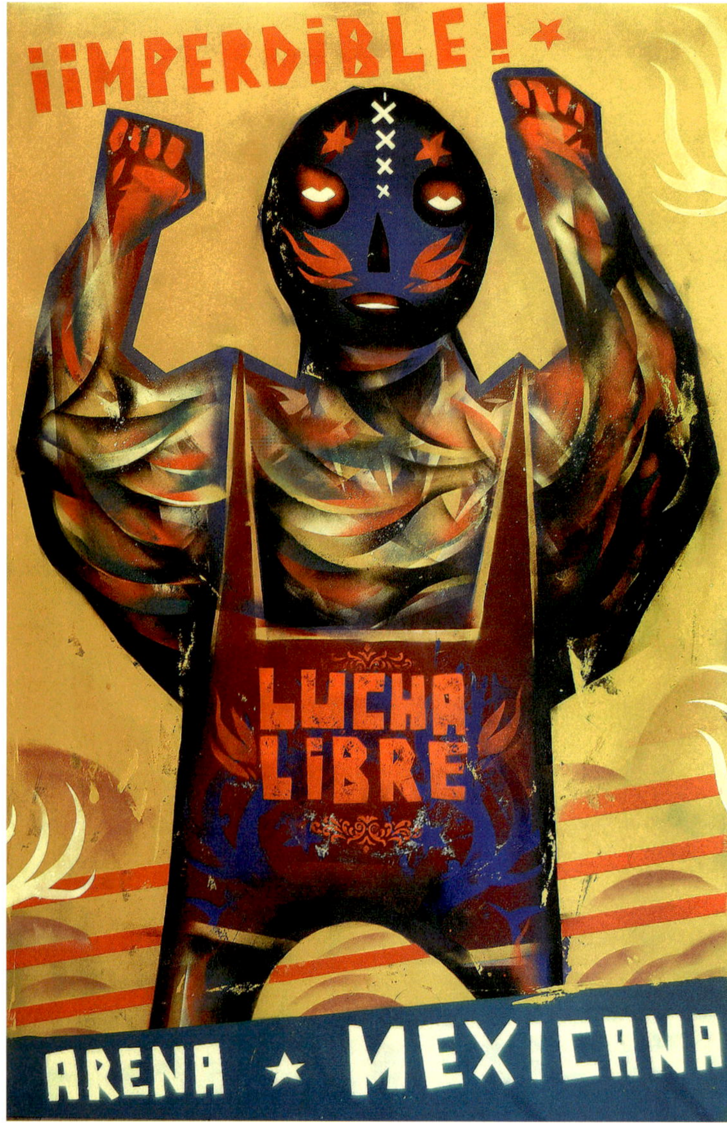

Arena Mexicana.

2009.

Stencil on wood board.

Author: Samuel Casal

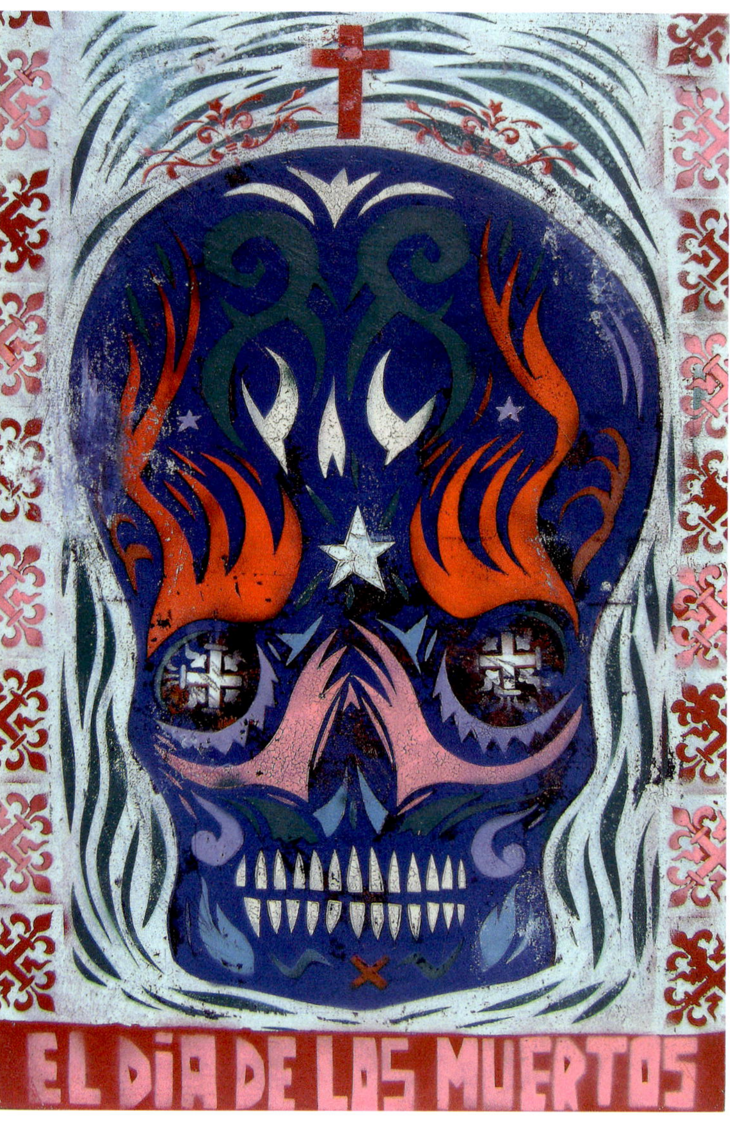

El día de los muertos.

2009.

Stencil on canvas.

Author: Samuel Casal

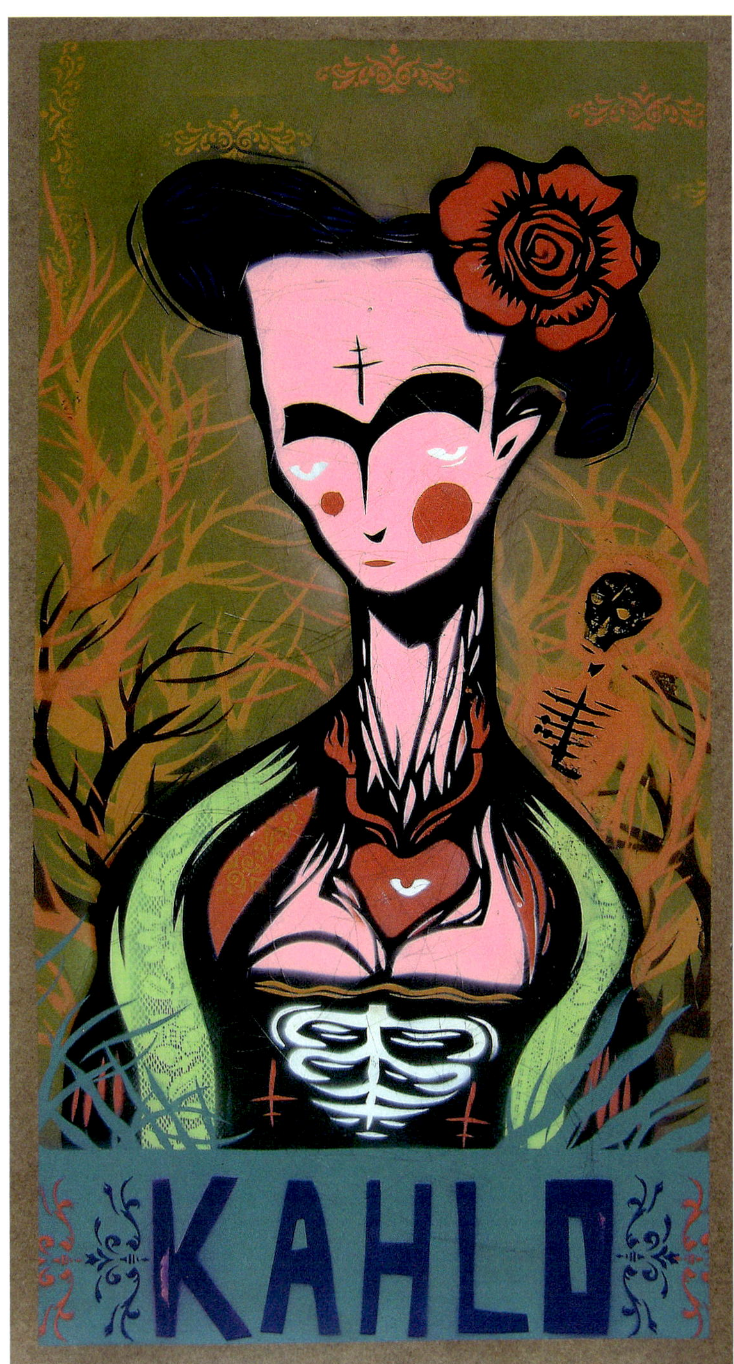

Kahlo.
2009.

Stencil on wood board.

Author: Samuel Casal

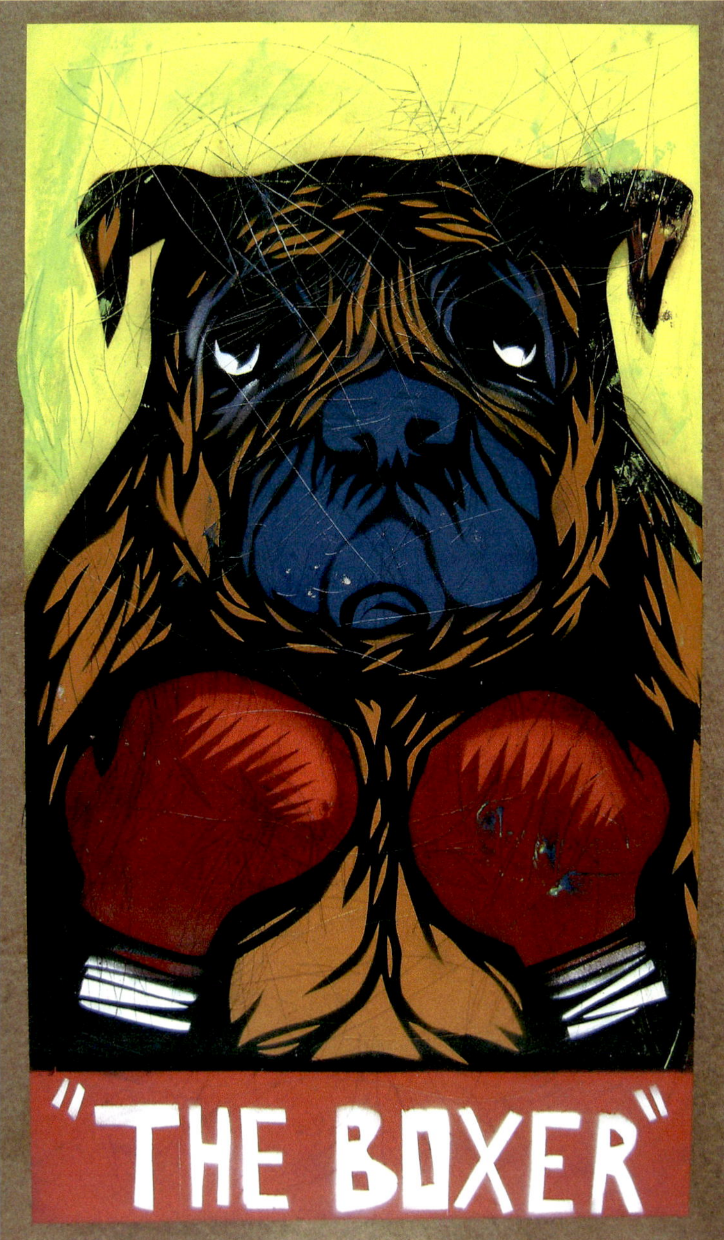

The boxer.
2009.

Stencil on wood board.

Author: Samuel Casal

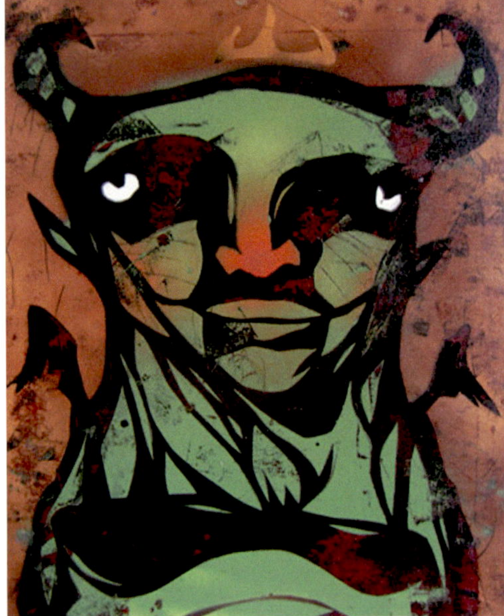

Diabla verde.

2009.

Stencil on canvas.

Author: Samuel Casal

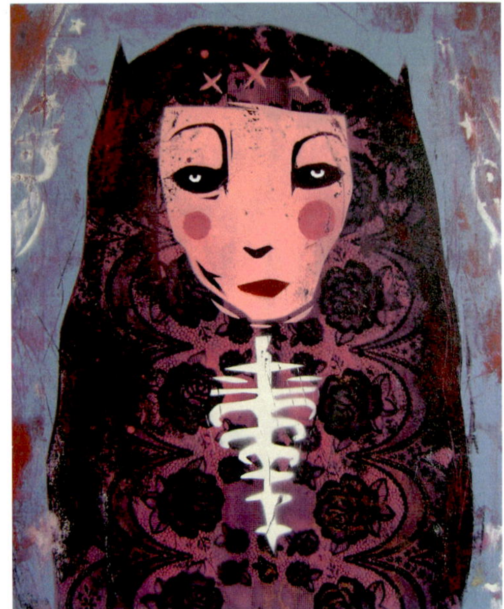

Vampira.

2009.

Stencil on canvas.

Author: Samuel Casal

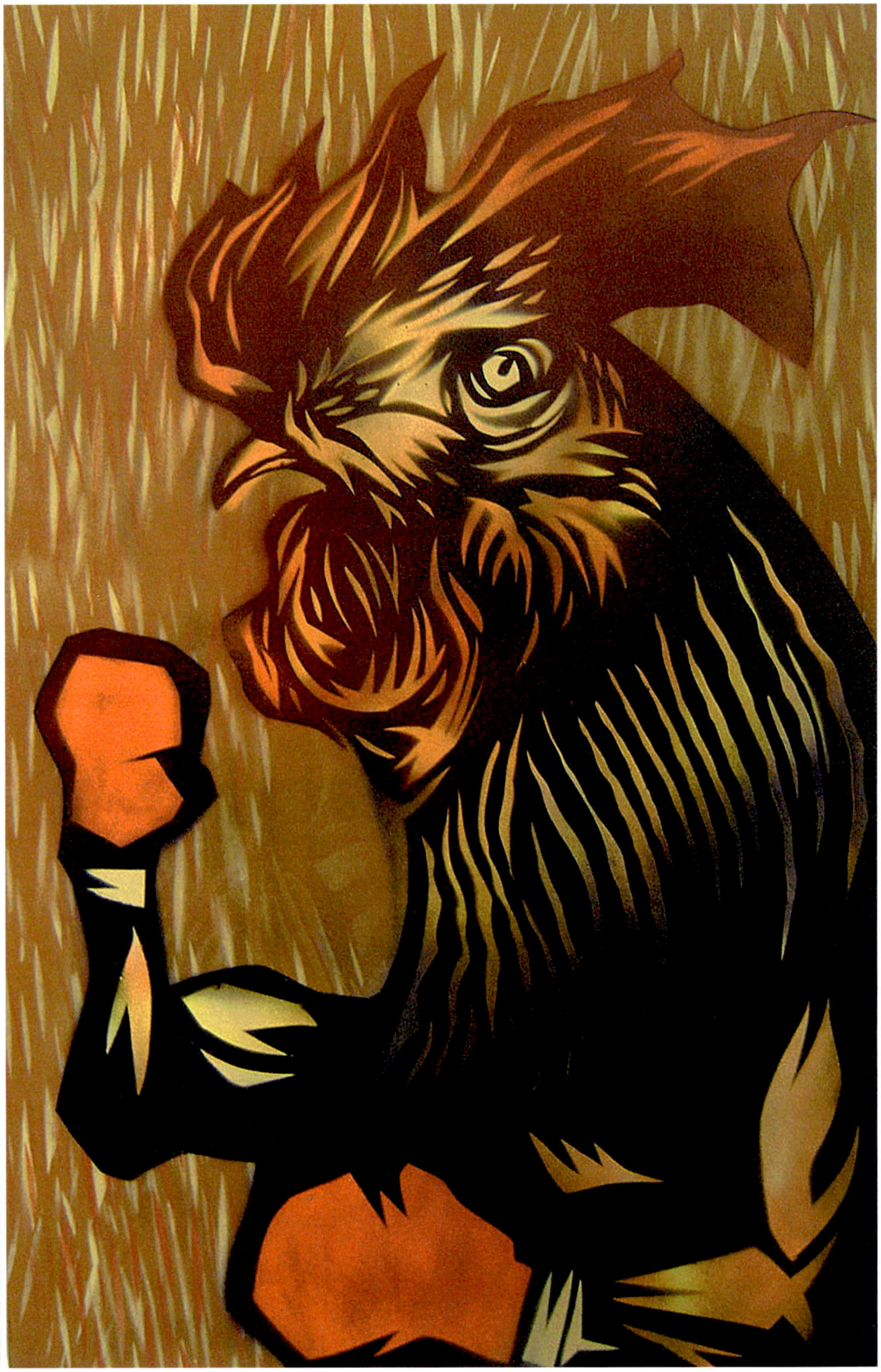

Peso-Galo.

2009.

Stencil on canvas.

Author: Samuel Casal

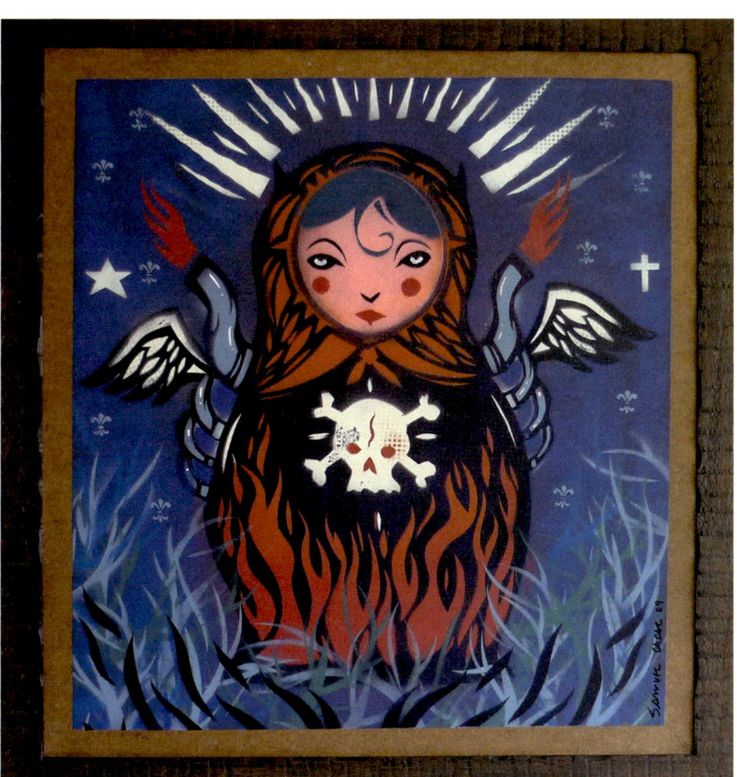

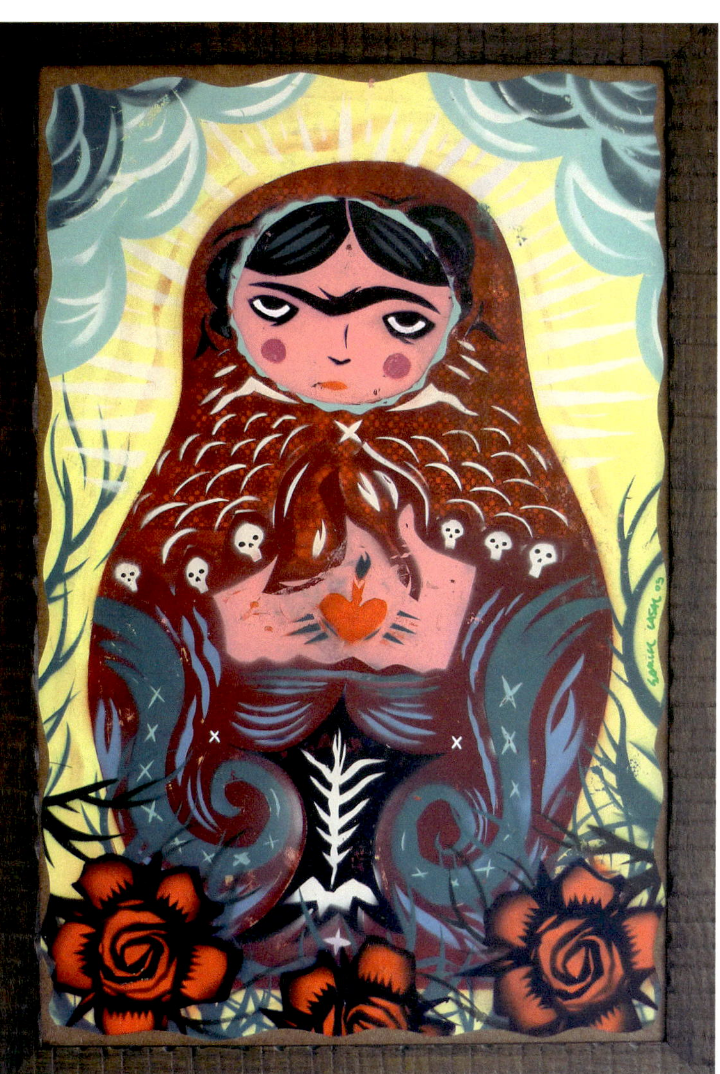

Hotryoska.

_**2009.**_

Stencil on wood board.

Client: "Magioska" exibition
Author: Samuel Casal

Santa Matry.

_**2009.**_

Stencil on wood board.

Client: "Magioska"
exibition
Author: Samuel Casal

Fridutcha.

_**2009.**_

Stencil on wood board.

Client: "Magioska"
exibition
Author: Samuel Casal

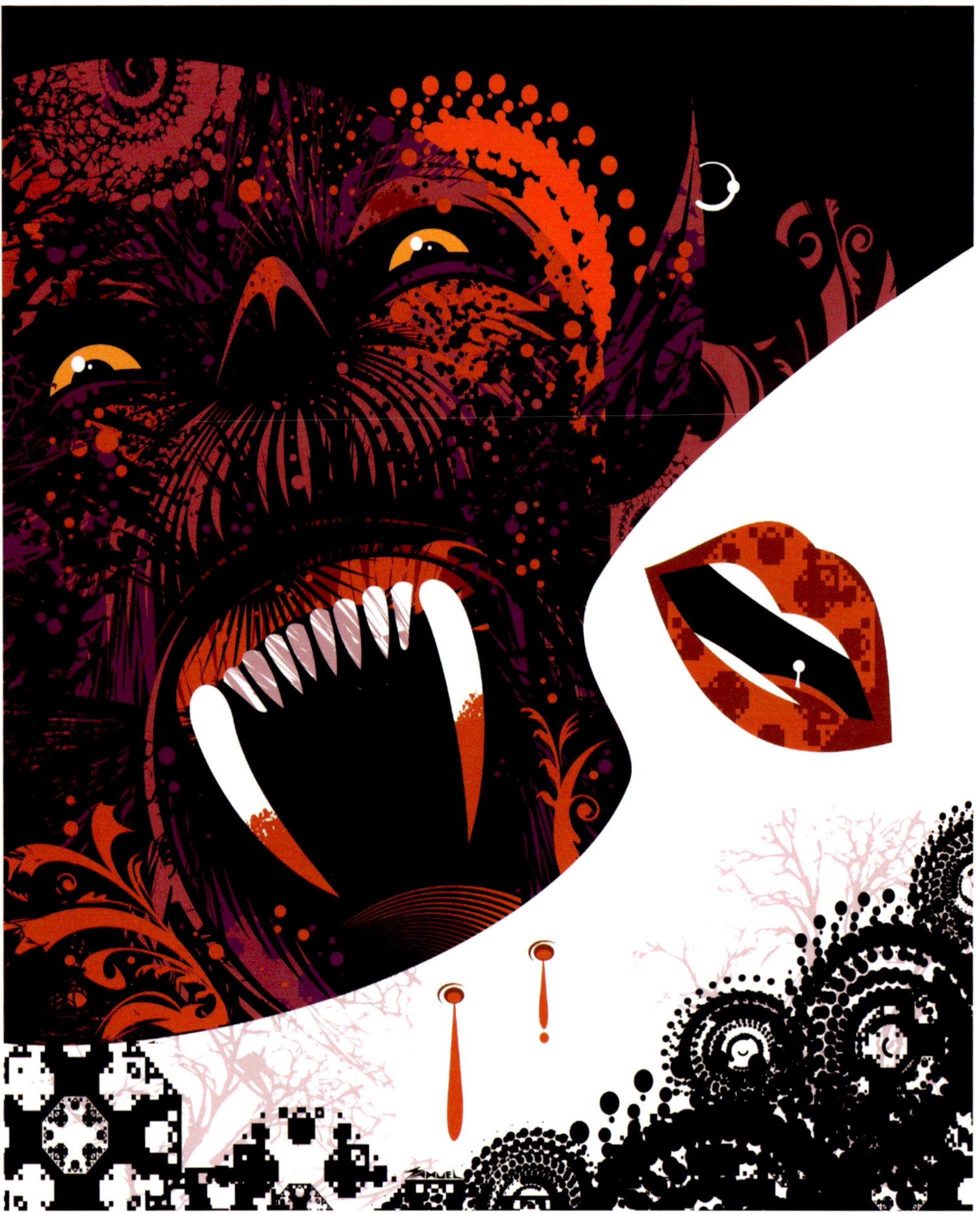

Vampiros teenagers.

2008.

Vectorial illustration.

Author: Samuel Casal

Miss Raio-X.

2010.

Spray on canvas.

Author: Samuel Casal

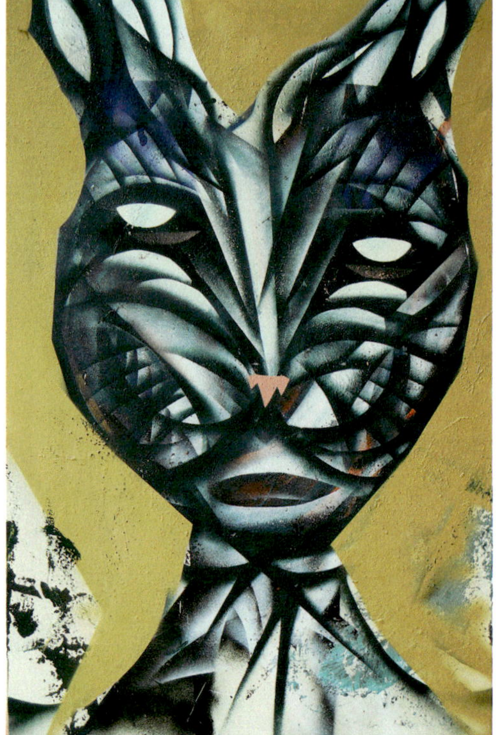

Um gato.

2009.

Spray on canvas.

Author: Samuel Casal

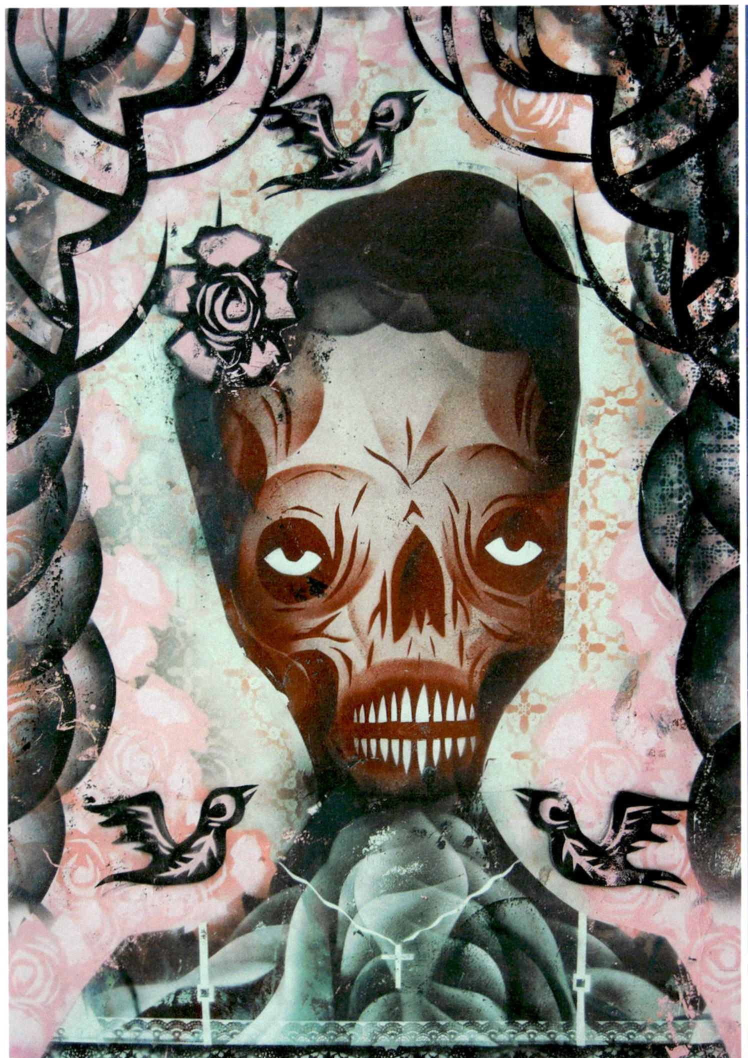

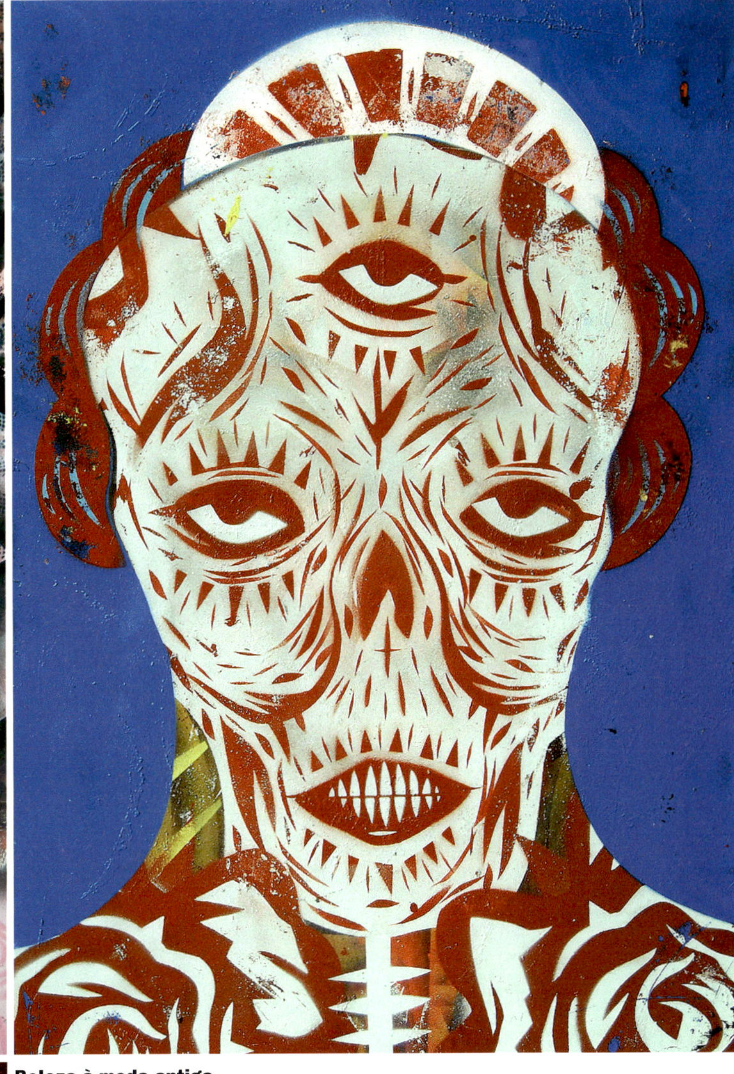

Beleza à moda antiga.

2010.

Spray on wood board.

Author: Samuel Casal

Rainha de ouro.

2009.

Stencil on wood board.

Author: Samuel Casal

Madame Jurerê e seu gato internacional.

2010.

Spray on canvas.

Author: Samuel Casal

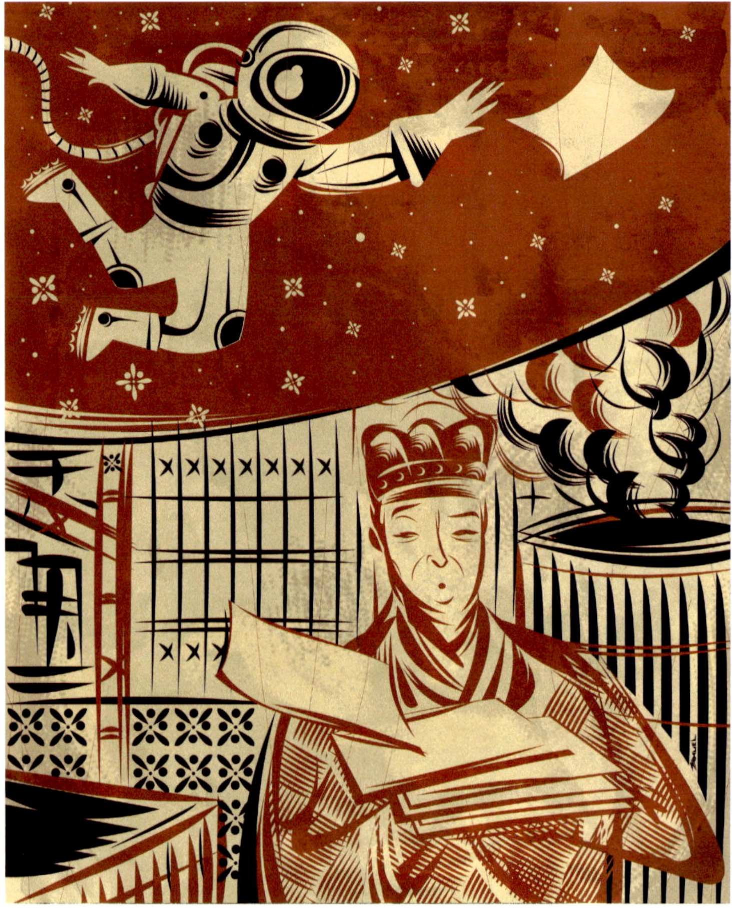

Paper.

2010.

Vectorial illustration.

Client: *Florense* magazine
Author: Samuel Casal

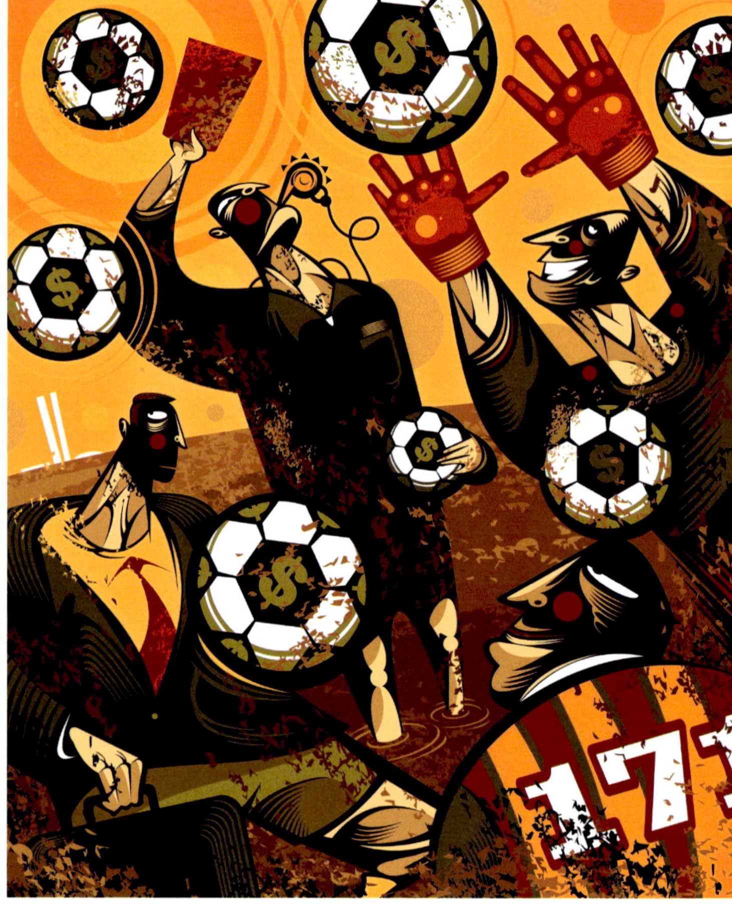

Futebol na Lama.

2010.

Vectorial illustration.

Client: *ESPN* magazine
Author: Samuel Casal

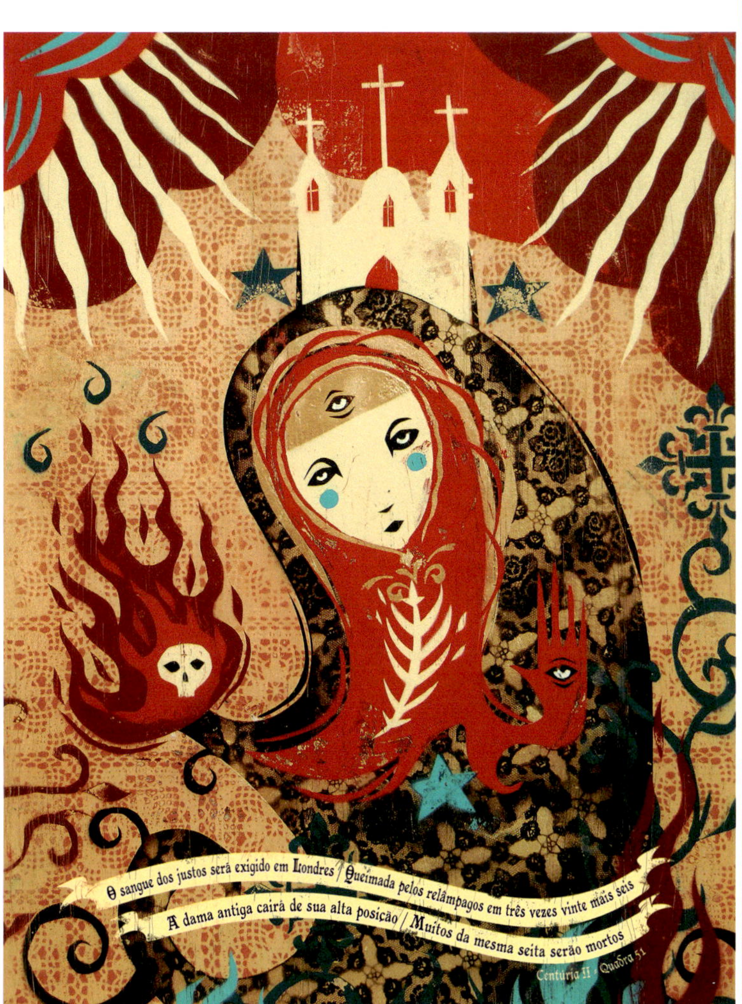

Centuria 1.

2010.

Stencil on wood board.

Client: *Aventuras na História* magazine
Author: Samuel Casal

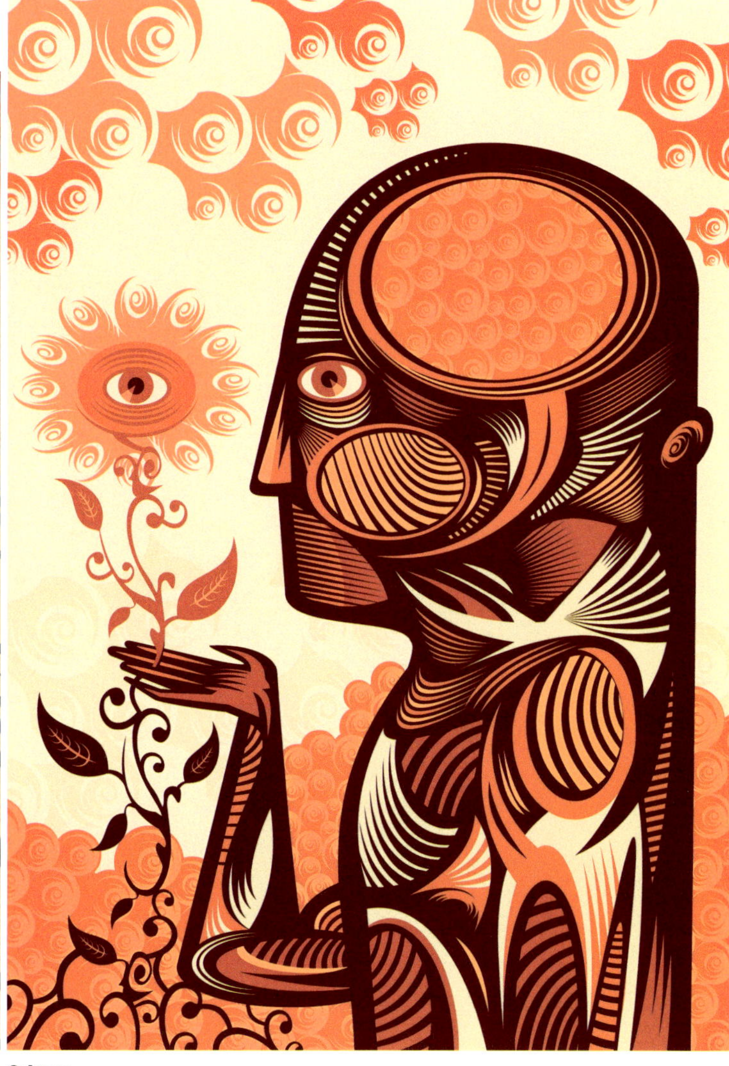

Origem.

2009.

Vectorial illustration.

Client: Unimed
Author: Samuel Casal

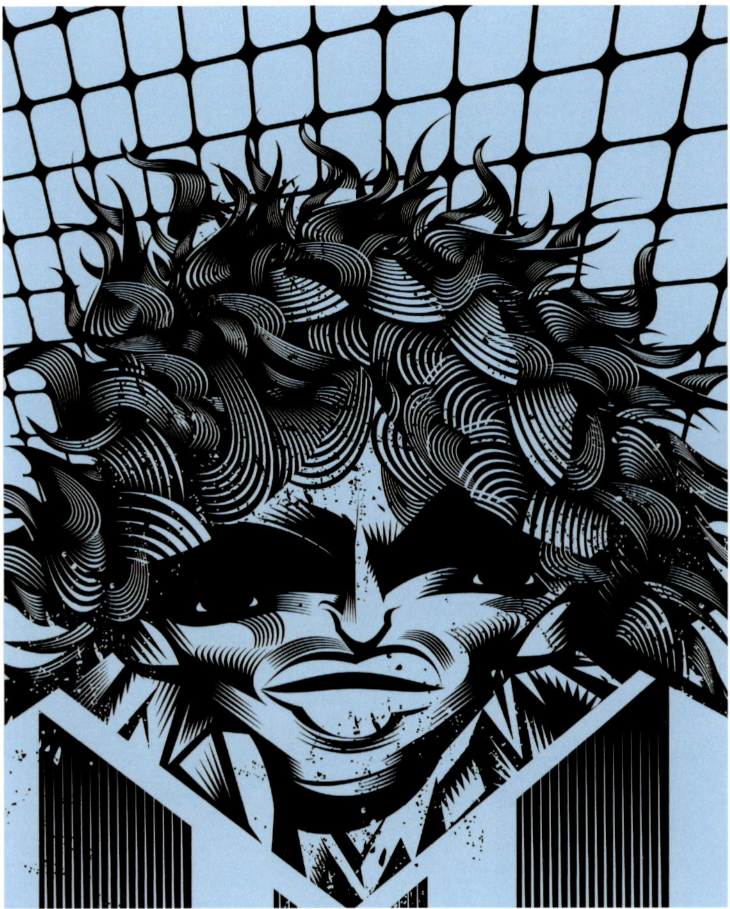

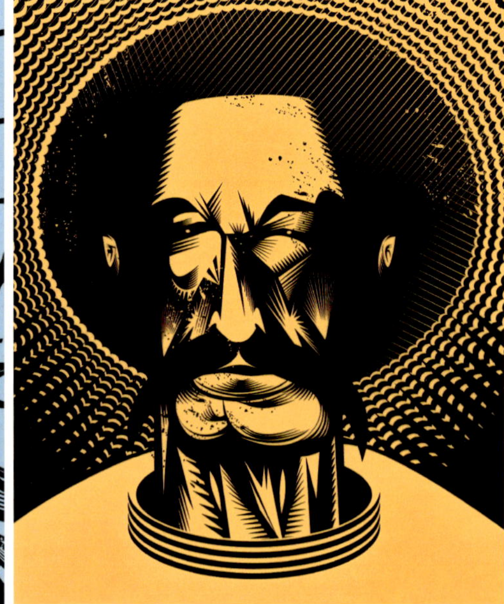

Junior.

2009.

Vectorial illustration.

Client: *Football Heroes Gold* book
Author: Samuel Casal

Maradona.

2009.

Vectorial illustration.

Client: *Football Heroes Gold* book
Author: Samuel Casal

Cat on TV.

2009.

Vectorial illustration.

Client: 2º Miau Cine Festival
Author: Samuel Casal

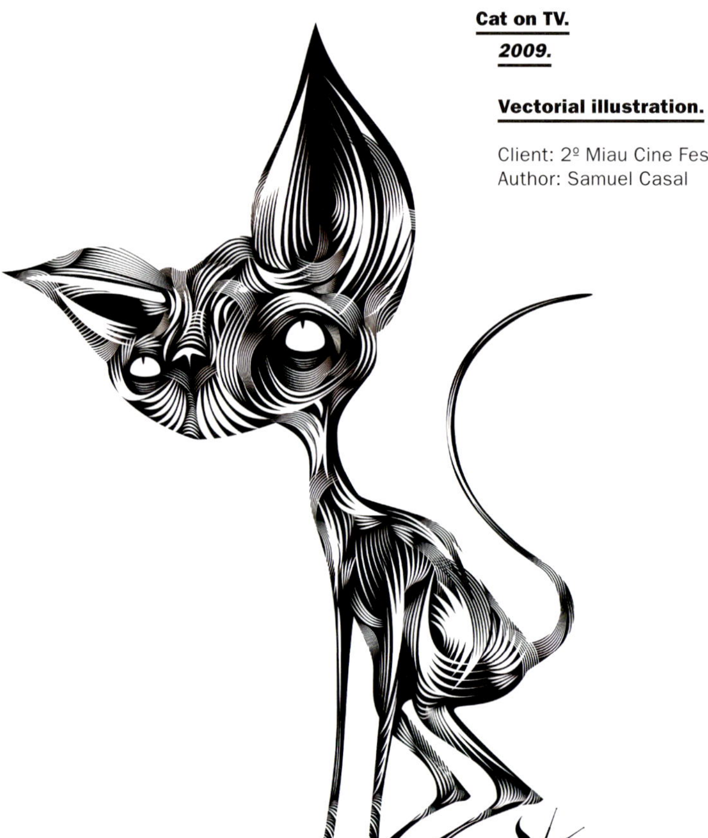

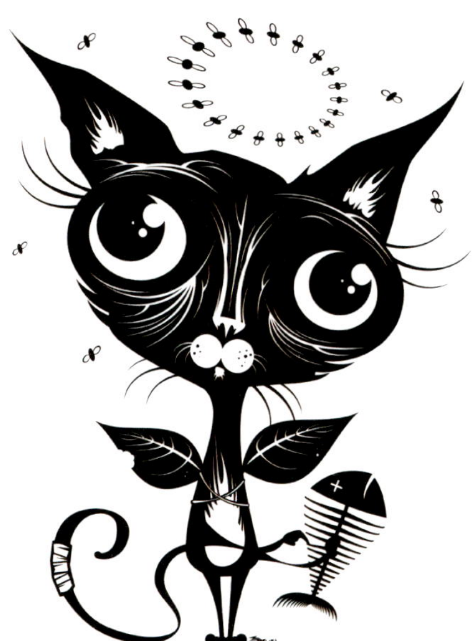

Pobre gato.
2009.

Vectorial illustration.

Client: Move NGO
Author: Samuel Casal

Jair.
2009.

Vectorial illustration.

Client: *Football Heroes Gold* book
Author: Samuel Casal

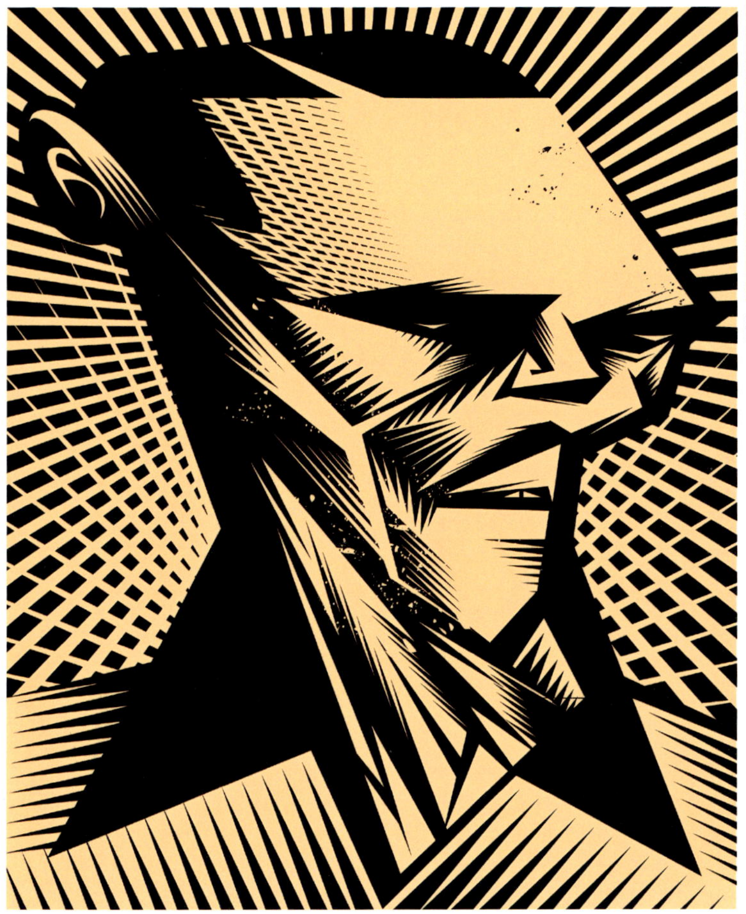

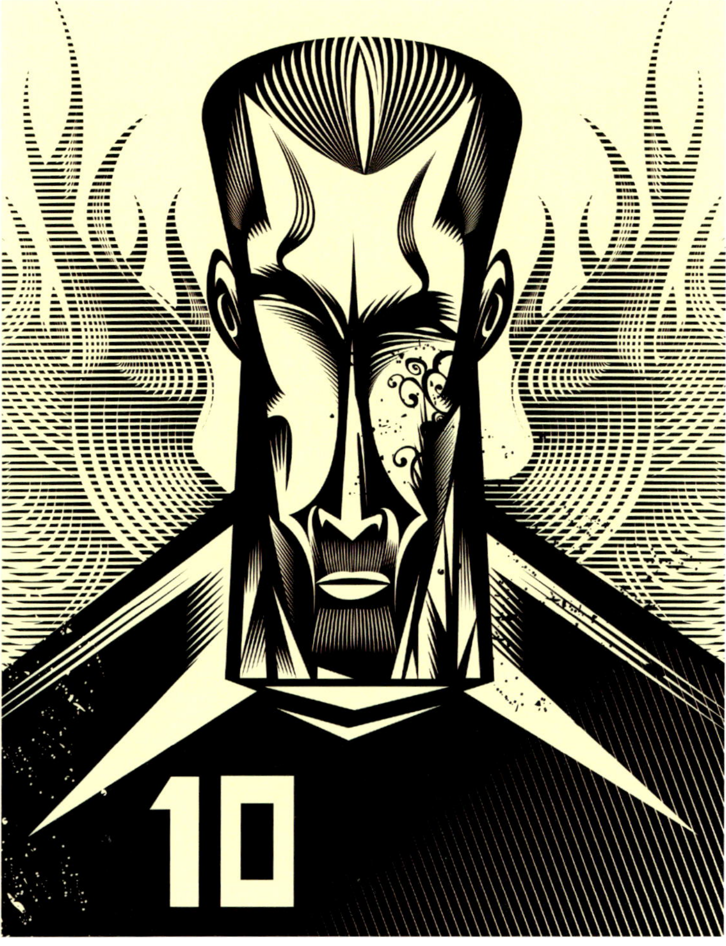

Zidane.
2009.

Vectorial illustration.

Client: *Football Heroes Gold* book
Author: Samuel Casal

Entrevista Seba Acampante

La energía de Acampante discurre entre varios caminos: un proyecto audiovisual, TMDG el encuentro de diseño gráfico, el club de dibujo, Los Dientes, la galería para expresiones colectivas "Coco", conferencias, fanzines, talleres y blablabla pero su real adicción, obsesión y pasión es el dibujo. Es casi imposible encontrarte a Acampante sin un libro de bocetos; por la calle, en la playa o en un club. Como un nómada del dibujo, sólo quiere caminar, reír y dejar crecer su pelo más largo cada día. Tener la oportunidad de dedicarse al tiempo efímero que es la vida; captar los detalles naturales que la prisa y el ajetreo moderno tiende a disipar.

¿Crees que existe el diseño/ilustración/arte Latino? ¿Algo que no se encuentre en ningún otro lugar?

Cuando el humano nace, dibuja y canta, son básicos. Dibuja lo que ve, canta lo que escucha. Eso le marca una identidad.

Luego existen dos filtros para los humanos con identidad.

Muchos no gozan del estímulo en el momento adecuado, pierden el interés o, peor aún, le forjan nuevos intereses… y se olvidan, se olvidan de sus placeres natos. Ese es el primero de los filtros.

De éste queda una pequeña porción, los que deciden seguir en su camino. Volviendo a la base de que dibujamos lo que vemos, encontramos el segundo filtro para el humano con identidad:

Vemos para afuera y no para adentro, algo muy fuerte en Latinoamérica debido a una impuesta inseguridad a través de los abusos y deformaciones que las diferentes naciones sufrieron en sus historias.

Al igual que las tortugas, los huevos que se salvan de los reptiles se rompen y caminan hacia el mar, en ese trayecto deberán de esquivar las aves de rapiña. El porcentaje que lo logre gozará de la velocidad de una tortuga en el mar.

Lo mismo pasa con el diseño latino.

Muchos, al detenerse a mirar hacia afuera, son comidos por las gaviotas, y otros, fieles a sí mismos, fortalecen su constante, la esencia.

Y esa esencia, definitivamente, tiene "algo".

Debido a conferencias o giras con mi proyecto audiovisual, tuve la suerte de viajar por varios países, y siempre que volví a Latinoamérica siento un calor, un abrazo invisible.

¿Qué es ese algo? ¿Es un estilo, un método de trabajo, un enfoque, una manera de pensar?

Siguiendo la idea del dibujo como una manera de

representar lo que vemos o creemos, me encanta fantasear con el origen de Latinoamérica.

Un continente lleno de sabores y colores derivados de la cantidad interminable de flores, aves e insectos. Una gigantesca extensión de tierra llena de plantas reveladoras y una veneración absoluta a la naturaleza, su sabiduría y sus decisiones. En esa "Latinoamérica base", podemos imaginarnos ser un viajero que observa de cerca las culturas, y se encandila con la variedad de colores, representaciones zoomorfas, simbología ritual e inclusive entornos y ecosistemas tan disímiles como caleidoscópicos.

Esa Latinoamérica fue real, y ese "algo" del que hablábamos recaía en las actividades colectivas, el uso desprejuiciado del color y el don de "ver" que con las generaciones se fue perdiendo.

Así como el uso magistral de las manos, subestimado por la computadora y otros aliados de lo artificial en los últimos 30 años…, una muy pequeña porción si consideramos que estamos hablando de culturas milenarias.

¿Qué pasa hoy?

Cruzando desde Argentina hasta México vemos carteles en las autopistas con las mismas marcas, las mismas tendencias publicitarias, podemos frenar donde queramos que habrá un McDonald's… Para encontrar toda esta riqueza visual de la que hablábamos, debemos adentrarnos en selvas (donde aún persistan éstas) o, en el peor de los casos, en museos.

Eso afecta, y mucho, el resultado gráfico que tengamos; estamos visualmente rodeados. El latinoamericano inquieto debe mirar muy atrás, muy adentro, o muy hábilmente su entorno para desarrollar las purezas ya pavimentadas bajo una capa de Consumo y otra de "Progreso".

¿Qué es lo que define el diseño/ilustración/arte de tu país de origen?

Las artes, los impulsos en la vida, trascienden nuestra razón, provienen de un lugar, un éter, una nube de eternas tormentas que está fuera de nuestra comprensión.

Los mapas, las monedas, los idiomas y las fronteras, extremadamente en otro polo, son hijas de la razón. Son nuestro mayor esfuerzo por querer controlar lo incontrolable, por sentirnos dueños de algo que nos posee.

Por eso, hablar de arte, diseño o ilustración en un país, me es difícil.

El pájaro que hace su nido en mi jardín definitivamente ignora el muro que divide mi casa del "afuera" Sería algo así.

De todas maneras, gracias a estos aglutinamientos humanos que derivaron en casas, ciudades, provincias y naciones, comparto con muchos seres próximos una historia, unos hechos que marcaron nuestras vidas con cierto paralelismo. Esas instancias deberían de definir algo. Por ejemplo, Argentina tiene una melancolía arraigada; esto produce dos corrientes, la de los que se apegan a ella, y los que reaccionan opuestamente. Creo que eso da una lectura que podríamos definirlos en: los amargos y los locos.

Y así sobre cada rasgo de tu sociedad, lo puedes fortalecer o ir deliberadamente en contra.

¿Qué piensas sobre tus países vecinos?

Estoy trabajando últimamente en un proyecto editorial desde TRImarchi (el estudio desde el cual desarrollamos eventos de diseño, fiestas audiovisuales y programas televisivos sobre diseño latino, etc.) un proyecto editorial donde podamos revelar al mundo las bellezas que se esconden en nuestros países vecinos.

TMDG, nuestro encuentro de diseño gráfico, reúne año a año a más de 5.000 diseñadores en cada conferencia, todos de diferentes países, todos con diferentes orgullos de sus tierras, secretos o gustos. Tenemos la suerte de establecer amistad con varios de ellos, y luego nos damos el lujo de visitarlos y descubrir en vida las cosas de las que nos habían hablado con tanta pasión.

Nuestros vecinos tienen mucho que mostrar, Latinoamérica es un continente que necesita de diálogo interno para poder reforzar su identidad, descubrirla y vivirla.

¿Cómo te posicionas en el mapa de los moviementos culturales?

No soy bueno trazando mapas culturales o citando movimientos, pero siempre admiré el trabajo colectivo, quizás porque por mucho tiempo, como a muchos diseñadores o artistas y nuestros gigantes egos, se me complicó (sic).

Las expresiones tribales, desde los cantos, a los murales colectivos siempre me atrajeron.

La sincronía sufi, las pandillas del underground comix, los dada locos, los hippies utópicos, los okupas, los shipibo konibo, las rondas, la sincronicidad maya, las escenas hardcore y el hazlo tú mismo, los jams, los ecopandilleros, Delgado y su pandilla de cumbia de la Selva, Los Dientes, Army of Dub, los Beautiful Losers, el BSTR club, las crews que riman, pintan y bailan, Terry Riley y su legado, los selk' nam, los Yokoland y su música, la ubicación y trabajo de las piedras incas, Zizek, el romanticismo guaraní, los uros, el Club del Dibujo, las Chaavs, Push Pin Graphics, los rastas, Hollywood in Cambodia, Dog Town, Los Pitufos, Olivier Messian y los pájaros; podría enumerar muchas más actividades colectivas que dejaron una linda huella, todas tienen la misma esencia, y eso es lo que me estimula.

También las personas que rompen con la coherencia y los "pilares" que no sostienen nada, esas cosas me inspiran desde lo humano. Después obviamente, la naturaleza y su infinito abanico de sorpresas, desde los árboles hasta las nubes, desde los pájaros hasta mi familia.

En ese campo, el familiar, hay hechos que supieron colocarme en la senda del dibujo.

Cuando era muy chico, mi mamá, quien no gozaba en aquel entonces de una tranquilidad económica como para comprarme libros, optaba por hacerme libros sobre las cosas que me gustaban.

Me preparaba un libro sobre las flores donde recortaba de revistas fotos de éstas y les colocaba su nombre, la imágen y alguna corta historia relacionada. A veces no encontraba imágenes de algunas flores, pero me escribía la historia y el nombre hasta hacerlo. Un día me encontró dibujando las flores que no estaban ilustradas y, emocionada, comenzó a hacerme cuadernos para que los llenara: mis primeros libros de bocetos, mi primera enciclopedia, mis primeras ilustraciones. Desde entonces no paré de usar libros de bocetos, tengo cantidades, y en ellos baso mi trabajo. La mayoría de mis ilustraciones, diría todas, son escaneadas directamente del libro de bocetos.

Más tarde mi papá me inició en la sana costumbre de escribir mis sueños; ilustrar estos textos, supongo, me inició en el mundo surreal. El resto fue una sucesión de hechos lógicos. Me vinculé al Club del Dibujo, movimiento iniciado por Mario Gemin y América Sánchez en España, desde donde supe venerar al arte outsider y los dibujos de los "no dibujantes", una clase magistral de anarquismo visual.

Después, la unión de las actividades colectivas y lo outsider me llevó a juntarme a dibujar con amigos que no practicaban profesionalmente el dibujo.

Dibujamos a diario desde hace años. Un día con ellos realizamos tapas de discos colectivas, para luego juntarnos a grabar la música que iría en esos discos. La manera de realizar las tapas y el audio se basó en un concepto similar al Exquisite Corpse, en el que pasábamos las tapas hacia la derecha durante sesiones de dibujo cada 30 segundos, sentados en círculo; para luego en el estudio de grabación cambiarnos de instrumento en cada canción. A estas actividades las llamamos el Juego del dibujo, y el Juego de la música, respectivamente. Recientemente inauguramos la galería COCO, donde mostramos estos trabajos colectivos, y obras individuales de cada miembro del grupo, como Paat, Apolo, Raba, Pacheco, Coconuez, Ruul, Mati nuevo, Lules mal, Christian Tsai, Yonson, o el mismísimo Chaav, entre otros.

Supongo que todo esto me coloca en algún mapa, si a eso sumamos que mitad de mis raíces son peruanas, país al que admiro por siempre y visito anualmente, el "movimiento cultural" se expande un poco más, y de a poco va tomando lógica y esencia.

¿Tu posición geográfica influencia la cultural? ¿De qué manera?

Tuve la bendición de nacer en Mar del Plata, una ciudad chica frente a un oceano enorme, rodeada de sierras, lagunas, acantilados y bosques. Esto genera fauna, flora, ocio y deleite, básicos para la inspiración.

La naturaleza es tan bella que tienes dos caminos, abandonar tu carrera como artista por la resignación, o tratar de devolverle algo de todo lo que te da mediante tu trabajo.

La sal en el viento, y los cantos incesantes de las aves definitivamente influencian mi produccion, cada vez que sufro de un bloqueo tengo un paraíso a menos de 20 minutos, al norte es uno, al este es otro, al oeste otro… y obviamente, al sur otro. Si uno está abierto al diálogo con estas fuentes de TODO, es muy difícil que alguna vez te lleves NADA.

Nos damos cuenta de que en la última década la diversidad de estilos ha aumentado y han surgido multitud de nuevos artistas y diseñadores. ¿Cuál es tu opinión personal de la evolución ocurrida en tu país de origen?

Justamente nuestro encuentro de diseño nació en el 2002, o sea que ya hace casi diez años que por una lógica de curaduría y amistad seguí muy de cerca el diseño latino. Desde entonces la integración entre estudios, los diálogos, la camaradería e incluso amistad, no dejó de escalar, siempre en mayor, siempre para bien, reviviendo el don de VER.

La comunidad del diseño latino está conectándose, tiene puntos de encuentro, tiene puntos de apoyo y está recuperando algo que hacía más de 500 años había sido arrollado: el orgullo.

Y eso… me enorgullece.

Por muchas más tortugas en el mar.
Seba.

Acampante's energy flows through several paths: an audiovisual project, TMDG design meeting, the drawing club Los Dientes, the gallery for collective expressions Coco, lectures, fanzines, workshops, and blablabla. But his real addiction, obsession, and passion is drawing. It is quite hard for you to find Acampante without a sketchbook in the street, at the beach, or in a club. Like a sort of drawing nomad, he just wants to walk, laugh, and let his hair grow longer every day. Having the chance to dedicate the ephemeral time that is life, to grasp the natural details that the modern hustle and bustle tends to dissipate.

Is there a typical style of Latin design? Something that you do not find anywhere else?

A human is born drawing and singing, these are basic abilities. He draws what he sees and sings what he hears. This marks an identity.

There later exist two filters for human beings with an identity.

Many don't take advantage of the stimuli at the right time, they lose interest, or even worse, convey new interests. And they forget, they forget about their given pleasures. This is the first filter.

A small portion remains, those who decide to follow their path. Going back to the premise that we draw what we see, we find the second filter for the human being with an identity:

We see to the outside instead of the inside; this is very strong in Latin America due to a strong insecurity imposed by all the abuse and deformation suffered by the different nations throughout their histories.

Just like the turtles, the eggs that survive the reptile predators hatch and walk to the sea, having to dodge birds of pray on the way. The percentage that finally makes it enjoys the speed of a turtle at sea.

The same thing happens with Latin design. Many stop to look outside and are eaten by seagulls. Others, true to themselves, fortify their constant feature, their essence.

And that essence definitely has "something".

I was lucky enough to travel across several countries due to conferences and tours I did with my audiovisual project, and each time I come back to Latin America I feel a certain warmth, an invisible hug.

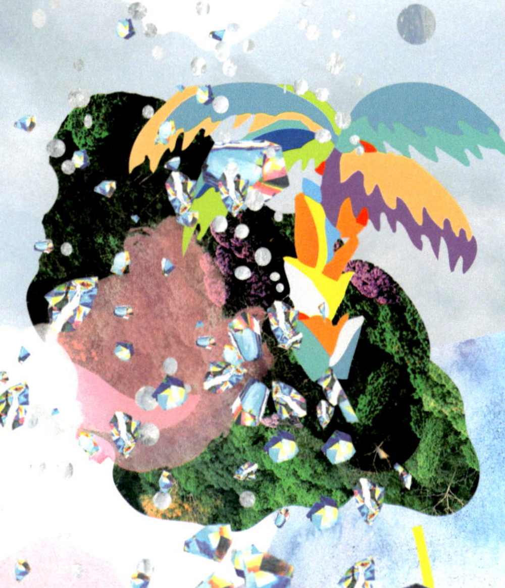

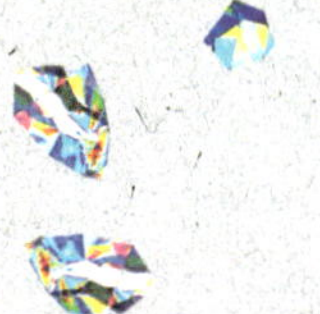
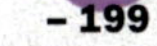

What is this something? Is it a style, a working method, an approach, a way of thinking?

Following the idea of drawing as a way to represent what we see or think, I love to fantasize about the origins of Latin America.

A continent full of flavors and colors derived from the countless flowers, birds, and insects. A huge extension of land full of revealing plants and an absolute devotion for nature. Its wisdom and its decisions.

In that "Latin American base," we can imagine ourselves being a traveller that observes the cultures closely and dazzles himself with the variety of colors, zoomorphic representations, ritual symbology, and even the surroundings and ecosystems, all as different as kaleidoscopes.

That Latin America was real and that "something" we were talking about rests on the collective activities, the unprejudiced use of color, and the gift to "see" what has been lost throughout generations. Just like the masterful use of their hands, underestimated by computers and other allies of artificiality in the last 30 years…a very small portion if we take into account that we are talking of millenary cultures.

What happens today? All the way from Argentina to México we see highway billboards with the same brands, the same trends in advertising, we can stop anywhere and know we'll have a McDonald's. To find all this visual richness we were talking about, we need to penetrate jungles (wherever these still exist) or, in the worst of cases, museums.

This affects—a great deal—the graphic result we achieve; we are visually surrounded. The restless Latin American must look way behind, deep inside, or very skillfully at his surroundings to develop the pureness, now paved under a layer of consuption and progress.

What defines the design/illustration/art from your home country?

The arts, the impulses in life, transcend our reason. They come from a place, an ether, a cloud of everlasting storms that is not of our understanding.

On the other hand, maps, currencies, languages, and frontiers descend from reason. They are our biggest effort to control the uncontrollable, to feel we own something that possesses us.

This is why I find it so difficult to talk about art, design, or illustration in a particular country.

The bird that builds its nest in my garden definitely ignores the wall that divides my house from the "outside." It would be something of that sort.

However, due to these human clusters that derived in houses, cities, provinces, and nations, I share a history with a lot of close beings, events that have marked our lives with certain parallelism. Those circumstances should define something. For example, Argentina has a deeply rooted melancholy which produces two currents, one with those who stick to it and one with those who react in opposition. I think this enables us to classify them into the dull ones and the wackos.

This can be applied to every feature in your society, you can strengthen it or you can go deliberately against it.

What do you think about your neighbors?

Lately I've been working on an editorial project from TRImarchi (the studio with which we've developed events on design, audiovisual parties, and TV programs on Latin design, among others) where we get to unveil to the world all of the beauty hidden in our neighboring countries.

TMDG, our graphic design get-together, gathers year after year more than 5,000 designers in every conference, all from different countries, each with a different homeland pride, secrets, and preferences. We are lucky enough to have established a friendship with several of them and we treat ourselves to visiting them and discover, hands on, the things they described with deep passion. Our neighbors have a lot to show, Latin America is a continent that needs internal dialogue in order to reinforce its identity, discover it, and live it.

What do you think about your neighboring countries?

I'm not good at tracing cultural maps or quoting movements, but I've always admired collective work, perhaps because for a long time I found it quite difficult to carry out, like many designers and artists and our giant egos.

I've always been attracted to tribal expressions, from chantings to collective murals.

Sufi synchrony, underground comix gangs, crazy dadas, utopian hippies, okupas, shipibo conibos, all sorts or rounds, Mayan serendipity, hardcore scenes and DIY, jam sessions, the ecopandilleros (ecogansters), Delgado and his jungle cumbia team, Los Dientes, Army of Dub, The Beautiful Losers, The BSTR Club, the crews that rhyme, paint, and dance, Terry Riley and his legacy, the Selk'nam, the Yokoland and their music, the location and work of the Incan stones, Zizek, guarani romanticism, the Uros, the Drawing Club, Chaavs, Push Pin graphics, rastafaris, Hollywood in Cambodia, Dog Town, The Smurfs, Olivier Messiaen and his birds… I could list so many other collective activities that have left a beautiful footprint, they all have the same essence, and that is what stimulates me.

Including people that break with coherence and the "pillars" that hold nothing, those things inspire me on the human side. Then, of course, nature and its infinite range of surprises, from trees to clouds, from birds to my own family.

In this field, the family, there are some events that managed to place me in the path of drawing.

When I was a little boy, my mother, who at that time lacked the economic stability to afford to buy me books, chose to make things on her own, which I liked.

She would put together a book on flowers where she pasted cut-out pictures from magazines, and state their name and a small story related to them. She sometimes wouldn't find pictures of some flowers but would write the story and name all the same. One day she found me drawing the flowers that weren't illustrated and, moved by the scene,

started making notebooks for me to complete: my first sketchbooks, my first encyclopedia, my first illustrations.

Since then, I haven't stopped using sketchbooks, I have loads of them, and I base my work on them. Most of my illustrations—I would say all of them—are scanned straight from my sketchbook.

Later on, my father introduced me to the healthy habit of jotting down my dreams; illustrating these writings, I suppose, was my first step into the world of surrealism. The rest was a succession of logical events. I joined the Drawing Club, a movement that was initiated by Mario Gemin and America Sanchez in Spain, where I learned to worship outsider art and illustrations done by "non-illustrators," a master class on visual anarchy.

Later on, the union of collective activities with outsider art led me into drawing together with friends who don't draw professionally.

We've been drawing daily for years. I remember one day, we created album covers together to later get together and record the music that would go with them.

The way we created the cover and the audio was based on the Exquisite Corpse concept, in which we would pass the covers to our right after drawing sessions of 30 seconds while sitting in a circle. Afterwards, in the recording studio, we would switch instruments on every song. We call these activities The Drawing Game and The Music Game respectively. We recently opened a gallery called COCO, where we show these collective works and also the individual work of every member of the group, like Paat, Apolo, Raba, Pacheco, Coconuez, Ruul, Mati nuevo, Lules mal, Christian Tsai, Yonson, or the very same Chaav, amongst others.

I supose all of this places me on a map. If, apart from this, we add that half my roots are Peruvian, a country I've always admired and visit every year, the "cultural movement" expands a bit more and slowly acquires logic and soul.

How do you position yourself in the map of cultural movements?

I was blessed by being born in Mar del Plata, a small city facing a huge ocean, surrounded by hills, lakes, cliffs, and forests. This generates fauna, flora, leisure, and delight, all basic ingredients for inspiration. Nature is so beautiful that you have two paths: you can either abandon your career as an artist with resignation, or try to give back with your work a bit of all that she gives you.

The salty wind and the birds' never-ending songs definitely influence my production. Every time I go through a mental block I have a paradise 20 minutes away, one to the north, one to the east, one to the west… and, obviously, another one to the south.

If you are open to dialogue with these sources of everything, its very difficult to ever be left with nothing.

We recognized that for the last decade the diversity of styles increased and many new artists and designers emerged. What is your personal view on the evolution in the design/illustration/art that your home country went through?

Our design meeting was born precisely in 2002, this means that for curatorship and friendship reasons

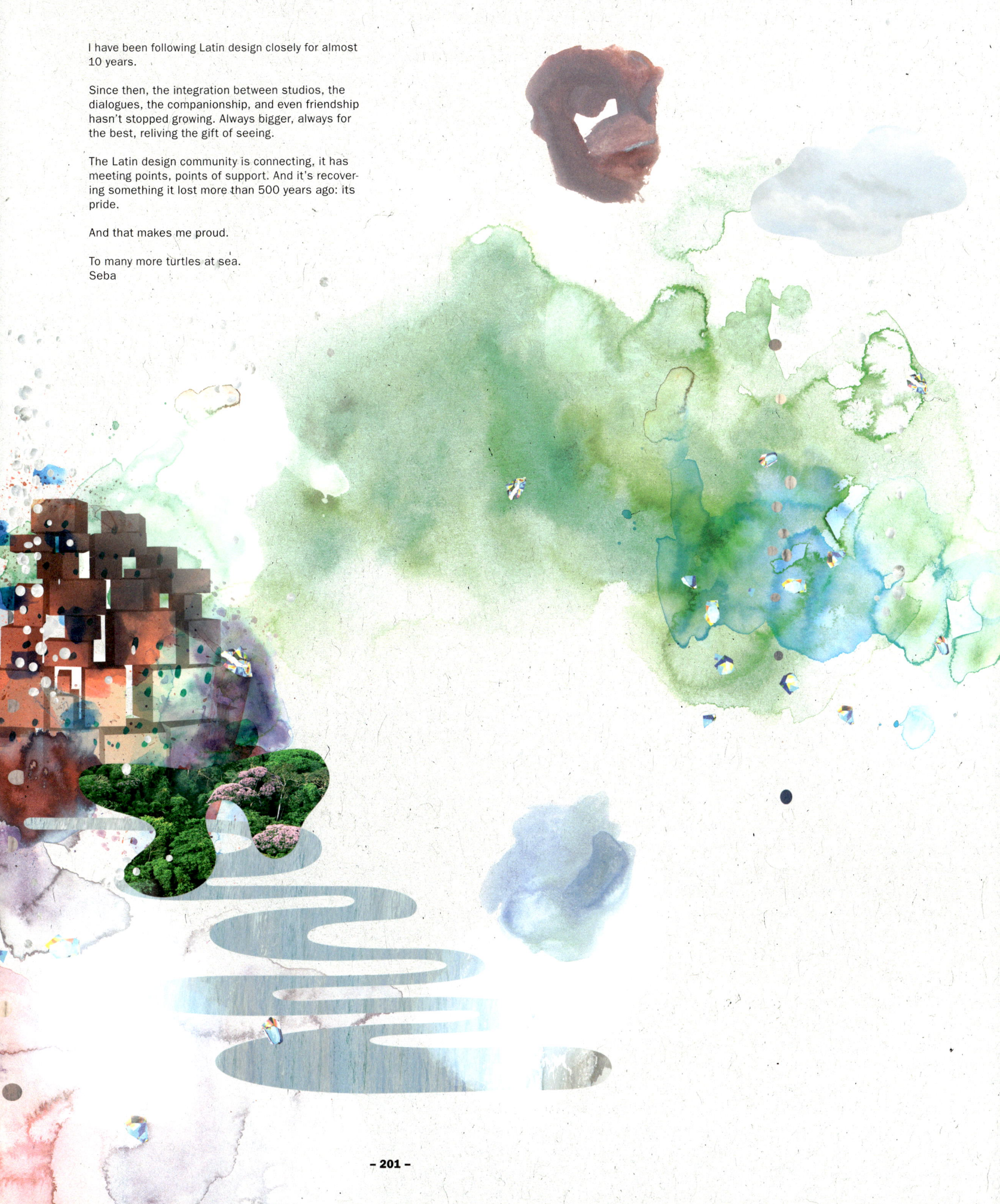

I have been following Latin design closely for almost 10 years.

Since then, the integration between studios, the dialogues, the companionship, and even friendship hasn't stopped growing. Always bigger, always for the best, reliving the gift of seeing.

The Latin design community is connecting, it has meeting points, points of support. And it's recovering something it lost more than 500 years ago: its pride.

And that makes me proud.

To many more turtles at sea.
Seba

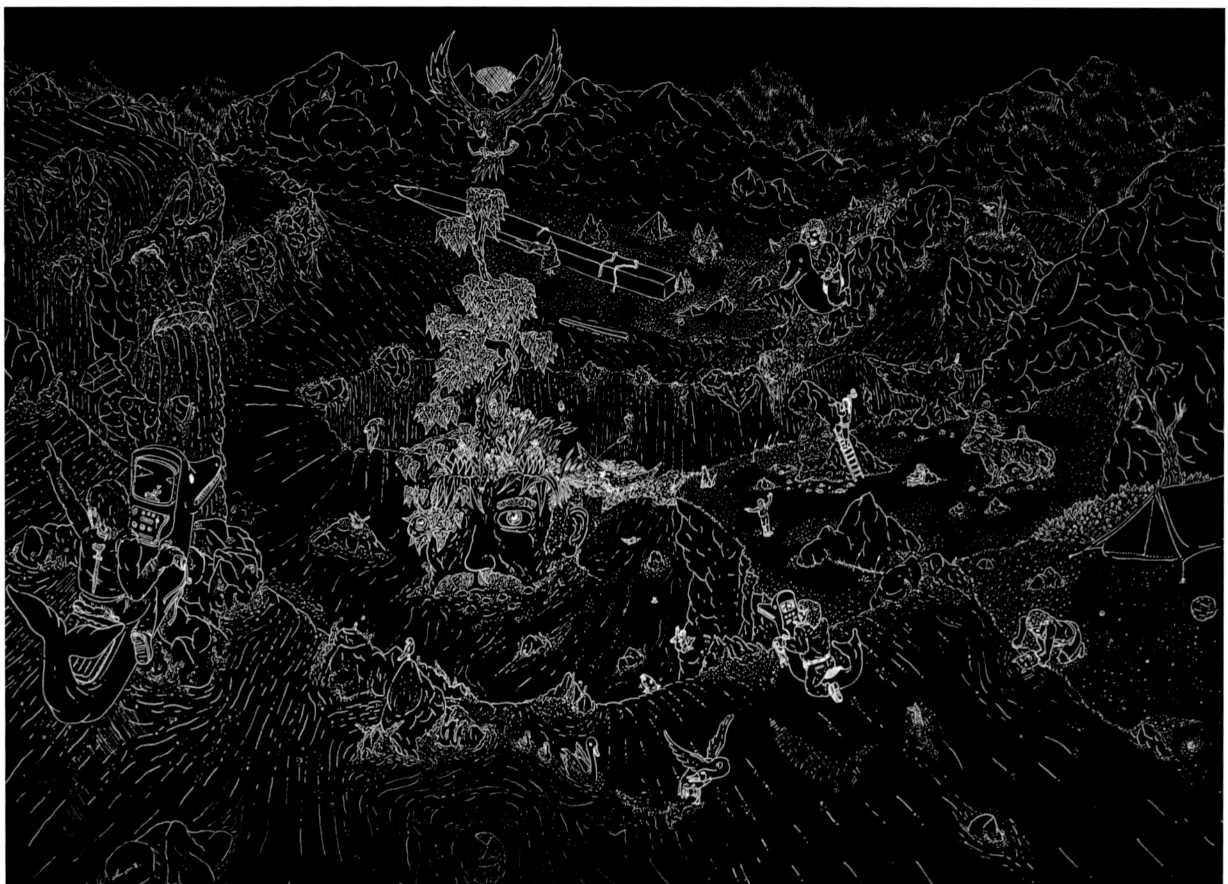
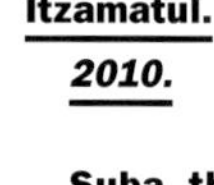

Iguazu.

2010.

Ph: Lules Mal.

Client: Número A
Author: Acampante

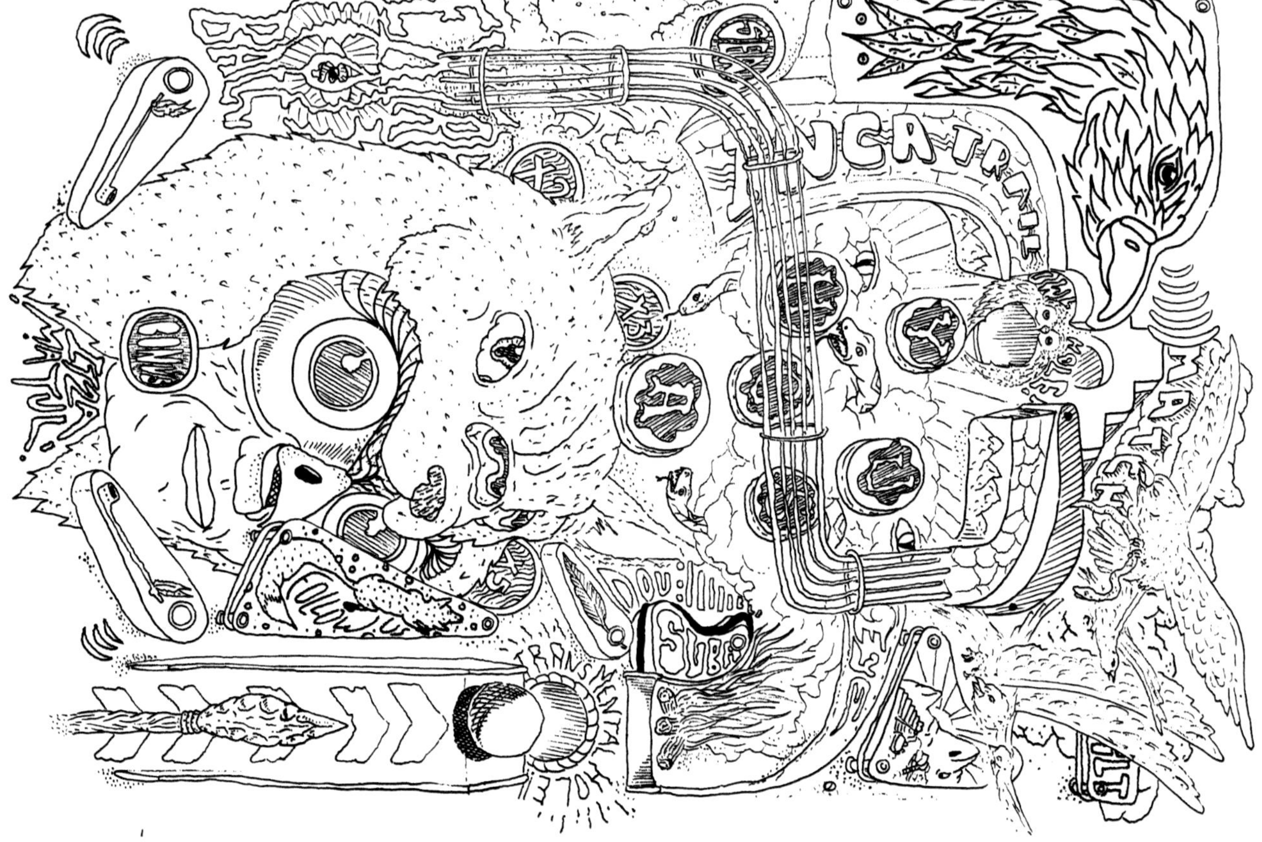

Itzamatul.

2010.

Suba, the clothing company, made a short film. I was one of the scriptwriters for it, and after that, I started drawing some T-shirts to promote the film. This is one of them.

Client: Suba
Author: Acampante

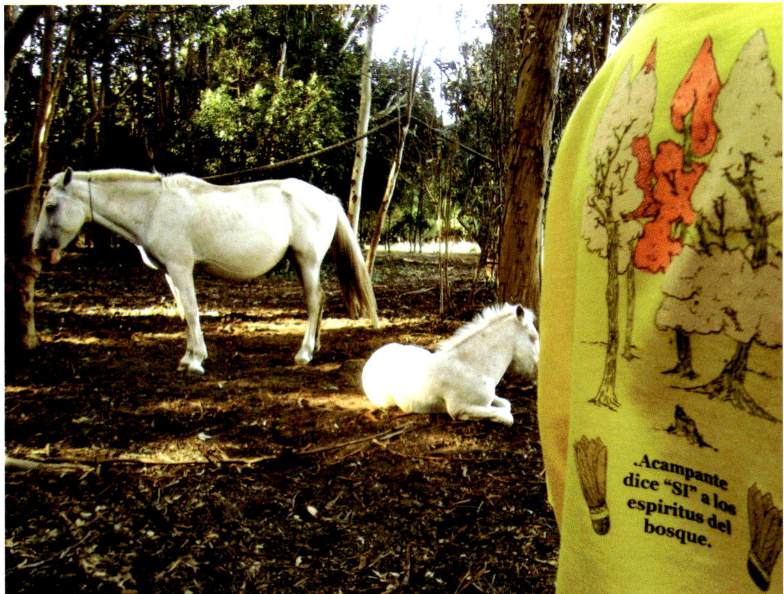

Espíritus del bosque.

2007.

It means "Acampante says YES to the spirits in the woods."
Back of a T-shirt I made for Six Feet.

Client: Six Feet
Author: Acampante

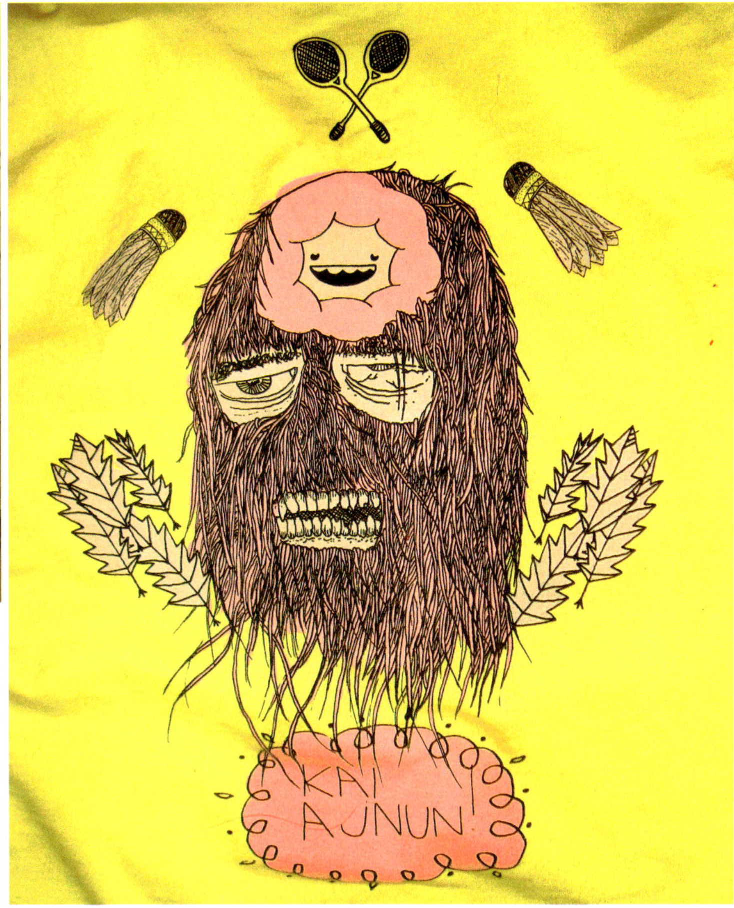

Espíritus del bosque.

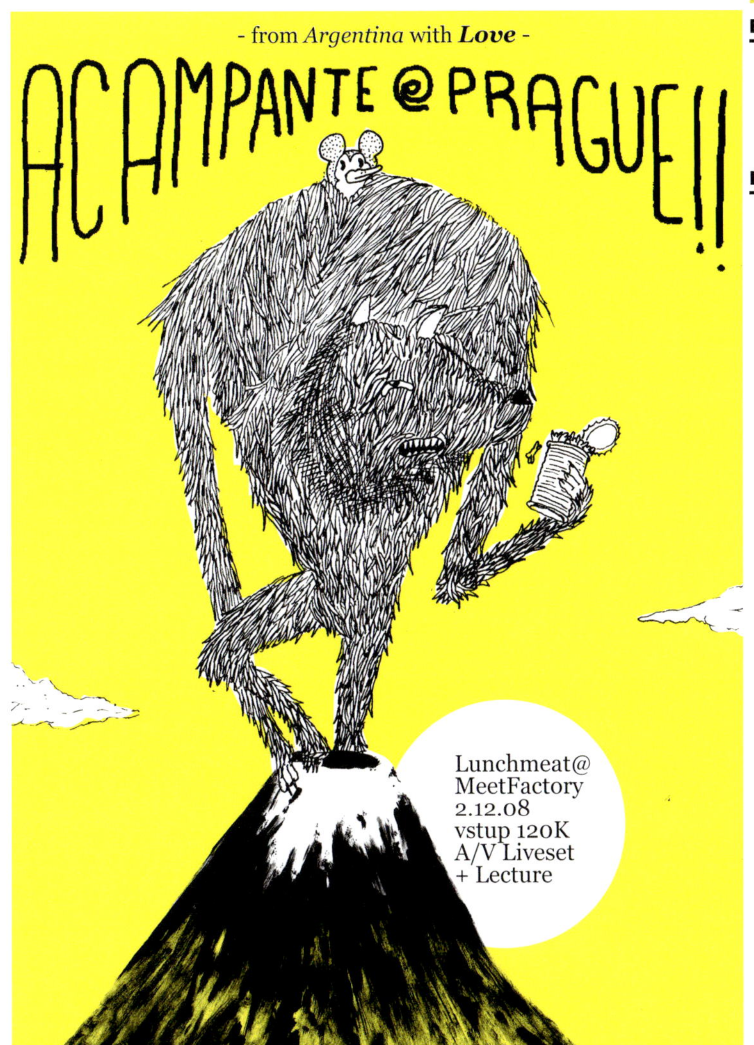

Live@Prague.

2008.

Poster for my lecture and live set at the Meet Factory. It was weird to
arrive and see Prague in yellow with my name all over the city. A bit
embarassing, but at the same time I was proud. I should define my
feelings more clearly.

Client: Lunchmeat
Author: Acampante

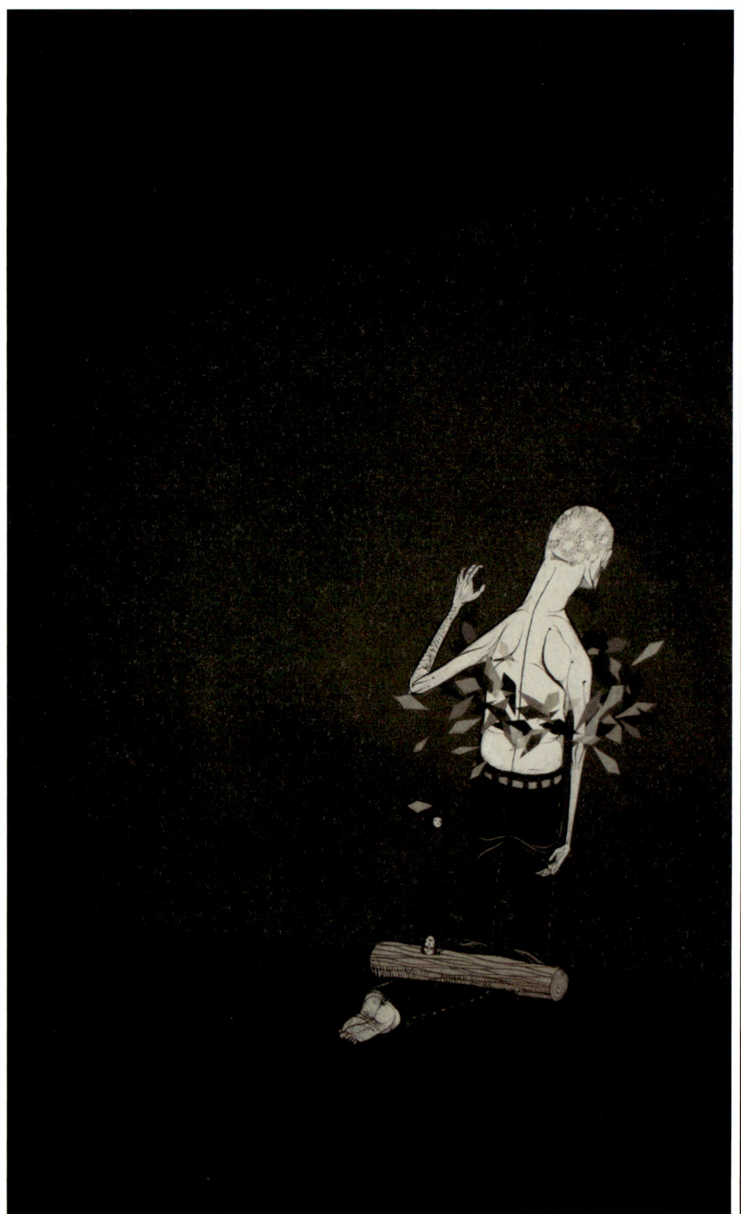

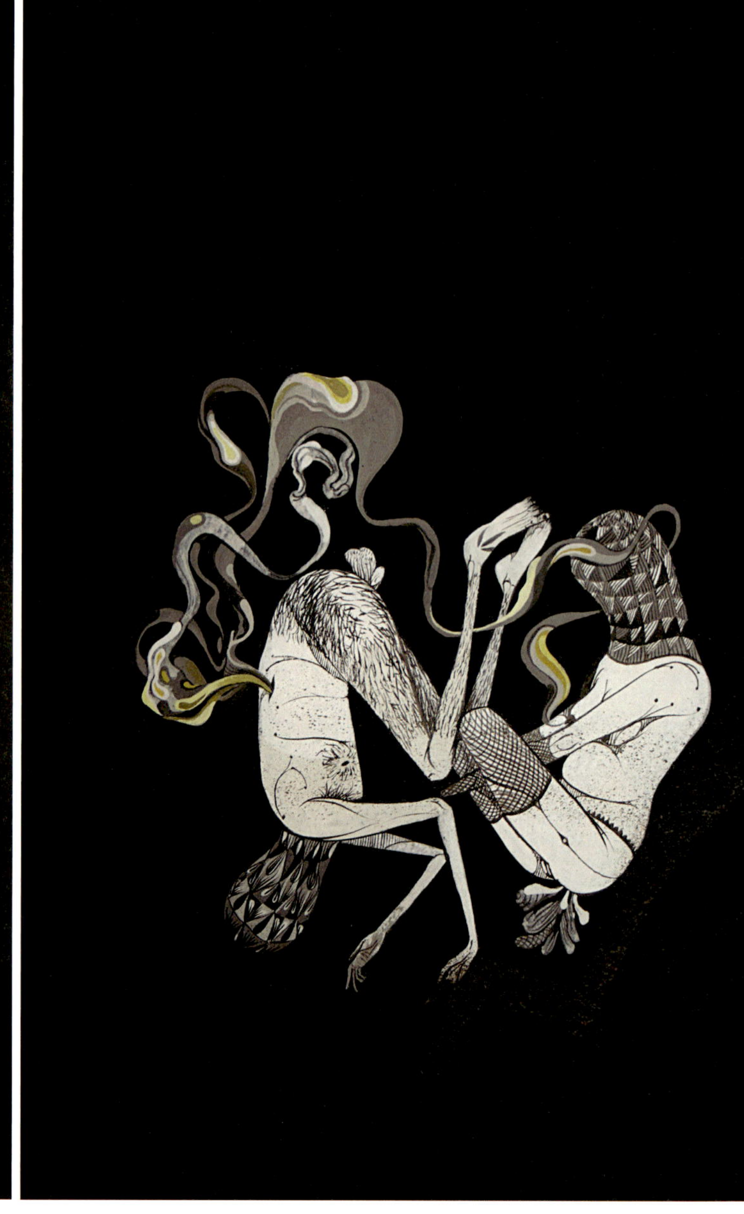

Local: Modena, Italy.

2009.

"Circular Breathing": solo show at Avia Pervia Gallery.
Acrylic and spray paint on wall.

Author: Herbert Baglione

2009–2010.

Drawings about the circle. Ink on paper 35.5 x 25.4 cm.

Author: Herbert Baglione

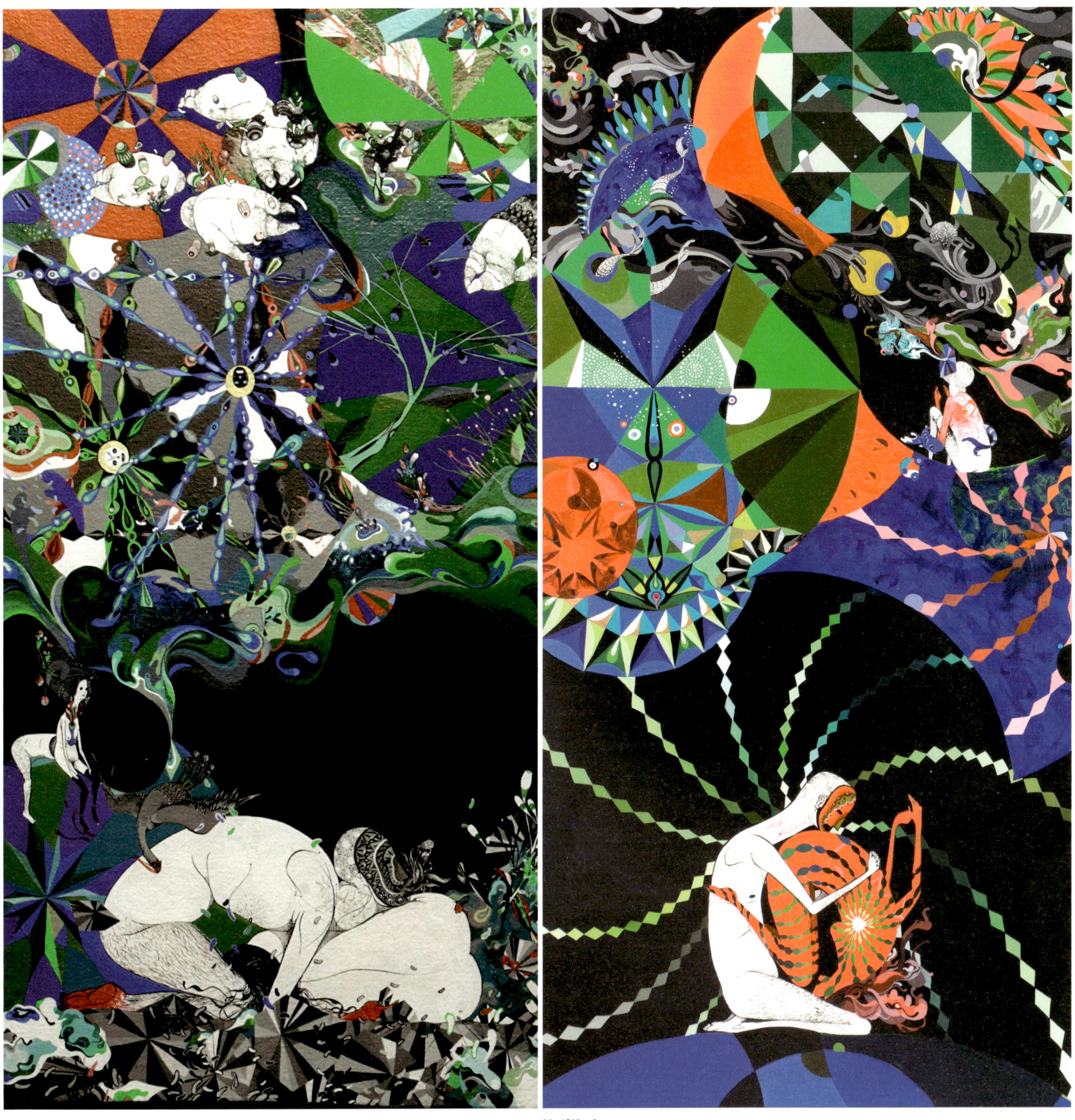

Untitled.

2009.

Acrylic on canvas 30 x 60 cm.

Author: Herbert Baglione

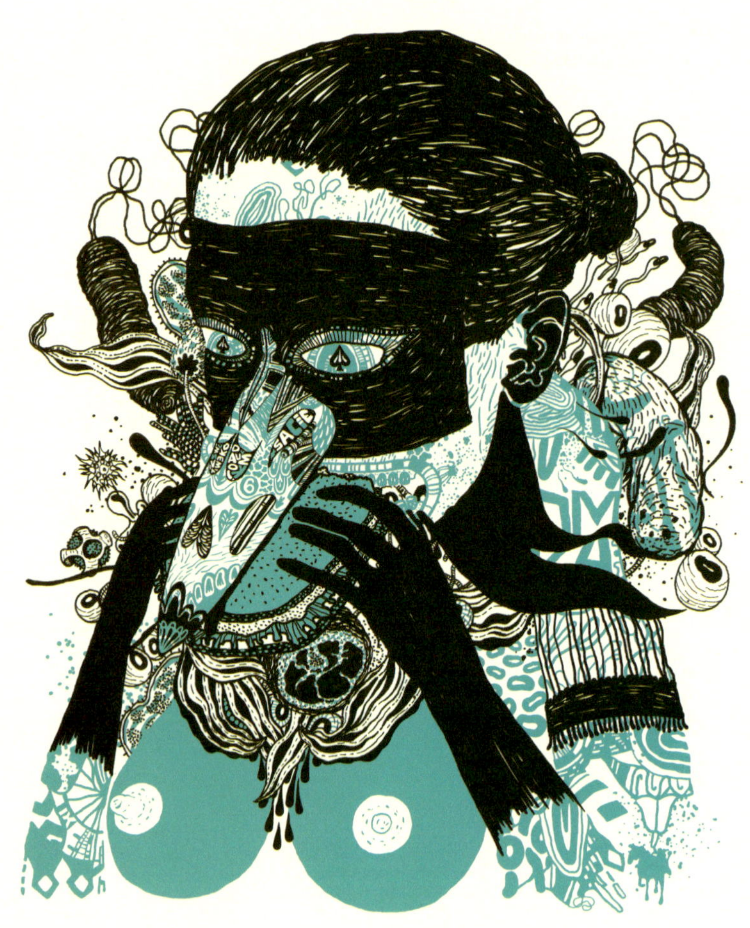

Conta um dente.
2010.

Screenprint series, 30 x 28 cm.

Author: Base-V

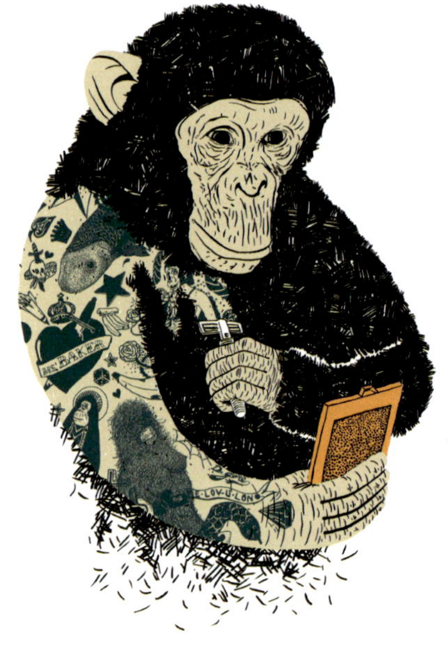

Mr Baker.
2010.

Screenprint series, 30 x 43 cm.

Author: Base-V

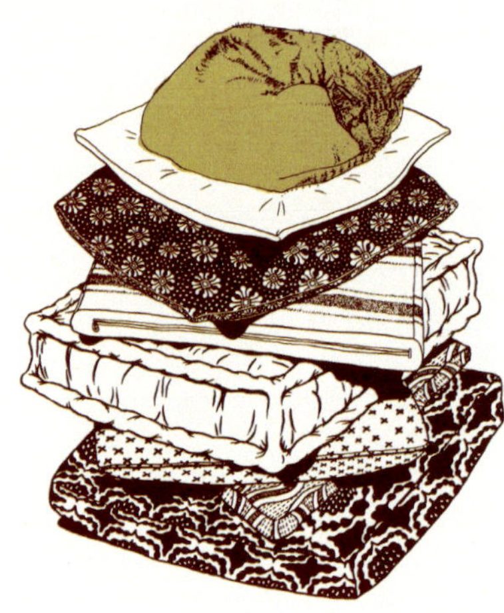

Gato.
2010.

**Screenprint series,
35 x 21 cm.**

Author: Base-V

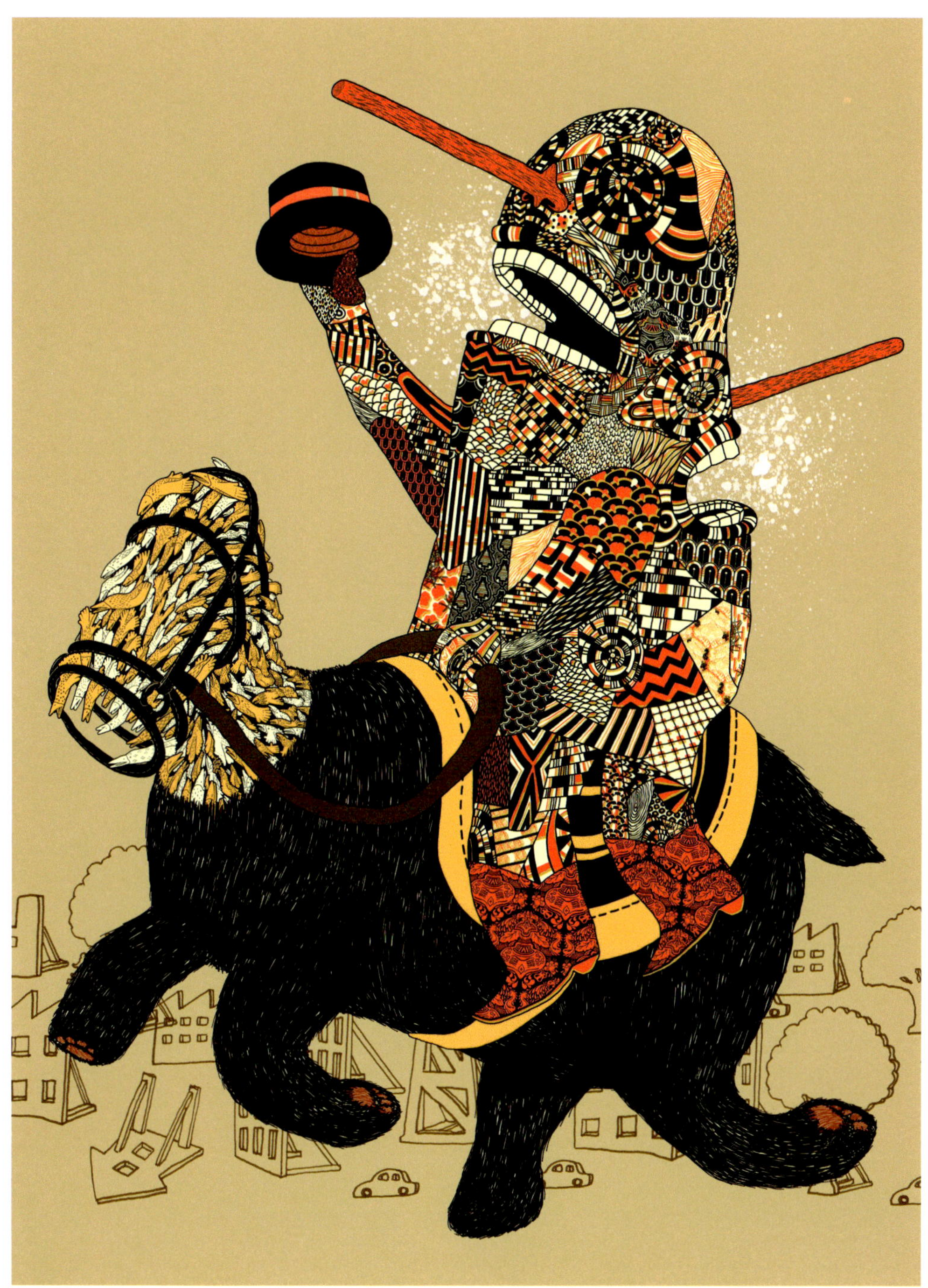

Hooray.
2009.

Artwork for the digital gallery The Few Gallery. Gicleé print 50 x 70 cm, 20 copies.

Author: Base-V

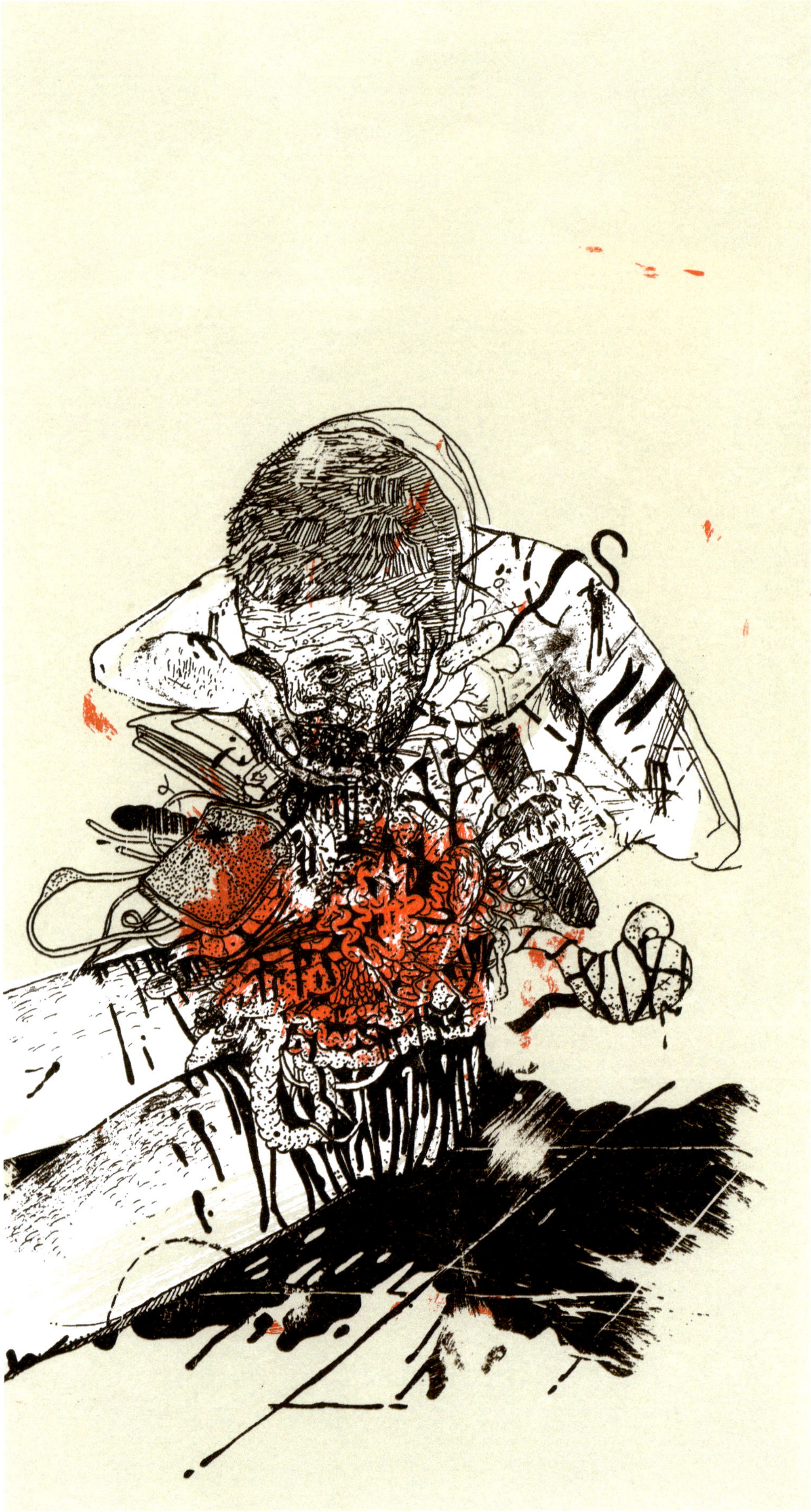

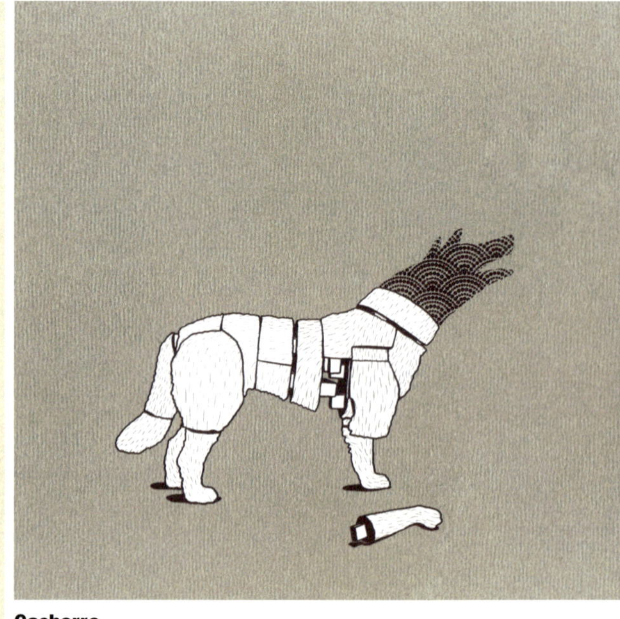

Cachorro.
2010.

Screenprint series, 21 x 35 cm.

Author: Base-V

Self-Service.
2010.

Screenprint series, 35 x 21 cm.

Author: Base-V

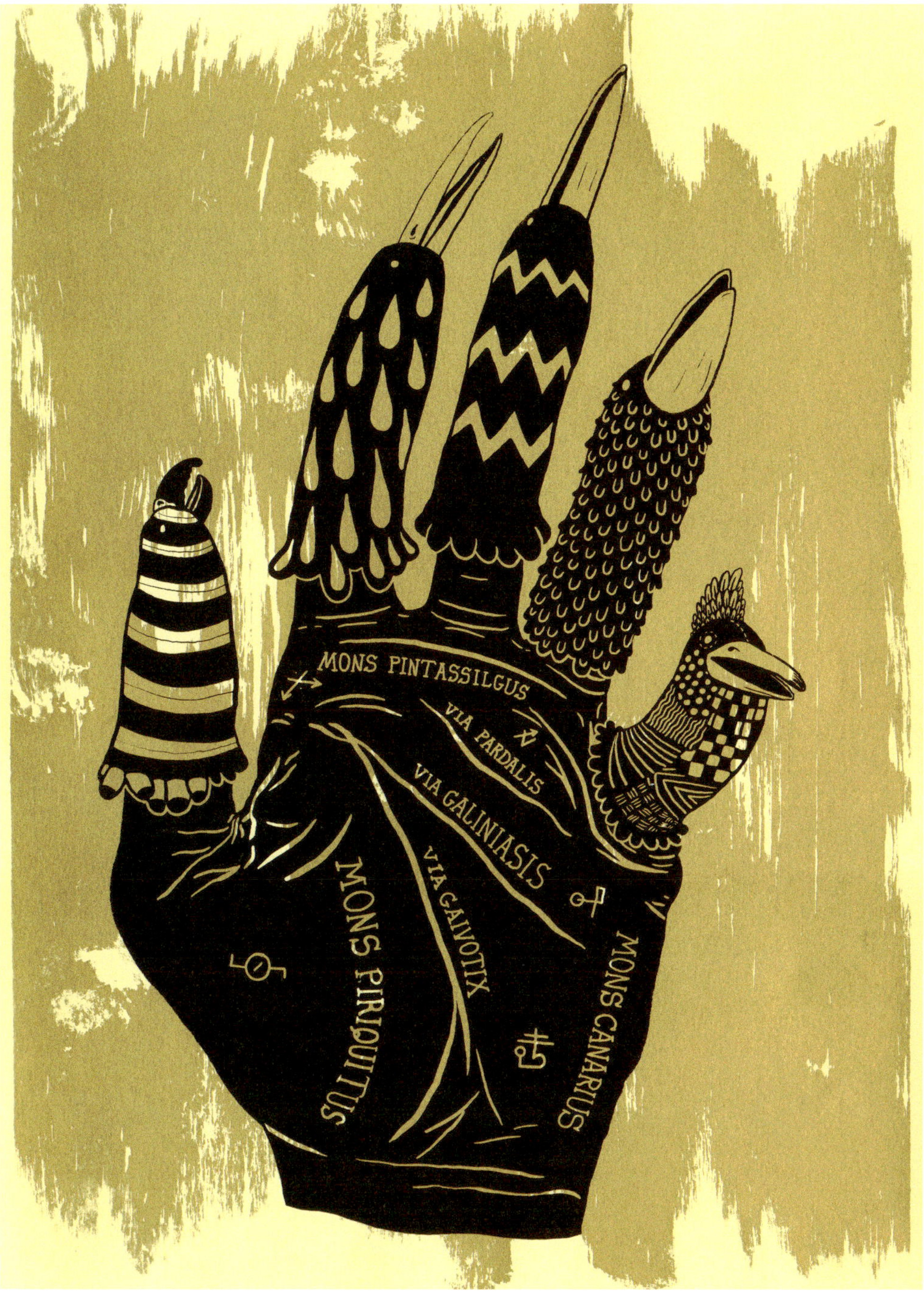

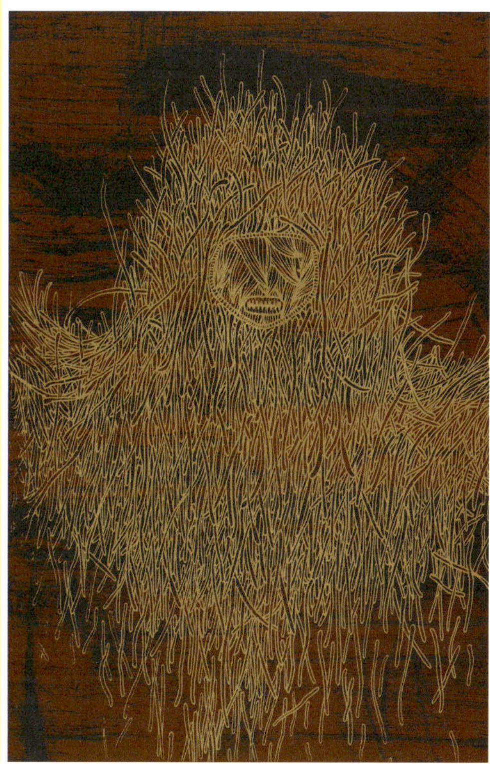

Quiropassaro.

2009.

Screenprinting poster series, 30 x 43 cm.

Author: Base-V

Espantalho.

2009.

Screenprinting poster series, 30 x 43 cm.

Author: Base-V

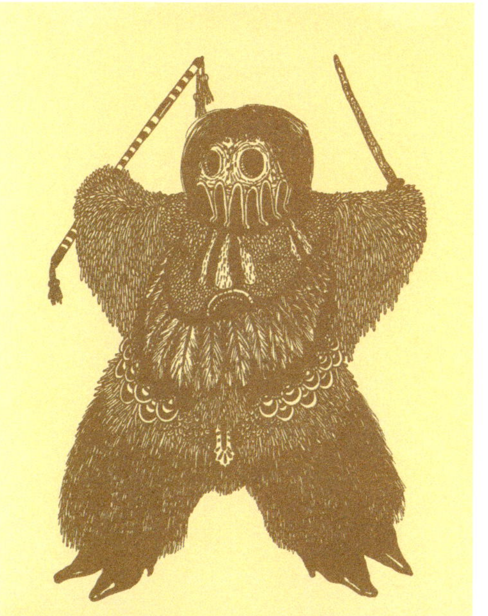

Uboya.

2010.

Screenprint series, 27 x 21 cm.

Author: Base-V

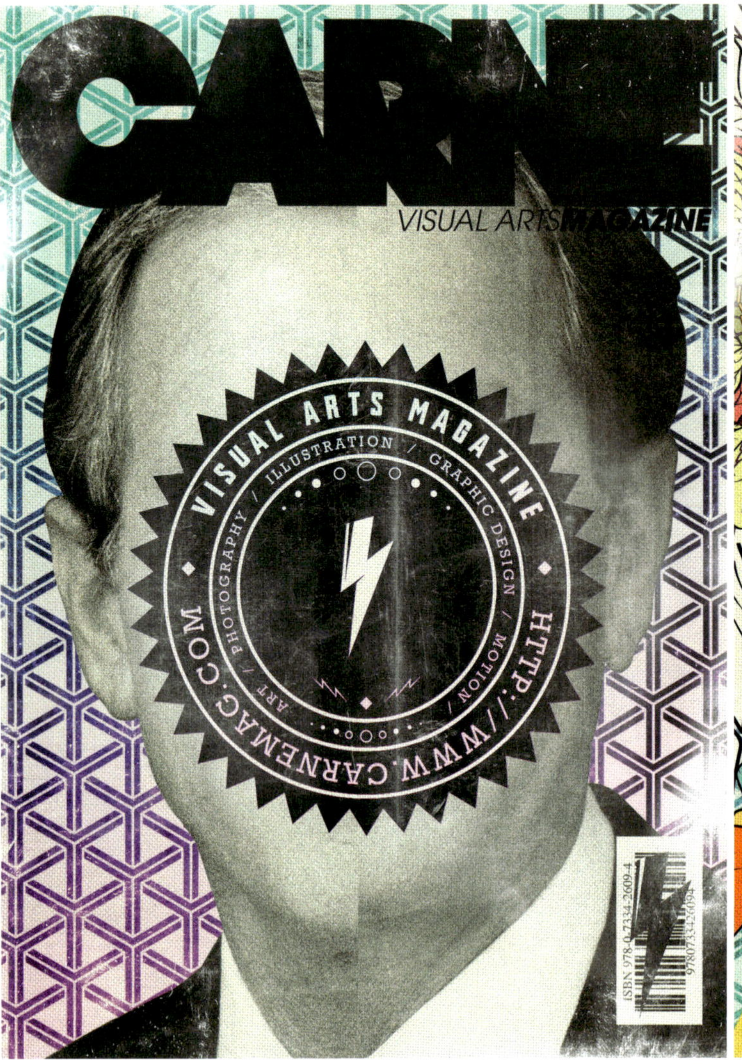

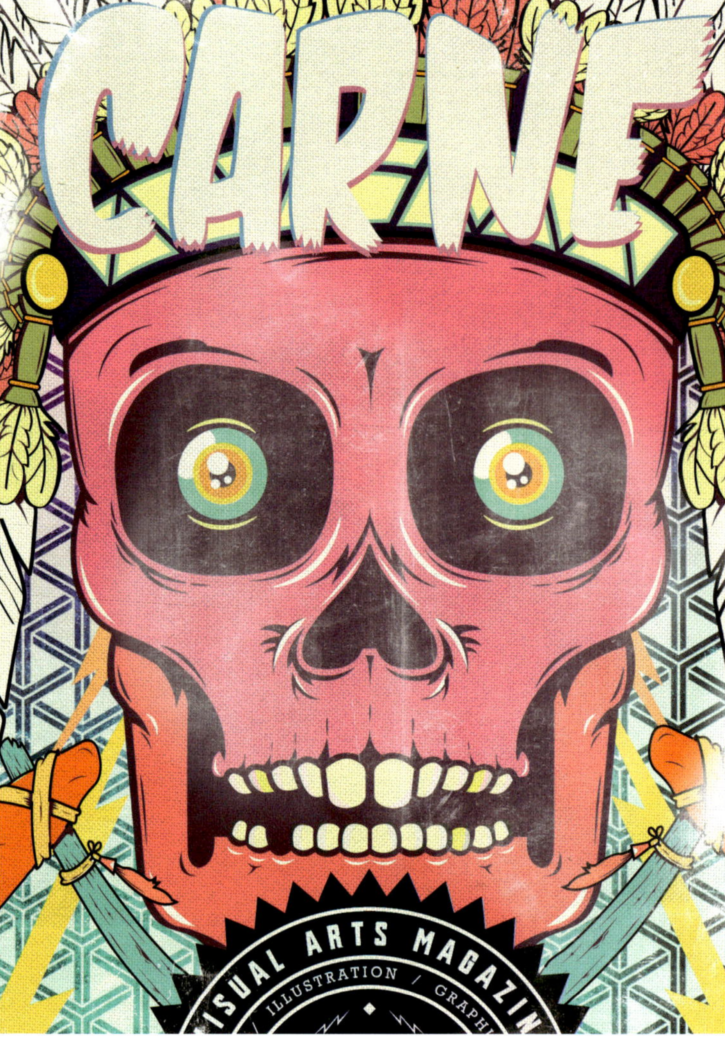

CARNE postcard.
2009.

Postcard created for our visual arts magazine, with our friends at Picante Design.

Client: *CARNE® Visual Arts Magazine*
Author: Bestial Design Studio & Picante Design Studio

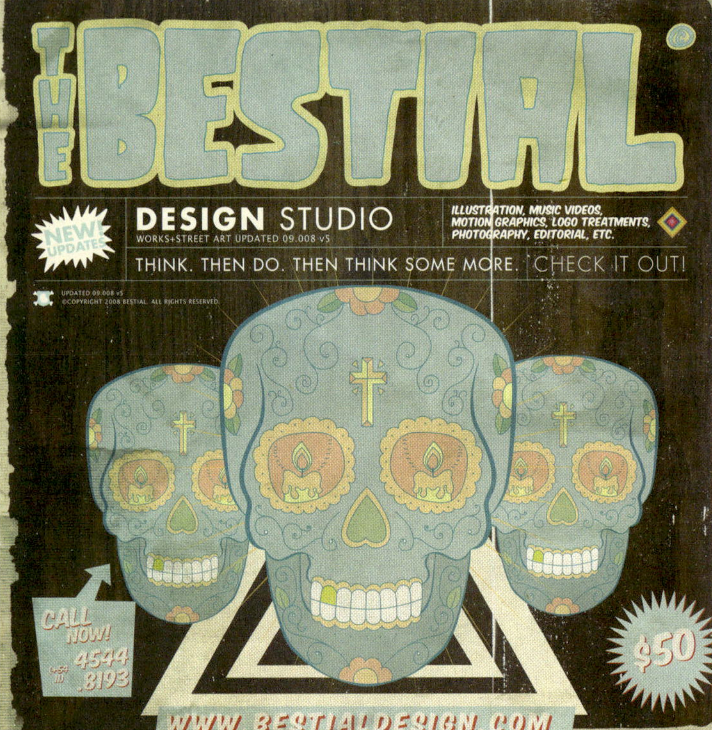

BFlyer.
2008.

Self-promotional flyer.

Author: Bestial Design Studio

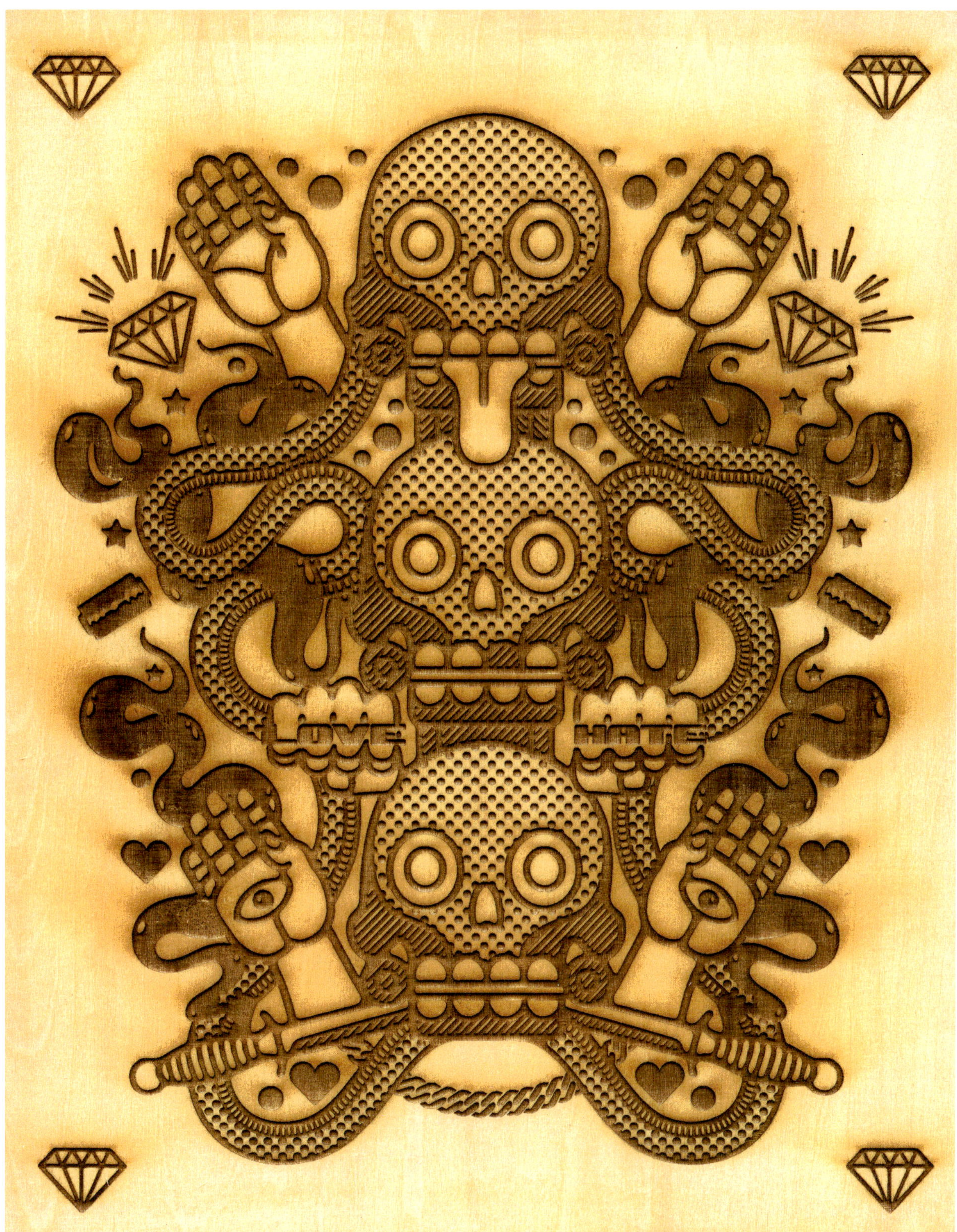

Tres muertes.
2008.

Laser etching on wood panel.

Studio: Razauno
Author: Max Vogel

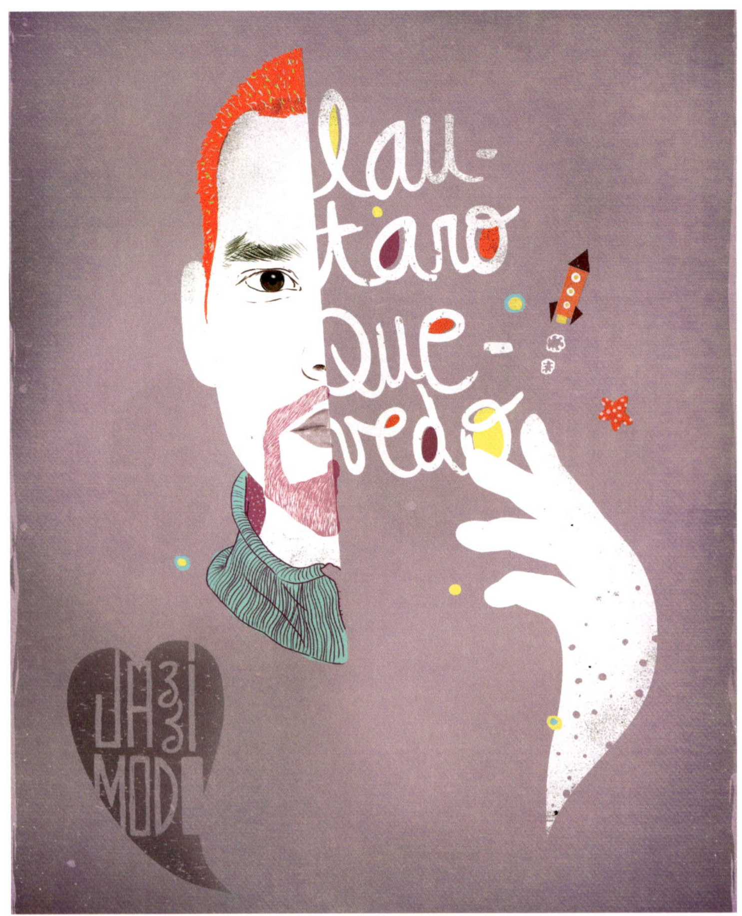

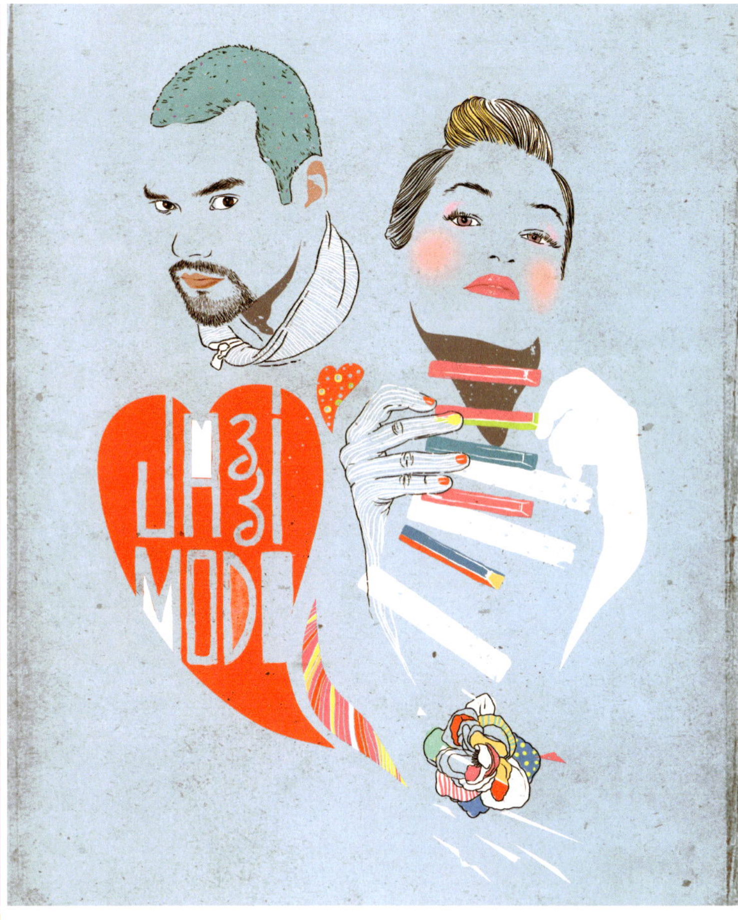

Jazzimodo poster.
2009.

Initially this work was created to complement the design of the MySpace page of the Chilean group Jazzimodo. Later it became a collectable poster for the bands fans, while also being used on the various tours of the band around the country.

Client: Jazzimodo
Author: Raúl Burgos Gómez

Design for T-shirt.

2008.

Client: Loica
Author: Raúl Burgos
Gómez

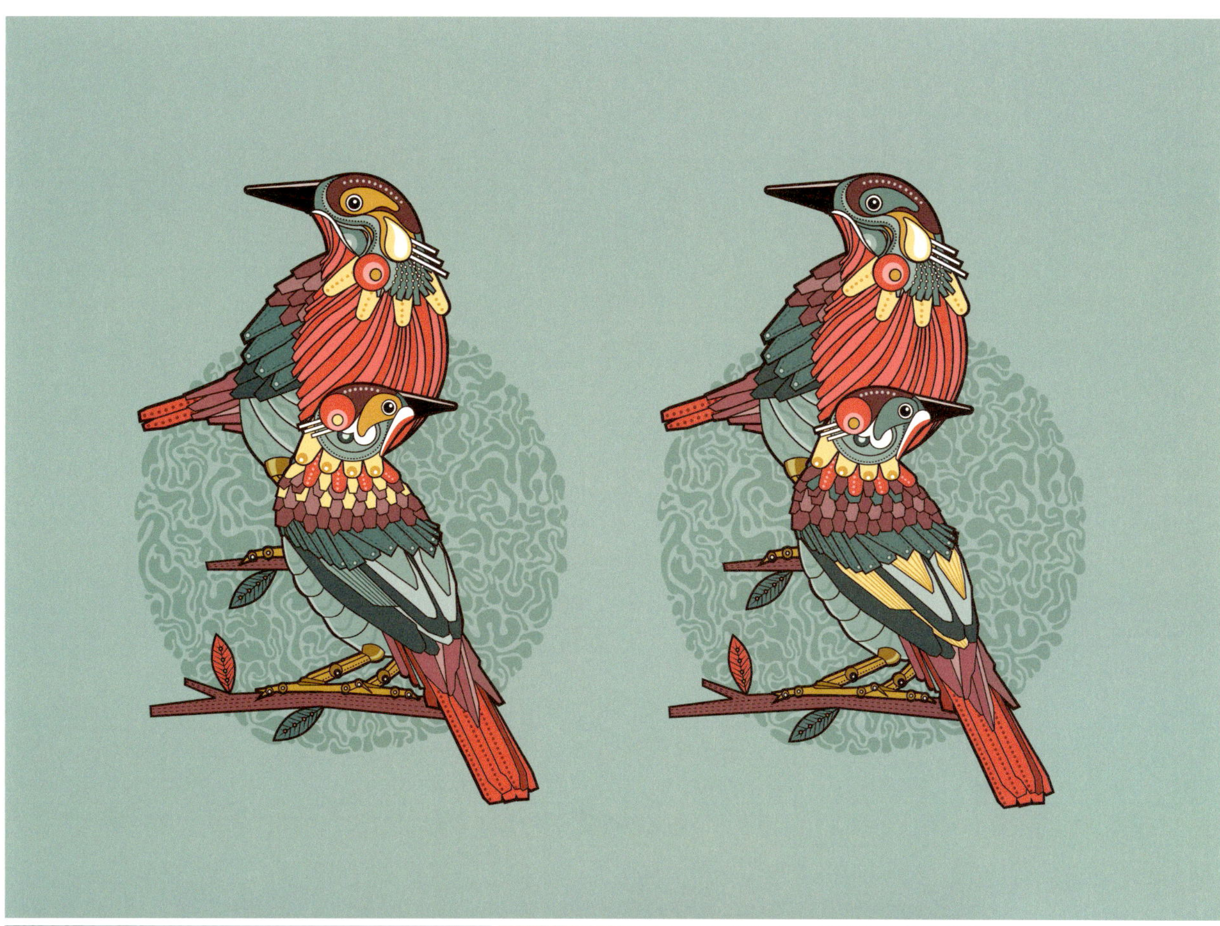

Senses.

2009–2010.

**A poster for each
one of the senses,
experimenting with
various techniques
and languages.**

Author: Raúl Burgos
Gómez

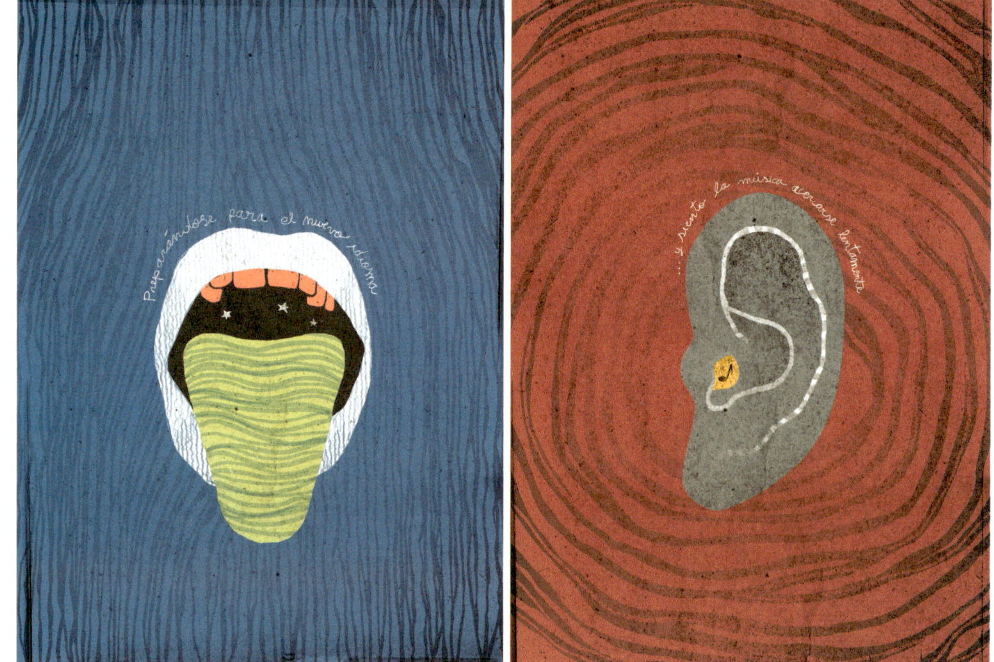

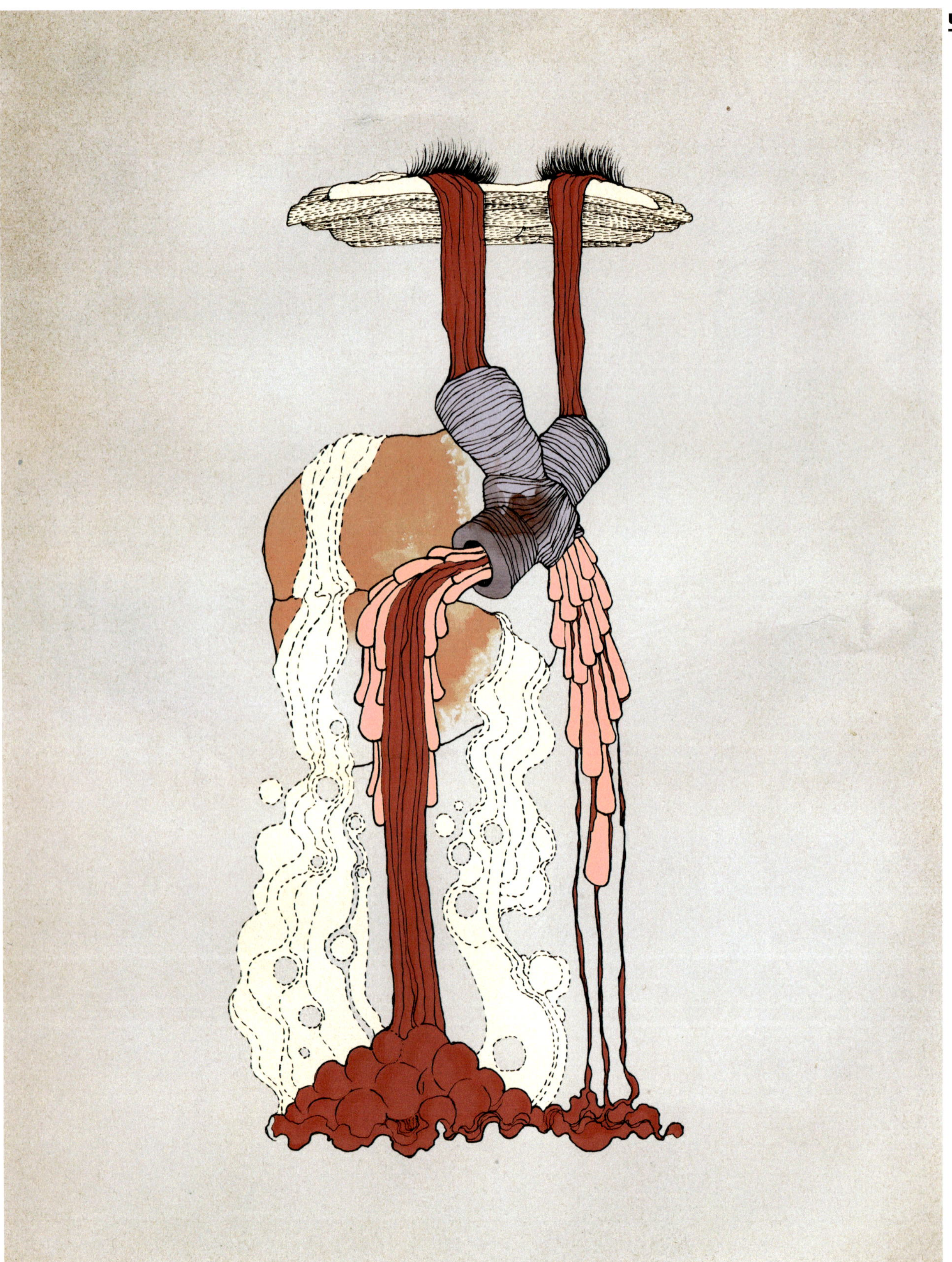

Untitled.
2009.

Illustration for Benjamin
Moser's article about
Brazilian writer Clarice
Lispector, published in
Gloss magazine, January
2010 issue.

Client: Gloss magazine
Author: Daniella Domingues

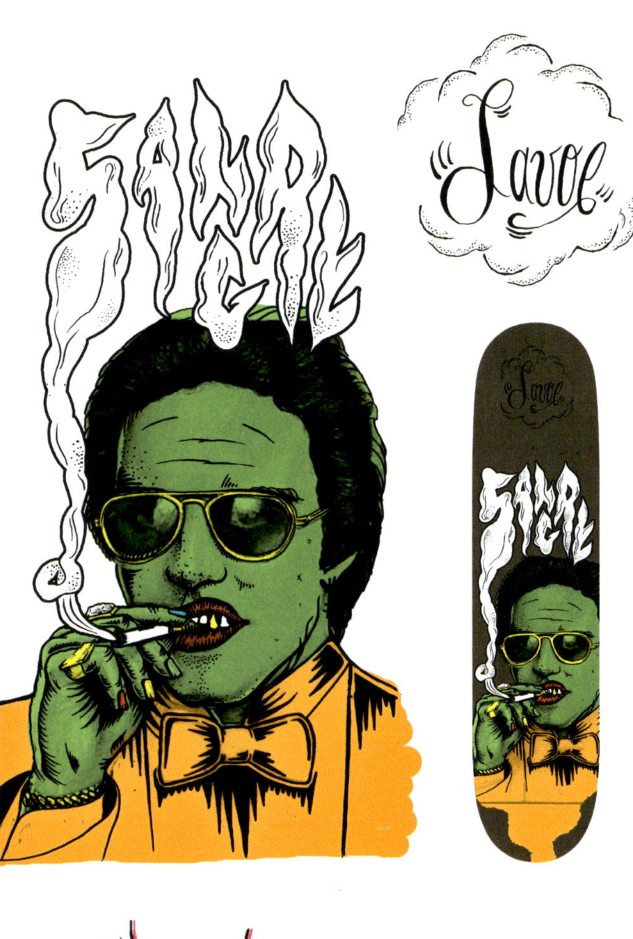

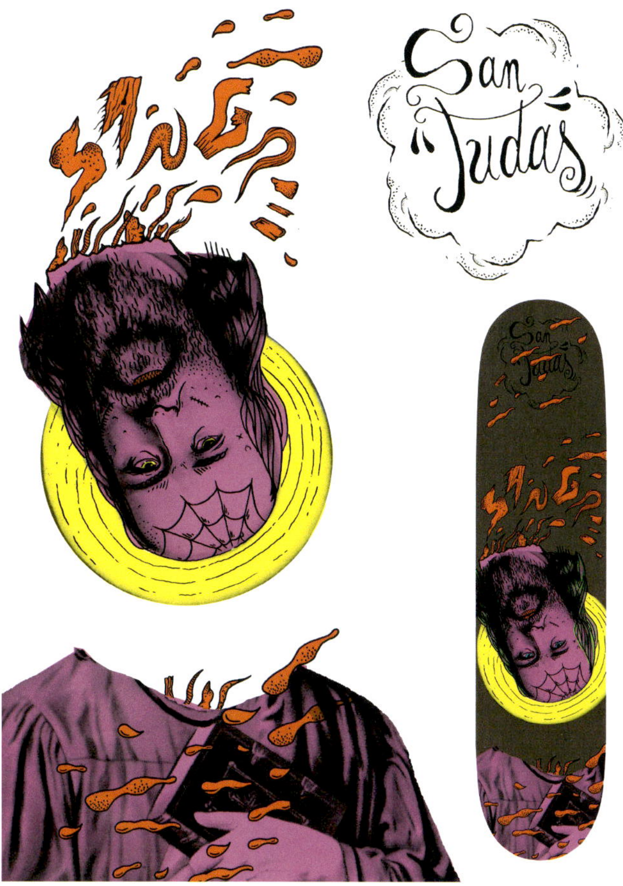

Lavoe.
San Judas Tadeo.
Cacique Caribe.
2009.

Deck for skateboard brand Sangre Fuerte Skateboards.

Client: Sangre Fuerte Skateboards
Author: (El Hase) Sergio Barrios

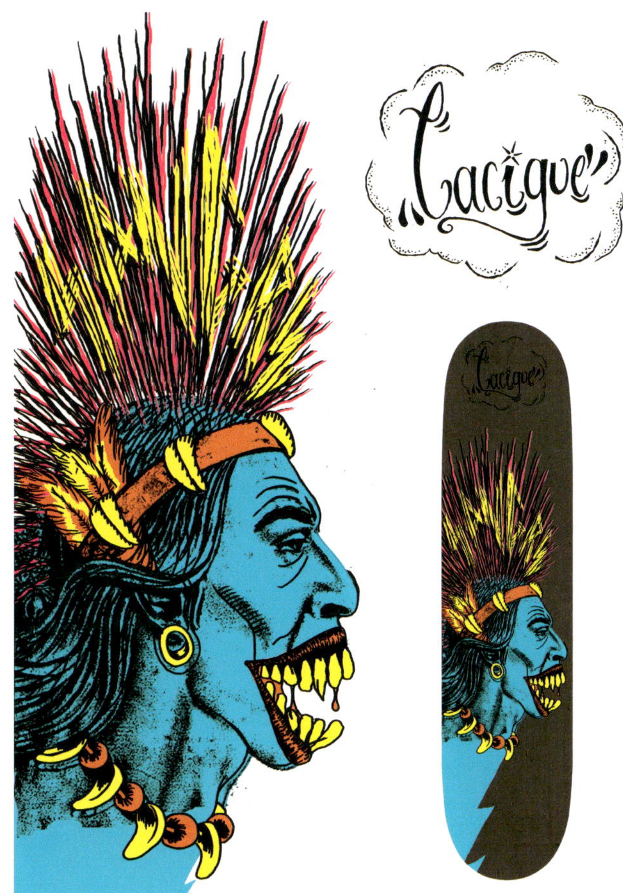

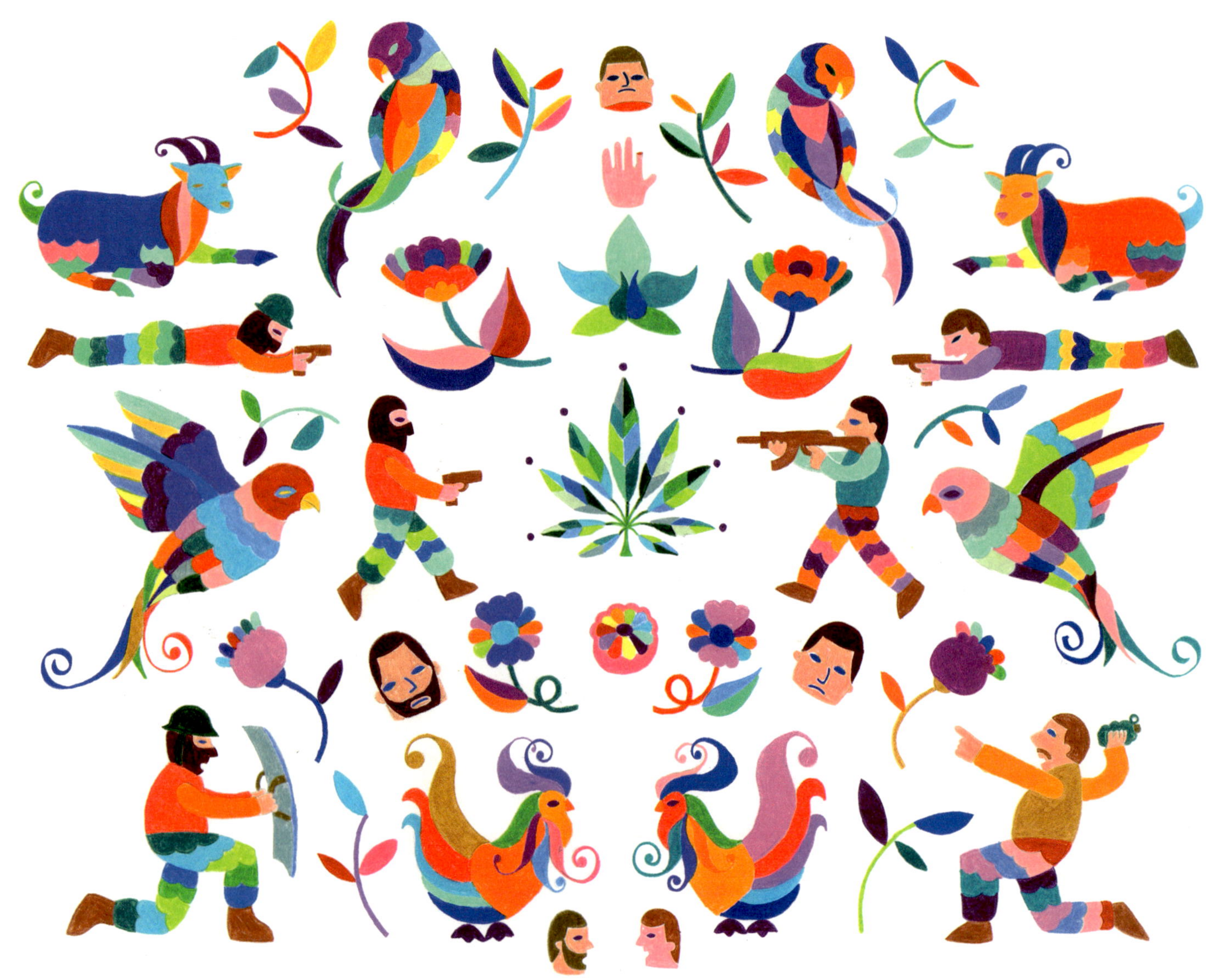

Three animals.
_2009._

Author: Ana Serrano

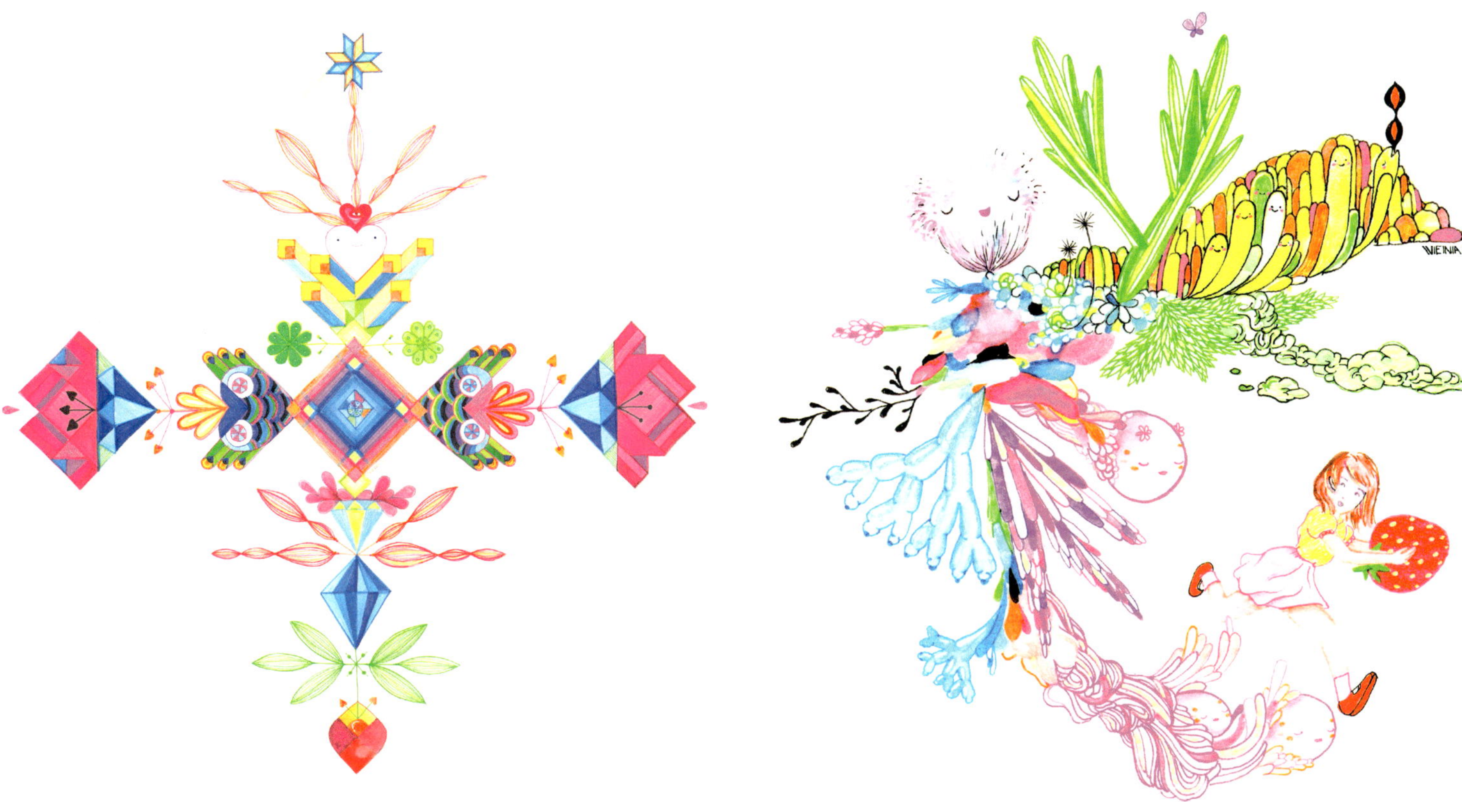

God's eye.

2008.

Huichol Indian culture permeates this piece; its tradition and artwork are the inspiration. It takes up a traditional Huichol charm created by the parents to bless their children, called taveviecame tas reiya, meaning God's eye. The beginning of life and its duality are explained in this drawing.

Client: Private collection
Author: Vena2

Kidnap.

2008.

Print design for fabrics for the Spring/Summer 2008 collection for Alejandra Quesada; it is the fashion designer's portrait. The drawing depicts metaphorically the virtue of innocence taking away all the arrogance, while the spirits of nature follow her path.

Client: Alejandra Quesada
Author: Vena2

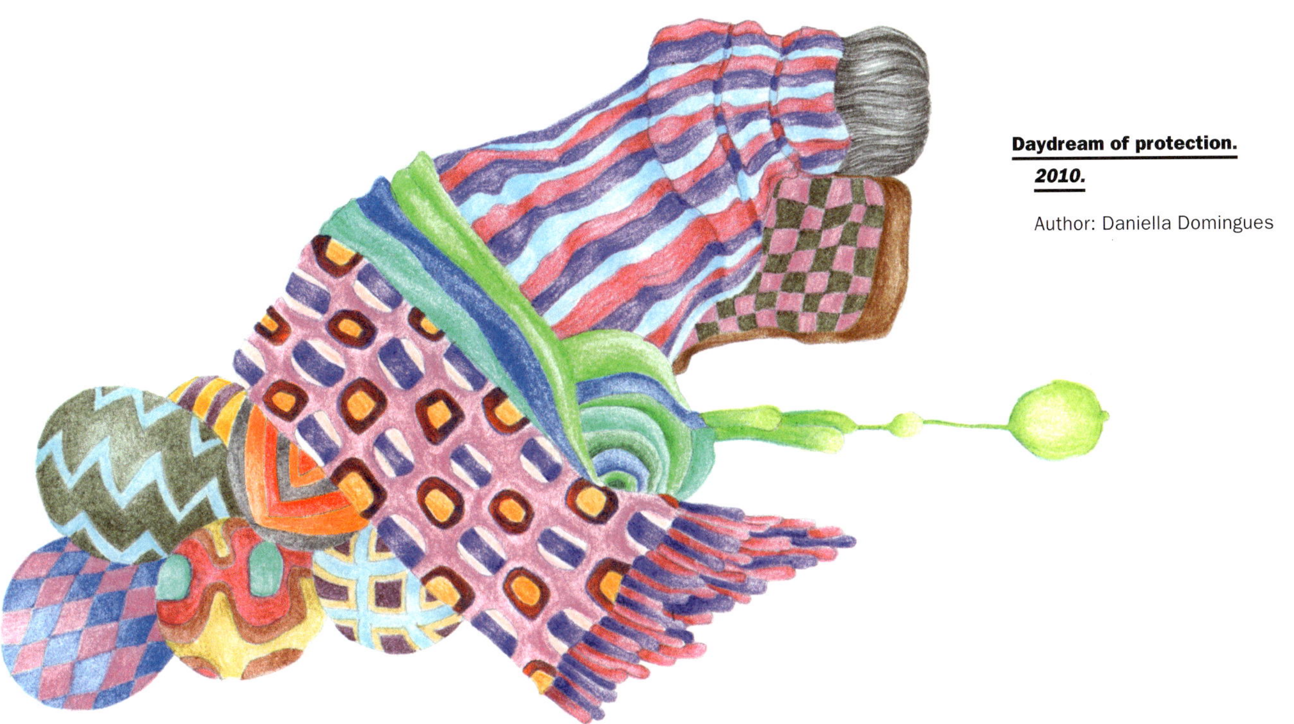

Daydream of protection.

2010.

Author: Daniella Domingues

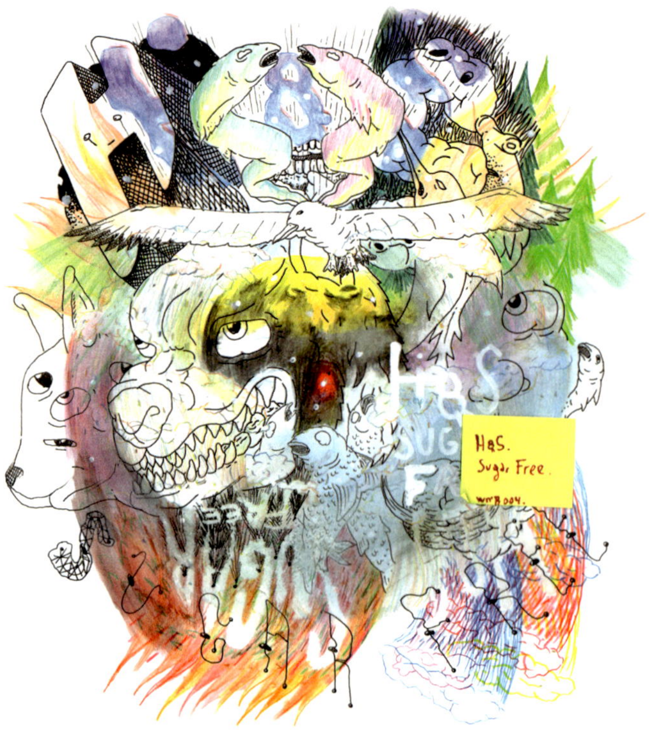

H&S Sugar Free—front.

2008.

Vinyl sleeve for French duo H&S. The back was the original artwork. As the record was called *Sugar Free*, I decided to eliminate any path of sweetness by over-drawing the cover. Finally I used both, pre- and post-chaos.

Client: H&S
Author: Acampante

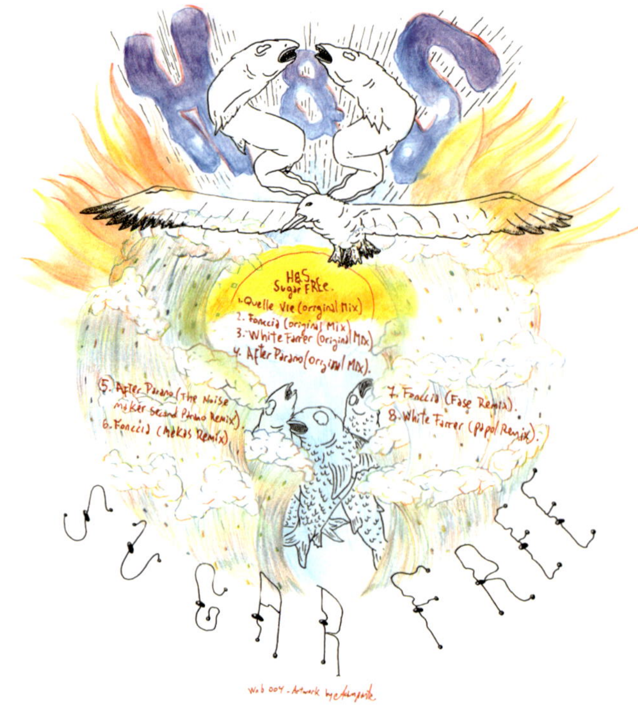

H&S Sugar Free—back.

2008.

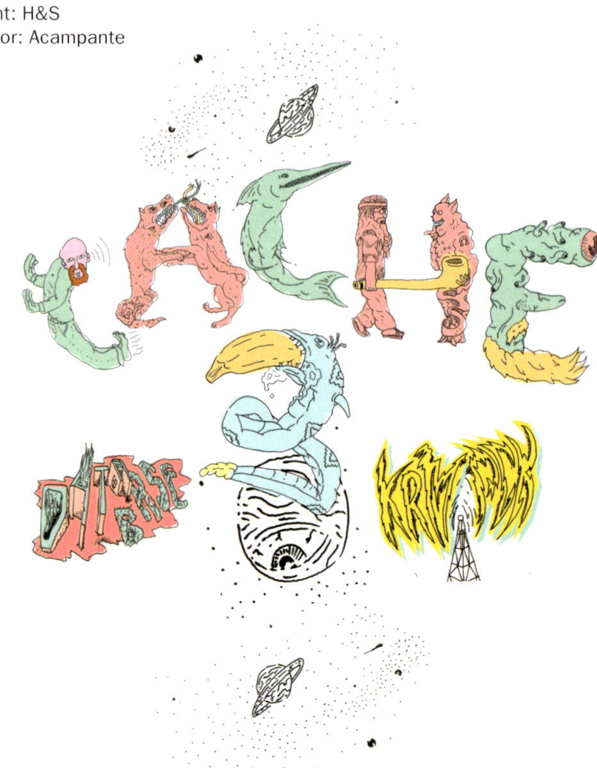

Caché 03 poster.

2009.

Caché is a big-underground party in Buenos Aires, where most of the young people who are looking for different sounds for dancing gather. I enjoy designing their image, sometimes in the company of my friend Pacheco.

Client: Caché
Author: Acampante

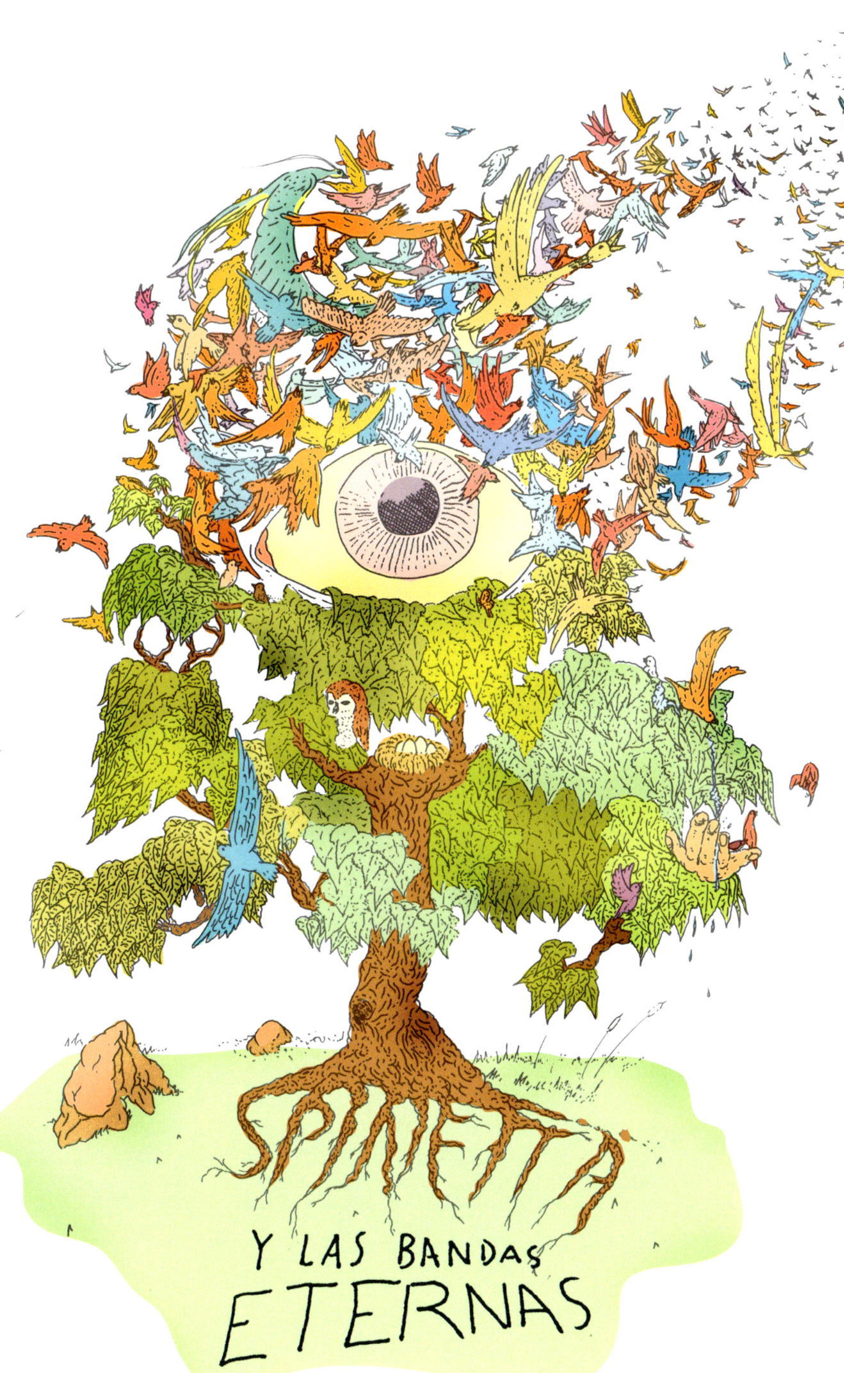

Spinetta's tree.
2009.

Image inspired by the career of one of the god-fathers of rock'n'roll and mental freedom in Argentina. It was a great honor to see its application on the background of the stage during his 40th career anniversary show in the Velez stadium.

Client: Luis Alberto Spinetta
Author: Acampante

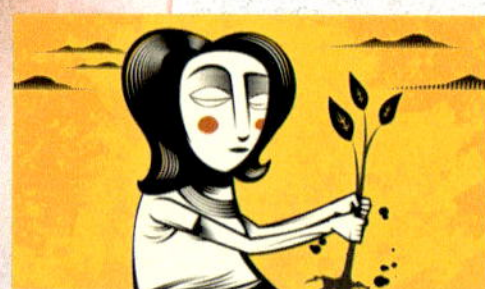

Risk perception.
Birdo.

"Risk perception, the discovery of a new point of view" is a project from the Federal University of Santa Catarina with the objective of promoting awareness of risks and helping with disaster prevention. The spots show that many accidents can be prevented by changing habits, avoiding a great deal of damage in the future. The art direction is from the prolific illustrator Samuel Casal.

Seed.
Nico Casavecchia

Seed was created for the spanish TV channel CUATRO. The piece was part of the pitching process of a rebranding of the signal. It was presented along with conceptual ideas for a CUATRO world. The strategy was to create absurd situations that would happen inside this planet following an internal logic of surrealism and lots of fun.

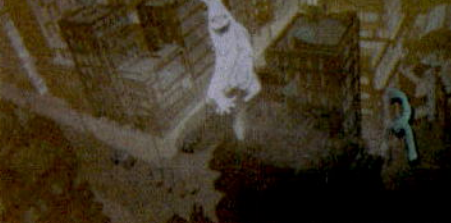

The silicon monster hits town.
Nico Casavecchia

Silicon monster hits

town is what we commonly call a "fake trailer". Was created for Teaserland, the fake film festival. The movie features a group of girls who decide to say "NO" to become big breasted zombies and fight back the thread of the silicon monster, kicking its butt "kung fu" style. The piece is entirely created in cell animation, it took a team of 30 people working over the course of 5 weeks to finish it. Since its release the trailer was featured in places like the Rome film festival, the Holland animation festival in Utrecht and was part of the official selection of Annecy film festival in France.

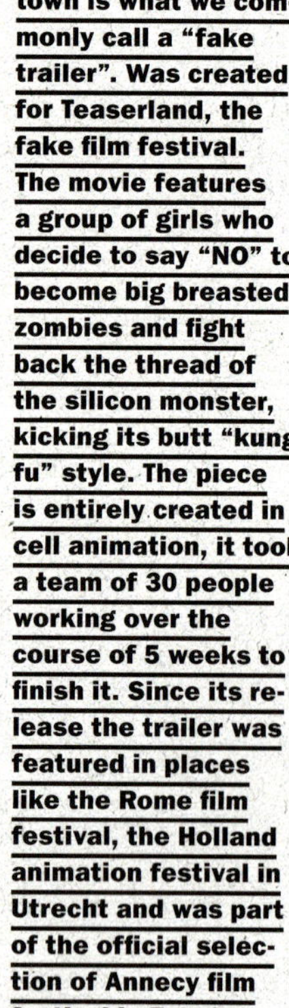

Yorokobu.
Nico Casavecchia

This piece was commissioned by *Yorokobu* magazine to celebrate its third issue. The narrative is constructed around the main article titles in the magazine. I wrote it on Thursday and we finished it on Monday, was kind of a crazy ride, but worth it!

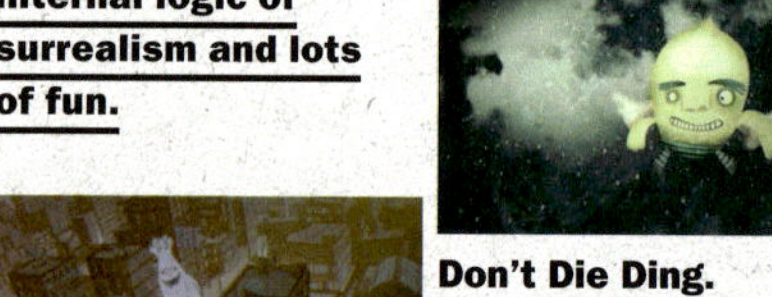

Don't Die Ding.
Alberto Cerriteño

Animated short created for holiday promotion material for Curiosity Group.

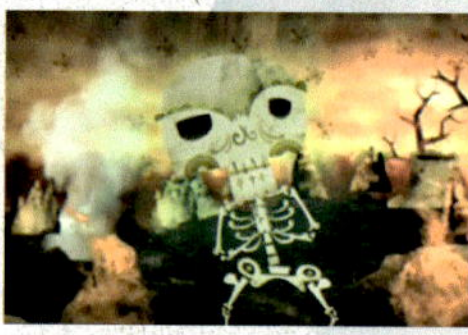

Shiva.
Alberto Cerriteño

Animated music video for the single "Shiva" by Mexican indie band Austin TV.

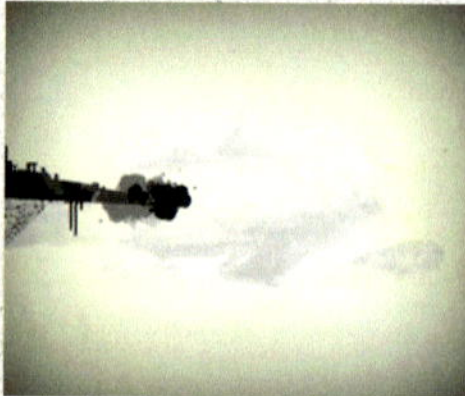

Me and Miss Rand.
Fase

Art direction, animation, and production for music clip.

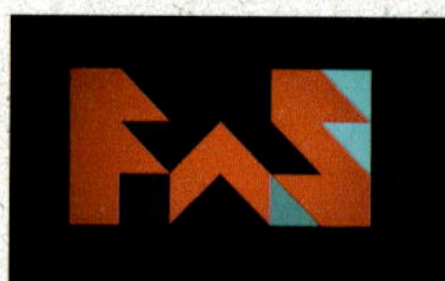

Missing keyframes.
Fase

Motion promo/podcast for Fase's track "Missing keyframes."

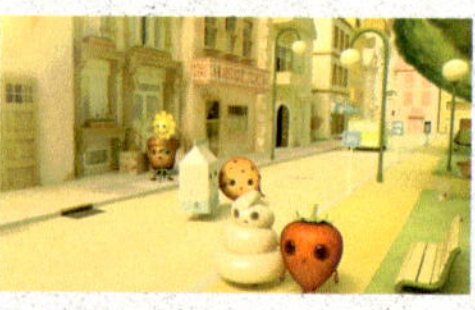

Better together.
FWYstudios

FWYstudios and US Sydney collaborated to create a re-branded look for Match.com. The campaign features 20+ animated characters conceived by US and developed by FWYstudios. Each character couple is designed to appeal to a different audience. "Better Together" is the melancholic tale of a Pea and a Carrot. Welcome to our magical world where all

things that are supposed to be together are. From strawberries and cream, to a fork and knife, and a rabbit and a hat, we watch as these duos make their love connection all over town. The only ones that haven't yet found each other are our main characters, but once they do meet it s going to be great. After all, what goes better together than peas and carrots!?

Dance for joy.
FWYstudios

In 2007 FriendsWithYou came to Argentina to perform for a crowd of 5,000 people spreading the idea of magic, luck, and friendship to all. *The Dance for Joy* is a video playing while all costumed characters make their way into the crowd for a dance party. The magic is in your heart!

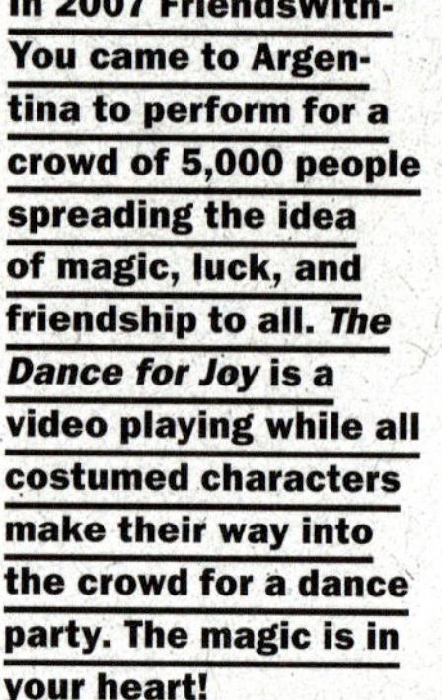

Harajuku lovers.
FWYstudios

In 2008, Gwen Stefani and Laird + Partners commissioned FWYstudios to develop a fun and exciting world for Gwen's newest lifestyle brand, Harajuku Lovers fragrance. In the period of six months, FWYstudios designed a complete universe for the brands TV spots, website, online advertisement, packaging, and apparel. FWYstudios

fully directed the TV live action/animation, conceptualized the script, revised the story, and managed all voice over work. In addition, FWYstudios further developed original properties and concepts of the Harajuku Lovers brand, demonstrating how character development can be used to influence an emotional connection between consumer and product.

Move to the music.
FWYstudios

Nick Jr. reached out to FWYstudios to create a trailer for a block of animation called "Move to the music." FWYstudios brought the idea to life with a musical train and a cast of instrumental characters. The mobile orchestra led by the Cloud Conductor moves along to the Nick Jr. beat to create an incredible musical performance. FWYstudios worked directly with Nick Jr. to create the entire animation package for this block. Enjoy!

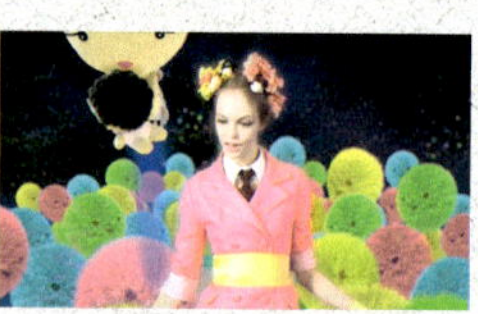

Movie magic.
FWYstudios

FWYstudios was commissioned by Target to create *Movie Magic*, an eye-catching animation short that presents the characters of FriendsWith-

You's newest brand, Kawaii Island. *Movie Magic* features Target's famous mascot Bullseye, directing the cast of Kawaii Island through the scenes of many classical film genres. This short animation spans from Sci-Fi to Western and ends in a tender love scene that zooms out to reveal an entire world that is happy and filled with love in the shape of a giant Target planet. Kawaii Island's debut was a big success, running on the giant Target event screens in Victoria Park Dallas and L.A. Live.

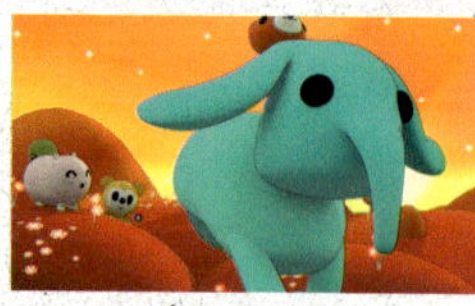

Ya no sé que hacer conmigo.
Gutiérrez & Fran

My first videoclip as Graphic Art Director in parallel with Fran. The videoclips that follow the lyrics of the song almost constitute a sub-genre since Dylan's "Subterranean Homesick Blues" in 1965. Starting with this idea we liked to add to it the graphic component. We tried to accompany the song with images that sometimes are parallel or sometimes metaphorical, synecdochical, parabolic or directly contradictory to the text. The video was a great success in the music channels, millions of people watched it on YouTube and also won some prizes. This helped the band to take the position of one of the most interesting bands in the Latin American scene.

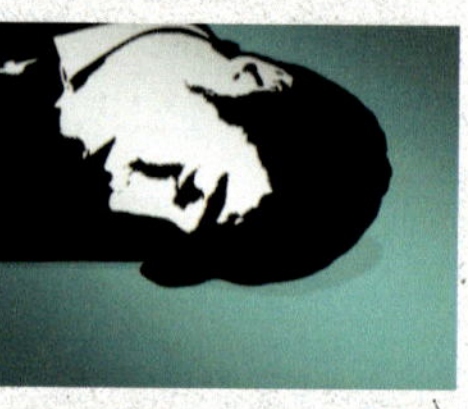

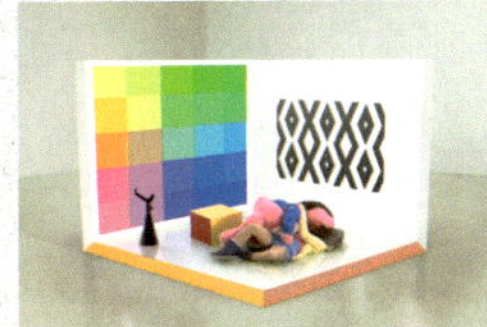

A little bit of everything.

Hombre.cosa

Hombre.cosa is responsible for the creation of the full brand identity of *Los Pedidos* an electro-pop countdown program that mixes music, videos, and vj comments. "A little bit of everything," is the claim we created that better reflects the spirit of this MTV program and it also worked as the umbrella concept for the eclectic content and the aesthetics.

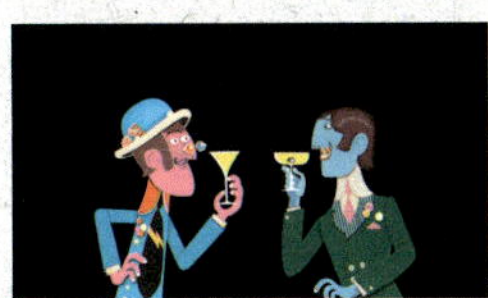

Brain.

Hombre.cosa

"Ce n'est pas du champagne" is a campaign created by the agency Madre Buenos Aires. The character design was conducted by Steve Scott and direction, animation, and post-production by Hombre.cosa. It's based on the concept that can only be called "champagne." To drink from the French region of Champagne, using honesty, admitting that "This is not champagne," but in French: "Ce n'est pas du champagne."

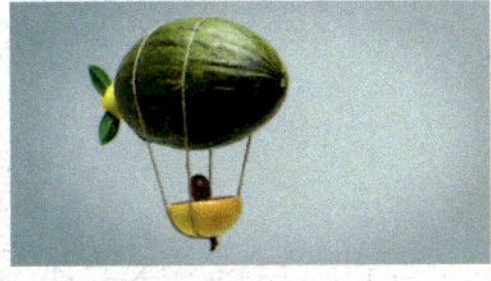

Romantics fruit fair.

Juntos otra vez

This spot was directed for the "Romantics" organic fruit juices. It was screened in cinemas in Barcelona, Spain.

The One Weekend Movie Series.

Juntos otra vez
TwoPoints.Net

With my dear friend Martin Lorenz we developed this animation experiment for the release of his book "The One Weekend Book Series". The project consisted on creating an animation open-source workshop in Ras Gallery @ Doctor Dou in Barcelona. Then invite people to the process and create a movie in a week. Actually we created one open experiment and at the same time a little short-film in real time. So in the end during that week we created the movie, the sound, the script and everything, in a sort of gathering where people could see the process.

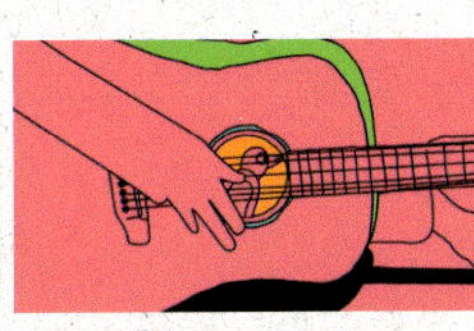

MTV 15 Minutos open.

Molho

A playful take on visual music where furniture and objects go through walls and ceiling synced to music.

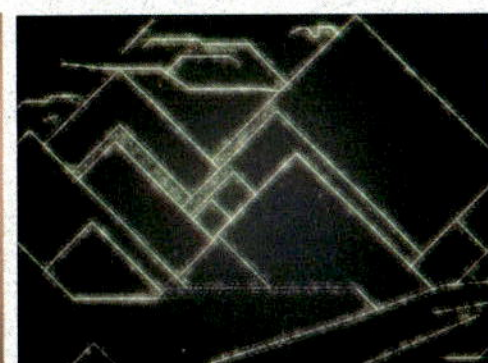

Virtuosi IX spot.

Molho

Creatures, landscapes, and abstract forms sing and play freely in this 30 second spot inspired by unconventional music notations derived from contemporary composers and dance music. The spot was honored with a Best Experimental Director Of The Year Award at the Inspire Symposium, selected for the Promax/BDA, and featured on hundreds of magazines, books, and blogs around the globe.

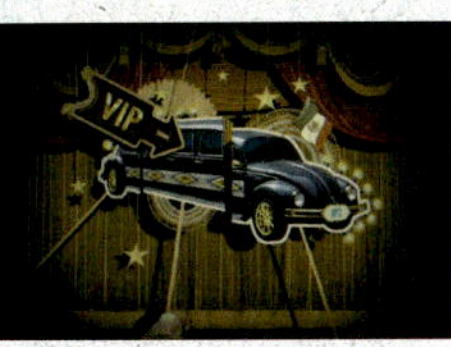

MTV Julieta Venegas.

NeoDG

Promo for the Julieta Venegas MTV Unplugged.

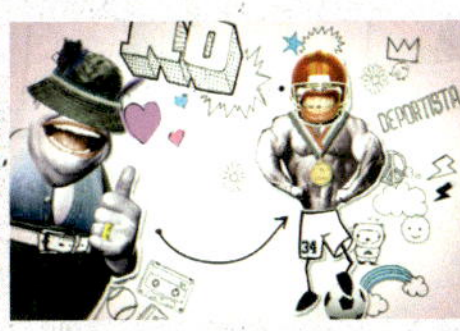

MTV Parental Control.

NeoDG

Promo for MTV.

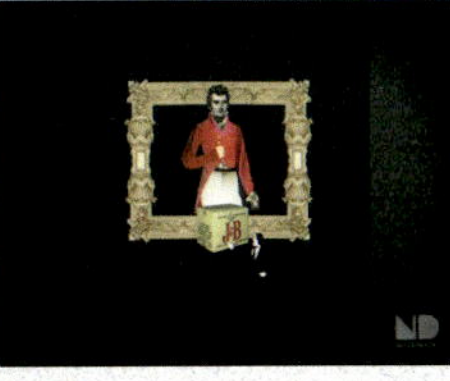

J&B quality.

No-Domain

We created a visual connection between the origin, history and contribution in the evolution of J&B and the way that the brands quality is perceived by the consumer. The unconventional history of the brand was executed as a visual extravaganza that combines different types of media, illustration, painting, photos, footage, engraving, maps, paper cut outs, and many more visual resources, animated in all sorts of ways.

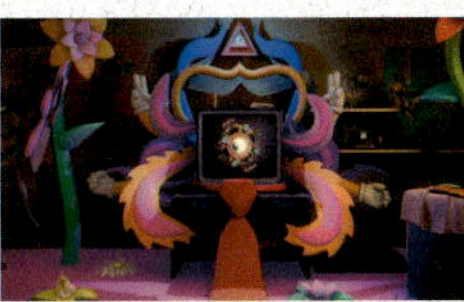
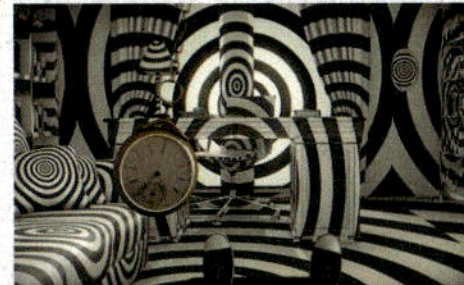

Guru.
Hypnosis.
Trippy.

PepperMelon

SpongeBob PSA's/ MTV.

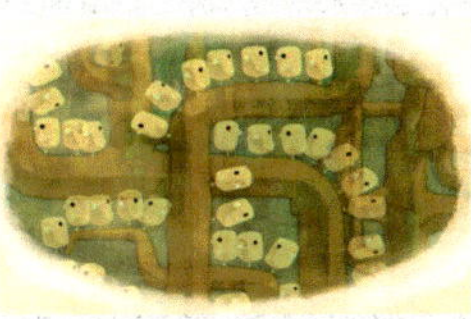

Pour nos jeunes.

PepperMelon

Personal short animation presented at various local festivals.

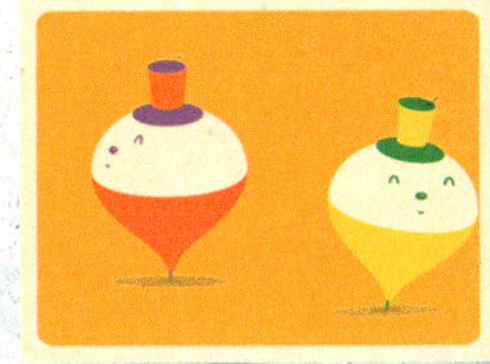

Forever young.

Ronda & Sonni

Project in association with Sonni, in memory of our childhood toys.

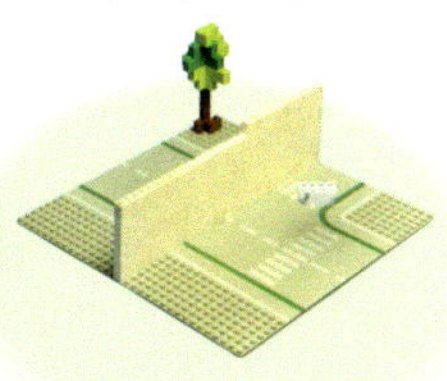

Bloqueo renal.

Cristian Wiesenfeld
Andrés Rodríguez Pérez

A story about the unimaginable consequences of human irrationality and violence. And keep in mind that basic needs are not an exclusive right of human beings.

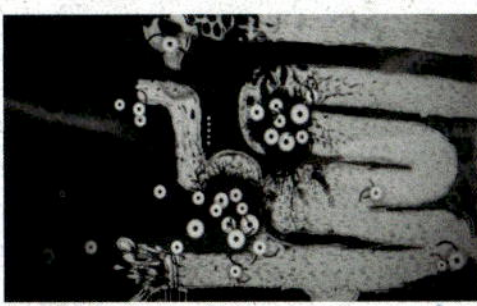

Índico.

Váscolo

A set of tests were made from the animation of geometrical figures imitating different animals behaviour, going through hand-illustrated backgrounds, up to the development of vectorial creatures. The aim was the piece to find its own way and identity among all the different contributions from illustration, design, animation and musicalization.

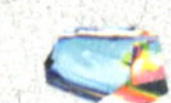

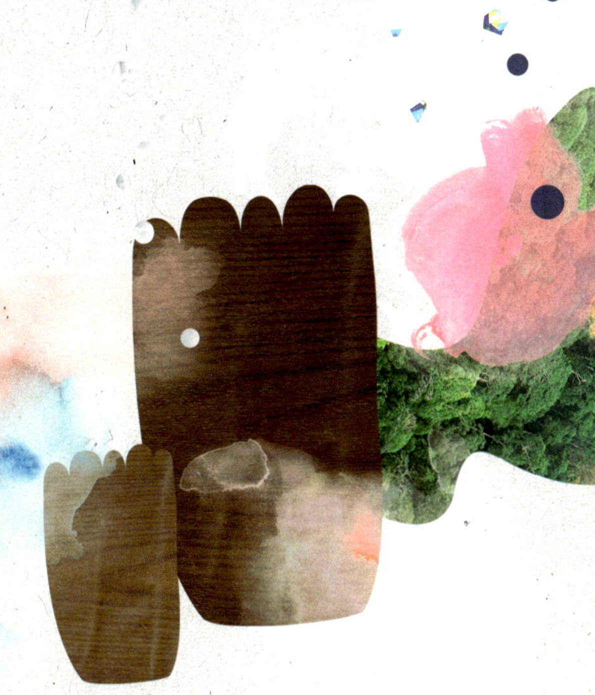

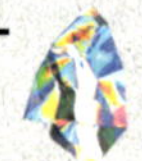

latino-gráfico
Visual Culture from Latin America

Edited by TwoPoints.Net

Preface by Cristian Jofre
Interviews with Christian Montenegro, Catalina Estrada,
Martín Allais, and Seba Acampante by Martin Lorenz

Cover by TwoPoints.Net
Layout by TwoPoints.Net
Project management by Julian Sorge for Gestalten
Production management by Janine Milstrey for Gestalten
Preface translation into Spanish by Nicolás Santos
English proofreading by EnglishExpress
Spanish proofreading by Esther Santos
Printed through Asia Pacific Offset

Published by Gestalten, Berlin 2010
ISBN 978-3-89955-311-6

For more information, please visit www.gestalten.com

Bibliographic information published by the Deutsche Nationalbibliothek.
The Deutsche Nationalbibliothek lists this publication in the Deutsche National-
bibliografie; detailed bibliographic data is available online at http://dnb.d-nb.de.

None of the content in this book was published in exchange for payment by
commercial parties or designers; the inclusion of all work is based solely on its
artistic merit.

This book has been printed on FSC certified paper which ensures responsible
paper sources with sustainable forest management.

Gestalten is a climate-neutral company and so are our products. We collaborate with the non-profit carbon offset provider myclimate (www.myclimate.org)
to neutralize the company's carbon footprint produced through our worldwide
business activities by investing in projects that reduce CO_2 emissions (www.
gestalten.com/myclimate).

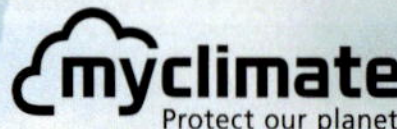

*TwoPoints.Net team that worked on this book: Martin Lorenz, Lupi Asensio,
Maria de Gibert, Raby-Florence Fofana, Felix Auer, and Kosmas Sidiropoulos.*